西方传统 经典与解释
Classici et commentarii

HERMES

HERMES

在古希腊神话中，赫耳墨斯是宙斯和迈亚的儿子，奥林波斯神们的信使，道路与边界之神，睡眠与梦想之神，亡灵的引导者，演说者、商人、小偷、旅者和牧人的保护神……

西方传统 经典与解释
Classici et commentarii

HERMES

沃格林集

刘小枫 ● 主编

政治观念史稿·卷四
文艺复兴与宗教改革（修订版）

History of Political Ideas (Volume IV)
Renaissance and Reformation

［美］沃格林（Eric Voegelin）● 著

孔新峰 ● 译

华东师范大学出版社

华东师范大学出版社六点分社　策划

古典教育基金·"传德"资助项目

"沃格林集"出版说明

    沃格林(1901-1985)出生于德国古城科隆,小学时随家迁居奥地利,后来就读维也纳大学。虽然博士期间攻读的是政治学,沃格林喜欢的却是哲学和法学,真正师从的老师是自由主义法学大师凯尔森,心目中的偶像则是当时的学界思想泰斗韦伯。不过,沃格林虽荣幸做过凯尔森的助教,后来却成了自由主义最为深刻的批判者之一。

    念博士时,沃格林就显得才华横溢,博士毕业即获洛克菲勒奖学金访学美国,回国后写下处女作《论美国精神的形式》(*On the Form of the American Mind*)。纳粹吞并奥地利之后,沃格林流亡美国(1938年),数年后在美国巴吞鲁日市(Baton Rouge)的路易斯安那州立大学(Louisiana State University)谋得教职(1942年)。

    此前沃格林曾与一家出版公司签约,要为大学生撰写一部《西方政治思想史》简明教科书。但出版社和沃格林本人都没想到:本来约好写两百来页"简史",沃格林却下笔千页。即便如此,他仍觉得没把西方政治思想史的要事说清楚。这个写作计划由于外在和内在原因最终废置,变成一堆"政治观念史稿"。

　　废置"史稿"的外在原因并不仅仅是"卷帙过大",还因为沃格林的写法不合"学术规范"。当时(现在同样如此)的"学术规范"是:凡学问要讲究学科划分,哲学史、文学史、宗教史、史学史、政治思想史、经济思想史,得分门别类地写。沃格林的"史稿"打破这种现代式学术藩篱,仅就这一点来说,这部"史稿"不仅对西方学界意义重大,对我们来说同样如此。依笔者陋见,在林林总总的各色西方政治思想史中,经后人整理的沃格林《政治观念史稿》(八卷)最为宏富、最富启发性,剖析我们关切的问题,迄今无出其右者。

　　沃格林觉得,即便写大学生教科书,也应该带着自己的问题意识来写。《政治观念史》的问题意识是:已经显露出种种凶相的现代性究竟怎么回事情,又是怎么来的?废置"史稿"的内在原因就在于,沃格林以政治思想史方式展开对现代性问题的探究时,思想发生了转变,因此他决心推倒已经成形的"观念史",从头来过。

　　起初,沃格林力图搞清楚西方各历史阶段的主导性观念与生活实在之间的关系,但在写作过程中他发现,"符号"而非"观念"与生活实在的关系更为根本。于是他另起炉灶,大量运用"史稿"已有材料,撰成后来成为其标志性著作的多卷本《秩序与历史》(Order and History)以及其他重要文集。我们会感到奇怪,如今的《政治观念史稿》何以从"希腊化时期"开始,其实,此前的材料大多被用来撰写《秩序与历史》的前三卷了。

　　沃格林启发我们:除非中国学人已经打算在西方现代性思想中安家,并与某个现代或后现代"大师"联姻生育后代,否则我们必须随时准备从头开始认识西方传统。而沃格林的《政治观念史稿》,正是我们可能会有的无数次从头开始的契机之一。毕竟,这部被废置的近两千页"史稿"本身,就是沃格林亲身从头开始的见证。

1951 年,沃格林应邀在芝加哥大学做讲座,次年,讲稿以"新政治科学"为题出版,成为沃格林思想成熟的标志。随后,沃格林全力撰写多卷本《秩序与历史》,时有其他专题文集问世。1958 年,沃格林返回德国,执教慕尼黑大学哲学系,并创建慕尼黑大学"政治学研究所"。然而在战后的德语学界,沃格林的学问几乎没有留下影响痕迹,这着实令人费解。退休以后,沃格林再度赴美,继续撰写因各种事务而搁置的《秩序与历史》后两卷。

在思考世界文明的历史性危机方面,施特劳斯和沃格林无疑是 20 世纪最为重要的思想家。在笔者看来,二人精深的哲思和广袤的视野,西方学界迄今无人能与比肩。

沃格林去世后,他的美国弟子着手编辑《沃格林集》,成 34 卷。除五卷本《秩序与历史》和八卷本《政治观念史稿》外,还有六卷《已刊文集》(*Published Essays*),以及其他自编文集和未刊文稿。沃格林学述将艰深的现象学思辨与广博的史学视野融为一炉,汉译殊为不易,译者极难寻觅。我们只能耐心等待胜任的译者,陆续择要迻译。

刘小枫
古典文明研究工作坊
西方典籍编译部乙组
2016 年 3 月

目　录

第五部分 大混乱

中译本前言

孔新峰

沃格林既是政治思想史家,亦是政治哲学家,或者应该说,他首先是政治哲学家,其次才是政治思想史家。这就使得其政治思想史撰述(哪怕是"早期"的《政治观念史稿》),本身即具有鲜明的政治哲学色彩。

> 沃格林是做判断的,在此(撰述《政治观念史稿》)过程中,一种政治哲学由以产生。……《政治观念史稿》提供了一套在某种哲学观点与信息指导之下的叙事。[1]

就此而言,沃格林的政治观念史撰述,体现出一种强烈的现代性批判特质。

带着沃格林这种现代政治批判的眼光审视《政治观念史稿(卷四):文艺复兴与宗教改革》,我们就不能将视野仅仅限制在该卷,而应该至少通观《政治观念史稿》第 3、4、5 三卷。换言之,

---

[1] Jene M. Porter,"The Birth of Modernity",*The Review of Politics*,Vol. 62,No. 4(Autumn 2000),p. 799.

我们应当将该卷与其前后两卷统而观之,庶几可以得出现代政治何以产生的精准认知。例如,举凡沃格林所认知的现代政治的主要特质——对超越及历史实存的封闭隔绝(the closure to transcendence and historical existence)、渗透此世的理性(intramundane reason)的高扬、智识上的倨傲(intellectual hubris)、灵知主义与将世界转化为完美者共同体(a community of the perfected)的企图、属世与属灵权威之间统一性(the temporal and spiritual unity)的断裂,等等,均在本卷和第 5 卷对基督教教派运动特别是诸种千禧年主义运动的讨论和批判之中,以及在对于马基雅维利、伊拉斯谟及博丹等人政治观念的批判之中得到了一以贯之的阐发。①

《政治观念史稿》3、4、5 这三卷所涵盖的时段,大致为 14 世纪—16 世纪的三百年。除了被广泛认为现代政治思想最重要奠基者的霍布斯在《政治观念史稿(卷六):革命与新科学》得到(权重不大的)讨论外,我们完全有理由认为,这三卷堪称沃格林对于古今政治观念之"转型"(transition)叙事的集中阐发。同时,沃格林的古今政治观念之"转型三百年"叙事,较之略为"非历史"的施特劳斯学派以及过分倚重历史的剑桥学派而言,可以说兼具其所长,而叙事的复杂程度却有过之无不及。

本卷凡四章,分别讨论马基雅维利、伊拉斯谟及莫尔、引致宗教改革主体的诸种精神教派运动,以及路德与加尔文。本卷紧承《政治观念史稿》第 3 卷《中世纪晚期》后半部分所探讨的"神圣帝国"或曰"帝国基督教"的崩解,阐发在其丧失吸纳力

---

① 关于《政治观念史稿》卷八第 9 部分与《秩序与历史》诸卷文本脉络上的对应关系,可参见 John A. Kromkowski, "History of Political Ideas: Recovering the Text and Discovering Eric Voegelin as Teacher", *The Review of Politics*, Vol. 62, No. 4 (Autumn, 2000), pp. 777–793,特别是第 784 页的对应图。

(absorptiveness)之后,中世纪政治社会结构迸发出的强大势能,呈现为诸种教派反叛和乞灵于权力或所谓自主理性(autonomous reason)秩序的恢弘壮阔的智识图景,规定和奠定了现代政治意识形态的本质特征及其之于中古的"万劫不复"的优胜地位。

关于本卷的主要文本脉络和思想价值,莫尔斯和汤普逊撰写的"英文版编者导言"所言备矣至矣,译者在此不做赘言。译者在此处仅就这一时段特别是副标题所谓"文艺复兴和宗教改革"的政治思想史形象,①做一个简单的介绍,庶几有利于读者更好地进入这一渊博而颇为艰深的著作。

从历史时段而言,本卷大致涵盖了 15 世纪末期至 16 世纪初期。英国政治理论家和政治史家芬纳(Samuel Finer)的观察,可谓与本卷主旨殊途同归——"15 世纪末和 16 世纪初是西方基督教世界作为单一实体存在的最后的日子"。②

> 16 世纪是欧洲政治发展史上的分水岭,并且经由欧洲,也成为世界政治发展史上的分水岭,因为欧洲是现代国家的诞生地。在很小的范围之内,这里出现了一些不同的新发展,而这些发展之间互相促进。③

---

① 这种形象,可能更多地还是基于一种自由主义的"进步"历史编纂叙事方式。读者若将其与沃格林的对抗式叙事相对照,当别有一番趣味。需要说明的是,后文部分内容源自笔者与中国人民大学陈伟教授合著的《政治学的故事》(北京:国际文化出版公司,2007 年版)中自撰部分。

② 瑞安,《论政治(上卷):从希罗多德到马基雅维利》,林华译,北京:中信出版集团,2016 年版,第 387 页。

③ 芬纳,《统治史(卷三):早期现代政府和西方的突破:从民族国家到工业革命》,马百亮译,上海:华东师范大学出版社,2014 年版,第 217 页。

芬纳列举的"新发展","首先是两个支配性的机构开始失去人们的信任,一个是神圣罗马帝国,另外一个是教廷",前者"成为一个贵族联盟",后者的"普世性被打破",两者"联合起来,为各国的国王创造了条件,他们因此声称不受皇帝和教廷制约,拥有我们现在所说的'主权独立'"。此外,"还有两个新发展让16世纪成为历史的转折点,那就是文艺复兴和宗教改革运动","前者将世俗化精神引入国家事务",非宗教人士取代教士,中世纪自然法概念被抛弃,"我们现代意义上的官僚机构"初露端倪;后者"把此前主要是教会特权的神圣光环转移到了世俗统治者身上;把人们的敬意从圣徒的道德转移到公民的道德;把他们的理想从修道院生活转移到家庭生活",使"'君权神授'的思想获得了新的动力和意义"。

文艺复兴和宗教改革两者结合,形成一种"爆炸性的力量":

> 打破了在过去1300年里,传统的拉丁基督教对欧洲人的精神垄断,以一种反文化、反传统的姿态,对其发起挑战,以宗教上的特殊主义取代教会的普世主义,抛弃了天主教的超俗和神圣,转而追求此时今生、人文主义和希腊罗马时代充满肉欲的异教世界。

这种"发生在欧洲的反传统的骚动推翻了人们所熟知的所有旧观念,为世俗思想的发展开辟了道路,尤其是为科学思想和新技术的发展创造了条件,而正是后者使欧洲人成为世界的主宰者"。与上述政治和文化上的断裂相伴生的,还有几个"相关联的新发展",亦即"军事封建制度的崩溃"、"商业交换、货币经济、借贷公司和国际银行家的兴起"、"技术尤其是军事技术飞速向前发展"以及古登堡活版印刷术的发明,这些新变化无不"改变了欧洲大陆的政治面貌"。①

西罗马帝国衰亡后近千年,古典西方文明大厦的整个建构被动摇而最后崩塌,西欧的知性生活已陷入漫长的黑夜之中。20世纪德国社会学家韦伯(Max Weber)曾撰有《古典西方文明衰落的社会原因》,以咏叹调般的语言感慨中世纪相对于古典时代之"斯文扫地",更以细腻的笔触暗示西方文明的浴火重生:

> 但这种沉沦或可比为希腊神话中的巨人安泰俄斯(Antaeus),每次他只要被击倒在地就能从大地母亲那里获取新的能量。毫无疑问,如果某位古希腊罗马作家从中世纪修道院收藏的羊皮手稿中突然醒来而环顾加洛林时代的世界,他一定会大感不解,乡间修道院特有的粪土气息更会把他熏得昏过去。但不消说没有一个古希腊罗马作家会出现在加洛林时代。像整个古典文明一样,他们已进入长期的冬眠状态,被埋在一个已再度农村化的经济之下。即使当封建社会开始出现抒情民谣和骑士比武之时,古典仍未苏醒。只有当中世纪城市发展出了自由劳动分工和商业交换时,只有当向自然经济的漫长过渡终于使市民自由的发展成为可能时,只有当封建时代加诸人的内外枷锁都被打破时,只有这时,古典巨人才能像安泰俄斯一样重获力量,古典西方的文化传统才以近世市民文明的形式再获新生。②

----

① 芬纳:《统治史(卷三)》,前揭,第218—222页。
② 〔德〕马克斯·韦伯:《古典西方文明衰落的社会原因》(甘阳译),收入《民族国家与经济政策》,甘阳选编,甘阳等译,北京:生活·读书·新知三联书店,1997年版,引文出自第32—33页。

韦伯所言的"新生"时刻,大致可对应于文艺复兴与宗教改革时期。就政治学而言,这是一个大变迁的年代,所谓"文艺复兴"、"宗教改革"及"罗马法的再发现"可谓奠定近代政治基础的三大运动,其相应英文名称开头字母都是"R",一般合称为"3R运动"。尤其是文艺复兴与宗教改革,分别将"人"本身从种种外在禁锢——神权的、教会的、封建领主的——解放出来,赋予其至高无上的地位,而现代国家也从罗马帝国、中世纪神权政体及形形色色的封建小邦国的废墟上拔地而起。用德国社会与政治理论家基尔克(Otto von Gierke)的经典判断言之,则是:

> 国家主权与个人主权行将稳步成为两条核心公理,所有社会结构理论由以生发,而两者之间的关系亦将成为所有理论聚讼的焦点所系。①

英国现代政治学者米洛格(Kenneth Minogue)则以相似的语言表述了基尔克的思想:

> 现代国家的政治发源于两种对立的运动:国家一方面以某种方式走向分裂,另一方面又以别的方式走向统一。中央集权的君主获得了集中的王权,但与此同时个人和既有的阶级也会设法巩固自己的特权和利益,有的权益就被纳入称作"权利"(rights)的一系列新词汇中。②

----

① Otto von Gierke, *Political Theories of the Middle Age* (translated by F. W. Maitland), Cambridge University Press, 1900, p.87.

② 米诺格:《当代学术入门:政治学》,龚人译,沈阳:辽宁教育出版社,1998年版,第33页。

芬纳同样指出：

> 从领土上讲，中世纪的国家是被分化的，相对而言，公共和私人领域的功能却统一在同一个职位或个人身上。现代国家与此恰恰相反，原本被分化的领土被连接在一起，其人口也被统一在一个共同的统治机构之下。与此同时，公共权责和私人权责之间的界限早已被明确下来，同样，公职人员和私人个体之间的界限也得以确定。

> 从统一的服务到分化的服务，从分化的领土到统一的领土，这两个过程同时发生，构成了"现代欧洲国家的发展过程"，这一过程于 1450 年左右从大西洋沿岸国家开始。它和领土面积的扩大、世俗官僚机构和军队的专业化都密切相关。[①]

个人与国家、权利与权力，构成了我们理解现代政治的锁钥。而文艺复兴与宗教改革的伟大之处，莫过于奠定了一整套现代政治的基本性格。政治思想史研究中的"剑桥学派"著名学者斯金纳（Quentin Skinner）的成名之作《近代政治思想的基础》厚厚两大卷、洋洋百万言，便分别以"文艺复兴"与"宗教改革"为题名和考察对象。

在政治领域，人的主体地位被空前高扬，文艺复兴以降，"自然"科学的探究精神也开始深入政治思索。瑞士历史学家布克哈特（Jacob Burkhardt）认为，此时已出现"作为艺术工作（Work

---

① ［英］芬纳：《统治史（卷三）：早期现代政府和西方的突破——从民族国家到工业革命》，前揭，第 222—223 页。

of Art)的国家"或者说"作为人造物的国家"。本卷所论的马基雅维利,正是从"神圣帝国"(sacrum imperium)走向"统治者地位/国家"(lo stato)这一关键转变的始作俑者。美国当代政治理论家沃林(Sheldon Wolin)曾经指出:(西方)古典世界向有所谓"灵修之道"(soul－craft)与"治国之道"(statecraft)的联结,而马基雅维利便是这一联结传统的终结者。① 马基雅维利由以产生的时代背景,正是米诺格所言的那种"新兴政治":

> 新型政治首先出现在意大利的城邦,那里的市民共和制已经解体,取而代之的是僭主的政治——这些精于谋略的投机家运用不受制约的权力维持了和平。中世纪的君王是上帝认可的神授帝王,其权威和宗教地位都是比较稳固的。与中世纪君主相比,意大利的领主(signore)就不得不处处提防,谨小慎微了。他的同志不稳固,本国有权势的家族若与邻国公开或暗中勾结,随时都可能将他推翻。此时出现了"治国术"(statecraft,有人这样称呼新型的政治),它把传统的对正义的关注变成了一种表面文章,而将心思全部转向了如何掌握权力而不问是非。如何掌权一直是传统的治国方略的一个组成部分,但通常只是一个从属的部分。这样的君王现在已经完全沉湎于"谋略"之中,而谋略中最重要的部分也许就是如何运用管理手段使得臣民效忠于君王的利益。……现在政治变成了一个全新的概念,至少新在它被彻底地理论化了。②

---

① 参见[美]沃林:《政治与构想:西方政治思想的延续和创新》,辛亨富译,上海:上海人民出版社,2009 年版,第 246 页。

② 米诺格:《当代学术入门:政治学》,前揭,第 36－37 页。

端赖于"自然"科学精神的萌发，

　　政治、立法和公共经济，还都不是科学；人们还根本没有从事探索、钻研和发挥它们的原则，但是人们已经在开始用经验来阐释它们，积累了由经验可能导致的种种观察；人们已经认识到利益使得他们感到有此需要。①

　　当然，文艺复兴乃是一场遍布全欧的文化运动。其影响不仅限于意大利，尚有相对于意大利的"北方"欧洲的文艺复兴进程，包括英、法、尼德兰（荷兰）等国在内。也涌现出众多伟大的人文主义者，对新型政治观念产生居功至伟。

　　本卷所论的伊拉斯谟（Erasmus，约 1466—1536）原名格哈德·格哈德斯，是尼德兰人文主义者。他出生在鹿特丹穷人家庭，后成为教士，游历各地。他拥有出色的写作才能，在嬉笑怒骂间痛斥时弊，说"基督教教廷是在血的基础上建立起来的，也是用血来巩固的"。他开始公开写小册子，于是世人被一组匿名书信逗得忍俊不禁了。这组书信刚刚面世，题目是《蒙昧者书简》。在这些书信中，中世纪晚期僧侣阶层中普遍存在的愚昧、傲慢，被用一种奇怪的德语—拉丁语打油诗的形式，揭露了出来，读起来就像我们当代的打油诗。他首先还是一位极渊博、严肃的学者，通晓拉丁语、希腊语，给后世提供了第一个可靠的《新约》版本，将《新约》翻译成拉丁文，并对原来的希腊文本进行了校对。其深远影响，则会在宗教改革运动中清晰地体现出来。若是 16 世纪也有畅销书排行榜，被翻译成多种文字并稳居榜首的 bestseller，肯定是伊拉斯谟的《愚人颂》（*Encomium*

---

①　米诺格：《当代学术入门：政治学》，前揭，第 36—37 页。

Moriae)！他以第一人称,运用幽默这种最危险的武器攻击教会弊政,吁求人们促成基督教文明的伟大再生。"愚人颂"其实是"愚神颂"！更厉害的是,这本小书是伊氏远赴英格兰造访托马斯·莫尔爵士(1478—1535)时,用几星期时间匆匆写就的,题名"愚人"的希腊文读音与"莫尔"十分相像,序言则是他写给莫尔的一封信,信中说:"对不起,我用你的名字作了我这本书的书名。"①

引得名贯士林的伊拉斯谟"飘洋过海来看你",还写书唱和、幽其一默,这位莫尔是位了得的人物。他留给后世的传奇,除了为英王亨利八世所杀之外,就是大名鼎鼎的《乌托邦》了。1478年2月7日,莫尔生于伦敦,家境宽裕,"名声虽然不大,却是一个正直的家庭"。作为法官,他在法律界以出色的品格和廉洁奉公、刚正不阿的人格而闻名。"无论谁也没有像莫尔那样审理过这么多的案件,无论谁也没有比他更为光明磊落地审理这些案件。""赢得了同胞们的最大爱戴。"1504年,26岁的莫尔当选下院议员,1509年亨利八世继位后历任要职,1523年当选下院议长,1529年被国王任命为大法官。但亨利八世的宗教政策及离婚事件引起了莫尔的异议,遂于1532年去职,1534年入狱,1535年7月6日以"叛国罪"被处以极刑！虽然天妒英才,毕竟山高水长,在其死后400年的1935年,被世人追谥为圣徒。由于《乌托邦》在社会主义发展史上的地位,其英名还曾被镌入前苏联莫斯科红场石碑上的"革命英雄"名单。

"乌托邦"标题最早出现在1516年11月12日莫尔写给伊

---

① 参见[奥地利]茨威格:《一个古老的梦——伊拉斯谟传》,姜瑞璋等译,许崇信校,沈阳:辽宁教育出版社,1998年版;[荷]伊拉斯谟:《愚人颂》,许崇信译,沈阳:辽宁教育出版社,2001年版。

拉斯谟的信中,由希腊文的"否"和"地方"两个词义构成,意即
"子虚乌有之乡"。该词开创了现代政治学说中的一种文学风格
乃至理论方式,已成为现代英语通用词。这本书明显受到柏拉
图《理想国》影响,他酷爱"柏拉图关于公有制的学说","并千方
百计地维护了它"。它反映出一种以理性为最高准则、以高度计
划集权的国家为权力机关、以经济的完全平等为社会原则同时
又允许理性宗教信仰存在的政治理想。以至于有的学者认为莫
尔"所描绘的整个制度就是一座扩大了的修道院"。

《乌托邦》开空想社会主义之先河,反映了资本主义起步时
期即"资本原始积累"时期"人吃人"的社会现实,表达了对业已
产生的资产阶级制度的深刻控诉,为科学社会主义的创立奠定
了基础和条件。列宁在《马克思主义的三个来源和三个组成部
分》中说:

> 当农奴制被推翻,"自由"资本主义社会出现的时候,一
> 下子就暴露出这种自由意味着压迫和剥削劳动者的一种新
> 制度。于是反映这种压迫和反对这种压迫的各种社会主义
> 学说就立刻产生了。①

同样重要的是,这部著作也是文艺复兴和地理大发现时期
的产物,反映出当时人们的政治思索:对于教会、国家、国民及其
相互间关系的重新思考。而这样一件事情更加饶有兴味:莫尔
在其晚年放弃了这部著作,不允许将其从原始的拉丁文译成英

---

① 　[俄]列宁:《马克思主义的三个来源和三个组成部分》,载中共中央马克思恩格
　　斯列宁斯大林著作编译局编译:《列宁全集》第 23 卷,北京:人民出版社,1990
　　年版,引文出自第 47 页。

文,以免"毒害那些没有受过教育的人"。而今,莫尔的遗愿早已被违背,而围绕着《乌托邦》这部奇书的种种解说,则困扰了后世学者 400 多年。

现代印刷术的发明对人类政治与政治学的发展具有非同小可的意义。法国政治学家孔多塞(Condorcet,1743—1794)的《人类精神进步史表纲要》,将人类的精神进步史划分为"十个时代",而第八个时代的开端便是"印刷术的发明"!印刷术无限地且花费很小地增多了同一部著作的印数,这种读书的便利又扩大并且传播了进行教育的愿望和手段。对社会大众而言,阅读经典著作和辛辣激进的时评文字已不复是梦想,而对于中世纪末期的教士和国王们来说,千百年来那种独占上帝意旨解说权力的神秘面纱,已被撕得粉碎。人们进一步地以平常人的视角看待这些一度高高在上近乎神祇的大人先生们,并且发现他们比自己高明不了多少,高尚不了多少。活字印刷术实在是一个"将会戳穿他们并推翻他们宝座的敌人"。①

再说火药之应用于军事:

> (火药)在战争艺术方面造成了一场意想不到的革命。尽管火器有着可怕的效果,但他们增大了战斗人员的距离从而使得战争的杀伤较少,战士也较为不那么凶暴。军队的远征耗费更大了,而财富就可以平衡武力:即使是最好战的国家也感到需要做好准备,需要有商业和工艺致富来保证自己作战的手段。开化的民族就不再害怕野蛮国家的盲目的勇武了。大规模的征服以及随之而来的革命,已经变

---

① ［法］孔多塞:《人类精神进步史表纲要》,何兆武、何冰译,北京:生活·读书·新知三联书店,1998 年版,第 101 页。

得几乎是不可能。

　　铁盔铁甲,几乎是无懈可击的骑术,使用长矛、长枪或刀剑,——这种贵族对平民所具有的优势终于全都消逝了;而摧毁对人类的自由的和对他们的真正平等的最后这道障碍的,却是由于最初一眼看去似乎是在威胁着要消灭整个人类的这样一种发明。①

孔多塞的话很好地表达了火药的引入对于欧洲乃至世界政治进程的深刻影响。用马克思的话来说,则是火药的应用将骑士阶层轰得粉碎,政治的世俗化、平等化进程被极大地推进了。同时,新式武器造价的高昂使之成为现代国家的专美,而在马克斯·韦伯看来,"合法地垄断使用暴力的权力",乃是现代国家的本质特征。

　　无论在地理上、时间上,还是理念上,将宗教改革(或者文艺复兴)当作单一明确的一场运动的概念都经不起推敲,但事实是,1500 年之前,西欧的基督徒没有制度化的教义之分,1550 年后则出现了几个不同的教派。这种情况造成了巨大的政治后果。②

文艺复兴与宗教改革之间的关系,并非只是时间上的先后,更有逻辑上的承接。前者连同本卷第三章所论的诸教派运动,已为后者做好了极为充分的准备。首先,尽管仍然坚持基督教

① ［法］孔多塞:《人类精神进步史表纲要》,何兆武、何冰译,北京:生活·读书·新知三联书店,1998 年版,第 97—98 页。

② 瑞安:《论政治(上卷):从希罗多德到马基雅维利》,前揭,第 428 页。

义,但这一时期已涌现出大量揭露教会黑暗与腐败的作家和作品。其次,文艺复兴的突出贡献便是人文主义,是神本主义向人本主义的转移,而人文主义的发展则给了宗教改革思想家们文化与思想上的支持。若是没有文艺复兴,宗教改革也许不会来得这么猛烈。

有一种很有意思的说法,即所谓"地理环境决定论"。前面讲过,文艺复兴主要发生在意大利(其中心为佛罗伦萨)而又不限于意大利,北欧也有一批相当出色的人文主义者;然而,"一旦跨越了阿尔卑斯山,文艺复兴就发生了变化",这种变化在酝酿了一段时期后,以宗教改革的方式迅猛发生。荷裔美国通俗历史作家房龙(Hendrik Willem Van Loon)写道:

> 北欧的人民,生活在与南欧迥然不同的气候里,他们的人生观也与南欧邻居们的显然各异。意大利人过着阳光灿烂的户外生活,他们爱欢笑,唱歌,及时行乐,这是很自然的。德国人、荷兰人、英国人和瑞典人却不然,他们多半过着室内生活,听着雨水拍打他们的舒适小洋房紧闭的窗户的滴答声,他们少言寡笑,对待各种事物比较严肃认真。他们无时无刻不意识到他们的灵魂不灭。对于他们所认为神圣的,该崇敬的事物,是不能轻易开玩笑的。文艺复兴的"人文主义"方面,诸如,书籍、古代作家的研究、语法学、教科书等,引起他们的极大兴趣。但是文艺复兴的主要成果之一,恢复希腊和罗马的古代异教文明,却使他们心里充满恐惧。
>
> 但是,教皇统治和红衣主教团几乎全部由意大利人组成,这些人把教会搞成了一个俱乐部,人们在那里大多谈论

艺术、音乐和戏剧，极少提到宗教。于是，严肃认真的北方同那较为文明、却对宗教态度冷淡的随随便便的南方之间的分裂越来越扩大，似乎没有人意识到教会所受到的危害。①

但是，在宗教改革的背后，实际上有着更为深刻的政治因素：

> 一个世纪前的教会大分裂期间及之后，教会治理本来有可能沧桑巨变。但变革终未发生。宗教改革运动不是发生在 15 世纪，而是在 16 世纪初。它之所以发生于斯时斯地，是因为西欧各国统治者长期以来对教廷怀有敌意。②

正如一位宗教改革史研究专家所言："教会史是如此重要，以至于不能将其视为教会史家之禁脔！"③宗教改革不仅具有"宗教"面向，更具有经济、社会、文化、地缘尤其是政治面向。宗教改革的核心是拯救（salvation）问题，"因信称义"、"预定论"、淡化"圣礼"以及因推崇《圣经》原典而赋予平教徒神圣性，以"十字架神学"对抗"荣耀神学"，构成了路德宗的鲜明标签。路德名义上开启的这场浩荡运动，产生出使其本人都始料未及并竭力试图加以控制（尤其是对于所谓"反律法主义"）的重大政治变局。

---

① ［美］亨德里克·房龙：《人类的故事》，刘缘子等译，北京：生活·读书·新知三联书店，1988 年版，第 271—272 页。
② 瑞安：《论政治（上卷）：从希罗多德到马基雅维利》，前揭，第 428 页。
③ Peter Marshall, *Reformation: A Very Short Introduction*, Oxford University Press，2009，p.6.

但这场政治剧变的确终结了"神圣帝国"或"帝国基督教"，使欧洲加速分化为若干独立的政治单元。"宗教改革使此种关键原则深植欧洲文化——通过分化与纷争的方式形成身份认同。"（同上，第9页）此外，宗教改革过程中多次迸发出的"末世论"与"善恶大决战"，可以说构成了现代意识形态战争的起源。构建一支在地化、有纪律而有教养的教士队伍，乃是天主教"（反）宗教改革"（Counter-Reformation）的主旨所在，天主教也在倒逼之下成为首个"全球化"宗教，收割灵魂于世界，可谓失之东隅，收之桑榆。

宗教改革客观上也为科学革命提供了制度上的缝隙空间，进一步促成了现代所谓"驱魅化"（disenchantment）进程；《圣经》的方言－国语化、"国家教会"（national religion/church）或教会的国家化、所谓"澄信明宗"（confessionalization）与反教会主义（Anticlericalism），则刺激了民族意识的萌醒和世俗主权国家的蓬勃崛起。日益滋长的宗教个人主义，既启迪了社会契约论这一现代国家的建国学说，也加速了从"政治性宗教/世界化的神权政治"（political religion/universal theocracy）走向所谓"公民宗教"（civil religion）的转变过程。

英文版编者导言

[1]对沃格林之现代政治意识形态批判格外感兴趣的读者们,将会发现手头这部沃氏早期著作之一具有特殊的重要性。在本书中,沃格林阐析了帝国基督教(imperial Christianity)统一性的崩溃,此种崩溃引发了自主理性(autonomous reason)与教派反叛的崛起,这些趋势在 19 世纪与 20 世纪得到更为充分的开展。因此,该书的分析与我们对现代政治意识形态的理解可谓直接相关。读者们将会发现,本书所包含的不仅有沃格林对现代性早期的分析,还有他在后期作品中处理的、对许多现代运动之直接根源的描述与分析。

一　本书在沃格林著作中的地位

尽管《政治观念史稿》不是沃格林首部付梓的著作,但其撰述在他任教生涯的早期即已开始。[①] 按照沃格林[2]本人的讲

---

① 《政治观念史稿》系列是在 20 世纪 40 年代撰述的,从那时起已经出版了许多新的著作。研究文艺复兴与宗教改革的论著可谓浩如烟海,以至于如 （转下页）

法,起初打算把它写成一部篇幅约为 200—250 页的教材。① 当
沃格林开始这部教材的写作工作时,发生了三件事情促使他重
新评估手头的工作。首先,他发现到目前为止自己对于写作素
材的处理是不充分的。为了发展出自己对于素材的知识,沃格
林深入研读了从希腊哲学到当代的著述。在这一点上,写作素
材开始远远超出了他本打算撰写的篇幅短小的教科书所能承载
的范围。

　　第二,当沃格林研究这些素材时,他开始确信,那种由希腊

<hr />

（接上页注①）试图做出某种完整更新这样的任何努力,都将超出本注释的范围
抑或本书的目的。对这一时期的一般历史背景感兴趣的读者可以参阅:《新剑
桥现代史》(*The New Cambridge Modern History*)的第一卷《文艺复兴,
1493—1520 年》(*Renaissance*, *1493－1520*),波特(George R. Potter)主编,剑
桥:剑桥大学出版社,1957 年;以及第二卷《宗教改革》(*The Reformation*),埃尔
顿(Geoffrey R. Elton)主编,剑桥:剑桥大学出版社,1958 年。新近出版的讨论
这一时期的单卷本著作是汤普森(Bard Thompson)的《人文主义者与改革者
们:文艺复兴与宗教改革史》(*Humanists and Reformers: A History of the Re-
naissance and Reformation*, Grand Rapids: Eerdmans, 1996)。在历史脉络基
础上对此时期政治哲学的一种特别的考量,参见斯金纳(Quentin Skinner)的
《近代政治思想的基础》(*The Foundations of Modern Political Thought*)第一
卷《文艺复兴》(*The Renaissance*)(剑桥:剑桥大学出版社,1978 年)及第二卷
《宗教改革时代》(*The Age of Reformation*)(剑桥:剑桥大学出版社,1978 年)。
除了上述著作,更为晚近的由斯金纳和凯斯勒(Eckhard Kessler)主编的《剑桥
文艺复兴哲学史》(*Cambridge History of Renaissance Philosophy*)(剑桥:剑桥
大学出版社,1988 年),不仅包括关于这一时期的一系列论文,还包括内容广泛
的辅助性资源,例如此时代重要人物的传记以及第一手和第二手的书目。还可
参见伯恩斯(J. H. Burns)和戈尔迪(Mark Goldie)主编的《剑桥政治思想史,
1450—1700 年》(*The Cambridge History of Political Thought*, *1450－1700*)
(剑桥:剑桥大学出版社,1991 年),以及林德伯格(Carter Lindberg)的《欧洲宗
教改革》(*The European Reformations*)(纽约:牛津大学出版社,1996 年)。

① 沃格林对《政治观念史稿》计划的回顾,可以参见其《自传体反思录》(*Autobio-
graphical Reflections*),桑多兹(Ellis Sandoz)编(Baton Rouge:路易斯安那州立
大学出版社,1989 年),第 17 章。

哲学开始一直讲到当代的传统撰述方式并不合宜。沃格林研究的每一时期都迫使他对此时期的思想资源展开考量。中世纪便促使他进一步研究其基督教渊源。而对基督教渊源的探究又迫使他转向犹太教与希伯来。为了能以原文查考希伯来经典，沃格林师从一位当地的拉比学习希伯来语。这些研究迫使沃格林深入考察近东古代文明，并将其视为以色列赖以产生的母体。这便发展出了可以用沃格林自己的话作最佳表述的结论：

> 诸种政治观念的单线（unilinear）发展模式——从柏拉图与亚里士多德所谓的（supposed）立宪论，经由中世纪可疑的（dubious）立宪论，发展到现代辉煌的（splendid）立宪论——站不住脚了。①

当沃格林正在撰写有关 19 世纪的篇章时，影响《政治观念史稿》研究的第三个事件发生了。此时的沃格林得出了这样的结论：

> 观念史的概念乃是实存的意识形态歪曲（ideological deformation of reality）。除非存在当下的体验—符号化形式（symbols of immediate experiences），否则不会存在什么观念。②

这就使得沃格林从研究观念转向研究[3]观念所赖以产生的体验。上述三个因素指引沃格林跨出了观念史的领域。

---

① 《自传体反思录》，前揭，第 63 页。
② 同上注。

关于自己智识发展的这一阶段，沃格林写道：

　　就看到问题所在却又无法从智识上达到让自己满意的境界而言，我愿意把 1945—1950 年之间的这五年概括为一个难以决断（indecision）期——如果不是瘫痪（paralysis）期的话。①

正如每一个沃格林思想的研习者所知，1951 年在芝加哥发表的沃尔格林系列讲座中，他的思想突破（breakthrough）终有所表达。②

本书中的文本正是在这一初期阶段写就的，当时的沃格林正在努力澄清政治体验的内涵以及由观念研究向体验研究日渐明显的转型所带来的影响。不过，读者很容易被沃格林的转型所误导，即认为此种转型意味着与其研究所涵盖素材的割裂。诚如"《政治观念史稿》总序"努力阐释的那样，这并非实情。③上述的转型是对历史时段中的人物与运动加以更为深入的考察，并对其意涵做出更有意义的阐释。不仅对于我们理解沃格林的智识发展，而且作为一项对原始资料、历史运动及表述出一套历史中的秩序哲学（a philosophy of order in history）之人物——且不论此种表述成形与否——的研究，本书中的素材仍

---

① 前揭书，第 64 页。

② 沃格林的这一系列讲座后来冠以《新政治科学导论》（*The New Science of Politics: An Introduction*）（芝加哥大学出版社，1952 年）之名出版。

③ 霍尔维克（Thomas A. Hollweck）与桑多兹，"《政治观念史稿》总序"，收入莫拉基斯（Athanasios Moulakis）编，《沃格林文集》第 19 卷，《政治观念史稿》第一卷《希腊化、罗马和早期基督教》（*Hellenism, Rome, and Christianity*）（密苏里大学出版社，1997 年），第 1—47 页。

然具有价值。正是通过对历史的具体研究,沃格林才得出随后将由他揭示的、关于历史中的人类实存及其寻求秩序之努力的重要结论。有理由认为,《政治观念史稿》研究为沃格林的基本原则之一夯实了根基,这一原则便是:"历史的秩序源出于秩序的历史。"[①]

二　沃格林对此时段的概括

在《政治观念史稿》中,本卷涵盖了文艺复兴与宗教改革所代表的现代时期。[4]现代性的哲学之维,一直都是作为政治科学家的沃格林的著作主题之一,因而,对于试图理解沃格林之当代政治意识形态根源分析的人士而言,这些对于现代性渊源的研究具有特别的意义。生发出各色现代意识变体的诸种根源,在本卷各章节中得以探讨。其中,沃格林将现代时期概括为帝国基督教为代表的西方社会属世与属灵之统一性(the temporal and spiritual unity)的断裂。此种属世权威与属灵权威之间的断裂导致了教会与国家领域相对自治。

沃格林论证道,现代时期有两大肇端。第一个肇端以马基雅维利(Niccolo Machiavelli)以及——在某种程度上——伊拉斯谟(Erasmus)与莫尔(Thomas More)的著作为代表。第二个肇端则以宗教改革为代表。在历史进程中,后者的伟力已然掩盖了前者的光辉。主要由路德(Marthin Luther)继之以加尔文(John Calvin)的人格创生的宗教改革的力量,已经吸引了史家的注意力,并遮掩了马基雅维利、伊拉斯谟和莫尔所代表的发

---

① 沃格林:《秩序与历史》(*Order and History*)第一卷《以色列与启示》(*Israel and Revelation*)(路易斯安那州立大学出版社,1956 年),第 ix 页。

展。宗教改革释放了以各色教派运动(sectarian movements)为
代表的民间宗教(popular religion)被压制的力量,而在较早的
时期,这种力量足以被更为广阔的社群所吸纳。当此种早先的
吸纳日渐衰颓之际,民间宗教的力量喷涌而出,并围绕着路德所
提出的议题变得明晰起来。在许多情况下,这些被释放的力量
超出了路德所能想见的范围;不过,沃格林认为它们仍然遵从路
德的政治洞见,进而达致自己的结论。与其说是"现代",这些民
间力量显得更为"中古"(medieval)。在这一点上,沃格林与那
些当代史家一样,强调中古与宗教改革之间的连续性。然而宗
教改革中这些力量的新异之处,便是它们日渐不能再被包容到
教会的框架之内,并迸发为宗派(schism)。只有到了18世纪,
随着所谓启蒙运动的兴起,在新教势力看似已然耗竭之时,马基
雅维利、伊拉斯谟与莫尔的世界和现代性时期之间的关联才开
始被人们关注。例如,伏尔泰(Voltaire)可以被认为与伊拉斯谟
相关,而汉密尔顿则与马基雅维利若合符契。

　　本卷的四章致力于阐释上述两种现代性的肇端及其代表人
物。第四部分的一、二两章描述了第一个肇端即文艺复兴的进
程,[5]以马基雅维利(1469—1527)、伊拉斯谟(1466/1469—
1536)及莫尔(1478—1535)为代表人物。第三章则探讨了在宗
教改革前、中、后诸阶段出现并形成一种转型的教派运动。通过
研究与新教主义相关的两位领军人物——路德(1483—1546)和
加尔文(1509—1564)——第五部分的第一章刻画了第二个肇端
即宗教改革的进程。此四章共同构成了对现代时期主要渊源的
研究,并足以为我们理解一直渗入到19与20世纪的现代性的
种种特征提供基础。

三　本书的内容框架

马基雅维利可谓西方智识史上最为迷人又最富争议的人物之一,本书第一章是对马氏的一项精心研究。这一章又按照四个主要部分展开。第一部分是导言,旨在提醒读者,沃格林将会尽力超越经常与马基雅维利之名相连的道义指责,在我们试图对其政治思想进行理论分析时,这种道义指责并没有多大作用。虽然嘲讽并不能使我们获得对马基雅维利思想内容的认识,但也的确让史家们警醒于这样的事实:某件非同寻常的事情发生了。对沃格林而言,马基雅维利的重要性端赖于其天才与时代环境独特的混合。

本章的第二部分致力于检视马基雅维利生平中促使其思考的环境以及塑造其思想的资源。运用包括意大利治国术传统尤其是人文主义史家著述在内的这些资源,沃格林对马氏的时代背景进行了理论分析。人文主义史家们利用古代资源——尤其是李维(Titus Livius)——作为自己的典范,与基督教史纂传统分道扬镳,并把对于历史进程的理解世俗化。他们把关注的焦点放到了俗世中特定的个人及其行动之上。政治家与军事领袖变成了至关重要的人物,而其活动的舞台则是世俗的国家。行动的判准变成了国家的利益,这也反映出帝国及其属世与属灵统一性的解体。史家们的另一关注之处,便是可以回溯到古典时代欧罗巴与亚细亚之争的、来自亚洲的(Asiatic)影响与神话。[6]沃格林认为,对马基雅维利产生的重大影响之一,乃是帖木儿(Timur)①在其

---

① ［译注］1336 年—1405 年,其名的拉丁拼法为 Tamerlane,又称"跛足的帖木儿",具有突厥—蒙古血统,中亚的征服者,帖木儿帝国的开国皇帝,一度梦想恢复蒙古帝国,后死于侵略中国明朝的途中。

"生平"中以一系列神话般表现展示出的形象。这种形象与亚洲发生的现实政治事件一道影响了意大利传统及其对于历史与权力的理解,也体现在马基雅维利的著作之中。位于此种神话学(mythology)核心的,是一位在历史之中行动、依仗德性(virtue)直面命运的英雄——成为国家之中秩序的来源。

本章的第三部分探讨了马基雅维利的三部著作:《卡斯特拉卡尼传》(*The Vita di Castruccio Castracani*)、《李维史论》(*The Discorsi*)以及《君主论》(*The Prince*)。在其分析中,沃格林展示了马基雅维利是如何对权力——被认为超越了善、恶范畴——之显现(manifestation of power)的体验作出回应的。然而马基雅维利的回应并没有堕入虚无主义。相反,他认为强有力的领袖——君王——在命运面前具有德行,将会成为秩序的源泉。在《卡斯特拉卡尼传》中,英雄或君王的神话得到了最为完备的展示,当然在马氏的其他著作中也有所体现。

本章的第四部分阐明了沃格林对马基雅维利所作的结论与评价。这一历史研究点明了对马基雅维利之典型成见(stereo-type)的错谬之处,由此观之,沃格林的评价乃是正面的。马基雅维利既不是非道德(amoral)也不是反道德(antimoral);而是的确拥有一套自己倡导的精神原则。沃格林对马基雅维利的负面看法则来自他对马氏精神性(spirituality)的估价,认为它根植于异教的自然神话之中。在这里,问题依然不在于这种错误是本质上地(per se),毋宁说它是历史地(historically)。随着基督教的出现,一并产生了真理的历史分殊(historical differentia-tion of truth)。没有人能够让时光倒流,重返异教时代。既然真理已然分殊成为一种超越性的现实(a transcendent reality),逆流而动便意味着灵魂对那种现实的封闭,进而意味着一种向部落主义(tribalism)的返祖行为。尽管就其呈现出马基雅维利的思想渊源与意图而言,沃格林的分析可谓公正;然而它也暴露出沃格林所经验的现代性的主要特征之一———对于超越性的封闭(a closure to transcendence),就此而言沃格林的马基雅维利研究又是批判性的。

本书第二章讨论与马基雅维利一道参与现代性第一个肇端的伊拉斯谟与莫尔。沃格林主要探讨了伊拉斯谟的《论基督君主的教育》(*Institutio principis Christiani*)和莫尔的《乌托邦》(*Utopia*),两部作品均写于 1516 年,而这一年在沃格林的分析中具有非常重大的意义。

[7]伊拉斯谟的《论基督君主的教育》(*Education of a Christian Prince*)类似于马基雅维利的《君主论》。它属于一种常见的文体类别。伊拉斯谟希望能够发生一场改革。由于他对大众持怀疑态度,因而将人生之改革的希望寄托于君主。由是观之,他和马基雅维利的希望如出一辙,均认为君主将成为秩序的担当者。然而在伊拉斯谟那里,这一希望只有通过君王的基督教美德而非蛮力方能达成。伊拉斯谟寄望于基督教君主,希望他通过对基督教原则的虔敬成为秩序的担当者。不过,伊拉斯谟的基督教与体现为教会和圣礼(sacraments)的传统理解有所不同。在他看来,正如《新约》中表明的那样,基督教实际上是"基督的哲学"(philosophy of Christ)。基督徒对基督教诲的尊奉,与任何门生对伟大哲人或师长学说的推崇如出一辙。

沃格林认为,这种过分简化的(simplistic)基督教版本未免过于天真。作为一位传说中的饱学之士,伊拉斯谟究竟何以至此呢?当我们将其看作伊拉斯谟对其时代基督教体验的反映之时,事情就变得易于理解了。伊拉斯谟所遭逢的基督教,实际上是一种抱残守缺的经院哲学（epigonic scholasticism）。这足以解释伊拉斯谟为何会极力反对经院哲学及当时绝大部分的神学。通过发展一种建立在"伟大哲人"耶稣基督的教诲之上、体现在君王生活之中的行为哲学，伊拉斯谟试图对基督教进行改革。

尽管其愿望是良善的，然而在伊拉斯谟的著作中，对经院哲学及其对于基督教文明的贡献所持的负面态度却存在着问题。沃格林将其概括为伊拉斯谟智识上的傲慢（intellectual arrogance），作为情感上的反叛尚可接受，但作为智识反映却有偏颇之处。伊拉斯谟的态度代表着对神圣（the divine）取向的拒斥，代之以一种物质世界理性（intramundane reason），从而导致了随后西方文化中压倒性的智识上的倨傲（hubris）。伊拉斯谟的分析终于一种成为精神骄矜的理性，依据这种理性，某一"领袖"可以声言自己知晓诸事，而其所为的一切就个人而言看似正确的行为也都得以借此证成。这便是统治欲（libido dominandi）——对权力的渴望（the lust for power）。

另外，与伊拉斯谟把理性世俗化的做法相伴生的乃是视野的窄化。伊拉斯谟认为改革的关键乃是其行为足以形塑人民生活的君主本人。[8]在他对于政治的理解中，就算人民并不是对政治全无影响，他们所能产生的影响也只是微不足道的。君主则位居舞台的中心，他们看起来是在一种社会真空之中行动，这就使沃格林得出结论，认为"伊拉斯谟有一种独特的历史盲视症"。在沃格林看来，伊拉斯谟身上具备了当代某些知识分子的特征，即将自己闭锁在自我世界之中。我们最终在伊拉斯谟身上找到一种知识分子的贪婪狂（pleonexia），沉迷于一己的狭小圈子，却与历史实存的现实相隔绝。

这一章的剩余部分集中讨论莫尔的《乌托邦》。正如所有研究过这部著作的读者所知，又如为沃格林明确赞成的，《乌托邦》的短小篇幅与其思想的深刻性恰成反比。沃格林指出，有人曾经颇具讽刺意味地质疑说，莫尔同时是教会和共产主义运动的圣徒。这便表明了莫尔的复杂性。这种复杂性部分地体现在这部著作本身，部分在于"乌托邦"一词在莫尔的文本以外已经另有极其丰富的意涵。上述情况当然会对我们阅读莫尔产生影响，通过对此的分析，沃格林力图建立某种历史感（historical sense），以理解莫尔在其著作中的意图。

在探讨与莫尔相关的乌托邦写作方式之后，本章转入对《乌托邦》文本的分析。文本部分地代表着莫尔本人内心的斗争。他应该为国王和祖国效力，抑或应该从政治中抽身而退？对莫尔来说，那种朝向超越性属灵权力的调适已然式微，因此这种斗争已经世俗化了。其面临的困境及由此带来的问题，都是属于一位世俗化知识分子的。《乌托邦》的叙事者拉斐尔则代表着一种可能的解答。作为一个"无祖国之人"，他周游世界。他拒绝提供哲学建议，因为没有人愿意倾听这种东西。

对国家生活之参与问题的这一解答，是摆在莫尔面前的一项挑战。为了回应这项挑战，莫尔做出了与伊拉斯谟一致的区分，将哲学划分为两大种类：学院哲学（school philosophy）与国家哲学（civil philosophy）。国家哲学力图在其产生环境之中努力成为体系的一部分。这或许是莫尔自己的答案，但沃格林对此不以为然，而是给他贴上通敌者（collaborator）的标签。沃格林发现了真正的问题所在。精神的领域被取消了，国家试图获取本来应被正当地保留给精神的最终权威地位。我们正在通往一条即将全盘拒斥精神的现代性道路。

[9]这项研究揭示出现代性"第一个肇端"将要导引的方向。尽管伊拉斯谟与莫尔为此方向设置了限制,与之相比后世的思想家们就较少有这种兴趣了。从二人身上,我们可以看到人类理性(ratio humana)的转型,也就是说,由通过参与神之理性(ratio divina)对人性进行调适,转向依赖于指引物质世界生活的一套规则。

莫尔体察到自己社会的邪恶,即人民之贪婪狂的邪恶,此种邪恶与若干其他方式一并被表述为对于宏大的渴望(the lust for aggrandizement)。在这个意义上,可以说莫尔超越了伊拉斯谟,不再像后者那样忽视人民,仅仅把注意力放在君王的贪婪狂之上。在莫尔看来,此种社会邪恶的象征符号乃是私有财产(private property)。不过,沃格林也批评那些将莫尔视为早期共产主义者的人士。财产本身并不是问题——它只是更深层权力问题的象征符号。《乌托邦》里刻画的共和国(commonwealth)形象是莫尔对其社会进行的批判。与后世的思想家不同,莫尔思想中有足够多的基督教成分,使得他明白这个理想社会实际上是"乌有之乡",而其描述的共和国也只是一个"理想"。这便是莫尔与现代人之间的区别。莫尔知道自己的乌托邦只是供社会批判之需的理想,无从得以实现。上述事实为他提供了一种限制性的概念。他并不试图在地球上任何地方建起这样的国家。然而这些限制在别的思想家那里却已不复存在:从宗教改革时期的宗派激进分子到现代时期的实证主义者、社会主义者与共产主义者都概莫能外。

尽管存在上述限制,但沃格林仍然从莫尔神奇的旅程和充满想象力的构想中找到了荣耀(superbia)的存在。莫尔的智识理想为自身赢得了一种仅属于精神(the spirit)的绝对性(absoluteness）。这便导致了可以在伊拉斯谟身上找到的同样一种智识上的贪婪狂。这同时也是马基雅维利所展示的那种对权力的邪恶信仰（demonism of power），唯一的不同便是它披着理想的伪装。沃格林相信，人民可以从《乌托邦》中看到将对西方历史产生深刻影响的诸多概念的成形。由"这位人文主义知识分子顽皮的恶行"（playful atrocity of the humanist intellectual）肇始的曲线，以殖民主义、帝国主义、国家社会主义（National Social-ism）和公社主义而告终。

第三章以"上帝的子民"为题，是一项对基督教宗派运动的精妙研究。① [10]至早从 11 世纪开始，有代表性的（representa-tive）宗派运动的路径便得到彰显。沃格林指出，每个社会都在两个向度上发展：一是制度化的向度，另一个则是抗拒制度化之运动的向度。在每个社会中，针对塑造了其面貌的各种制度，都存在着一个永恒的抗拒性因素。就基督教社会而言，精神事务（the spirit）由教会体制予以代表，既然教会体制声称自己体现了精神，但是在人们看来，教会的行为方式却日见问题重重，因而这种抗拒或许会以宗教改革的形式开展。问题在于基督教社会里的教会通过与现世（the world）妥协的方式，体现了文明中的精神。教会是一种文明力量，是就其能够达成与现世的妥协并将精神的讯息带入人们的社会生活而言的。尤其值得注意的是，上述功能在教会体制中的实现，必须借助教士与圣礼制度（the priesthood and sacramental system）。这种制度正是各种宗派团体之反叛的矛头所向。

---

① 参见沃格林较早时期对登山宝训（Sermon of the Mount）中这一主题的处理，及其在《政治观念史稿》的第一卷《希腊化、罗马和早期基督教》第 160—162 页对本章的征引。

　　沃格林探讨的议题之一便是主流社会制度——这里是指教会——所能吸纳（absorb）各种革命力量的程度。"吸纳力"（absorptiveness）成为贯穿本章政治分析的主题；而且，沃格林在一封1941年的信件中仍然对此念念不忘，他如此评价本章："愚以为这是对西方观念流变的一项非常重要的综合推理，就其分析方式而言可谓前无古人。"①本章划分出"吸纳"从极盛到彻底衰微的四个阶段。

　　当制度化力量与反制度化（counterinstitutional）力量之间的吸纳表现出衰微之际，后一种力量变得日益反文明化（anti-civilizational）与革命化（revolutionary）。通过对一份清教小册子——《锡安荣光一瞥》（*A Glimpse of Sion's Glory*）——的细致研究，沃格林分析了精神改革与社会革命之间的关联。这个文本以及沃格林对其的反思构成了这样一项研究，即在更为广阔的社会背景之下展示这些宗教改革运动所代表的社会趋势。沃格林还揭示了这些运动受到的特定东方影响，使读者注意到托名狄奥尼修斯（Dionysius Areopagita）和爱留根纳（John Scotus Erigena）的著作。

　　本章的特别重要之处在于，它提供了丰厚的历史基础，[11]使沃格林得以发展出诸多关于灵知主义（Gnosticism）及其对现代世界发生之影响的结论。② 在沃格林看来，他研究的种种宗教改革运动中包含的灵知倾向，在启蒙运动和实证主义的世俗

---

① 沃格林致麦格劳－希尔出版公司（McGraw-Hill）教科书系列的编辑马克斯（Fritz Morstein Marx），1941年5月6日，同上注，第4页。
② 读者可以查阅沃格林其他关于现代灵知主义的研究，《新政治科学导论》第4—5章，以及《科学、政治与灵知主义：两篇论文》（*Science, Politics and Gnosticism: Two Essays*），费茨帕特里克（William J. Fitzpatrick）英译，桑多兹作序（1968年首版；Regnery，1997年重印）。

主义沉思(secularist speculation)中得到了完整的体现。

　　沃格林在现代意识形态将世界转化成一个完美者共同体(a community of the perfected)的努力与基督教宗派运动之间建立起关联,读者将会对此尤其感兴趣。这种关联是通过分析特定意大利作者的著作得出的,这些作家对于第三王国(the Third Realm)的思考为此提供了线索。沃格林认为,但丁对阿波罗式世界帝国(Apollonian imperium)的吁求标志着这一过程的完结。正是通过这一意象,对完美王国的神秘主义沉思得以转入物质世界智识的领域。这也构成了与启蒙运动及其他旨在神化人性、在此世建立完美属灵王国的运动中智识完满(intellectual perfecti)的勾连。沃格林最后评述说,这种过程在尼采之狄俄尼索斯式的超人那里得以最终实现。在这种意义上,文艺复兴所开启的事件以尼采告终。

　　在第五部分第一章,读者终于看到了沃格林对宗教改革的讨论。关注的焦点现在转向了路德与加尔文。沃格林用"大混乱(一)"作为本章的标题,表明了他对宗教改革时期政治思想的整体评价及其关于这一时期将会进入第二阶段(此阶段将在下一卷中得到处理)的洞见。就其政治哲学而言,沃格林对宗教改革时期抱有一种颇为悲观的看法。他说:"如果说宗教改革有什么突出特征的话,那就是这样一桩事实——我们无法将这一时期与哪怕一位伟大政治思想家的名字联系起来。"

　　宗教改革的伟力在于路德的个人品质。路德的观念之所以能够广为人知,部分原因在于印刷媒介的出现以及有阅读能力的公众经由大学得到的发展。斗争首先围绕赎罪券(indulgences)议题展开,并很快扩展到先前教会的社会生活未能恰当处理的议题上。沃格林用柏拉图对某一神话的讨论看待这一阶段出现的问题，[12]由于时过境迁，从历史角度观之，这一神话已经变得不复真实。沃格林在此采用的一个实例，便是对当时关于圣餐变体论（transubstantiation）的种种讨论进行的评估。

尽管赎罪券议题成了引发其他议题的"导火索"（trip wire），但是路德及其他人的个人品质却导致了沃格林所称的"脾气急躁的论辩、受到伤害的感情以及往往事与愿违的散漫论说"。若有更为伟大的心智和更为冷静的个性，那么在所有冲突议题上人们或许都能达成更为合理的妥协。然而，宗教改革的情况却并非如此。这样一来，起初围绕技术性神学事务展开的颇为抽象的辩论，最终发展成西方教会全盘叛乱之势。

接着，沃格林考察了路德在关键的五年（1520—1525）中发布的几篇著述：《致德意志民族基督教贵族书》（*Address to the Christian Nobilities of the German Nation*，1520）、《基督徒的自由》（*The Freedom of a Christian*，1520）以及《俗世权威：它在何种程度上应当得到服从？》（*Temporal Authority: To What Extent Should It Be Obeyed*，1523）。在所有这些著述里，讨论的焦点都在于路德提倡的政治建议。所有基督徒的教士制度、因信称义（justification by faith）以及对经院哲学的反对，上述方面的教诲均已按照它们对于政治理论的意义得到了分析。下面几件事情值得一提：首先，沃格林彰显了作为革命讯息出色信使的路德——其个性的纯粹力量。其次，沃格林指出，对作为一名思想家自己所从事之事的意义，路德明显抱有误解。许多思想家会惊骇于由自己肇始的事件，进而试图终止事件发展的趋势——有时这种努力并不成功，而沃格林便把路德视为此类思想家的先驱者。路德确定了这样的原则：每人都能为他\她自己就《圣经》经文作出解释，正是上述状况一个很好的例子。路德把这项原则作为攻击经院哲学的武器。沃格林认为，路德在这一点上与伊拉斯谟和莫尔一致，都具有一种反哲学论（antiphilosophism）的态度。当其他人把这一原则发展到极致——正如一些宗派思想家把自己对上帝的认知化为运动之原则（the principle of movement）——的时候，路德却对此瞠目结舌。不过，沃格林指出，这也正是攻击基督教文明力量之可以预见的结果。

对于由路德肇始的政治变革而言，1520 年和 1525 年之间的 5 年是至关重要的时段。尽管此后路德又活了 20 年时间，不过由他开启的反叛事业已经江河日下。[13]新教宗教改革的成功遮蔽了我们对于路德之负面影响的认知。通过阐明其影响到西方历史的四个关键观念，沃格林总结了自己对于路德的分析。

首先，路德以其因信称义原则，攻击并摧毁了基督教精神文化的核心，这是对"信由爱塑成"（fides caritate formata）之信条这一中古基督教的重大文明成就的攻击。对于路德而言，信仰变成了相信由《圣经》记载之客观化启示（externalized revelation）的外在行为。由恩典（grace）塑造生活的个人的内在性（personal intimacy）荡然无存。而证成（justification）也成了无从影响个人经验生活的外在行为。身体与灵魂、精神与俗世被割裂开来。

其次，也是与上述第一种观念有关的是，就其攻击亚里士多德式的经院主义哲学和一般学说而言，路德在摧毁西方智识文化方面难辞其咎。与伊拉斯谟一样，他的反哲学论态度已经创造出一种模式，人们可以在启蒙运动哲学家身上，在当代自由主义者、法西斯主义者的无知身上找到与之若合符契之处。

第三，借助"唯独信心"（sola fide）原则，路德摧毁了人类实

存的平衡(the balance of human existence)。既然与上帝有关
的议题都已得到解决,通过拒斥沉思生活,集中关注此世的劳
作,路德铺平了社会中功利主义的实用主义(utilitarian prag-
matism)道路,而这条道路无从回应现代革命的大众运动。最
后,在其变革中意义重大的路德自身的人格特质,乃是反叛传统
秩序、将自身意志强加到周边事物之上的任性而为(self-willed)
人物的原型。在路德时代之后的西方思想史上,人们可以再三
发现这种人格特质的例证。

最后一章的最后部分是对加尔文著作尤其是《基督教要义》
(*The Institutes*)的分析。在沃格林看来,加尔文是在致力于解
决路德革命遗留下来的问题——也就是处在受上帝弃绝之人
(the reprobate)重围中的选民(elect)。他们应当做些什么? 他
们是茫然无助的吗? 他们将一直都是被孤立的个人吗? 他们应
当努力组织成为小的团体吗? 他们应当从基督教主体中抽身而
出吗? 上述种种解决途径都不能让加尔文感到满意。根据沃格
林的看法,加尔文接受了路德的残余者(the remnant)观念,却
又希望将残余者转化为可以取代天主教会的普世教会。那正是
《基督教要义》一书的主要内容,该书是一部务实的政治著作,力
图建立与证成一个普世教会,[14]赋予其自身的认同、圣礼与领
导层等等。尽管该书的篇幅与讨论主题(即明显的神学)遮蔽了
上述目的,但它仍然是加尔文新秩序的应时之作(livre de cir-
constance)。《圣经》经文、教义以及其他的一切都屈从于加尔
文的意志。在文本的背后矗立着加尔文的个人形象——一个力
图将其意志加诸日内瓦人民的人物。①

---

① 　参见本书第 276—277 页上编者对注 30 的补充,阐明新增的历史资料或许有助
　　于我们修正沃格林对加尔文的评估。

　　加尔文从两个方面达成了自己关于一个新的普世教会的宣言。首先,他采用预定论(predestination)的教义,将选民和非选民都纳入这个教会之中。关于这一点的讨论或许还不太多,但需要注意的是,只有在事物可以团结一致的时候,上述想法才可能奏效。其次,他斥责旧式教会的腐败——它根本就不是什么教会,因此也就无法与加尔文新的普世教会相匹敌。

　　加尔文未能理解托马斯主义(Thomistic)与柏拉图式的(Platonic)象征符号理论,在此基础上沃格林批评他对于预定论教义的使用。就主流神学而言,预定论教义一直被理解为一种类比(analogy)。在加尔文的体系中,它成了一项俗世固有的(world-immanent)、经验性的命题。沃格林认为,这可能是加尔文宗教体验的深刻性导致的,然而以这种方式建立教义却超出了可以容许的范围。与路德及伊拉斯谟一样,加尔文或许代表着其时代学术制度的衰微。学术探究——尤其是在神学领域之内——已经降为二流,不再能够因应信仰体验所提出的各种问题。路德、加尔文甚或伊拉斯谟的反叛,无不反映出此种学界状况。而正如沃格林在其著述中时或旁及的那样,这种状况与他在自己时代学术界所见并无二致。

　　对政治理论同样具有意义的事情在于,加尔文不仅希望建立一个普世教会;而且希望这个教会可以成为历史中的一股有生力量,促成上帝王国的进展。加尔文预想的种种政治秩序与行动——有武器的先知、政府在各社会等级(estates)中的代议机构以及王公之间的联盟——构成了紧随新教革命而至的大型宗教战争的意识形态武库。考虑到社会的解体[15]以及更具活力之组织的角色,在沃格林看来,加尔文的选民政治构想很像是我们今天所称的新精英(a new elite)理论。由于危机年代赋予

无形的教会更多的可见性，加尔文可以利用《圣经》中的象征支
持自己的政治构想。

　　与路德一样，加尔文的观念也对西方历史产生了影响。在
加尔文的时代，精英系指新教的选民。新教没落之际，新的精英
继之崛起并根据其革新了的意志展开行动，力图对历史施加影
响。他们的形象可以在孔德（Comte）等人的著作中得以体
现——沃格林认为孔德与加尔文颇多共通之处——并在我们时
代的极权主义运动（totalitarian movements）中再度复生。

四　对沃格林之路德与加尔文解读的一个注释

　　一般说来，我们一直都在这篇导言中避免对沃格林思想的
阐释，不过对于路德与加尔文的章节而言，我们认为有必要加一
个专门的注释。接触到这部分文本的读者或许会诧异于沃格林
颇为强烈、甚至有时富于敌意的批评。阅读过路德与加尔文作
品的神学家在接触沃格林的著作时，或许也会对这些章节颇感
惊奇。再者，与这部分提到的其他人物有所不同，路德和加尔文
至今仍被认为是一些较大社群的精神导师，而这些社群或许会
对沃格林书中所言深感震惊。因此，在此附注少许阐释性的文
字还是必要的。

　　首先，尽管世界各地有数以百万计的人们是路德与加尔文
的精神后裔，并对两人抱有很高的历史敬意，但历史并不同于圣
徒传记（hagiography）。沃格林并不是在撰写对两人的礼赞文
字，而是致力于对两人著作中反映出的政治思想进行认真的理
论分析，并揭示其思想对于西方政治史的影响。实际上，沃格林
的论点是：宗教改革运动在历史上的影响趋向于遮蔽了对路德

和加尔文更为细致的分析与批评。此外,沃格林的著作也是对两人在政治观念发展过程中所发挥之重要作用的体认,尽管他认为这些观念并不总是正向的。

其次,有必要提及,沃格林并没有把造成此时期之断裂的全部——甚至主要的——罪责归咎于[16]路德和加尔文。一方面,教会此时已经分裂。这已成为莱比锡辩论中(Leipzig Disputation)的一个议题。根据沃格林的看法,对于教派主义(schism)在希腊教会(the Greek Church)与拉丁教会(the Latin Church)之间发挥的作用,史学家们的研究尚欠发达。在一个很长的注释里,沃格林看似同情这一观点:宗教改革的断裂可能是东西方之间主要教派主义导致的后果。另外,那些被释放的力量——尤其是经由路德的个人品格释放出的力量——并不是单凭路德一己之力就横空出世的。实际上这些力量早就已经存在于局中。因此,教会难辞其咎。正如沃格林指出的,

> "伟大人物"(great individual)的出现并未导致变革,它本身也只是文明崩溃的症状之一,这种崩溃的文明只是需要在变革中找到一个宣示自己的合适场合而已。从这一普遍原则出发,我们并不能将教会视为一个例外。

在文本的其他地方,沃格林指出了在罗马教会发生之反叛的主题(burden),他写道:"罪过主要在现存机构的各统治阶层身上,而不应怪罪那些变革者——他们本身便是应负其责的当局处置失当(mismanaged)而酿成乱象的产物。"①

这些引言表明,尽管沃格林对路德和加尔文的评价较为负

---

① 参见本书后文第 279—280 页的注 35,以及第 247、285 页。

面,但也的确认识到他们本身就是一系列社会环境的产物,正是这些环境因素塑造了他们对时代的看法。考虑到秩序的崩解以及牵涉其中人物的性格特质,宗教改革运动看起来是不可避免了。在这点上,回顾一下沃格林对早先时代——如中世纪早期——之衰颓的考古学讨论将颇有助益。沃格林写道,圣方济各(Francis of Assisi)"拓宽了我们的世界,但其主要宗旨……却促成了物质世界(intramundane)力量新的突进(irruption);它并未带来一种新的综合(synthesis)"。这样一来,"其他问题便被忽视了"。圣方济各当属伟大人物之一,然而即使在此处,沃格林仍然发现了他认为在宗教改革时期真正爆发的这种突进。物质世界突进并非只是像宗教改革运动期间那样剧烈激进(acute),还有其缓慢累积(chronic)的一面,而其构成因素则渗透进中世纪的前期。按照沃格林的评价,阿奎那(Thomas Aquinas)的确在人、基督徒与超越经验(transcendent experience)的许多因素之间寻得了一种平衡与谐和;即便如此,沃格林仍然就其思想的某些方面(例如对自由及参与政府的强调,以及独立知识分子的角色等),把阿奎那描述成"离成为革命者只有一念之差"。[17]沃格林有时甚至会谈论"圣托马斯近乎新教的圣灵论"(the almost Protestant spiritualism of Saint Thomas)。①

　　第三,必须谨记沃格林在本书中进行的分析并不是神学分析。或许有人会说,我们无法在神学与政治哲学之间做出截然的区分,而在像沃格林这样的思想家的著述之中更是如此。不

---

① 《沃格林全集》卷20,《政治观念史稿》第二卷,《中世纪(至阿奎那)》(From Middle Ages to Aquinas),西沃尔斯(Peter von Sivers)编(密苏里大学出版社,1997年),第142页、第230—231页。注意:沃格林并不是在反对物质世界力量;他只是乐于看到这些力量与其他超越性的及基督教的实存维度之间的平衡。

过,沃格林在本书中清晰地表明,他致力于分析的乃是路德与加尔文著述的政治意义,而非他们的教义内容。然而,在一些场合下他的确试图进行一些神学上的批判。例如,他指出加尔文可能并未发展出一套合格的符号(symbolism)理论。对加尔文的这一评价应当放在时代脉络之下加以理解。正如沃格林本人清楚表明的那样,问题并非始于加尔文。就此而言,《政治观念史稿》本卷的读者应当牢记,它属于一个规模更大的丛书之列。沃格林所称的"对符号的开明误解"(the enlightened misunderstanding of symbols)与"将智识运思扩展到信仰与神话领域之灵知倾向"(the Gnostic inclination to extend the operation of the intellect into the realm of faith and myth),实际上是一个最早自 12 世纪即已开始的过程。在此背景之下,他甚至将圣托马斯"置于罪人(sinners)之列"。

在神学阐释方面更具深度的一个例子便是沃格林对路德因信称义学说的看法。这当然是一个中心议题——对路德而言这是宗教改革运动的中心议题——而沃格林看起来则通过自己的分析阐发了这一点。这是种精微的分析,同时对于宗教改革运动之影响的随后历史而言,也潜在地切中其肯綮。因信称义在此展现出一种纯粹辩论性的污名(forensic imputation),对人类体验并无实际可起改造作用的效果(transformative effects)。这便将上帝有效地从历史的平面上驱除,并培养起一种关于人类行为之激进去神圣化的(dedivinized)自主性观点。就加尔文符号理论的观点而言,我们需要再次牢记这种思维在中世纪晚期唯名论(nominalism)和唯信仰论(fideism)之中的历史根源。

[18]然而很明显,沃格林的"神学"观察仍然存有争议,人们可以质疑其中有些地方不够分殊化,在(沃格林意义上的)"科

学"的当前语境下尤其如此。例如,回到加尔文符号主义的问题上来,人们可以提出这样的疑问:在宗教改革者之间复杂的圣餐争议(eucharistic disputes)甚或后来发生在天主教的特伦托会议派(Catholic Tridentines)之间的争议中起作用的因素,实际上是这样一种努力——摆脱关于体验的粗糙的物理主义(physicalistic)观点,并发展出一种只能依靠符号加以指涉、体认到体验的超越性之维的看法。[①] 然而,加尔文或许并未探究其预定论思维所产生的影响,沃格林也正是在这个意义上对其进行批判。与此相仿,沃格林对路德称义学说的阐释也许可以被理解成对某种"倾向"的揭发,此种"倾向"存在于路德的某些著作之中,最终对新教此后的历史产生了一种不平衡的(lopsided)影响。但它又是一种由各种矫正举措(correctives)加以衡平的倾向。既然在沃格林看来,路德已然将信仰与事功(works)割裂开来,那么当他讨论优秀事功的作用时,《基督徒的自由》一文中的路德形象是否是自相矛盾的呢? 还是说路德并未割裂信仰与事功,只是对二者进行了区分,类似于那种在耶稣的神性与人性之间进行区分而非割裂的做法呢? 这可能使他得以将优先性赋予作为良善事功之源泉的恩典及信仰。[②]

---

① 例如,对加尔文颇为复杂的象征理论的一篇介绍,可以参见弗赖伊(Roland M. Frye)的论文《加尔文对象征性语言的神学用途》("Calvin's Theological Use of Figurative Language"),收入乔治(Timothy George)主编的《加尔文与教会:宗教改革的棱镜》(*John Calvin and the Church: A Prism of Reform*, Louisville: Westminster/ John Knox, 1990),第 172—194 页。

② 参见汤普森(William M. Thompson)的论文《圣徒、称义与圣化:一项普世性的思想实验》("The Saints, Justification and Sanctification: An Ecumenical Thought Experiment"),收入《为我教会》(*Pro Ecclesia*)杂志,1995 年第 4 期,第 16—36 页;以及《借加尔文慧眼观称义说:一项普世性实验》("Viewing Justification through Calvin's Eyes: An Ecumenical Experiment"),载《神学研究》(*Theological Studies*),1996 年第 57 期,第 447—466 页。

最后，从其对宗教改革运动的阐释来看，人们可以发现沃格林关注秩序，并关注那些使秩序陷入混乱的人物、运动及表述在历史中造成的后果。他特别重视人类意识与社会历史之中的间性平衡(metaxic balance)。路德和加尔文代表着那种在动荡年代生活与著述的人物，而根据沃格林的观点，他们又进一步加剧了此种动荡。路德与加尔文通过其反哲学论，正和截至那时在历史中发展出的秩序的文明力量背道而驰。如果我们仔细阅读这一文本，就会发现沃格林在书写此文本时自身的实存状态，[19]可能成为他对宗教改革做出此种阐释的因素之一。他指出西方文明的精神制高点可以从"信由爱塑成"(fides caritate formata)的伟大教义——上帝与人类之间的友爱(amicitia)之中觅得。这种情况已经一去不返，而沃格林在自己所处的时代深切地体验到其后果，并由此得出结论，认为在现时代，"除了恩典缺失、人性被囚的荒芜状态之外别无他物"。这便是沃格林撰写此书时所见的世界。这一世界乃是宗教改革期间迸发之大衰变的产物。这样看来，沃格林对该时期的政治哲学颇有微词也就不足为奇了。沃格林不仅是在评估他所认为的路德与加尔文在宗教改革中扮演的角色，同时也是在探究由其著作引致的影响。对一名学者而言，舍此之外的做法都将是不诚实的。若我们对其他事情抱有期待，对沃格林来说也将是不公正的。如果对这些人物的政治意义有什么别的诠释，那就直截了当地表达出来，让它进入公众讨论好啦。无论如何，我们都应该允许沃格林在其学术发展的这一时刻，对该历史时段的政治思想做出自己的阐释，抒发其一家之言。

沃格林多次清晰地辩称，应当将分析建立在当代科学(他本人意义上的)发展状况之上。循此，他可能最早认识到有必要将读者面前的这一著作予以更新。在适当的地方,我们总是在编者对书中注释的补充里,指明那些重大的研究成果,或许有助于读者深化对书中某些观点的认识。在此我们举出一个沃格林如何重新思考自己观点的事例,权作本部分的结尾。本书对新教做出的阐释——正如对路德和加尔文的分析所指明的——将会使读者认为黑格尔(Hegel)在某种近乎完全的意义上代表着"新教的自我"(Protestant self)。很明显,沃格林与黑格尔的路德形象颇为相像,而沃格林提出从路德到黑格尔乃至马克思之间,存在着"一个清晰可辨的意义链条",尽管这一链条并没有遵循"任何的内在必然性(inner necessity)"。① 不过,在随后写于1975 年的一个研究中,沃格林明确地指出某种细微的区别,他写道:

> 在我们的时代,(那种)对智识与精神结构的野蛮毁坏正处于修复的过程之中。我只需举出[20]卡尔·巴特(Karl Barth)在《信以致知》(*Fides Quaerens Intellectum*,1934)②一书中的出色研究,这一研究使其作者得以修正自己的《教义学》(*Dogmatik*)。安瑟尔谟(Anselm)在神秘与理性之间维系平衡,而作为顶尖新教神学家的巴特则重申对其的兴趣,这或许可以引发我们的重新思索,以探究黑格尔的原则是否真如他自己所坚信的那样是一种"新教"。③

---

①   沃格林:《从启蒙到革命》(*From Enlightenment to Revolution*),哈罗威尔(John H. Hallowell)编(杜克大学出版社,1975 年),第 283 页。

②   [译注]Fides Quaerens Intellectum 意为"寻求理解的信仰",巴特原书有副标题"安瑟尔谟关于上帝存在的证明"。

③   沃格林:《答阿尔蒂泽教授的〈新的历史与新生却又古老的上帝?〉》("Response to Professor Altizer's 'A New History and a New but Ancient (转下页)

　　此时沃格林的脑海中是否有着新的想法呢？对这个问题的
回答，我们只能从这本重要研究著作所包容的丰厚蕴含中寻求
证据了。

编者说明

　　我们和《政治观念史稿》系列的其他编者一样，遵循密苏里
大学出版社拟定的指导原则及编辑建议，在改动沃格林原著文
本的问题上着意持保守态度。一般说来，我们在适当的地方将
拼写、标点及大写变为现代用法；偶尔也会将某些极长的段落拆
解成较短的分段。我们还改写了一些作者独有的牵涉到介词的
词组——例如沃格林所用的"熟视无睹"这一词组，我们会将他
的 blinded for 改写为 blinded to。尽管在撰写《政治观念史稿》
的时候，沃格林已经拥有极高的英文造诣，但我们仍有必要注
意：在其英文写作中仍然可见其母语——德语——的痕迹。例
如，本卷中动词经常会出现德语中的"第二位"（second

（接上页注③）God?'"），收入《沃格林文集》第 12 卷《发表的论文集：1966—
1985》（*Published Essays，1966－1985*），桑多兹编（路易斯安那州立大学出版
社，1990 年），第 301 页。黑格尔的新教原则乃是对人类自主性的擅取（appro-
priation），沃格林认为在此原则中隐含着一种所谓的绝对自主性。参见黑格尔
《历史哲学》，西布利（J. Sibree）英译（纽约：Dover，1956 年），第四部第三篇。沃
格林对路德和加尔文的阐释与其发展中的对"现代性"的看法是一致的——正
如后者在其思想与著述中经历了一个日渐分殊化的过程，前者也是如此。沃格
林的研习者将会发现，就其受到沃格林的启迪得出自己的判断而言，下列两本
著作颇值得推荐：一是洛瑟（Bernard Lohse）所著《路德：生平与著作引论》
（*Martin Luther: An Introduction to His Life and Work*），舒尔茨（Robert C.
Schultz）英译（Fortress，1986 年）；二是波弗斯玛（William J. Bouwsma）所著《加
尔文：一幅十六世纪肖像》（*John Calvin: A Sixteenth Century Portrait*）（牛津
大学出版社，1988 年）。

position）。这种情形的典型例子包括："在和解的过程中新的……被传播"（In the course of this pacification were promulgated the new ...）以及"此后不久……开始了"（Not much later began the ...）等等。此种德语文法乃是沃格林特有的风格，我们对其未加更改。我们对脚注的增补同样秉承一种保守的态度，在适宜的场合更新了相关的研究文献，如果可能的话也补充了更为完整的出版信息。有些时候，当现有研究看起来要求我们展示沃格林所做研究之外的观点时，我们会把相关的评论放在脚注中的中括号之内。对于那些英文以外语言的引文，我们还提供了英译。

戴维·L·莫尔斯

威廉·M·汤普逊

第四部分　现代世界

第一章　权力之秩序：马基雅维利

[31]对大众而言，马基雅维利(1469—1527)的名字依然陷于道义主义(moralistic)谴责的阴影之中。① 反宗教改革②时期的反马基雅维利宣传品，主要是把马氏在《君主论》中对政治经纶之术的阐发作为批判的矛头所向；而且，除了在为数甚寡的史家那里，马基雅维利一直都是作为《君主论》这一名著的作者而见称于后世。《君主论》的出版，是马基雅维利辞世之后的事情，就连书名都是出版商拟定的，而马氏对君王建言的道义性(morality)，则成为后世对其评判中的重大议题。几乎毋庸多言，这种道义主义宣讲的成见不能成为对马氏观念的批判性分析的基础。从这种歪曲了的马基雅维利形象之中，我们所能保有的莫过于这样一种观点，即发生了某种意义深远的变化，相对于处理政治问题的诸种传统而言，可以说出现了一种巨大的断裂——从《君主论》的作者开始，政治观念史进入了一个新的、"现代的"

---

① 《政治学评论》(*Review of Politics*)第 13 期(1951 年)：第 142—168 页。

② [译注]也称罗马天主教改革运动，指 16—17 世纪初罗马天主教内部进行的改革运动。由罗马教廷联合当时西班牙的封建势力发动。其目的是对抗宗教改革运动，并维护罗马天主教的统一和权威。

时期。

　　然而,就算上述扭曲印象残留的影响之大小尚有待证明,人们如此怒不可遏地专注于这部邪恶之书,以至于已经形成了这样的幻象:《君主论》的作者是一个孤独的人物,有点像是道义上的畸形人,或许马基雅维利的出现本身,便是怀了邪恶的目的,存心要让专研 16 世纪的史家们难堪,如果不是这位"谜一样的人物"的横空出世,他们大可以用宗教改革为自己 16 世纪的历史叙事完美地开一个好头。①

　　事实当然并非如此。马基雅维利并没有什么特立独行或是神秘莫测之处。[32]与所有人一样,他的观念具有一种世代相沿而牢固的史前史,在其所属的时代,马基雅维利的诸种观念也被其他许多人所共有。具有历史独特性的乃是马氏的天才,以及所处环境各因素的特殊布局,使之运用其才将时代诸观念凝集于君王的符号一身,君王通过命运(fortuna)与德性(virtù),将成为意大利的救主与重建者。

一　传记式背景:马基雅维利与圭恰尔迪尼

　　天才与时势的结合是一件难能可贵的事情。让我们先来看看这种躬逢其盛的造化。至少就政治观念史而言,1494 年或许堪称现代世界的开端之年。正是在这一年,应斯福扎(Ludovico

---

①　参见艾伦(J. W. Allen)所著《16 世纪政治思想史》(*A History of Political Thought in the Sixteenth Century*)(Methuen,1928 年;Barnes and Noble,1960 年重印)的材料组织方式。其叙事自路德和加尔文始。思想成形先于宗教改革的马基雅维利与圭恰尔迪尼(Guicciardini),被置于关于意大利一章的末尾。莫尔前宗教改革的《乌托邦》,则被作为科罗利(Crowley)与斯塔基(Starkey)的附录加以处理;而看起来更显得碍手碍脚的伊拉斯谟,更是被有意地忽略了。

Sforza)的吁请,法王查理八世开始入侵意大利。到这一年岁末,皮耶罗·德·美第奇(Piero de' Medici)被逐出佛罗伦萨,该城进入共和国时期。从 1498 年直到美第奇家族复辟的 1512年,马基雅维利一直在共和政府中担任国务秘书(secretary of the signory)一职;而且在 1502 年被选为终身执法官(gonfaloniere)的索代里尼(Piero Soderini)治下,马基雅维利得以推行自己的公民军队(popular militia)计划。在这些年里共和体制并不稳固。当年紧随佛罗伦萨内部纷争而来的美第奇家族事实上的君主制,已经成为政治上稳固的政府形式;而向共和政体的回归,则重新开启了派系间的争斗,加之美第奇家族 60 年的统治已经破坏了制度传统的连续性这一事实,这种局面更趋恶化。因此,新时期成为一个宪政实验的阶段,而萨伏纳洛拉(Savonarola)的活动则为之进一步增温。在各派敌对政治势力斗争中出现的佛罗伦萨政治体制,突然成为纯理论的(doctrinaire)宪政辩论的对象,同时迄至今日,这些斗争本身也为历史叙述提供了素材。这段共和政府时代作为历史的偶然事件,也培植出对于政治的体系化与理论化关注的兴趣,而其佛罗伦萨史纂,也使马基雅维利有别于其前人。

第二个必须予以考虑的环境因素在于马基雅维利的年龄。他生于 1469 年;[33]30 岁成为国务秘书;当其在共和国治下的政治生涯走到末路时,马基雅维利 43 岁。他在自己生命中非常重要的一段时期一直投身于共和体制的实验。在被迫赋闲的时期,他于 1513 年开始撰写《君主论》,这段时期不应被看作退回到类似于历史插曲的地位,实际上它正处在佛罗伦萨向美第奇家族世袭君主制发展的过程之中;此间发生的事件仍然在促进马基雅维利的政治思考,并推动其找寻政治中的典则,裨使对于行动法则的掌握能够成为在想望的方向取得成功的基础。然而,在这个问题上,我们很难将马基雅维利的天才与其生平环境明晰地区分开来。

被迫退出公职生涯将马基雅维利中年的政治经验提升到一种在抽象性和概括性上不确定的水平,如果没有这段经历的话,他的政治著作就不会具备我们今天看来所具备的取向。这是一种不负责任的说法。但是,我们知道在马基雅维利较为年轻的同时代人圭恰尔迪尼(Guicciardini,生于 1483 年)那里,也同样具备基本的共和主义观念、对于人性同样轻蔑的悲观估计,甚至对于政治活动动机的更为敏锐的幻灭洞见,这些因素并没有让圭恰尔迪尼展开将政治理论化的尝试——恰恰相反——它们使圭恰尔迪尼将历史的流变看作由行动构成的须臾不停的现状,它是如此密切地取决于周遭的环境,以至于根本就没有剩下什么可以作为政治擘画之基础的典则的空间。因而,在圭恰尔迪尼看来,政治可以化约为在现存权力单元之间展开的、表现为外交与军事行动的追逐权力的日常争斗,而马基雅维利那种统一意大利的梦想在这种政治观中毫无立足之地。结果与其年长一些的朋友(马基雅维利)相比,圭恰尔迪尼这位更为年轻的外交家和史学家,如今会遭受更多被指为"犬儒主义"的抨击——尤其是因为他更多地投身政坛,在元老院(the Curia)任职,在一个无论作为教皇抑或作为美第奇家族成员都被他自己鄙视的家伙①手下做事。

正如我们曾经指出的,对于理论分析而言,此类道义主义的

---

① [译注]美第奇家族曾经出过多位教皇,圭恰尔迪尼曾经历仕教皇利奥十世(Leo X,1513—1521)乔瓦尼·洛伦佐·美第奇(Giovanni di Lorenzo de' Medici)以及克莱门特七世(Clement VII,1523—1524)尤里奥·尤里亚诺·美第奇(Giulio di Giuliano de' Medici)。

陈词滥调并没有多大用处。对于两人之间态度的差异，我们宁可倾向于通过如下的事实加以解释，那就是在佛罗伦萨共和政府时期，圭恰尔迪尼年龄尚小，无法深度卷入其中；同时他出身贵胄，通过自己的家庭纽带便可以确保顺利获取枢机主教之位，或是在政界飞黄腾达；另外，作为外交官和行政官员，圭恰尔迪尼都曾有过不俗的表现；[34]30 岁之前，他已然从心理上接受了意大利的新局面；①因此，他也就不必受制于马基雅维利所遭受的那种纯理论的掣肘之处。在圭恰尔迪尼看来，正如其在《李维史论》(*Discorsi*)中的见解所揭示的，马基雅维利看上去像是一个有点不够现实的热心家和政治中的乐观主义者。与反宗教改革时代对于马基雅维利的口诛笔伐相比，圭恰尔迪尼作为马基雅维利杰出的同时代人，对于马氏的观念有着更为透彻的认识，也更清楚马氏讨论的对象究竟为何物。若想对《君主论》的

---

①　我把这种判断的依据寄托在圭恰尔迪尼 1509 年所著的《佛罗伦萨史》(*Storia Fiorentina*)，并将这本书作为圭恰尔迪尼本人对于这一问题的澄清。（直到 19 世纪中叶之后该书的存在才为人所知。)在撰写该书的时候，圭恰尔迪尼积极的政治擘画仍然指向一个贵族制的共和国(aristocratic republic)。但他的共和主义并不是教条的。他在撰述中表现得像是一位既憎恨美第奇家族又敌视波波拉尼支系([译注] the Popolani，美第奇家族先有卡法吉奥洛[the Cafaggiolo]支系，该家族赖以发迹的始祖乔万尼[Giovanni]便属于这一支系；乔万尼有两子，其中长子科西莫[Cosimo]巩固了卡法吉奥洛支系，而次子洛伦佐[Lorenzo]则建立了波波拉尼支系。这一支系一度以民主改革自我标榜，大有自由城市中的自由公民形象，洛伦佐亦有"亲民者"(Popolano)的昵称，很快取代卡法吉奥洛支系成为佛罗伦萨城的权力中心。但上台之后却转而采取非民主的统治手段)的党人。他的兴趣仍然限于佛罗伦萨；对于更为重大的意大利问题，他尚未流露出过多的关注，只是在晚年的《意大利史》(*Istoria d'Italia*)中才对意大利问题进行了精彩的阐发。或许有人会说，就法军入侵之后的共和主义对其思想的塑造而言，圭恰尔迪尼要更甚于马基雅维利。但是，圭氏的态度早就已经转为一位政治行为的分析家；而其持有的用以衡量行为明智程度的人性理论，早已经是高度"现实"的，其程度远远超过马基雅维利，也就不会允许任何精神、道德或传统性质的动机对权力政治的严格合理性构成干扰。

作者进行一番批判性的阐释，与后世那些道义主义诋毁者几乎所有的观感相比，圭恰尔迪尼的判断应当被给予更大的重视。

二　时代诸问题：1494 年的创伤

尽管天才与生平环境的结合使得马基雅维利对发生在自己时代的事件作出了独具一格的回应，尽管他是那一时期唯一一位将新出现的权力政治问题提高到综合性思考层次的思想家，但是，马基雅维利所面对的问题本身并非他自己的杜撰。从较马氏年轻一些的圭恰尔迪尼的著作里，或是从较马氏年长一点的科明尼斯（Philippe de Commynes，约 1447 年—约 1511 年）的《回忆录》（Mémoires）中，我们同样可以发现马基雅维利面临的那些问题，而且可以发现他们处理这些问题的方式要比马氏更为现实主义。现在就让我们转而讨论那个时代的此类诸多问题。

当时，中世纪的"基督教世界"（Christianitas）正在崩解为教会和民族国家。这样的总体概括要比所谓"封建时代的终结"或是"绝对君主制的兴起"更为恰切，因为后面的两类界定已经将当时的时代问题局限在特定方面的发展之上，并根据后世的世俗主义历史编纂学观点，强调 15 世纪政治的重要性。[35]宗教与世俗领域中足以诱使利益分歧的个人之间展开有效合作的共同精神，以及在整体精神面前进行和解的义务感，都正在逐渐消蚀，在这个意义上，基督教世界的解体同时影响了圣俗两界的秩序。从字面上讲，"解体"（falling apart）意味着从精神上获得生机的整体正在分裂成法律上的管辖主体（legal jurisdictions）；它意味着对于权利固执的坚持，以及不顾整体秩序的破坏而对个人与机构利益的追求。就教会而言，我们已经在"公会议运动"
（Conciliar movement）一节处理过这一问题。① 由于个人和国
家的利益已经不能再有效地从属于共同利益，通过宗教会议改
革教会的尝试，以及进一步给予教会一种持久的代表性权力组
成方式（representative constitution）的努力，最后全都无疾而
终。如若普世教会不愿陷入宗教议会式的停滞或分裂成各国的
国教会（national churches），就必须由君主式的领袖掌控有效的
代表权力。以宗教会议充当精神承载者的尝试失败了，于是，君
主式的教皇，成了体制的代表者。在观念领域，我们可以观察塞
萨里尼（Giuliano Cesarini）②、皮科洛米尼（Enea Silvio Piccolo-
mini）③以及库萨的尼古拉（Nicolas of Cusa）④等人从早先的公
会议至上论（conciliarism）向一种新的立场的转变，登普夫
（Dempf）将持有这种立场者称为"转投君主制主义者"（Monar-
chioptants）⑤——即那些偏好代表性的权力组织方式，却俯首
接受不可逆转的历史趋势，最终成为君主制主义者
（monarchists）的人。

在世俗领域，我们可以观察到类似的机构整合以及在某一
君主式领袖之下代表功能的集中化倾向。英法之间的百年战

---

① 参见《沃格林全集》卷 21,《政治观念史稿》第三卷,《中世纪晚期》（*The Later
Middle Ages*）,沃尔什（David Walsh）编（密苏里大学出版社,1998 年）,第
22 章。

② [译注]1398 年—1444 年,曾任教廷枢机主教,主持过著名的巴塞尔宗教会议。

③ [译注]即教皇庇护二世（Pius II）,1458 年—1464 年在位。

④ [译注]1401 年—1464 年,出生于今德国之教士,曾任教廷枢机主教,撰述极丰,
涵盖教仪法、哲学、神学及科学,代表作为《论大公教和谐》（De Concordantia Ca-
tholica）。

⑤ [译注]这是奥地利学者登普夫（Alois Dempf）所创的词汇,糅合英文中的"君主
制"（Monarch）和"选择者"（optant）两词而成,在此将其意译为"转投君主制主
义者"。

争,乃是西欧的人身与封建组织形态得以解体、旧的政治单元在英法国家与领土性的疆域之内得以整合的伟大过程。紧随旧的组织形态解体而来的,则是内部秩序的强化。玫瑰战争(The Wars of the Roses)是争夺国家领导权的最后一场封建战争,这场战争于1485年伴随着都铎王朝(the Tudor monarchy)的建立而告终。与此同时,路易十一(Louis XI)自1469年之后,[36]通过颁布政令强化了法国的绝对君主制;到了1480年,随着安茹王朝(the Anjou)在法势力被完全涤荡,他们的领土落入王室之手,王室权力得到了可观的巩固。同时,阿拉贡的费迪南(Ferdinand of Aragon)和卡斯蒂利亚的伊莎贝拉(Isabella of Castile)之间的联姻,促成了西班牙政治上的统一,而1492年格拉纳达(Granada)战役的胜利则稳固了新王室的疆土。

　　在1494年风暴席卷意大利之时,上述三个欧洲君主国权力的强化过程实际上已经告一段落。正如圭恰尔迪尼在其《佛罗伦萨史》(Storia Fiorentina)中予以极好描述的那样,亚平宁半岛上五大政治势力——米兰、威尼斯、佛罗伦萨、教皇国和那不勒斯——之间的制衡构成了当时意大利的政治体系。在这一体系的核心,乃是科西莫·德·美第奇(Cosimo de' Medici)为了制衡教皇国和威尼斯的势力而倡导的那不勒斯、佛罗伦萨与米兰之间紧密的默契关系。这种制衡是不稳定的;到了1474年之后,我们可以发现,为了对抗教皇国和那不勒斯,米兰、佛罗伦萨和威尼斯又结为盟友。通过“伟大者”洛伦佐(Lorenzo Magnifico)的外交努力,接踵而来的流血冲突于1480年结束;以科西莫领导下的佛罗伦萨为核心的三强联盟的旧体系得以重建,并一直维系到1492年洛伦佐去世为止。随后佛罗伦萨与那不勒斯为掠夺米兰而结成的秘密同盟,致使鲁多维科·斯福扎向法国求助，进而引发了法军的入侵。一直以来，诸强权力的均势实际上都是意大利全国性政治组织的形式。尽管这种体系大乱偶发、小乱仍频，但它终究得以一直存续下去，并为意大利向更为稳定的全国性政治组织方向的内部发展奠定了基础。在衡量观念领域中的碰撞所产生的革命性影响时，必须考虑到这种因素。

在赤裸裸的权力领域之外，我们将很难理解法国、西班牙及德意志入侵者的胜利以及意大利诸邦国在政治上的渐趋无能。当时的意大利是一个繁荣、富裕的国度；也是当时欧洲文明程度最发达的地区。这种动荡并不等同于一个贫穷、落后的殖民地面对经济上更为先进的国家时所产生的衰颓感；不等同于或许伴有第三等级的兴起和平民起义（populist uprising）的社会革命；并没有什么道德或政治原则卷入其中；也不存在像后来的宗教改革斗争中发生的那种宗教运动。简言之：经济、道德、[37]社会正义原则、关于政治组织的观念、宗教运动或派系均与这一历史事件无关；很明显，这一事件乃是更为强大的权力、更为训练有素的军事组织对积贫积弱、军备松弛的政治势力的无情胜利。

我们必须认识到，而且哪怕与 20 年前相比，我们目前也能够更好地认识到，当时目睹世变的那一代人受到了巨大的创伤。那一代人中更为聪慧和敏感的人士，在权力政治的现实最为彰显的时刻，目睹它摧毁了秩序，而这种摧毁又是毫无根据、理性及观念可言的残酷事实。很难使这些人相信道义能够在政治中占据任何位置。对于道德家，他们已有曾经沧海之感，将会把政治中的道义主义者视为从现状中渔利的奸诈之徒或伪君子，他们自身的权力动机已将其带到一个想要竭力维持的位置，却希望其他所有人都能恪守道义、爱好和平。他们的这种心理诊断极为正确,并会被时刻加以运用。在这种背景下,将理论思考置于自身对权力政治的深切体验之上者如马基雅维利辈,在当时都是颇为健康和诚实的人物,与那些竭力鼓吹由道德的——毋宁说是不道德的——关于同意的谎言所铸就的既定秩序,并将权力政治的现状掩盖在这种秩序之下的契约论者(contractualists)相比,马基雅维利这样的人物无疑更为可取。

　　不过,这种经验倾向于蒙蔽人们,使他们无法看到这样的事实,即权力的奥秘并非政治的全部——而我们有恰切的证据表明权力之诱惑并不是人性的全部真相,因此这是一种创伤的经验。马基雅维利并没有对政治中的其他因素视若无睹,其对于政治现实的描述自然也就是模糊的;而我们必须历史地理解此种视角的扭曲,它是由其所处时代发生的变故对现实的扭曲所造就的。他的中心关注正是来自这样的创痛(暂且不论我们即将讨论的其他因素),首先,在思考政治行为的合理性时,不去考虑道德或非道德的诸种原则;第二,强调有效的军事组织的重要性。意大利已经受够了那些业已强固的君主制民族国家压倒性的力量之害。而问题的答案不得不是:同样无情地建立一个强固的意大利民族国家,借以抵御侵略者,保护意大利,使之免于灾难的重演。法国征服事业的技术手段是其摧毁要塞的炮兵(artillery),[38]而瑞士的法宝则在于其横扫雇佣兵(condottieri)骑兵分队(cavalry contingents)的步兵团(infantry)。上述第二个问题的因应之策将是进行一场军事改革,特别是要创建一支国民军队——如果没有大众的共和主义爱国热忱,就无从创建这种军队,也就无法为意大利的复兴提供有效的工具。在这一点上,马基雅维利的军事改革观念与其统一的共和国观念融为一体。①

三　意大利传统

后中世纪的（postmedieval）制度化与理性化权力的优势地位，被新生的君主制民族国家占据；而意大利则成为现代国家贪婪狂（pleonexia）的第一个牺牲品。然而，制度化与理性化过程本身早在一个世纪之前就已经在意大利开启了。虽然马基雅维利愿意从路易十一那里学习，可是这位法国国王本人却曾从他的朋友弗朗西斯科·斯福扎（Francesco Sforza）那里受益匪浅。法军入侵及其后果乃是革命性的事件，为马基雅维利的思考提供了更为迫近的题目；但是他的这种思考却伴随着一种意大利独有的世俗治国之术（secular statecraft）的传统。下面我们将探讨在这种传统形成过程中发挥过最大作用的几个因素。

---

① 关于马基雅维利的《兵法》（［译注］又译《论战争艺术》）（*Arte della Guerra*，1520 年），参见吉尔伯特（Felix Gilbert），《马基雅维利：兵法的复兴》（"Machia-velli: The Renaissance of the Art of War"），收入厄尔（E. M. Earle）编，《现代战略的制定者们》（*Makers of Modern Strategy*，普林斯顿大学出版社，1943 年）。马基雅维利并不仅仅对炮兵的技术性问题表示兴趣，还把国民军队作为自己军事改革计划的中心。然而，国民军队的观念则是不合时宜的（out of season）。在其后直到法国大革命的若干个世纪中，《兵法》导致了职业军队（professional army）的发展。实际上，只有在共和主义德性（孟德斯鸠意义上的）在广大民众中得以发展的情况下，国民军队才可以成为有效的战争手段。尽管这种观念从历史来看不得其时，但它对我们而言仍然十分重要，因为它为我们提供了关于马基雅维利基本的民族主义与共和主义令人信服的证据。英译本：《马基雅维利的〈兵法〉》（"*The Art of War*"of Niccolò Machiavelli），法尼沃斯（Ellis Farneworth）译，伍德（Neal Wood）撰写导言（Da Capo 出版社，1990 年）。

（一）阿尔沃诺斯主教

1354 年,在里恩佐(Cola di Rienzo)①被终结后,教皇辖地各邦国中的贵族阶层重新控制了政治局面;由于教皇本人仍然在阿维尼翁(Avignon),这一地区实际上变成了某种无政府状态的、独立的封建辖地。然而,教皇派遣的使节阿尔沃诺斯主教(Cardinal Albornoz)早在 1353 年就已来到这里,[39]他负有绥靖该地进而为教皇回迁罗马开辟道路的使命。在这一绥靖过程中,1357 年召开的法诺宗教议事会(Parliament of Fano)颁布了《埃基迪安宪章》(Constitutiones Egidianae),成为教皇国新的宪章性文件,发挥效力达数个世纪之久,直到 1816 年才被正式废止。

宪章规定教皇国为一个由圣座(Holy See)管辖的排他性属世领主制(temporal lordship);其条款树立了一种典范,将多元的封建权力领域转化为一种理性的、由中央控制的机制。它们总括地规定,任何皇帝、国王、诸侯、侯爵、公爵、伯爵或是男爵,以及他们的近亲或是别的什么士绅,都不能被选作教皇国内任何地方的教区官长(rector)、市长(podestà)、头领、护卫者、监护人或地方行政官。这种规定将会摧毁贵族阶层(baronage)的权力。于是。教皇辖地各邦国分成了由教区官长管辖的各个省份。为了避免教区官长在其家庭纽带的襄赞之下将分省制度发展成独立的权力单元,《埃基迪安宪章》规定,任何人都不得在其

---

① 约 1313 年—1354 年,中世纪意大利政治家与民众领袖,14 世纪中期曾任罗马护民官(tribune),毕生力图重建罗马的荣光乃至复兴整个意大利。后来在罗马民众的哗变中被杀。

出生或居住的城市担任官职。最具危险性的教区官长或市长任期被限制成仅仅六个月；官员只有在卸任两年之后才能在辖地再度出任现职，尽管在此期间他可以在别的地方担任同等位阶的职务。此外，组成教皇国的各个政治单元不得结成任何同盟或联合。

在此我们可以看到，阿尔沃诺斯主教通过《埃基迪安宪章》以及灵巧的外交活动（这些谋略实际上使得教皇乌尔班五世［Urban V］在1362年暂时回迁罗马成为可能），他恰恰扮演了马基雅维利意义上的君王角色，成为一块混乱无序的意大利疆土的绥靖者与统一者——尽管其产出了非马基雅维利式的结果，即采用一种君主制度作为抒解时难的政治组织方式。①

（二） 萨卢塔蒂

此后不久，便开始出现对于此一重大问题的理论化思考——即如何在旧的代表力量已经变得无力承担自治（self-government）使命的时候，通过君主式领袖建立秩序。［40］佛罗伦萨梳毛工起义（the ciompi revolt）②的动荡岁月为这种思考提供了时机；而设法解决这一问题的思想家则是自1375年开始担任佛罗伦萨执政官（chancellor）的萨卢塔蒂（Coluccio Salutati）。他撰写的《论僭政》（De Tyranno，1400）乃是"转投君主制主义者"（Monarchioptant）立场的最早代表者，而这种立

① 关于阿尔沃诺斯以及《埃基迪安宪章》，参见埃默顿（Ephraim Emerton）：《人文主义与僭政：十四世纪意大利研究》（Humanism and Tyranny: Studies in the Italian Trecento）（哈佛大学出版社，1925年）。

② ［译注］爆发于1378年的佛罗伦萨梳毛工人起义。

场被欧洲人更为普遍地接受,则是巴塞尔会议(Council of Basel)①之后的事情。

佛罗伦萨的动荡揭示了寡头统治者与人民之间斗争的深刻性,并展示了煽动性的政客可以利用人民的烦躁不宁达成自己的目的。这种局面必然会导致美第奇家族于1434年建立的那种君主制解决方案。在此,重大的理论问题在于附着于绝对世俗统治之上的僭主制的瑕疵。人文主义的萨卢塔蒂在提出自己的因应之道时发展出了一种对于政治的新的、"现实主义的"(realistic)分析。他移除了迄今为止政治的正当环境——基督教世界;教皇和皇帝从他的论述中消失了。一个世俗政治领域从更为广阔的背景中被隔离开来;所有的神学思考都被弃置;这位理论家把国家看成一种自主、绝对和历史性的现象,和赋予其正当性的意义空间不再有任何瓜葛。

僭政问题本身是在对于凯撒(Caesar)之崛起的案例研究中得到探讨的。问题在于凯撒究竟是不是一位僭主——萨利斯伯瑞的约翰(John of Salisbury)坚持认为他是,而后来的马基雅维利也将重新肯定这种论断。萨卢塔蒂的答案则是否定的。由于政治条件已经使元首统治(principate)在历史上无从避免,因此凯撒并非僭主。(罗马)内战中的斗争并非事关共和制或独裁制之间的抉择;问题在于斗争中的哪一方将会成为绝对统治者(uter regeret et rerum summam et moderamen assumeret)②。除了凯撒又有谁人可以抒解时难呢?元老院或特权市民阶层(the estate of equites)或平民(plebs)都肯定无力担当这种使命,因为他们都苦于派系争斗,无法采取一致的行动。唯一可以

① [译注]开始于1431年。
② [译注]拉丁文,意为"两者中的哪一个可以获取统治地位"。

指望的便是斗争中胜利者的仁慈与正义；正是由于抱有此种希望，那些孤立无援的旁观者们并不会感到失望，因为凯撒以其超常的宽宏大量补救了内战造成的惨状。凯撒之死的结局显示，这场暗杀事件不啻于一项罪行，而当时君主制已具备历史的公道。

从其对于僭主问题的分析中，我们应当特别留意萨卢塔蒂毫不妥协的、基于历史的现实主义；萨卢塔蒂一如圭恰尔迪尼，其判断从来不会受到自身政治偏好的影响。与萨卢塔蒂的现实主义相比，[41]马基雅维利倒笃定像是具备一种"非历史的心智"(unhistorical mind)，正如马丁(Alfred von Martin)对其作出的评价一样。我们只有将马基雅维利放在意大利传统中加以考量，才能意识到其思想组成中具有多强的教条主义(dogmatism)与热忱(enthusiasm)的格调。①

（三）人文主义史纂

新的人文主义学说通过萨卢塔蒂进入了佛罗伦萨政界。人文主义风格开始对外交关系的形式产生影响；而官方之人文主义史纂已经成为我们今日称之为对外事务(foreign service)诸项活动的组成部分，其目的在于以某种足以给外国政府留下深刻印象并增进本国威望的方式展示共和国的历史。从萨卢塔蒂开始，我们可以发现一系列多多少少堪称杰出史家的佛罗伦萨执政官，例如布鲁尼(Leonardo Bruni)、布拉

---

① 马丁：《萨卢塔蒂的论文〈论僭政〉》(*Coluccio Salutati's Traktat "Vom Tyrannen"*)(W・Rothschild 出版公司，1913 年)；同时参见同一位作者的《萨卢塔蒂与人文主义生活理念》(*Coluccio Salutati und das humanistisch Lebensideal*)(B. G. Teubner 出版公司，1916 年)；还可参见埃默顿：《人文主义与僭政》。

乔利尼（Poggio Braccciolini,）、阿克科尔蒂（Benedetto de' Accolti)以及斯卡拉（Bartolomeo della Scala）。像布鲁尼的《佛罗伦萨史》（*Historiae Florentinae*）（1416—1449 年间出版）这一著作所具备的宣传价值，意大利其他邦国无出其右者。亚平宁半岛上其他邦国的政府，从那不勒斯到米兰，莫不开始雇用官方编史者，力求使得本邦历史的声名足以媲美佛罗伦萨的荣耀。这场运动从 15 世纪中期开始，一直蓬勃持续到 16 世纪。在这批历史编纂者中间，我们只需讨论其中最为晚近的一位史家贾诺蒂（Donato Gianotti, 1492－1573），这是因为他的著作，尤其是《威尼斯共和国》（*Repubblica de' Veniziani*），对哈林顿（James Harrington）的《大洋国》（*Oceana*）发挥了可观的影响。

这种新的史纂风格由布鲁尼的《佛罗伦萨史》建立，而这一典范的某些特征仍然决定了马基雅维利在其《佛罗伦萨史》中对于政治历史的处理方式，并对马基雅维利总体上对于政治问题的看法产生了影响。我们将简单列举一下这些特征。

人文主义史家都将李维视为自己的楷模。这种选择产生了一些特定的结果，在处理历史编纂问题的时候，必须集中关注诸如战争与革命之类的令人激动的事件，[42]排斥决定历史脉络的持久性因素和长时段发展。再者，为了发挥修辞和戏剧化描摹的效力，个人必须成为行动的中心，以至于过去那种没有为英雄主义的个人自由留出足够空间的持久性决定因素再度黯然失色。进一步言之，这种罗马典范造成了政治问题剧烈世俗化的结果。人文主义者对于共和国历史的罗马式强调导致了与基督教史观的决裂。严格封闭的世俗国家史学潮流并不承认统摄普世历史的超凡神意（Providence）。譬如"帝国移转"（translatio

imperii)①以及关于"四个尘世帝国"（the four world monar-
chies)②的思考，都被不加讨论地忽略了。在 18 世纪，当伏尔泰
开始推进史学世俗化的时候，驳倒波叙哀（Jacques Benigne
Bossuet）具有极为重要的意义。15 世纪的人文主义者们对基
督教问题视若无睹，简直忽略这一问题的存在。教皇是中世纪
历史中不能回避的一个角色，可是在人文主义史家那里，他只是
和其他拥有领土的君王一样得到讨论。这种态度在多大程度上
受到了古典典范的鼓舞，以及在多大程度上反映出撰史者们的
一种反教会的（anti-ecclesiastical）政策，厘清这些问题并不总是
一件容易的事情。当然，政治家与军事领袖乃是决定行动进程
的两种古典类型；作为第三种类型的教士（priest）在古典图景中
并不具备什么功能。皇帝和教皇遭到了相同的命运；他也从人
文主义历史撰述中完全消失了。历史是从领土国家的视角被撰
写的；衡量政治行动价值的标准在于国家的利益（the advantage
of the country）；这种限制实际上暗示了一种独立于帝国的国家
主权（national sovereignty）理论。

　　上述特征的影响一直延续到马基雅维利和圭恰尔迪尼的著
作之中。若想对马基雅维利的思想进行批判性的阐释，就必须
考虑到这些特征的存在及其百年来的培养；否则的话，我们就会

---

① ［译注］拉丁文，相当于英文 translation of empire，是教宗英诺森三世（Innocent
　　III）在 1202 年 5 月颁布的诏书 Venerabilem Fratrum 中提出的观念，后收入《教
　　仪大全》［Corpus Juris Canonici］，这种观念认为帝国之政治形式呈现出自希腊
　　人而罗马人而法兰克人而日耳曼人的脉络，而天主教宗则从仪式的层面上见证
　　了此种传承。
② ［译注］是一种源于《圣经》的基督教千禧年主义的观念，最早出自《旧约·但以
　　理书》，较被广泛接受的看法认为，这四个尘世帝国分别是亚述帝国、波斯帝国、
　　亚历山大大帝建立之希腊帝国以及罗马帝国，根据《启示录》，"第五帝国"将是
　　最终审判日出现的最后的帝国形式。

冒有风险,将马基雅维利描绘成一种新的世俗的、"反宗教"的政治上的现实主义的始作俑者——实际上,这种现实主义并非源自马基雅维利,而是属于一个马氏本人也生长于斯的悠久传统。①

四　亚洲之背景

西方政治观念史的史纂受到诸多奇特性的困扰。[43]其中之一便是史家们无视这一事实,即西方文明并不是在真空中展开,而是在亚洲阴影之下诚惶诚恐地发展,他们似乎对此无动于衷、心安理得。我们在研究过程中将时常略微提及亚洲问题(the Asiatic problem)。现在就让我们开始探讨西方政治观念史上和亚洲互动的一些时刻及其遗留的踪迹,因为在君主(the prince)观念得以形成的 15 世纪,这些互动之一对其产生了重大的影响。

(一) 亚细亚的阴影

建立在日尔曼诸部落大迁徙(the Great Migration)造就的种族基础之上的西方文明,其根基与发生在亚洲的一些历史事件密不可分。驱使汪达尔人(the Vandals)进入非洲以及西哥特人(the Visigoths)于 410 年洗劫罗马的巨大推动力量,乃是由公元前 221 年秦始皇统一中国肇始的一系列历史事件最为西

---

① 　我是从富埃特(Eduard Fueter)所著《新历史编纂学史》(*Geschichte der neueren Historiographie*)第三版(R. Oldenbourg 出版公司,1936 年)第 9—55 页给出的关于人文主义史纂的叙述中归纳出这些特征的。

向的影响。中原帝国形成之后，长城以北的匈奴（Hiungnu）帝国也随之建立。截至公元 1 世纪末叶，两个帝国之间间歇性的战争以匈奴帝国的毁灭而告终；这便开启了北匈奴（the northern Hiungnu）缓慢的西进运动，进而不断驱逐日尔曼诸部落，直到 451 年阿提拉（Attila）①在沙隆之战（the Battle of Chalons）中落败才渐趋平息。这一事件在西方引发的伟大文学产物乃是《上帝之城》（*Civitas Dei*）。圣奥古斯丁（Saint Augustine）开始写作该书，是为了介入 410 年罗马陷落所引发的政治辩论；他在 430 年卒于希波（Hippo），当时该城正处于汪达尔人的围攻之中。

在罗马帝国②灭亡之后直到公元 10 世纪，新建立的日尔曼部落诸王国仍然断断续续地遭受到亚洲民族的压力；最后一股强有力的亚洲力量——马札尔蒙古人（the Magyaric）——只是在 955 年的莱希菲尔德之战（the Battle of Lechfeld）中才被最终击溃。在这场民族大迁徙之中，往往是整个部族如东哥特人（the Ostrogoths）全部从历史中湮灭，不留丝毫痕迹，这种深切的苦难凝结在日尔曼诸部落创痛累累的史诗《尼伯龙根之歌》（*the Nibelungenlied*）之中；这一史诗最为古老部分的最初版本，肯定是在大约临近 10 世纪末叶马札尔人败退之后成形的。

下一场威胁到西方文明生存的亚洲运动来自蒙古帝国（the Mongol empire）在 13 世纪的扩张。[44]截至 1241 年，蒙古人已经兵分三路，分别抵达西里西亚（Silesia）、匈牙利西部以及亚得里亚海（the Adriatic）。在李格尼兹战役（the Battle of Lieg-

---

① 　[译注]系侵入罗马帝国的匈奴王，约 406—453 年，骁勇善战，有"上帝之鞭"之称。

② 　[译注]当指西罗马帝国。

nitz)中,最后一支有组织的西方军队也被击败了,但是当窝阔台大汗(Ogodai Khan)去世的消息传来之后,得胜的蒙古军队及其将领们匆匆撤退,赶回本部参加继任大汗的遴选。西方各国深惧蒙古军威,在随后的若干年中,由于它们不清楚蒙古人是否还会继续扩张,于是派遣使团赴哈拉和林(Karakorum)①以求媾和。

　　就政治观念史而言,这些使团导致了若干游记的出现以及蒙古外交文件的传播,让我们有机会深入了解蒙古的制度与政治观念。② 此类作品包括鲁布鲁克的威廉(William of Rubruk)所撰的《东行见闻》(*Itinerarium*)③、柏郎嘉宾(John de Piano Carpini)的《蒙古行记》(*Historia Mongolorum*)④、圣昆汀的西蒙(Simon of Saint-Quentin)关于阿斯切林(Ascelin)使团的报告,以及博韦的文森特(Vincent of Beauvais)在《史鉴》(*Speculum Historiale*)中、巴黎的马修(Matthew of Paris)在《编年史》(*Chronica*)中和萨利姆宾修士(Fra Salimbene)在《帕门西亚编年史》(*Chronica Parmensia*)中关于蒙古入侵及随后之谈判的部分。

　　使节和史学家撰述的外交文本使西方人熟悉了作为蒙古帝国扩张之基础的长生天秩序(the Order of God),也就是说基于

①　[译注]蒙古帝国古都,遗址在蒙古中北部后杭爱省鄂尔浑河畔,约 750 年建居民点,1220 年成吉思汗建都于此。
②　蒙古外交文书的一个批判性选本可参见沃格林:"蒙古向西方各国发布的归顺令"("The Mongol Orders of Submission to European Powers, 1245—1255"),收入《拜占庭研究》(*Byzantion*)第 15 卷(1940—1941 年),第 378—413 页。
③　[译注]"旅程"为拉丁文直译;中译本译为《鲁布鲁克东行记》[北京:中华书局,1985 年]。
④　[译注]直译为《蒙古史》,中译本为《柏郎嘉宾蒙古行记》,与上面所列的《鲁布鲁克东行记》合刊印行。

第一章　权力之秩序：马基雅维利　　　　　　　　51

这种原则的秩序："在天上，神灵乃是恒久而又至高无上的；在人间，成吉思汗乃是唯一和至尊的君主。"考虑到 13 世纪后半叶的这种浓厚的文本氛围，我们必须接受这样的可能性，即蒙古人关于皇权之地位（imperial position）的观念可能成为影响但丁在《论世界帝国》（*Monarchia*）中提出之相应观念的因素之一。

截至 13 世纪末叶，奥斯曼土耳其人（the Ottoman Turks）开始崛起。1354 年，土耳其人在欧洲建立了自己的第一块殖民地；1453 年君士坦丁堡的陷落标志着拜占庭帝国最后残余力量的末日；1529 年，土耳其人的扩张已经到达维也纳。只是由于帖木儿的崛起，这种扩张才有了一段为期甚短的中断（1369 年—1405 年）。帖木儿全盛之时，曾经在 1402 年的安卡拉战役（the Battle of Ankara）中击败拜齐德一世（Bayazid I）；奥斯曼帝国濒于解体的边缘。然而这场胜利并没有能够建立蒙古对于安纳托利亚半岛（Anatolia）①持久的统治；帖木儿退兵了，而且在其死后，帖木儿帝国（the Timurid empire）的统治范围只限于波斯东部。[45]在穆罕默德一世（Mohammed I，1413 年—1421 年）治下，奥斯曼帝国重新统一；而其继任者更是将扩张的事业推向中欧。

拜占庭帝国的覆灭和奥斯曼帝国的崛起，连同后者对于西方的威胁，足以俘获同时代人的想象力。这些事件导致了政治场景的变迁，而且这种变迁又是如此强烈，以至于与其相比，西方王侯之间的争斗简直就成了鸡毛蒜皮的家务事；奥斯曼帝国是一种没有传统可以依恃的强权，其在帝国构建方面具有任何单一西方权力单元所不及的理性组织与效能。在笼罩西方的奥斯曼威胁之阴影的背景下，帖木儿的出现有如一颗划破暗夜（却

---

①　[译注]即小亚细亚半岛的旧称。

又转瞬即逝)的流星——在西方人看来,帖木儿是另一股不知从哪里冒出来的强权——他遽然遏止了高歌猛进的土耳其人的征服步伐,在那时后者已经开疆拓土直到保加利亚和马其顿大部;终结了拜占庭和西方的心腹大患;但其兴也勃,其亡也忽,二者都是那样的令人费解。这样一种强权的自然喷发,及其作为威胁者与拯救者的兴衰荣枯,莫不既让人心神不宁,又使人心向往之。

15 世纪的意大利史家距离上述事件最近,并从背井离乡的希腊人那里获悉了他们对于东方强权的第一手印象,实际上,意大利史家被这种世界规模的新兴权力现象深深地吸引住了;尤其是帖木儿简直就像救主一样戏剧性的横空出世,更是提供了契机,在这些史家心目中产生出一种"天降大任于斯人"的、命定的征服者君王形象。尽管马基雅维利本人并没有对上述亚洲诸种事变予以思考,但其前代史家已然塑造的帖木儿形象,很明显对马基雅维利本人关于"君王"的看法发生了某种影响。因此,我们现在将对帖木儿形象在人文主义作品中成形的过程进行更为详尽的探讨。①

————————

① 亚洲的阴影继续笼罩着西方。来自土耳其的威胁在 18 世纪清除殆尽之时,来自俄国之崛起的威胁旋即接踵而至,而且后者已经发展成为对于西方之存在最为强大的威胁。关于观念史领域对于俄罗斯问题(the Russian problem)与日俱增的关注,读者可以征诸《沃格林全集》卷 25,《政治观念史稿》第七卷,《新秩序与最后的定向》(*The New Order and the Last Orientation*)中论尼采的章节,格布哈特(Jürgen Gebhardt)和霍尔维克(Thomas A. Hollweck)编(密苏里大学出版社,即将出版。[译注]该书已于 1999 年出版);以及《沃格林全集》卷 26,《政治观念史稿》第七卷,《危机和人的启示》(*Crisis and the Apocalypse of Man*)中关于拿破仑、孔德、巴枯宁、鲍威尔(Bauer)以及马克思的各章节,沃尔什(David Walsh)编(哥伦比亚:密苏里大学出版社,即将出版。[译注]该书已于 1999 年出版)。关于帖木儿形象后来的转化及其在俄罗斯向拿破仑的转变,参见歌德的《冬季与帖木儿》(*Der Winter und Timur*),收入其《西东合集》(*West-Östlicher Divan*)(附有德文原本的英文版名为 *West and East Divan*,瓦雷[J. Whaley]译[Wolff 出版公司,1974 年])。

（二）布拉乔利尼

[46]从布拉乔利尼的信件与著作中，可以发现对于帖木儿的最早关注。布拉乔利尼在其晚年自 1453 年开始担任佛罗伦萨的执政官与历史编纂者。他的生活年代与奥斯曼土耳其的崛起大抵是同一时期。1396 年十字军在尼科波利斯（Nicopolis）① 被击败，布拉乔利尼时年 16 岁；1402 年轮到拜齐德大败于帖木儿，他时年 22 岁。他坦承，自己后来对于帖木儿这位蒙古征服者形象的描绘，乃是从其军队的士兵那里习得的。

波吉奥的一封大约写于 15 世纪中期之前的信函，体现了一位人文主义者对待所处时代的权力问题所抱持的好奇试探态度。这封信件对战事和修学（cultivation of letters）对于获取持久繁荣的相对价值进行了探讨。波吉奥并不试图在二者之间做出抉择，选出其中本质上更有价值的一个；他只是发现，由于缺乏可以记录和颂扬自身最为卓绝之功业的史家，统治者和将领的令名在一代人之内就会被遗忘，因而戎马生涯再也不能使人获得牢固的声名。作为佐证，他征诸帖木儿的事迹，尽管其赫赫战功仅仅发生在不到五十年之前，但其威名实际上已然湮灭。帖木儿的各项军事征服伟业堪称前无古人；然而人们已经将它们淡忘。因此，最值得称颂的事迹应当不必依赖他人便可留芳后世；他在这封信中的思考最终以对于修学的劝诫作结。②

此类思考部分是出于宣传本行当（business propaganda）的

---

① ［译注］意为"胜利之城"，由屋大维建立，位于今希腊境内。
② 《佛罗伦萨人波吉奥讲演与哲学著作集》（*Poggii Florentini Oratoris et Philosophi Opera*）（巴塞尔，1538 年），第 344 页及其下。

动机。我们可以发现当时很多相同的事例，人文主义者们试图说服（而且也的确取得了成功）君王与政治家们，让他们相信除非聘请身价高昂的历史编纂者将其功业整合进人类的记忆之中，否则他们一切的光辉行动都会变得毫无意义。因此，关于帖木儿已被人们普遍淡忘的论调其实并不足信。波吉奥本人就明显地将帖木儿铭记于心；而且这并非孤例。至于说他是从帖木儿的士卒那里得到有关这位传奇人物的知识，这一点也已经引起了人们的怀疑；①他更有可能是从流行看法或传说中采集其资料的。[47]之所以说当时存在着关于帖木儿的较为普遍的认知，可以从这一事例中找到佐证：在后来皮科洛米尼对于帖木儿的描绘里，提到过一些在波吉奥著述中找不到的事件。然而，留存不变的则是诉诸声誉的做法，可以想见，这种做法在当时已经引起了共鸣。

　　基督教对灵魂归于永恒至福之宿命的关切渐渐消失，取而代之的是对生命的俗世意义的关切，这样一种趋势到了波吉奥生活的那个年代已经滋长很久。从 13 世纪开始，发展此种俗世意义的愿望与日俱增；而现在，到了 15 世纪中叶，声誉已经成为表达这种情愫的最广为接受的符号（symbol）。② 声誉在俗世的

---

① 奥利瓦（Joannes Oliva）在其编纂的波吉奥作品《佛罗伦萨人布拉乔利尼〈佛罗伦萨兴衰史〉的第四书》（*Poggii Bracciolini Florentini Historiae de varietate fortunae Libri quatuor*）（巴黎：1713 年）中表达了这样的疑虑。布拉乔利尼总是将帖木儿称为塔姆伯拉努斯（Tambellanus。[译注]亦为 Timur 一词的拉丁化拼写）。若是他真地从帖木儿帐下士卒那里获悉关于其统帅的消息的话，相信这些士卒应该至少知道他们统帅的确切姓名。在奥利瓦看来，一位人文主义者的确知道某人姓名的确切拼法却并没有展现自己在这方面的知识，这种情况是完全难以令人信服的。《佛罗伦萨人布拉乔利尼〈佛罗伦萨兴衰史〉的第四书》的导言，第 16 页。

② 关于声誉问题，可以参见布克哈特（Jacob Burckhardt）《意大利文艺复兴时期的文化》（*Die Kultur der Renaissance in Italien*），君瑟（Horst Günther）（转下页）

流芳正在取代彼岸的生活。然而，通过声誉获得拯救如同通过
信仰借助神的恩典获得拯救一样，都靠不住，受到召唤者为数众
多，然而最终有幸成为选民者却寥寥无几。

当下的世界展现出一种分层的格局：分为一个不稳定的层
级以及一个具备拯救自身之成就的层级。在通过声誉可以确保
自身之救赎的上层，我们可以看到具备永恒文字成就的人文主
义者；[48]他可以将声誉之恩典赠予自身。从事统治与军事行
动的下层同样可以获取声誉，但是必须借助史家们对其英武事
功的记述才能实现。然而，除了必须经由历史编纂者中介才能

（接上页注②）编（德文经典出版社[Deutscher Klassiker Verlag]，1989 年），第
二部分，第六章："声誉的近代概念"（Der moderne Ruhm）。英文版：《意大利文
艺复兴时期的文化》（*The Civilization of the Renaissance in Italy*），米德摩尔
（S. G. C. Middlemore）译（企鹅出版公司，1990 年）。俗世名誉问题的最早阐发
者之一乃是但丁，可以从其《论世界帝国》第一章第一节中找到这样的话语：
Omnium hominum in quos amorem veritatis natura superior impressit，hoc
maxime interesse videtur，ut quemadmodum de labore antiquorum ditati sunt，
ita et ipsi posteris prolaborent，quatenus ab eis posteritas habeat quo ditetur[在
所有人的至高天性都具备热爱真理之特征的情况下，下面一点看来极为重要：
由于他们从其古代先人的劳作中受益匪浅，因此可以说他们自身也在代表后代
利益而辛勤劳作，以使其后代得被其泽；此系本书编者们的翻译]。这段话很重
要，不仅是因为它揭示了但丁对于泽被后代以及为俗世意义之潮流（intramun-
dane stream of meaning）作出某种"贡献"的观点，还因为它展现了今人与古人
在此种努力中具有判然的竞争状态。但丁的上述段落继续发问说：重申已然由
古人展现的事情又有什么意义？ 我们必须贡献出某种新的事物。而但丁所提
出的新事物便是对于普世之世俗帝制的探讨。从这些开风气之先的事例中我
们可以发现，在俗世意义之潮流的观念、历史中人类记忆之提法、将文明成就视
作某种"贡献"（contribution）的做法、古人与今人的对立、将本人之"贡献"增添
进时代潮流之中的职责感以及关于意义之进步性累积的观念之间，存在着紧密
的联系。在波吉奥看来，声誉已经具备了"不死不灭"（immortalitas）的功能，而
到了 19 世纪，这种看法则被孔德教条化（dogmatize），成为通过基于"大在"之
记忆的生活而获致的不朽观念（immortality through life in the memory of the
Grand-Être）。

获取恩典的缺陷之外,此种较低层级乃是由一种使其本质上成为苦痛之领域的秩序所掌控。因为在这一层级里,成功者是以其对手的落败为代价而赢得荣耀的,而被征服者(the vanquished)的命运在将来有可能落到眼下的胜利者头上。这样的行动领域是由福尔图娜(fortuna)——爱憎无常、变幻莫测的命运女神——所统治的,她可能垂青某人,引为宠儿(secunda),同时却摧毁另一人,视若寇仇(adversa);而在命运之顺逆好坏与某人的德性及目的之间,并不存在什么预先设定的和谐关系。①

在这种对于声誉和命运女神的早期认知中,存在着某种异教的贵族情操(pagan nobility)。在宗教改革和城市竞争性社会的影响之下,这种情操从此后关于世俗意义之结构的思索中消失了。截至 19 世纪,适者生存(the survival of the fittest)的生物学图式已经取代了文艺复兴时期关于"福尔图娜恩宠与憎恶"的思考,而适者生存显示出一种庶民式的(plebeian)假定,即那些得以存活下去的才是较好的人。波吉奥仍然关注到命运与价值之间的张力。对帖木儿与拜齐德这样的两强之争的悲剧,他是非常敏感的;那种珀律比俄斯式的(Polybian)在胜利之前的战栗,在他的身上仍然存在。这种悲剧感也在马基雅维利德性

---

① 《佛罗伦萨人布拉乔利尼〈佛罗伦萨兴衰史〉的第四书》,第 25 页及其下。关于这一问题可以参见瓦尔瑟(Ernst Walser),《佛罗伦萨人波吉奥:生平及其著作》(*Poggius Florentinus, Leben und Werke*)(B. G. Teubner,1914 年),第 237 页及其下;以及凯基(Werner Kaegi)为瓦尔瑟《文艺复兴时期观念史研究文集》(*Gesammelte Studien zur Geistesgeschichte der Renaissance*)(Benno Schwabe Co.,1932 年)一书所作的导言,第 36 页。关于成功者之"福尔图娜恩宠"(*fortuna secunda*)与失败者之"福尔图娜憎恶"(fortuna adversa)之间的相互关联,参见波吉奥的《人类悲惨处境》(*De humanae conditionis miseria*),收入其《著作集》(*Opera*)(斯特拉斯堡,1513 年),fol. 45r。

（virtù）与命运（fortuna）之间的紧张关系中继续存在下去；可是到了托马斯·莫尔那里，通过将基督教曲解为理想主义（ideal-ism），这种悲剧感或紧张已经被消除掉了。在其后对于成功的崇拜中，行动的两个维度——也就是说胜利与价值——变得可以共存，而行动的流变也成为不具悲剧性的进步过程。由于庶民式的胜利者不喜欢看到命运女神的阴影；他希望单凭自己的功勋便能够成为胜利者。波吉奥关于人类生活之悲惨情状的悲观主义看法，首先是被无视社会进步之牺牲者的竞争性社会中伪善的乐观主义（hypocritical optimism）所取代，继之则让位于集体主义时代赤裸裸的残酷性，[49]后者只是把失败者看作雕琢伟大社会时飞扬而起的碎屑刨花，对于他们的不幸只不过是耸耸肩而已。

　　尽管波吉奥具有人文主义者的癖好并试图通过文学修养实现自我拯救，但他并不是一位妄自尊大的知识分子。他是一位外交家和行政干才；他不但知道如果一生中缺少经纶世务的生涯，就连史家也无法获得声名的不朽；而且被权力在其时代的宿命深深吸引。因此，从他的著述中我们可以发现一种强烈的倾向，正如我们不会想到一位狂热追求古典知识宝藏的人竟会走火入魔，去贿赂图书馆馆员甚至偷窃典籍一般。假如说我们可以简要地陈述波吉奥的感觉的话，可以说他已经受够了古代和经典。如果人文主义者只是将希腊与罗马的光荣老调重谈，就不可能获取声誉；他必须通过讴歌自身所处时代的伟大才能获得声誉。他以颇为好斗的方式声称：

　　　　我并不是那种由于自己对过去的记忆而淡忘了现在的人；我的心智并没有大半被古典所占据，因而也就不会走向那样的极端：完全依赖于古典却蔑视我们当代人，或是觉得与古代人相比，当代全无能与之媲美的事迹。①

那么，他又从哪里找出当代的伟大之处呢？当代的伟大之处，不在欧洲的无序中；不在宗教会议的瘫痪中；不在基督教世界的崩解中——而存在于帖木儿的崛起之中。在波吉奥看来，无论就其重量级抑或军事指挥艺术而言，帖木儿的赫赫战功都超越了大多数古代战事。然而这个世界仍然充斥着马拉松②和亚历山大大帝的声名，帖木儿却成了一个几乎被淡忘的人物。当时的状况重新开启了关于声誉的思考。凭什么说由古代史家授予的古人的声誉便是已臻极致的呢？如果说有如此多的丰功伟绩近在眼前，我们又凭什么要去景仰古人尚不及我们当代人的功业呢？如果说我们足以在荣耀上与古人比肩的作为便是讲述我们自己时代的历史的话，又凭什么如此珍视古代作家的作品呢？现时代的光荣冲破了古代典范的藩篱，并对之构成了反叛。鉴于现时代的悲惨境况，这或许是一种绝望的光荣（desperate pride），但是，至少在其悲惨境况的伟大程度上，现时代是古代望尘莫及的。③

---

① 《佛罗伦萨人布拉乔利尼〈佛罗伦萨兴衰史〉的第四书》，第 36 页。

② ［译注］马拉松战役是古代历史上的伟大战役之一，发生在公元前 490 年，希腊联军与波斯军队会战于雅典东北方 25 英里的马拉松，并将后者击溃。

③ 对于古代人的成就以及古代史家的攻讦，参见前揭书第 77 页、第 37 页及其后。关于此类攻讦的语气，可以参见第 38 页上的一段话，在这段话里，布拉乔利尼为了赞扬帖木儿而数落罗马战争记载中的陈词滥调：Nunquam, cum toties acie pugnasset, non victoriam reportavit; castris semper tutissimum elegit locum; acie instructa omnibus copiis saepe conflixit; plures hostium exercitus ad internecionem fudit ac delevit; Scythas, Persas, Medos, Armenios, Arabas, Assyriam, Asiamque subjecit; Reges multos proelio fusos fugatosque peostravit, delevit, cepit; urbes multas praesidiis et natura loci munitas, （转下页）

　　[50]波吉奥对于希腊与罗马军功冷嘲热讽的基调及其对于帖木儿的赞美，并不表明他低估残酷之权力的重要性。对此类军功的嘲弄可以捍卫灵魂，避免赋予强力其并不具备的高贵意义(a dignity of meaning)，但这并不能取缔强力的这样一种效力：即通过摧毁负载文明意义的人士和物质资料，强力可以倾覆各个文明领域。像希腊或西方这么璀璨的文明成就都会被强权扼杀，波吉奥的嘲讽正是体现了他对于这种事实的悲观洞见。

　　正由于他是一位饱读经典的人文主义者，波吉奥相信，当古代作家们的著作不再被审美眼光看作具有典范价值的文明成就，而众人的眼光却穿透了史家著作所描述之现实的时候，古代的文字成就将会被摧毁。这样的话，如希罗多德所记述的那种古老的欧亚之争，将会进入人们的视野，当代现实将会作为希腊—罗马时代(Greco-Roman)之现实在更为宽广范围内的延续而为人们体验。帖木儿占据了薛西斯(Xerxes)①的位置，而欧洲已无希腊、斯巴达抑或马其顿。② 在帝国时代走向终结之后，西方成为一片空旷的世界舞台，强大的帝王可以在此对欧洲文

（接上页注③）vi militum expugnavit；nihilque ei defuit quod in summo impera-tore requiratur [但凡他奔赴沙场，便从来没有不传捷报之时；他总是选择最为安全的地方安营扎寨；总是号令全军投入战斗；他冲入敌阵，大开杀戒，以一己之力歼灭数个方队的敌军；他威震赛西亚人(Scythians)、波斯人、米堤亚人(Medes)、亚美尼亚人(Armenians)、亚述人(Assyria)与亚洲人；他推翻、击溃并生擒了许多败逃的国王；攻陷众多地势险要、守备森严的城池；凡一位军事指挥官应当具备的一切品质，他全部集于一身(此处沃格林自己的翻译为："造就战无不胜之统帅的诸项条件，他不欠分毫")；此系本书编者的翻译]。

①　[译注]薛西斯，波斯皇帝，大流士一世[Darius I]之子，公元前485—前465年在位，曾大举进攻希腊各城邦。

②　参见《著作集》(Opera)（巴塞尔，1538年）中所收之波吉奥书信，第344页以下。

明的生存构成威胁;亚洲再次成为历史与政治意义的决定因素。①[51]曾经在希腊—罗马时期占据主流,并在移民时代(migration period)②之后(罗马)帝国基督教(imperial Christianity)的数世纪中再度兴盛的欧亚历史关系,此时又重新活跃起来。随着亚洲强权以及一种"平行的"(parallel)亚洲历史的出现,罗马基督教的普世主义及其对于历史的线性构建(linear construction)如今遭到了严重的阻碍。

就其细节而论,布拉乔利尼对于帖木儿的记述并没有特别大的重要性;它很快就被一项更为详尽的权威研究所替代。波吉奥之记述的价值在于这种记载的原则及其开同类作品之先河。波吉奥对古代的反叛,决定了其帖木儿记述的材料择取与组织。帖木儿必须证明,至少就其英雄的质量而言,当代的伟大

---

① 在 18 世纪,伴随着俄罗斯的崛起,同样的情况再度发生。俄罗斯崛起对于伏尔泰反对波叙哀(Bossuet)之基督教史纂的"普遍历史"(universal history)观念产生的影响,参见《沃格林全集》,卷 24,《政治观念史稿》第六卷,《革命与新科学》(*Revolution and the New Science*),库珀(Barry Cooper)编(密苏里大学出版社,1999 年),第 1 章。至少在二者均高度重视中国之存在,并都利用自己对于中华帝国的思考来公允判断西方在世界舞台上的地位这一问题上,布拉乔利尼与伏尔泰之间的比较还可以深入下去。作为其《佛罗伦萨兴衰史》(*De varietate fortunae*)的第四书,波吉奥将孔蒂(Nicolò de' Conti)1414 年—1439 年亚洲游记的记载公诸于众,其中包含着关于中国的情报(来自其他来源)。关于这一问题,可以参见森斯博格(Waldemar Sensburg)所著《布拉乔利尼与孔蒂及其对于文艺复兴时期地理学的重要性》(*Poggio Bracciolini und Nicolò de' Conti in ihrer Bedeutung fur die Geographie de Renaissancezeitalters*),《维也纳地理学会会讯》(Mitteilungen der k. k. Geopraphischen Gesellschaft in Wien),第 49 卷(1906 年);以及隆西纳(Mario Longhena)所著《布拉乔利尼〈佛罗伦萨兴衰史〉第四卷手稿》(*I manoscritti del IV libro del "De Varietate Fortunae" di Poggio Bracciolini*),《意大利地理学会会刊》(Bollettino della Società Geographica Italiana),ser. VI, vol. 2(1925 年)。

② [译注]又称"蛮族入侵"(Barbarian Invasions),指大约公元 300 年—700 年间欧洲大规模人口迁徙的时代,标志着古代晚期向中世纪早期的转变。

丝毫不逊于古代；因此，素材的选择是按照古典的分类标准进行的，只是从数量上对其进行了强化。其结果便是塑造了这样的英雄形象：他首先在本部族赢取了领袖地位，然后征服了邻近民族，遂率大军进入安纳托里亚并击败了拜齐德（后者同样领有重兵），他拥有杰出的驻营屯兵之术，治军有方，号令严明，辎重粮草运营有道；接着，撰史者开始历数帖木儿无数的军事胜利与征服的城池，反思其围城之术，并与汉尼拔（Hannibal）进行比较；然后就开始描述完美的结局，得胜者满载战利品，班师回朝，回到撒马尔罕（Samarkand），而该城大兴土木，广为扩建，新的建筑鳞次栉比。这便是新的英雄形象——征服者与摧毁者、城市的掠夺者兼开明的建设者，其所建之城便是纪念其本人荣耀的丰碑。

　　基督教意义上的历史意义，甚至关于民族生存的激情（the pathos of national existence）都一同消失了。城市、部族乃至人类，只有英雄式的君王以其权力将它们纳入自身的事业之后，才能找到存在的意义。[52]在一个权力与政治之意义被恶魔化地局限为个人之自我表达的时代，这是第一部"君王宝鉴"（Mirror of the Prince）类型的作品。这种英雄形象的基调当然也可以在马基雅维利的君主形象之中找到；但是我们必须再次强调，在马基雅维利那里，我们并不能看到臻于极致的权力之残暴性的时代特征；在马基雅维利的君主观念中，通过限制君主之志业，使之致力于民族之拯救，波吉奥意义上的征服者及其德性已经得到了缓和。①

① 帖木儿的形象可以从波吉奥的《佛罗伦萨兴衰史》第 36 页及其下中找到。波吉奥后来在收入《著作集》（斯特拉斯堡，1513 年）fol. 44v–45r 的《人类悲惨处境》中对于帖木儿的描述则要简短一些。

(三)《帖木儿传》

波吉奥之后,对于帖木儿生涯的关注变得更为强烈。在更为详尽的材料补充下,帖木儿的形象变得更为丰满,而素材的组织方式也已定型。然而撰史的原则实际上仍与波吉奥并无二致。重新书写帖木儿形象的篇章颇为繁多,最终导致了一种文学体裁的创立——《帖木儿传》(*Vita Tamerlani*)。权威《帖木儿传》版本的撰述者乃是皮科洛米尼(1405 年—1464 年,1458年之后成为教宗庇护二世)。

从皮科洛米尼开始,《帖木儿传》具备了下述基本组成部分:(1)对帖木儿卑微之出身的强调;(2)描述帖木儿在本部族赢得第一批拥趸的支持;(3)叙述帖木儿从"河中地"(Transoxiana)①到安纳托里亚的早年扩张;(4)安卡拉大捷的故事以及拜齐德的命运;(5)关于其军队纪律严明及其围城技术的信息;(6)对于向叙利亚和埃及之第二波扩张的叙述;(7)一系列的轶事,显示其征服中的残忍、为获取优势而不择手段的计谋以及为了削弱敌人的抵抗对于恐怖的系统化使用;(8)关于帖木儿自封为神灵化的力量、成为所谓"神之震怒"(the ira Dei)与"惩戒罪人的复仇者"(ultor peccatorum,意为 avenger of sins or sinners)的一则轶事;(9)与汉尼拔的比较;(10)撒马尔罕致富的故事。②

---

① [译注]亚洲腹地一块地域的古称,包括今乌兹别克斯坦、塔吉克斯坦和哈萨克斯坦的西南部,在阿姆河(Amu Darya)与锡尔河(Syr Darya)之间。

② 西尔维奥曾有两次编纂《帖木儿传》的尝试。一次可在其《万事万物史》(*Historia rerum ubique gestarum quam alii Cosmographiam et mundi universi historiam appellant*)中找到,收入《著作全集》(*Opera Omnia*)(巴塞尔,1571年)中关于亚洲的部分,第 313 页。第二部《帖木儿传》则收入前揭书 (转下页)

[53]对于帖木儿传奇生涯更为广泛的关注，有助于我们加深在波吉奥那里已经开拓的各项问题的理解。资料都是具有历史依据的，但却被用来创造一个具有神话色彩的形象。特别需要注意的是，《帖木儿传》是没有任何历史背景的。若是其中包括了对战役的详尽描述、对战略的反思或是关于蒙古历史与政治组织的信息的话，此种神话形象的效果就会大打折扣。帖木儿纯粹成为一个来自乌有之乡的人物，是"恐怖部族"（terror gentium）和"神之震怒"，象征着扩张强权赤裸裸的狂热、破坏的欲望与恐怖，以及命运的盲目性，这盲目的命运在其行进过程中可能会将一种存在打得粉碎，却也可能拯救另一种存在。

轶闻与素材莫不按其能否增强表达效果的功能加以筛选或剔除。因此，《帖木儿传》总是包含了一种我们可以称作"花名册"（parade of names）的特征——也就是说，对于政府之人民、攻陷与摧毁之城池的冗长罗列。如果史实不能很好地服务于撰史的目的，有时就会在某种程度上被扭曲。例如，出于战略必要性的对叙利亚和埃及的战争，其理由在叙述中便被忽略了，显得只是一种无休止扩张动机的表达。由于面临沙漠作战和疾病的困难而从阿拉伯半岛撤军，则被阐释成是由于帖木儿在是否应当深入伊斯兰圣地的问题上产生了犹豫。一点儿也算不上是什么奇迹的帖木儿的发迹，却被除却了社会背景，变成由出身卑微的无名小卒一跃成为世界强权的神话般的崛起。

通观《帖木儿传》，帖木儿成了一位除了征服之外别无其他目的的人物。他的行为莫不出于此种严格的理性：为了实现扩

（接上页注②）第395页关于欧洲的部分。对于帖木儿的一个较为简略的交代，参见其《论日耳曼之风俗、地理、习惯与现状》（*De ritu, situ, moribus et conditione Germaniae, descriptio*），收入《著作全集》，第1060页。

张伟业而罔顾破坏、罪行和人类苦难的代价。上述种种表现原
则的结果,便是造就了一种鲜明的符号,揭示出权力之毫无意义
可言的、虚无主义的伟大。①

[54]我们已经几次提到帖木儿形象的标准化,提到对于史
料的有意择取与歪曲以及有意识的神话创造;再者,我们已经将
《帖木儿传》细分为若干部分并各个标以序号,好像帖木儿形象
是从这些要素中刻意营造出来的。现在我们想向读者确认,我
们并没有沉缅于一种任意为之的阐释,这种形象的营造实际上
就是像我们所言的那样发生的。15 世纪的人文主义者都是具
有高度自觉的艺术家;而且他们懂得,作为一种技艺,需要有什
么样的典型素材方可创造出预期的效果。

在这方面问题最具启迪意义的,当属热那亚公爵(the duke
of Genoa)弗雷格索(Battista Fregoso,1453 年—1504 年)的一
部著作。在 1483 年丧失领地之后,弗雷格索模仿马克西穆斯

---

① 西尔维奥之后,比较重要的《帖木儿传》著述,当属坎比尼(Andrea Cambini)的
《论突厥人与奥斯曼王朝统治之起源》(*Commentario della origine de' Turchi,
et imperio della Casa Ottomanna*,威尼斯,1538 年),fol. 4r－7v;吉奥维奥
(Paolo Giovio)的《武德名人礼赞》(*Elogia virorum bellica virtute illustrium*,巴
塞尔,1561 年),第 165—173 页;以及梅克夏(Pero Mexia)的《课程杂集》(*Silva
de varia lecion*,威尼斯,1553 年),fol. 187v－192v。值得注意的是梅克夏《帖木
儿传》的题名,因为它强调了看起来与其当代人相关的某些要点:《伟大统帅之
强力帝王攻略邦国及其军事纪律与技艺》(*Del excellentissimo Capitan y muy
poderoso rey el gran Tamorlan, delos reynos y provincias que conquisto, y de
su disciplina e arte militar*)。最后则是佩隆蒂诺(Pietro Perondino)与查尔科
肯迪勒斯(Laonicus Chalcocondyles)之《著作集》(*Opera*)(1556 年)一并付梓的
《斯基泰人帖木儿大帝传》(*Magni Tamerlanis Scytharum Imperatoris Vita*),
第 235—248 页。佩隆蒂诺的《帖木儿传》为勒华(Louis LeRoy)的作品奠定了
基础;关于后者,可以参见《沃格林全集》卷 23,《政治观念史稿》卷 5,《宗教与现
代性的兴起》(*Religion and the Rise of Modernity*),怀瑟(James L. Wiser)编
(密苏里大学出版社,1998 年),第 5 章。

(Valerius Maximus)①撰写了《大事记》(*Memorabilia*)，记载了当时名人的诸多值得铭记的事件。② 轶史素材被分成 89 个条目加以组织，例如：“论君权”(On Majesty)、“论坚韧”(On Fortitude)、“论 贫 穷 ”(On Poverty)、“论违逆双亲的虔诚”(On Piety against Parents)、“论 军 事 谋 略 ”(On Military Stratagems)、“论非同寻常的死亡方式”(On Unusual Kinds of Deaths)等等。

这部著作堪称煌煌的百科全书，收录了我们从艾尼亚·西尔维奥及其先人那里读到的那种历史素材。实际上，除了上述史料之外，我们还能从中发现《帖木儿传》中没有收录的一些更为丰富的内容，它们被收入这些条目之下：“论军事训练”(On Military Discipline)、“论节制与禁欲”(On Abstinence and Continence)以及“论傲慢”(On Pride)；而且我们还能发现关于帖木儿之崛起的篇幅很长的一章，名为“论那些从微末运势中崛起赢取令名之人”(“On Men Who Rose from Humble Fortune and Gained a Famous Name”)。这是一部道德家(moraliste)自我弘扬的撰述，而第拉博基(Girolamo Tiraboschi)③公允地称其为“美德与邪恶的历史”(storia delle virtù e de' vizio)。④

借助如此界定的典型史料，征服者的标准形象被建立起来。对于史料的这种处理方式，在我们今天看来可能像是对历史的

---

① ［译注］罗马史学家和道德家，大略生活于提比略(Tiberius)皇帝时期，著有《嘉言懿行录》(Facta et Dicta Memorabilia)九卷。

② 《浸信会教友弗雷格索〈大事记〉九卷》(*Bap. Fulgosii Factorumque memorabilium Libri IX*)(巴黎，1578 年)。

③ ［译注］第拉博基，1731 年—1794 年，意大利文学批评家，第一位意大利文学史家。

④ 第拉博基：《意大利文学史》(*Storia della letteratura italiana*)，九卷本(佛罗伦萨，1805—1813 年)，第六卷(2)，第 105 页。

误用、歪曲或是伪造,但是上述关于帖木儿传"渊源的洞见,对我们正确理解此种处理方式而言是必需的。《帖木儿传》的写作意图并不是撰述中肯的历史,而恰恰是将历史素材塑造成一种堪称典型的英雄形象。

(四) 小 结

从上述对于塑造新政治观之亚洲影响的分析中,我们可以得出下列结论。[55]奥斯曼土耳其的崛起以及帖木儿的中兴,对于西方的政治观念产生了深刻的影响。即使在 1494 年的创痛之前,意大利人就已经发展出一种虚无主义的理性权力观念,权力作为一种绝对性的力量,在有意义的存在(meaningful existences)之间盲目地席卷而过。再者,通过近东发生的种种事件,亚洲历史已经成为西方人无法忽视的事实;当土耳其人已经兵临城下之时,西方的帝国终结性(imperial finality)丧失了自己绝对性(absoluteness)的魔力。① 因此,使西方历史的基督教意义变得相对化的各种世变,强化了政治中人文主义的世俗主义。此种新的历史局面的框架在古典意象中为人们所理解,而且我们也注意到,荷马和希罗多德意义上欧亚之间迷思式的争斗,以及使用古典表达方式对新的薛西斯的描摹,均有重新兴起之势。寻找典范的努力进而决定了对于史料的扭曲与择取方式,裨使其足以适应既定的分类体系。而且,从为理解世变中的典范而采取的历史编纂方式中,我们最终可以通过超越善恶之上的"恐怖部族"(terror gentium)神话形象的创造,辨明洞悉权力与破坏之堂奥的努力。

---

① 参见帖木儿与汉尼拔之间意义深长的对照。

在马基雅维利之前，所有这些因素已然存在于意大利的传统之中。一旦我们不必再把这些因素归咎于马基雅维利本人，而是将它们理解成其观念赖以形成的智识气候的组成部分，马基雅维利著作中诸多习惯上被看成高深莫测、非同寻常、特立独行或是放荡不经的特质，也就可以免于以上种种指摘了。

五　《卡斯特拉卡尼传》

摧毁性权力的经验加深了对于此种事实的体认，即一个政治体的秩序最终乃是某种超越善恶之实存性力量的表现形式。较强的力量将会摧毁较弱的存在，不管后者在文明价值的领域中具有多高的位阶。然而，对于此种经验的回应，并不会否认权力与秩序之意义的自然主义的虚无主义（naturalistic nihilism）。力量较为弱小的秩序，尽管已在物理上被击垮，却仍然是有意义的人类秩序，并非一种自然现象；而较为强大的秩序尽管在物力上拥有倾轧的伟力，也并非自然灾难，而是一种有组织的人类存在力量。[56]较强的存在在倾轧较弱秩序的同时，也使自身成为一种新的人类秩序的维系力量。因此，对此种经验的反应乃是对于这样一种人类存在的强化，这种存在对秩序予以摧毁与创建，使之成为一种神话性的典型，正如我们已经在《帖木儿传》的发展中看到的那样。征服者君主的德性（virtù）成为秩序的源泉；鉴于基督教的、超越性的（transcendental）存在秩序对于15世纪意大利思想家们而言已经是形同虚设，作为唯一已由经验核实的秩序之原则，君主使得整饬时局的德性（virtù ordinata）赢得了即凡而圣的（human-divine）、英雄性的重大意义。

这便是马基雅维利的处境。意大利的悲惨局面并不是应该接受的命运；相反，正如历史上频仍出现的情况——出身寒微的英雄最终成为整个民族及其秩序的创建者——政治上所受的深重屈辱将使一位具备半人半神（semidivine）英雄品质的人物应运而生，进而通过其德性驱除蛮族，重建意大利的秩序，而他的德性足以克服不利的命运。正如对哲学王的召唤是柏拉图著作的中心一般，此种对于神话式英雄的召唤乃是马基雅维利著作的中心。

　　马基雅维利已经创造了一个神话；如果我们想要避免对其政治理论的误解，不再把它看作关于肮脏伎俩往往比公正手段更有助于获取政治权力的看法的话，这种事实就必须成为我们相关阐释的基础。《李维史论》与《君主论》的理论阐发便首先预设了这种英雄神话。对英雄生平的勾勒甚至在《君主论》中也有所体现，例如博尔贾（Cesare Borgia）（第 7 章）以及阿伽托克雷（the Sicilian Agathocles）（第 8 章）的事迹。然而正如我们即将看到的那样，这些勾勒都只是作为不完美的典范而存在的。①只有在《卡斯特拉卡尼传》（1520 年）中，神话本身才得以充分与自觉地铺陈。②

---

①　在我们看来，为《君主论》找寻经验典范（不管是切萨雷·博尔贾或是另外什么人）的空想式努力是徒劳无功的。按照经验主义的观点，马基雅维利将会欢迎任何能够拯救意大利的人物。上述寻找经验典范的努力忽视了英雄形象的神话式想像的渊源；再者，它也忽视了《君主论》第 6—8 章的经验事例所阐明的各种类型的德性，实际上具备某种系统化的特征。

②　马基雅维利：《史学与文学著作全集》（*Tutte le opere storiche e letterarie*），马佐尼（Guido Mazzoni）和卡塞拉（Mario Casella）编（G. Barèra 出版公司，1929 年），747 页及其后。对马基雅维利著作的所有征引均本该书。还有更多新近出版的意大利文马基雅维利著作：《著作集》（*Opere*），塞尔吉奥·贝尔特利（Sergio Bertelli）和弗朗哥·盖塔（Franco Gaeta）编，八卷本（Feltrinelli 出版公司，1960—1965 年）；以及《全集》（*Tutte le opere*），马尔特利（Mario Martelli）编（Sansoni 出版公司，1971 年）。最为完整的马基雅维利英文著作集当属《主要著作及其他》（The Chief Works and Others），三卷本，阿兰·吉尔伯特（Allan Gilbert）翻译并编辑（杜克大学出版社，1965 年）。

[57]《卡斯特拉卡尼传》从外表上看来只是袭封贵族、帝国教区牧师(imperial vicar)兼卢卡公爵(duke of Lucca)卡斯特拉卡尼(Castruccio Castracani,1281—1328 年)的一部传记,然而,马基雅维利只是以最为随意的方式使用卡斯特拉卡尼广为人知的事迹——选择其中的一些,隐去另外一些,还杜撰出很多——借以创造出一位意大利英雄的形象,这位英雄通过自己的德性成为一个国家(意大利文 stato)的创建者,其光辉业绩只是由于命运女神的阻挠才蒙受阴霾,尽管卡斯特拉卡尼的诸多令人欣悦的成功似乎预示着最终的光荣,但是福尔图娜将其辉煌事业拦腰斩断,进而使其通向荣耀之路戛然而止。①

这是一种有意识的创造。在该书致友人献词中,马基雅维利以这样的思考开篇:令人颇感惊异的是,世上取得伟大事功者竟然每每出身寒微。命运似乎以所有种种方式对其极尽迫害之能事。当其初降人间之际,他们就被置于野兽哺育之下;或是其父母地位如此卑贱,以至于他们必须假托为宙斯或其他神祇之子。这一类的事例可以说是众所周知。这种奇异的事情看来是由这一事实造成的:命运女神福尔图娜想要向世界表明,使人变得伟大的神祇乃是自己,而不是普鲁登莎(prudenza)②;因而她把伟大人物的生命之初设定成智虑审慎(prudence)全然无从置喙的情况。卡斯特拉卡尼便是这样一种人生;而且,由于就德性与命运的运作观之,这种设定乃是最富教益的(grandissimo esemplo)③,因此也就值得人们铭记于心。④　此种思考的反讽之

---

① 《卡斯特拉卡尼传》,收入《史学与文学著作全集》,第 759 页。
② [译注]意大利语,"小心"、"审慎"之意,相当于英文中的 prudence。拉丁文一般写作 prudentia,有"睿智聪敏"、"深谋远虑"之意。
③ [译注]拉丁文,"伟大的范本"。
④ 《卡斯特拉卡尼传》,前揭书,第 747 页及其后。

处也就开宗明义地使《卡斯特拉卡尼传》成为一出有意为之的戏剧,这一戏剧有着严正的目的,那就是为塑造英雄生涯的诸种力量创造一个"伟大的范本"。

《卡斯特拉卡尼传》本身遵循着曾在《帖木儿传》中采用的英雄神话的古典模式,我们对其曾经有过讨论。[①]当我们像对帖木儿形象的处理那样归纳传记场景的序列时,此种创作的有意识性就会最为清晰地显现出来。《卡斯特拉卡尼传》的主要记述阶段如下:[58](1)一个不知其生身父母为谁的弃婴在花园中被卡斯特拉卡尼教士(Antonio Castracani)的姊妹发现;(2)卡斯特拉卡尼教士收养了这个男婴,并努力按照本阶层的理想对其进行培养,希望将其教育成为未来的牧师;(3)男孩14岁时自作主张,丢弃神学书籍,转攻兵械搏击之术;(4)在这些格斗技巧方面他技压同侪;(5)他在其他男孩中间获得了王侯般的领袖地位,深得他们的信赖与忠诚;(6)然后就有了伯乐:一位贵族圭尼吉(Francesco Guinigi)观看了男孩及其伙伴的游戏;(7)圭尼吉说服教士将男孩的前程托付于他;(8)18岁的卡斯特卢乔开始了自己作为军事与政治领袖的生涯,在扩张卢卡领地的行动中取得了重大胜利;(9)在其开创一系列前途不可限量之功业的过程中,福尔图娜要了他的命:卡斯特卢乔在一次战斗胜利之后,

---

① 此种分析严格建立在马基雅维利的自我阐释之上。与英雄神话的虚构创作有关的一些更为重大的问题,参见兰克(Otto Rank):《英雄诞生之神话》(*Der Mythus von der Geburt des Helden*),第二版(Deuticke 出版公司,1922 年)。关于这种神话在艺术家传记中的特殊变种,参见库尔茨(Otto Kurz)和恩斯特·克里斯(Ernst Kris):《艺术家的传说》(*Die Legende vom Künstler*)(1934 年;Suhrkamp 出版公司,1980 年);以及恩斯特·克里斯:《成熟传记的心理学》("Zur Psychologie älterer Biographik"),《意象:人文科学应用心理分析期刊》第 21 卷(*Imago: Zeitschrift für Anwendung der Psychoanalyse auf die Geistswissenschaften* XXI)(1935 年)。

吹了含有瘴疠之气的（miasmic）夜风，死于热病。

　　在马基雅维利希望发现其意大利民族英雄的时代背景之中，这个故事融合了摩西（Moses）与居鲁士（Cyrus）的神话。马基雅维利有意与信史的背离之处最具启迪意义。历史上的卡斯特卢乔全然不是什么平民百姓（esposito），而是出身于卢卡的一个吉贝利尼派（Ghibelline）①家族。再者，卡斯特卢乔曾经结婚生子——马基雅维利也遗漏了这一点；因为他想望的是这样的英雄：完成政治拯救大业，然后将国家留给人民管理，此等英雄人物若是没有家庭的牵绊自然是再好不过了。历史上的卡斯特卢乔曾任帝国教区牧师和卢卡公爵这一事实，也被马基雅维利明智地按下不表；因为若是将这些荣衔放在一位将意大利（包括皇帝）从蛮族手中解放出来的救星头上，恐怕实在没有那么美妙。另一方面，从对于卡斯特卢乔政治与军事生涯的描述之中，我们可以发现关于传主对于步兵与骑兵的组织艺术及其军事策略，这恰巧与马基雅维利本人的军事改革观念如出一辙。而且马基雅维利还对卡斯特卢乔对待变节行为（treacheries）的慎重及其对敌人的斩尽杀绝给予了相当的强调——这几乎是对博尔贾西尼加利亚屠戮之日（day of Sinigaglia）②的仿效。

　　卡斯特卢乔的故事以对其性格的总结性描摹而告终：

　　　　他待友亲切，对敌残忍；对待属民公正，对待外人不忠；他从来不曾设法说明：声名之获致，乃是借助于成功本身，而非借助于获取成功的方式。从没有别人可以像

①　［译注］吉贝利尼派（Ghibellines）与圭尔福派（Guelfs）是中世纪意大利两个敌对政治派别的名称，大体上说，前者同情神圣罗马帝国皇帝，后者则同情教廷。
②　［译注］参见《君主论》第7章。

他那样勇于直面危难,也从没有别人比他更有脱离险境
的才能。[59]他曾经说过,男儿应当敢于尝试一切事物
而不能畏葸不前;正如人们所见,神灵对于孔武有力之人
可谓青眼有加,他总是凭借其强大势力对弱小之辈严惩
不贷。①

上述卒章之评别具深意,这是因为它将我们所知的"神之震
怒"(the ira Dei)观念从《帖木儿传》那里绍介过来;胜利的君王
成了"惩戒罪人的复仇者"(ultor peccatorum)。存在一种建立
于权力与德性基础之上的、天佑的(providential)政治秩序——
无论是在《君主论》抑或《李维史论》中,马基雅维利都没有像在
这篇传记中一样对此直言不讳。

六　《李维史论》

在阅读马基雅维利系统化的主要著作时,必须预先假定借
助于世俗(intramundane)权力的秩序神话——假使体系化
(systematic)这一术语可以用以形容一部其题名便可昭示其散
漫性的著作的话。《论提图斯·李维的前十卷》(*The Discorsi
sopra la prima deca di Tito Livio*)②(撰于 1513 年—1522 年
间)是马基雅维利对共和国的创建、组织、扩张与复兴予以全面
探讨的集大成之作。素材与问题的体系化尚非尽善尽美;子标
题的序列往往是依据联想加以编排的;有些时候某一章节之所
以被安排到某一位置,除了改章节放到别处同样将是一种错置

---

① 《卡斯特拉卡尼传》,收入《史学与文学著作全集》,第 761 页。
② [译注]行文中简称为《李维史论》。

之外，看起来并无其他缘由；有时子标题下写得洋洋洒洒，超出其适当比例，颇有离题之势，譬如论阴谋（conspiracies）的那个很长的章节（第三卷第6章）。尽管如此，仍然有一个统摄《李维史论》全书的逻辑。第一卷讨论共和国的创建与内部组织；第二卷探讨共和国得以强大与扩张的军事与政治手段；第三卷则考察如何复兴"腐败之城"（città corrotta）并使之回归最初秩序这一引人关注的问题。

上述问题的探讨是通过对历史事例的讨论得以展开的；除了当代意大利的事例，其他事例主要来自李维的《罗马编年史》（Annales）。自从布鲁尼以来，李维的《自建城以来》（Ab urbe condita）便一直是人文主义编年体（annalistic）史纂的典范；但它也只是典范而已，佛罗伦萨史家们探讨的对象一直都是中世纪意大利的历史。而今，罗马历史本身变得契合现实之需，足以成为指导当今政治事务的重要手段。它并不是一种恣意采行的工具，并不能被其他手段所取代；[60]因为作为从王政根基走向僭主末路的民族历史进程，罗马共和国的兴衰具有一种特殊的权威性。马基雅维利的民族共和主义受到了罗马事例的启迪，视之为意大利历史的第一波进程（corso）（在维柯的意义上[in the Vichian sense]），而罗马的典范现今足以为意大利共和一代提供教训。这就是凯撒再度蒙受僭主之名而布鲁图斯（Brutus）成为共和英雄的原因所在，也逆转了萨卢塔蒂在历史上更为务实的分类。如果我们不能在借助德性重建共和秩序的英雄与将人民置于自己囚锁之下的篡权者加以区分的话，就无从理解抒解时难的君王（the savior prince）观念。马基雅维利并不乐见一个帝制的罗马；他梦寐以求的乃是一位重建意大利秩序，使之足以与共和制罗马媲美的君王。

《李维史论》是为年轻一代撰写的。年轻人——或者说青年（意大利文 giovani）——应当具备品鉴古今的能力；而且，"读到我的文章的年轻人"应当"在命运给予他们时机时"避开现实并仿效罗马故事，"因为有德性者（uomo buono）具有此种义务，即将自己由于时运不济而做不到的事情传授于人，以待众人具备能力时，由其中最受上天垂爱的人加以实现"。①《李维史论》致献的那群年轻人并不是完全虚拟的听众。因为实际上当时的佛罗伦萨存在着一个高度关注政治的青年团体。布昂德尔蒙蒂（Buondelmonti）、阿拉曼尼人（the Alamannis）、内尔利（Filippo dei Nerli）以及纳尔迪（Jacopo Nardi）都属于这一团体，该团体平常集会于鲁彻莱（Cosimo Rucellai）家的奥利切拉莉花园（Orti Oricellarii）。1518 年，马基雅维利将其《李维史论》以及《兵法》（Arte della Guerra）读给这些青年友人听。1522 年，其中一些人投身于反抗美第奇家族的一场政治密谋。路易吉·阿拉曼尼（Luigi di Tommaso Alamanni）被处死，而其他人则有可能潜逃了。虽然马基雅维利本人并未卷入这场政治密谋，但是他的《李维史论》塑造了密谋者们的思想。马基雅维利正是将《李维史论》题献给布昂德尔蒙蒂（他有能力逃到法国去）以及团体成员共同的东道主——于 1520 年英年早逝的鲁切莱。

马基雅维利曾经宣称，《李维史论》阐述了政治研究的若干原则，作为一项概括性的研究，我们必须将分析限定在这种宣称的范围之内。第一项原则乃是关于借鉴过去思考当下这种做法的正当性（legitimacy）。[61]与那种缺乏证据的断言，即认为马基雅维利是在探寻成功之政治行动的一般规则相

① 《李维史论》，第二卷前言。

比,对马氏创作动机的这种表述看来要谨慎得多。在缺乏体系化与理论化表述的情况下,我们无法断定马基雅维利的动机究竟为何物;而且我们甚至也无从断定,他并非一位野心勃勃的科学式的思想家,试图通过模仿自然规律找到政治的律则。实际上,他根据人性之恒定性归纳出历史上的规律与循环。"既然人们现在和以往一直具备同样的情感,他们也就必然会产出同样的结果。"

　　然而这项原则并没有成为政治中心理分析的基础;历史并没有转向进入由心理分析决定之个人行动的航道;我们并没有濒于一种苦乐分析的心理学(pleasure-pain psychology)边缘,亦没有转向一种自利的心理学(psychology of self-interest)抑或情感的唯物主义(materialism of passions)。在马基雅维利看来,人性部分地出自历史中政治社会的特质。因而情感的恒常性决定了历史之有机联贯整体(gestalt)中的循环现象。社会环境诸因素的布局、政府的形态以及历史事件的序列关系,都构成了循环现象的单位。

　　以此种视角观之,古代历史尤其是罗马历史,对于政治研究而言也就具备了一种独特的重要性,因为它提供了一种视角,揭示了共和国从奠基到覆亡过程中各种历史事件的完备秩序。马基雅维利并没有不加区分地从一应历史事例中进行概括,因为所有事例莫不属于古代或后古(postancient)的伟大事件之列。除却古代背景,所有稍为晚近的事件都具有一种似曾相识的特点,而古代典范则变成使较为晚近的历史事件成其为"昨日重现"(repetition)的具有神话色彩的范式。

　　　鉴乎既往可以预知未来;这是因为世上的一应事件,无论在何时都可以在古代找到其对应物。①

　　因此，历史的组成单元便成为马基雅维利致力于探究的问题；而古代历史的单元具有可以被现代人效仿的典范功能。[62]在其他领域——艺术、立法与医学——中，今人乐于接受古人典范式的成就；可是，当问题变成效仿共和国的构建、维持与复兴时，马基雅维利的同时代人却认为这样的模仿即使不是不可能的，至少也是很难实现的。此类犹豫不决的原因，并不能归咎于基督教造成的世界的普遍颓废，抑或诸多西方政治体深受其害的雄心尽失、万马齐喑的局面，而是根源于对于历史之真正理解的缺乏，根源于这样一种阅读历史的习惯，即只将历史看作一系列有趣的事件，却不懂得从中汲取历史事件对于我们今人的意义及其本身的精髓所系。由于未能觉察到"天宇、太阳、元素与人类"就"其运动、秩序与力量"而言是不曾移易的，人们也就未能发现历史的范式重要性。各共和国的历史是宇宙秩序（cosmic order）的一部分；在一个困惑重重的年代，若想明白如何方能认清时势，就必须努力理解政治的宇宙秩序。马基雅维利比较"古今之事"（the antique e moderne cose）乃是出于双重目的，一是建立罗马共和国兴亡的典范价值，二是揭示这种可能

---

①　《李维史论》，第三卷第 43 章，收入《史学与文学著作全集》，第 257 页：perchè tutte le cose del mondo，in ogni tempo，hanno il proprio riscontro con gli antichi tempi。马基雅维利将中世纪与当代历史视同"世界"（world）与"时代"（time），而"古代对应物"（tempi antichi）则成为范式与神话性的亘古不变之物（aeon）。我们曾经强调过马基雅维利著述中体系化阐述的缺乏；在此类短小、浓缩的段落基础上构建某种解读看来将是有些危险的。不过，我仍然相信，如能认真对待马基雅维利的表述，而不是按照先入之见对其进行编辑剪裁的话，最终还是有可能达成对于马基雅维利诸项问题较好的理解。

性，即师法古人可以达成拯救时弊的功效。①

实际上，秩序乃是宇宙性的。马基雅维利不仅将罗马历史视为寻求典范的主旨，同时还回到珀律比俄斯（Polybius）对罗马历史的宇宙循环式的阐释。包容性的政治单元（comprehensive political unit）乃是由 physeos oikonomia 即自然家法（the order of nature）决定的 politeion anakyklosis——政治形态的循环革命。② 而珀律比俄斯的"自然"也便是廊下派的世界根基，也可以依照其同义称作命运、律法与逻各斯（tyche, nomos, and logos）③。

我们有六种政体类型，三种良善的与三种败坏的。然而所有这些政体类型皆非可欲：败坏的形态乃是由于其本身的劣质；而良善的形态则是由于其短命，很快便会复归为君主制——这些政体类型将会历经僭主制、贵族制、寡头制、民主制及后者肆虐的退化形态，④此时君主制又将得以重建，以涤荡群氓的胡作非为。这便是各共和国运行的循环周期（cerchio）；但是它们很少能够复归最初的形式，[63]因为共和国极少可能拥有如此旺盛的生命力（può essere di tanta vita），无法经受住数次的严酷考验。一般说来，当政体衰颓之势每下愈况之时，共和国将会成为强大邻邦觊觎侵夺的对象，并丧失其独立的历史存在。因此在构建一个共和国时，明智的立法者将会避免采行上述任何一种政体类型；他将会努力创造一种融合了所有三种政治力量⑤的秩序，进而产出一种更为稳定的平衡。

---

① 《李维史论》，第一卷前言。

② 珀律比俄斯：《罗马兴志》（*The Histories*），第六卷，第 9、10 章。

③ ［译注］Tyche 是希腊神话中的命运女神堤喀。

④ ［译注］即暴民制。

⑤ ［译注］应当是指国王、贵族与平民。

　　此种政体循环的起点存在于历史的偶然领域之中。马基雅维利再次追随珀律比俄斯重述了自己对于政府渊源的看法。鸿蒙初开之际，人口稀少且像动物一般离群索居。随着人口的增殖，人们开始联合起来；而且，为防卫计，他们选择人群之中的最强壮者作为自己的首领。此种人类联合形态也是高贵及良善与邪恶及低劣之对立的渊源所在。这是因为伤害共同恩主者将会激起人们的仇恨和共鸣；忘恩负义者遭到指责，慷慨济众者(the grateful)备受赞誉，所有人都注意到同样的伤痛亦有可能加诸己身。为了避免此类恶行的发生，人们遂制定律法惩戒罪人；正义的观念亦由此滥觞。在律法秩序的新条件下，最强壮者不再有望被选择成为君王，而最审慎公正之人则取而代之。当原始的选君制(elective monarchy)让位于世袭制度之后，开启政体循环的罪恶也就应运而生。①

　　马基雅维利的这部分观念并无原创之处；它们大多只是珀律比俄斯《历史》(Histories)第二卷相关章节的浓缩。然而，由于马氏对珀律比俄斯的此种依赖恰恰具有最为重大的价值，因为正是这些祖述珀律比俄斯之处，排斥了某些乐于对马基雅维利极尽诋毁之能事的现代派误读。有组织的社会被看作宇宙之内分享其秩序的"自然的"成长；它被视为一个整体，连同其政治、宗教与文明的秩序一起为人们接受。此种成长的"自然"(nature)乃是兼容了精神与智能生活(the life of the spirit and the intellect)的廊下派的自然。因此，马基雅维利的自然主义乃是复兴古代之自然神话(Myth of Nature)的尝试；它与将行动之自由排除在外的自然决定论(determinism of nature)毫无干系。由于有生之物不可能永世不灭，共和国的衰落是不可避

---

① 《李维史论》，第一卷第2章。

免的；[64]使之形成的生命力迟早有其枯竭之时；但是循环革命（anakyklosis）之律则，却也为审慎的建基以及积极的存续和复兴留出了余地。

进一步言之，我们必须避免将行动之自由误解为理性计划之自由；马基雅维利的政治伦理并不是功利主义的（utilitarian）。建基与复兴的行动只是存活于人类个体之中的那部分宇宙力量的体现；这种力量本身便是秩序的本体（substance）；而且尽管在政治行动过程中手段与其结果必须具备理性的关联，这些结果本身只是作为主宰行动之德性（the ordering virtù）的显现方能具有其意义。如果不将其与英雄神话及其德性联系起来，就无从理解马基雅维利的伦理观念。因此，我们最终必须避免把马基雅维利误解成自利伦理的鼓吹者，抑或一位提供攫取权力之建议却罔顾其实质的"专家"。

伟大的基督教导向的道德体验——"爱上帝"（amor Dei）——已经消失得全无踪影；但这并不意味着"自爱"（amor sui）现在已经成为行动的决定因素。英雄的德性乃是朝向共和国秩序之表达的实质性力量；并非渴求权力之自我中心的欲望。除非我们体察到马基雅维利对阴谋——对于误将自身野心视作君王德性的强有力个人之非宇宙化的（uncosmic）罪恶力量的伟大矫正——的欣赏与广泛讨论，我们将无从理解君王的神话。①

在宇宙秩序之清晰显现的意义上，共和国乃是一种自然的成长。此种特殊的显现类型之存在是一件应被接受、无需解释的事实。如同植物、动物、人类或天体一般，共和国也是宇宙秩序的显现。然而，共和国是一种可用尽的生机的自然成长，并不

---

① 关于阴谋的讨论参见《李维史论》第三卷第 6 章以及《佛罗伦萨史》（*Istorie Fiorentine*）第八卷。

是说这是一种有机的成长。共和国与宗教社群一样,都不是有机体(organisms);它们只是 corpi misti,也就是复合体(composite bodies)。① 它们的组成元素是人;而人并非集体主义的机械事物(collectivist automata),而是存在于自我意愿(self-will)与公共秩序之意愿的张力之中。这种张力是无从避免的;这也正是共和国衰亡的原因,就连拥有最佳秩序的共和国也概莫能外。

> 人的欲望总是贪得无厌的;从本性说来,他们便具有攫取一切的能力与愿望,[65]可是命运只是让他们所得无几。这就会使人的头脑中不断产生不满,对自己已经占有之物感到厌倦。这样一来,他们就会责怪现代,赞美古代,憧憬未来。②

这便是共和国秩序赖以生长的前途无望的环境。因此,成长与衰败的秩序,也就不过是听任历史变更发生的一种框架而已。任何特定的人群集合都并没有十足的把握发展出一种政治秩序;当存在着肇始活力的时候,人们的努力可能会以失败而告终,或是造成一种并不稳定的秩序;即使开局良好,如果在危机时刻不能涌现革新的力量,构筑秩序的事业仍有可能中道崩殂。对于共和国而言,在其建基或稍后某时若能出现一位以其立法使得国祚长久的圣贤——一如吕库戈斯(Lycurgus)之于斯巴达——则实在是一件幸事。③ 然而,在大多数情况下,共和国的

---

① 《李维史论》第三卷第 1 章,收入《史学与文学著作全集》,第 193 页。
② 《李维史论》第二卷前言,收入前揭书,第 136 页。
③ 《李维史论》第一卷第 2 章,收入前揭书,第 59 页。

开端并没有那么幸运——正如罗马的事例一样。因此，罗马共和国的历史也就值得我们予以特别的关注；因为我们从中可以学到，一个共和国如何可以在肇始阶段欠缺可遇而不可求的建基圣贤的情况下获得成功。

在罗马成功的奥秘问题上，马基雅维利再次追随珀律比俄斯及其"三元政体"（tripolity）的观念。罗马历史的开端并无独特之处，起源于堕落为僭主暴君的国王。然而放逐僭主之后却并未出现通常那种注定的政体循环，这是因为起义者用君主制和贵族制因素的混合——执政官（consul）与元老院（senate）——取代了僭主。此种构建模式成形之后又发生了又一波的反抗——也就是平民对贵族的反抗。在不破坏执政官与元老院权威的情况下，保民官（tribunes of the people）也在政府中获得了权位。于是政体循环就被转换成一种平衡共存的政体结构（a balanced simultaneity）。当然，贵族（patricians）与平民（plebeians）之间存在着相当大的内部纷争，在肤浅的观察者看来，这似乎使罗马难以成为一种值得效仿的典范。然而，此种内部纷争必须被看作共和国之持久存在与对外扩张不得不付出的代价。特别是后者更具有重大的意义。[66]如果想要保持共和国较小的规模，不想让平民承担兵役的话，人们就应当避免平民针对贵族的内部反抗以及相应的宪政上的让步。如果罗马人对异邦如威尼斯人紧闭共和国国门的话，其国内历史也就不会充满动荡。另一方面，罗马却有可能一直维系一个微不足道的小国地位，甚或沦为较为强大之邻邦侵凌的对象。内部动荡的不便必须作为力量与伟大的条件而被接受。① 罗马的成功源于鼓舞了全体众多人民的对于自由的热爱。

---

① 《李维史论》第一卷第 2—6 章。

原因不难理解；成就城邦之伟大功业的并不在于个人之善，而在于共同之善（the common good）。而且毫无疑问，共同之善只有在共和国中才能得到珍视，这是因为但凡有利于共同之善者，哪怕它们不利于这个或那个单独的个体，都会被众人付诸实施。从共同之善中得益者为数如此之多，以至于他们可以违逆利益从中受损的极少数人的意愿而推进之。在有君主的地方，情况则恰恰相反；这是因为有利于君主者将会对城邦构成损害；而有利于城邦者又会让君主受到损失。①

不过，罗马是由国王们创建的。当其暴虐的继任者们被驱除之后，人们可以在其基础上继续进行建设。建基工作具有启迪的意义。许多人可能会在罗慕路斯（Romulus）那里寻得一种例外，为了创建一个生机蓬勃的共同体（un vivere civile），他先是处死了自己的兄弟②，继而授意了对其共同执政者③的谋杀。这看起来似乎是个坏榜样。但是我们必须考虑到罗慕路斯的动机。除非其秩序出自某单个人的擘画与智慧，否则一个共和国或王国很难从其开端便能具备良善的秩序，这似乎是一项通则（general rule；拉丁文 regola generale）。因此，一位意欲增进公共福祉而非一己之私、不偏袒其继承人却献身于共同邦国的明智的立法者（lawgiver），就应当努力实现大权独揽。一旦它是政治建基之必需，"没有哪个明智之士将会抨击这一非凡的举措"。"行为使其蒙羞，成功（之结果）则给予其宽宥"（The act

---

① 《李维史论》第二卷第 2 章，收入《史学与文学著作全集》，第 139 页及其下。
② ［译注］即传说中其孪生兄弟雷穆斯（Remus）。
③ ［译注］即萨宾人（Sabines）头领提图·塔提乌斯（Titus Tatius）。

accuses，the success excuses）。当行为取得的结果与罗慕路斯所为一样良善时，行为本身将会得到宽宥。"因为只有在被用于破坏而非建设之时，暴力才应受到谴责。"然而，唯有在创建者足够明智贤德，不会将权力作为遗产交给其子孙的时候，这一通则才是有效的。[67]一旦权力得以被才德卓绝的个人创建，就应当归还于人民。"众人虽然意见各异，不知制度之益，故而不善治理；然一俟他们辨明其善，也不会轻言放弃。"①

在关于"由单一个人创建新共和国之必要性"的思考之后，伴有或许可被认为是马基雅维利伦理观之中心的一种宣称。它正如一份正式的价值序列表格（table of values）。

在得享令名之士中，声誉最隆者当属宗教的首领与创始者。次为共和国或王国的建基者。再次是为其王国或祖国开疆拓土的军事将帅。然后则是按其成就之种类水准而得到相应赞誉的文学之士（men of letters）。至于不计其数的另外一些人，他们之得以享有荣耀，乃是基于其技艺或职守。

相反，可耻可憎之人。则必定是那些宗教之破坏者，王国与共和国的蠹虫，同给人类带来便利和荣耀的美德、文学和各类技艺为敌的人——也就是说，"那些亵渎神明者、暴戾恣睢者、愚昧无知者、才德低劣者、游手好闲者以及无恶不作者"。②

处于这种价值序列之最高层级的乃是宗教的创始者。罗马

---

① 《李维史论》第一卷第9章，收入前揭书，第72页及其下。（［译注］参照了冯克利先生的译本，《论李维》，上海世纪出版集团，2005年。）

② 《李维史论》第一卷第10章，收入前揭书，第74页。

之伟力便是源于其虔敬。在这一点上，马基雅维利再次赞同珀
律比俄斯的看法。① 罗马人害怕违背誓约，更甚于害怕法律。
而罗马史的研习者将会发现宗教发挥了多么重大的作用：它有
助于军队遵从命令、人民团结一心，可以支持善举，挫败恶行。
幸运的是，承继罗慕路斯之位的乃是努马（Numa），他体察到宗
教乃是城邦最为必需的基础，并创设了合宜的制度。假如要争
辩罗马从哪位君主之处受益更多，则努马会胜过罗慕路斯；因为
有宗教存在之地将更容易建立军事力量并捍卫共和国。而一旦
失去对神明的敬畏，王国将会覆灭，除非对君王之敬畏足以取宗
教而代之。然而，由于君主终有寿限，一旦单个君王的德性与其
生命俱灭，则王国将旋即衰败。

[68]敬奉神明是共和国成就伟业之根源，亵渎神明则
是共和国覆亡之肇端。②

到了这里，马基雅维利的思考开始转向当代的困难。意大
利的悲惨局面是由基督教的衰颓导致的；而基督教之衰颓又是
由教皇制（papacy）的堕落所引起。教皇们的态度对于意大利的
苦难负有不可推卸的责任。首先，教皇的势力已被历史证明总
是强大到足以避免意大利某一邦国的崛起称霸，进而也就阻碍
了意大利的统一；教皇甚至引来蛮族势力帮助其对付意大利人。
国家已经成了侵略者的刀下鱼肉，之所以会遭致这种命运，"我
们意大利人要拜教廷所赐，始作俑者别无他人"。其次，教廷的

---

① 尤其值得参见珀律比俄斯：《罗马兴志》，第六卷，第 56 章，第 7 节，关于罗马宗
教"迷信"（deisidaimonia）之重要性的部分。
② 《李维史论》第一卷第 11 章。

奢华与腐败也是意大利人道德堕落和信仰缺失的原因；教会也就以这样的方式毁掉了健康的意大利民族共和国不可或缺的根基。[1] 若想救赎上述教会的第一项罪恶，便需要摧毁作为世俗力量的教皇制，而人民的道德堕落与信仰缺失则是件复杂得多的事情。要想解决后者，不光要正视教皇制导致的宗教腐化这一问题，基督教本身的价值也受到了质疑。

古代人为何比现代人更为热爱自由，马基雅维利对此感到疑惑。看起来造成这种情况的原因，与大体上使得现代人显得不若古代人强大的原因如出一辙，那就是源于宗教之差异的教育上的区别。基督教向我们展示出其真理及正确的人生之道，而其结果便是弱化了我们对于世俗之荣耀（*l'onore del mondo*）的信念。对于异教徒而言，此种尘世荣耀乃是至上的善事；这也是为何他们比今人更为孔武有力。

> 此外，古代宗教只对那些具备伟大世俗荣耀的人进行美化，例如军队将帅与共和国的领袖，而我们的宗教颂扬的是那些谦恭隐忍、喜好沉思之士，而非热衷积极生活之人。

基督教看重的是谦卑的品质，鼓励对于俗事事务的弃绝与轻蔑；而古代人则重视灵魂的伟大、体魄的力量以及其他一切能使一个人变得强大的事物。基督教乐于见到人在忍受苦难而非致力于宏伟功业中展示自己的力量。此种生活方式造成了世界的衰弱，使其沦入无赖之徒手中。但是我们此时必须再次体认到，[69]或许上述结果并不能归咎于基督教，而应该归咎于一种使之屈从于怠惰（ozio）而非德性（virtù）的卑劣的阐释。这是因

---

[1] 《李维史论》第一卷第 12 章。

为基督教毕竟容许拔擢和捍卫国家的行为，并希望我们热爱自身所在的国度，以之为荣并为之奋战。所以，对自由之热爱的衰减实则应当归咎于此种错误的阐释而非基督教本身。而且我们不应忽视，正是罗马帝国摧毁了被征服各共和国的自由；而且极有可能，共和国永远无法从这种创伤中恢复元气，即使在罗马帝国解体之后依然无力回天。①

　　事物之原状是很难回复的；眼下又没有足堪替代基督教的其他宗教；世人只能寄望于通过复归基督教更为健康之起点的改革（rinnovazione）。若不是圣方济各与圣多明我（Saint Dominic）复兴基督教的努力，基督教恐怕早已寿终正寝了。他们通过托钵修会的清贫修行方式追随耶稣基督的典范，也使得已被高级教士及宗教首领卑劣行径败坏的基督教重拾一线生机。②尽管与化外之人（primitive people）相比，城市居民对于精神之复兴已经较少共鸣，宗教上的复兴之举仍是有望实现的。譬如，佛罗伦萨人既不蒙昧无知，也非村野莽夫；但他们仍然信服萨沃那罗拉是在代上帝立言。"我不想探究此事的真伪；因为在谈到这位大人时，我们应当心存敬畏。"尽管如此，即使在今天我们仍可仿效先人之榜样，人们也不必对此感到气馁——"因为人从呱呱坠地起，到度过一生直至死亡，本来都遵循着相同的轨迹"。③

　　马基雅维利在《李维史论》中的著述框架已经渐趋明朗了。处于其轴心的乃是一种宇宙力量的形上学（a metaphysics of cosmic force），它创造出形形色色的实存形式（forms of being）借以展示自身，而各个共和国便属于此种实存形式之列。就共

---

① 《李维史论》第二卷第 2 章，收入《史学与文学著作全集》，第 141 页及其下。

② 《李维史论》第三卷第 1 章，收入前揭书，第 195 页。

③ 《李维史论》第一卷第 11 章，收入前揭书，第 77 页及其下。（［译注］此处借用了冯克利先生的译文，《论李维》，上海世纪出版集团，2005 年版。）

和国而言,其实体乃是复合的;政治形式之形成,乃是通过宇宙
力量在杰出个人身上的运作——也就是说通过建基者和复兴者
的德性——得以实现。决定共和国之周期性兴衰的,恰恰是此
种建基力量(founding force)的效力:

> 德性造成和平,和平带来安逸,安逸产生无序,无序导
> 致覆亡;与此类似,[70]乱中生治,治中生德,有德则有荣誉
> 与幸运。①

然而秩序的稳固不能仅仅依靠创建者与政治领袖的德性;
这是因为由其奠基的政治基业的寿祚并不会超出创建者的自然
寿命。共同体需要一种神圣的(sacramental)纽带。因此在价
值序列表上,宗教的创建者高居榜首,位于政治建基者之前。宇
宙秩序的形上学并不是科学或有机之变体的自然主义;“自然”
一词必须在廊下派的意义上加以理解,涵盖了宗教共同体与各
历史文明之人类存在的全部秩序。因此马基雅维利的形上学并
未堕落为一种“权力政治”(power politics)的哲学。整个价值表
格——宗教的、道德的、文明的、职守的(occupational)等等——
都是作为传统而为人接受的;循此,在导向具有真正良善秩序之
政治基业的德性,以及只为达成一己之宰制(personal
dominion)的强大个人力量之间,他能够判明其区别。

其著述体系中的唯一缺陷——马基雅维利本人也极为清楚
地认识到这一点——便是这样一种事实:我们并不是生活在希
腊罗马之古代,而是生活于西方基督教文明之中。只有在世俗

---

① 《佛罗伦萨史》,第五卷第1章,收入前揭书,第498页。([译注]译文参照了李
活先生的中译本,商务印书馆,1982年版。)

之荣耀（onore del mondo）在宗教上被接受为至善（summum bonum）的条件下，宇宙力量的形上学以及德性的神话才有意义。当至善被置于上帝赐福的（beatific）幻象中加以理解时，在价值序列之中世俗荣耀只能退居次席，成为人们行为之导向原则的，也就并非宇宙力量英雄式的、整饬性的显现，而是爱上帝（amor Dei）。在这一点上马基雅维利是无甚把握的。他体认到基督教这一社会事实；但他自己的灵魂却对其壁垒森严；此种社会事实可谓有名无实。这样一来，在将基督教视为当今苦难渊源的尼采式的抨击，以及同样尼采式的对于基督教原初品质的敬重之间，马基雅维利可以说是游移不定。很明显，异教神话已经不复生存；他本人既非基督徒又非新宗教的创始人；他期待宗教上的改革——实际上，在那一年他致献《君主论》之后，这一改革便开启了。

　　尽管马基雅维利的立场有不确定和犹豫之处，尽管他不是那种其终极意义并不依赖于历史兴衰的基督徒，尽管他狂热地追逐世俗之荣耀 [71]（虽然他在价值序列表中只能排在第四等级，即文学之士），但我们绝不能臆想马基雅维利便被关于衰颓的悲观主义情愫所笼罩。在马基雅维利那里有一种真切的静观生活（vita contemplativa）的格调。尽管共和国的存在遵循着政体循环革命（anakyklosis）的律则，尽管意大利的局势不容乐观，马基雅维利仍然保持了开阔的历史视野。共和国可能有其寿数，终有竟时，可是那并不是世界末日。德性会转由其他人承载。

　　　我思考这些事情的来龙去脉，得出的判断是，天下事历
　来遵循着同样的模式；其中善恶相当；只是善恶的多寡因地

而异。随着其风俗的变迁，古代的各个帝国相继兴替，而世界仍然居留不变，亘古如一。唯一的不同在于：上天先是将德性归于亚述（Assyria），又交付米底（Media）和波斯，最后则赋予意大利和罗马。虽然在罗马帝国之后再没有出现一个持久度堪与之媲美的帝国，能够集世界的德性于一身，但我们仍能看到德性分散于各个过着有德生活的民族。这些民族便是法兰克人（Franks）的王国、土耳其人的王国、马穆鲁克苏丹（Mameluks）的王国，以及今天的日尔曼各族人民；而此前则是伊斯兰教众（Islam），他们屡建功勋，攻占了许多国度，并灭掉了东罗马帝国。

这些王国的人民以及征服宗教的教众并不会抱怨德性的衰颓：世界与历史并不会因为意大利人有理由痛悼自己的时代而日暮途穷。[①] 而这种痛悼也是徒劳的。我们理应探究历史上之兴衰的条件，尤其要探讨通过回归伟大之开端获得新生的可能性。[②] 外部的灾难或许能够成为重新集聚一个民族的力量和创造新开端的契机。从历史中我们可以知道，假如希望做到振聋发聩，让罗马人燃起重生的意愿，由此获得新的生命和新的德性，它就必须被高卢人（the Gauls）占领。[③] 这便是当前的任务。而无论就其德性抑或命运而言，均不足以成为抒解时难之英雄的文学之士，将投身于召唤救世之君王（liberating Prince）的事

---

① 《李维史论》，第二卷前言，收入前揭书，第135页及其下。
② 《李维史论》，第三卷第1章。
③ 《李维史论》，第三卷第1章，收入《史学与文学著作全集》第194页。关于当前意大利遭受法军入侵之苦境的隐喻很难译成英文；意大利文的原文是："*Si vede come egli era necessario che Roma fussi presa dai Franciosi, a volere che la rinascesse e renascendo ripigliasse nuova vita e nuova virtu.*"

业之中。

七　《君主论》

[72]以《君主论》名垂后世的这部著作,其书名并非出自作者之手。从马基雅维利在 1513 年 12 月 10 日致其友人维托里(Francesco Vettori)的一封信中,我们可以得知关于该书渊源的一些情况。在这封信中,马基雅维利描述了自己在其位于佛罗伦萨附近之圣卡西亚诺(San Casciano)的一小块庄园中虚掷的时光。但是,当虚幻凄惨的白昼终结,夜幕已降之际,他回到自己的住宅,走进书房。

　　我把沾满尘灰的便装丢在书房门口,换上威严庄重的朝服。整理衣冠之后,我来到古代的人们之中,在那里,我受到他们的盛情款待,得以歆享独为我准备且我为之而生的丰馔佳肴。我可以心无愧怍地与之对谈,询问他们如此行事的原因;他们也会仁慈地予我以答复。在随后的四个钟点里,我感觉不到丝毫的枯燥,忘却了所有的忧伤,无惧于贫困甚或死亡。我全副身心都沉浸其中,感觉自己已与古人融为一体。我记得但丁曾经说过,不加记载之理解算不上知识,为此我已将自己与古人交谈的一些心得记录下来,并汇集成一部短小的著作《论君主职位》(De principatibus)。在这本小册子里,我想要从尽可能深的层次来探讨关于这一主题的思想;我探讨了君主国(lordships)的性质及其种类,研究它们是如何被获取、抱有及丧失的。倘若鄙人有幸能有什么奇思异想足以博得足下赏识的话,我想这部作品应当不会让您失望。它应该为一位君主——尤其是新君主——所喜闻乐见；因此我打算将其敬献给尤里亚诺殿下。[1]

尽管马基雅维利把自己这部著作称为 De principatibus，即《论君主职位》，但出版商所取书名《君主论》(*Il Principe*)也并非没有可取之处。而且，我们还可以想出其他一些一样合适的书名，例如《新君主》(*Del Principe Nuovo*)或者《新君主科学》(*Nuova Scienza del Principe*)或是《意大利的救主》(*Al Redentore d' Italia*)。我们必须注意到该书书名颇有多样的可能，免得陷入到关于《君主论》唯一、真正之意义的争论中去。这是因为此书并非一部关于政治的系统论述；它实际上是一部应景之作(livre de circonstance)[2]；为了服务于自己的政治目的，马基雅维利征用了不止一个理论议题。[73]不过，该书有其自身的逻辑，我们不难将其分为三个主要部分：

（1）"论君主职位"这一标题涵盖了该书第 1 章至第 11 章的系统性计划。《君主论》的这一开篇部分可以说是关于君主的小册子，对论述共和国的《李维史论》构成了补充。[3] 一切国家(stati)均可分为共和国与君主国(principati)。后者又可分为世袭的与新近获取的；此外尚有一种特殊的教会君主国。第 2 章和第 11 章分别对世袭君主国与教会君主国进行了简略的讨论；

---

[1] 前揭书，第 885 页。《君主论》似乎在 1513 年年底之前已经大体完成。不过，敬献该书已经成了 1516 年的事情——然而，这部著作也并没有献给这一年去世的尤里亚诺，而是献给了洛伦佐·德·美第奇。

[2] ［译注］法文，相当于英文 book of circumstance。

[3] 参见《君主论》第 1 章，以及第 2 章起始的那句话。这句话是："这里，我想撇开共和国不予讨论，因为我在别的地方已经详尽地论述过了。"

而这一部分的主体,也就是第 3 章直至第 10 章,都在处理新近获取之君主国的问题。

(2)第二部分包括第 12 章至第 14 章。这部分处理的是军事组织诸问题。然而,仅仅依照其讨论的对象是难以认识到该部分在全书体系中发挥的真正功用的。马基雅维利的意图在于:在讨论了形形色色的君主之后,接下来的部分应当探讨所有这些君主国赖以建立的"基础";而这些"基础"(fondamenti)是"良好的法律与良好的军队"。

> 因为如果没有良好的军队,那里就不可能有良好的法律,同时如果那里有良好的军队,那里就一定会有良好的法律。现在我不讨论法律问题而只谈军队问题。[1]

(3)最后,紧随关于"基础"的部分,从第 15 章开始直到结尾都是对较为狭义的君主的讨论。这部分探讨了一位君主若想成为意大利的复兴者必须采取的行为准则。该部分再次与《李维史论》第三卷所探讨的共和国复兴的问题衔接起来,在此尤其是对意大利具体背景下的救世君主进行了集中的分析。

上述便是依据其讨论对象将《君主论》一书分成的三个部分。然而,如果我们只是局限在此种平铺直叙之上,将无法明晰该书的内在架构。相反,如果我们将注意力集中于这三个主题的话,《君主论》看上去就将只是一部组织粗劣之作,第二、三部分只是将本应在第一部分便已得到详尽论述的问题旧调重弹而已。按照这种理解,读者一定会超出常规,正如已然发生过的情

---

[1] 《君主论》第 12 章,收入《史学与文学著作全集》,第 24 页。([译注]此书译文参考了潘汉典先生的中译本,《君主论》,商务印书馆,1985 年版。)

况一样，沉浸于以下的推测：[74]马基雅维利是否一开始并没有撰写关于各类君主国之第一部分的打算，只是在其他部分完成之后才作为事后之思考予以增补；或者，鉴于全书三部分之间杂乱的组织，它们究竟是不是马基雅维利一次性写就的，因为他是个头脑不清的人；或者，在前文完成君主之"现实主义"画像之后，最后颇为"理想主义的"那一章是不是马基雅维利随意涂写之笔；他之所以这样做是不是因为他是一个伪君子，抑或是为了取悦美第奇家族并从他们那里弄个一官半职或捞一笔薪金；如此等等。我们可以坚持的是，所有这类推测都没有什么明显的外在证据。因此，我们应当假定马基雅维利清楚自己在做些什么，而根据其意图，《君主论》具备留存至今的那种文本分析显现出来的那种架构。实际上这部作品也的确具有这种清晰的架构。

　　就各章讨论对象而言，我们可以认为该书的内在架构呈现出主题之渐趋细致化与具体化的特征。全书第一章以对包括共和国与君主国在内之所有国家（stati）的广泛而体系化的区分开篇。到了第2章，共和国消失了。而且，就第一部分整体看来，世袭与教会君主国只是得到了简略的探讨，而其主体则有收缩，对"新的君主国"进行了集中讨论。第二部分将法律排除出考察之范围（马基雅维利运用了上文所引的那段似是而非的推理，即使将其逆转来说恐怕也不无道理）①，转而集中讨论军事组织，这是因为对一位有志于担当意大利解放事业的人而言，一支新的、精锐的军队乃是不可或缺的条件。这样一来，论题范围再次

---

① ［译注］即"因为如果没有良好的军队，那里就不可能有良好的法律，同时如果那里有良好的军队，那里就一定会有良好的法律。现在我不讨论法律问题而只谈军队问题"。

被缩减,成为对一场意大利解放战争的具体论述。坦率地说,全书的第三部分为有志于统一意大利、驱逐侵略者的君王提供了现实主义的因应之道。而最后一章即第 26 章,则是对美第奇家族的具体召唤,由于"蛮族的控制对于我们每一个人都臭不可闻了",马基雅维利希望他们能够成为民族的拯救者。

主题的渐趋细致化与具体化将全书的三部分合为一体,并使其先后秩序在逻辑上成为不可逆转的。不过,《君主论》的情感力量及其吸引读者的魅力,则来自马基雅维利由实存之逻辑分类的外围(existentially peripheral sphere of logical classification)进入启示录式信念之中心(the center of apocalyptic faith)的几乎不可思议的技巧。且让我们追寻此种渐行渐强的脚步,因为它们明晰的秩序揭示了马基雅维利在不借助正式体系化论述之前提下阐明其存在哲学(philosophy of existence)的程度:

[75](1) 该书以对于国家类型的逻辑分类开篇。这里的叙述并不带有任何政治情感,但其致密、精确而又经济的语言使其并不欠缺趋向某种政治情感的紧张,堪称分类艺术之短小精悍的珍品。这些清晰易懂的文句以其冷酷性不仅与"新君主"(principato nuovo)合拍,而且为全书文脉直至具有启示录色彩的末章臻于极致的不动声色的发展奠定了基调。①

(2) 就那些较少为情感驱动的问题被置于该部分的开端与结尾,而中心部分(第 6—9 章)则关注那些为德性各变体的分殊留有余地的类型而言,对君主国本身的描述(第 2—11 章)具有其内在结构。中心部分那些章节为全书主旨做好了准备与铺垫;而第 6 章尤其描绘了在第 26 章中变得具体化的那种政治

---

① 关于第 1 章的这些优点,可参见利西奥(Giuseppe Lisio)编《君主论》(*Il Principe*)版本(1899 年;G. C. Sansoni 出版公司,1933 年),第 2 页。

情境。

（3）接下来的部分（第 12—14 章）将场景由一般性描述转向迫在眉睫之战争的严酷性。对雇佣兵、异国援军以及本国军队之相对优劣的技术性讨论，则是在法军入侵以及西班牙和瑞士步兵团的经验之历史背景下撰述的；这部分讨论旨在铸就解放战争中的军事手段。意大利内部你争我夺的橡皮战争（sham wars）时代已经一去不返了；意大利的拯救者将会面临"真正的战争"，在这样的战争中"大批人死亡，众多城市被洗劫，各君主国被倾覆"。①

（4）从第三部分的开端（第 15 章）始，马基雅维利便开始了清算旧观念的举动，关于政治的所有道义主义的无稽之谈如今都应该被弃若敝屣。在争取政治存续的实存斗争中，人们半是野兽；在其余条件相同的情况下，严格的野兽般的行事理性（rationality of beastness）将会决定孰胜孰败。这便是关于君主之行为的"黑暗"章节（第 15—24 章），正是这些章节使马基雅维利背上了不道德的恶名。

（5）但人只是半为野兽；依循纯粹的动物性，他将会屈服于失败的命运，谄媚于胜利者。这便是马基雅维利在自己周遭看到的那种逆来顺受的不光彩的（unheroic）动物性。抵御外侮与创造新秩序的意愿来自不同的渊源。因此在关于治国术的部分之后，[76]马基雅维利诉诸于即使在看似时乖运舛之际仍将与福尔图娜作斗争之整饬时局的德性（ordinata virtù）（第 25 章）。

（6）该书以这样的断言而告终，即意大利的屈辱与苦难已经足够深重，到达了一种足够典范情况重现的程度：根据所有神话中的理则，救世之主将从此种苦境中横空出世。马基雅维利

---

① 《佛罗伦萨史》第五卷第 1 章，收入《史学与文学著作全集》，第 499 页。

吁请所向的美第奇家族便处在一种神启的（apocalyptic）境地。
当结果是为了建立神启之秩序时，任何手段都是正当的。

> 对于必需战争的人们，战争是正义的；当除了拿起武器
> 以外就毫无希望的时候，武器是神圣的。（第 26 章）

这样看来，《君主论》以对于概念系统化的分类与澄清为开
端；当舞台已然架设完毕，该书便一步步地下降到在历史上创造
秩序之力量的根基。此种下降之第一步的标志，就是这种力量
以杀戮敌人为表现的外在、肉体上的显示。经由下降的第二步，
我们来到了治国术之合理性的层面——也就是说，来到了人的
兽性层面。经由下降的第三步，我们可以看到将会挑战命运的
创造性的整饬秩序之举（constructive ordering）。而最终，我们
下降到具有神话色彩的"自深渊之中"（de profundis）的拯救，以
及预示救世之主崛起之时刻（omnia）的神启景象。从这种激动
人心的结构里，我们可以说《君主论》从其开篇直至末章，堪称一
位伟大的艺术家、哲学家与爱国者的匠心独运、热情洋溢之作。

在对于《君主论》的分析中，我们应当集中关注导向最终神
启景象的问题的主要脉络。这一脉络始于第 6 章"论依靠自己
的武力和德性获得的新君主国"。在出身卑微、没有时运的眷顾
却通过自身的能力崛起并最终得到统治地位的人身上，君王的
德性得到了最为光辉的展现。这样的人物是应被其他人效仿的
伟大楷模（grandissimi esempli）；即使不能企及伟大人物的高
度，明智之士仍会追随他们的道路，这样一来至少可以使自己的
德性带有他们的风范。这些伟大的人物包括摩西、居鲁士、罗慕
路斯和提修斯（Theseus）。所有这些伟人的崛起都是由于其灵

魂上的德性(virtù dello animo)而非命运。实际上，其生存的环境除了给予他们展示其伟大之处的机会以外，几乎再没有赋予他们别的什么东西。摩西必须在埃及找到以色列民族，以便解放他们并将他们带到希望之乡(the promised land)；若不是遇到涣散的雅典人，提修斯就无法显示自己的德性。[77]明显不可救药的时局，也正是伟大领袖展示自身作为新秩序创造者之资质的时机。英雄人物之崛起殊非易事，因为他不得不克服来自占据传统与法律之既得利益者的反抗，并消除那些在其确立之前并不信服"新事物的牢靠真理"之缺乏信心者的疑虑。必须克服人们的恐惧以及想象力的匮乏；为了这一目的，缺乏武力支持的说服将是徒劳无功的。"所以，所有武装的先知都获得胜利，而欠缺武装的先知都失败了。"灵魂上的德性(Virtù dello animo)以及一支军队可以造就成功的君王；"武装的先知"(profeti armati)构成了意大利拯救者的楷模。

　　此种"武装的先知"只是一系列类型中最先出现的一个。第二种类型是"借助外人武力或幸运"获得其王国的君主。第一种类型在通往权力之路上艰苦备尝，而第二种类型则在巩固时势将其推上的权位过程中辛勤劳瘁。正如博尔贾，他起初可以毫不费力地取得罗马涅(Romagna)，其后却不得不运用自己可观的德性对付为数众多的竞争者，确保和扩张自己的权势。第一种类型必须在从无到有的创建秩序过程中展示自己的德性，而对第二种类型来说，其德性的展示应发生在将偶然获致的权力转化为稳定现实的过程中。第三种类型则是"以邪恶之道获取君权"之人。这方面的例子乃是西西里人阿伽托克雷，在成为锡拉库萨最高执政官的过程中，他享有一种辉煌而非平庸的擢升生涯，并设法将自己本应符合宪制的职位转变成一种专制君王之位。他觅得良机,指示手下军士把城中有名望的公民屠杀净尽;从此以后,他便得以不受挑战地保有自己类似君王的地位。阿伽托克雷的成功几乎根本谈不上有什么幸运的因素;但他也谈不上拥有什么德性。

> 因为,屠杀市民,出卖朋友,缺乏信用,毫无恻隐之心,没有宗教信仰,是不能够被称为有德性的;以这样的办法,只能够赢得统治权,却不能够赢得光荣。

不过,如果考虑到阿伽托克雷出入危殆之境的能力和忍受苦难、战胜厄运的大勇,没有理由认为他比任何一个最卓越的将领逊色。然而他的野蛮残忍和不人道,以及不可胜数的恶劣行为,不允许他跻身大名鼎鼎的最卓越的人物之列。第四种也是最后一种类型是市民的君主,系指一位平民在其共同体的政治秩序之内、通过其他市民的襄助上升到君主的地位。[78]这种类型超越了德性的范畴。这是因为,为了获取这种地位,一个人既不完全依靠德性,也不完全依靠命运,需要的倒是一种 una astuzia fortunata,即一种由幸运辅助的机灵。

从第 15 章开始,我们又回到对君主之描述的主干上来。为了创建和维持一个稳定的政治秩序,君主必须遵从特定的行为准则。对此问题的讨论是由下述论题统摄的:在政治中恪守行为的道德准则,往往将导致挫败而非成功。为了以具体事实阐释这一点,马基雅维利具有一种“为非常之事”的感觉;他发现,通常说来,作家们对政治现实鲜少描述,反倒沉湎于对事实异想天开的歪曲之中。他坚持认为我们必须描述事实。

　　人们实际上怎样生活同人们应当怎样生活，其距离是
如此之大，以至于一个人要是为了应该怎样办而把实际上
是怎么回事置之脑后，那么他不但不能保存自己，反而会导
致自我毁灭。①

　　一个人如果在一切事情上都想发誓以善良自持，那么，处身
于许多不善良的人当中的他定会遭到毁灭。所以，一个君主如
要保持自己的地位，就必须知道视情况的需要（necessità）与否
使用这一手或者不使用这一手。每一个人当然都会认为，一位
君主若是怀有信仰并正直地生活，当然值得赞扬；可是在马基雅
维利的时代，经验却表明那些对正直生活不以为然的家伙，要比
那些恪守正道之人占有更优越的地位。此种难题的玄妙必须从
如下事实中寻找：世界上有两种斗争方法：一种是运用法律，另
一种是运用武力。第一种方法是人类特有的，第二种方法则是
属于野兽的。但是，因为前者常常有所不足，所以必须诉诸后
者。"因此一位君主必须懂得如何运用同处于自身之中的人性
与兽性。"古代作家使人首马身的怪物喀隆（Chiron）成为阿喀琉
斯（Achilles）的导师，所暗示的正是这一事实。对于有志于成功
的君王来说，既然兽性之运用乃是不可避免的，他应该选择狐狸
与狮子的品质，"因为狮子不能防止自己落入陷阱，而狐狸无法
抵御豺狼"。因此，当遵守信义反而对自己不利的时候，或者原
来使自己承诺的理由现在不复存在的时候，一位英明的统治者
绝不能够遵守信义。尽管君主经常违背所有信仰、慈善、人道和
宗教的原则，他应当小心谨慎地在言辞之中秉持这些美德，因为
人之常情，乃是希望在其君主那里发现上述美德，被表面的宣言

————————

① 《君主论》第15章，收入《史学与文学著作全集》，第30页。

所欺骗,更是他们心甘情愿的事情。[79]他们艳羡成功,而且当
事物的表面看起来美好的时候,他们压根儿不会多么热忱地探
求背后的真相。君王不必担心那些能把骗局看穿的人物,因为
这些人根本不敢直言;而且,就算他们愚蠢到敢发不平之声的程
度,也无法从人民那里获取支持。

> 因为群氓总是被外表和事物的结果所吸引,而这个世
> 界里尽是群氓。除非能够获得大众的支持,少数人是没有
> 活动的余地的。(《君主论》第18章)

此种建议是建立在对人性的特定假设之上。君主本人也无
法免于人类不完善性(human imperfection)的通则。即令他可
以展示出所有值得褒扬的美德,他仍然不能取得成功。这是因
为人类境况(conditio humana)不允许某一个人拥有所有的美
德。因此,君主必须拥有足够的明智远见,避免遭受可能导致自
己失去王位之罪状的恶名,并且如果可能的话,还要保留那些不
会使自己覆亡的恶行(《君主论》第15章)。然而,鉴于此前所讲
的原因,乌合之众易沦为暴民,就算你是美德的典范,也不能沉
溺于道德的高调幻梦之中。因为关于人类,一般地可以这样说:
他们是忘恩负义、容易变心的,是伪装者、冒牌货,是逃避危难,
追逐利益的。当你对他们有好处的时候,他们是整个儿属于你
的;当需要还很遥远的时候,他们表示愿意为你流血,奉献自己
的财产、性命和自己的子女;可是到了这种需要即将来临的时
候,他们就背弃你,起而反叛了。爱戴作为维系统治者与人民之
间关系的纽带,总会受利益的驱策而损毁。因此君主必须仰仗
恐惧的纽带,并将制造恐惧和避免憎恨融为一炉。当国家陷入

紧急状态之际，他可以易如反掌地致人们于死地；但是却应当避免攫取他们的财物，"因为人们忘记父亲之死比忘记遗产的丧失还来得快些"。只要君主不染指属民的财物和妻女，他将获得最为稳定的国内秩序（《君主论》第 17 章）。这种内部的安全将会让最大多数人感到满意。因为人们具有的所谓对自由的热爱，实际上是一件颇为可疑的事情。

> 只有少数人是为了支配权而有自由的欲望；其他为数众多的人渴望自由，只是为了活得安稳。

在一个共和国里，只有不超过 40 或 50 名公民有能力并有意愿擢升到统治者的位置。你可以杀死这少部分人，亦可授他们以荣衔；至于其他人，君主只需利用自己的权力，建立起确保普遍安全的秩序和法律，即可让他们心满意足——[80]正如发生在佛罗伦萨的情形一样。①

当局势看起来糟糕透顶的时候，在政治上利用人性中兽性部分的最为良善的意愿恐怕也无法奏效。许多人都抱有这样的看法：世界上的事情莫不掌控于命运女神（fortuna）及上帝之手，而人依仗自己的明智审慎也无法扭转自身既定的命运。考虑到发生在其时代的诸种事件，马基雅维利承认自己有时也会倾向于接受上述观点。不过，"为了不使我们的自由意志泯灭"，马基雅维利坚持认为命运女神只会主宰我们行动的一半，而将驾驭另一半的权力交付到人们自己手中。马基雅维利的表述及其动机值得我们给予充分的关注。我们现在正在离开现实观察的领域，步入信仰的领域。时代看起来希望渺茫，但马基雅维利

---

① 《李维史论》，第一卷第 16 章，收入《史学与文学著作全集》，第 84 页及其后。

并不愿意放弃希望。他的希望便是在行动领域结构中其信仰的
实质，其中"整饬时局的德性"拥有一半"或将近一半"机会战胜
来自周遭环境的压力。在马基雅维利关于行动领域的思考中，
"命运"的含义并不是恒常不变的。在第一种意义上，命运会决
定某一状况的结构：一半是僵硬的必然性；另一半则易于受到德
性的攻击。人能够让命运服从于自己的意志。而且在行动之
中，迅猛激进胜于谨小慎微；

> 因为命运之神是一个女子，你想要压倒她，就必须打
> 她，冲击她。人们可以看到，她宁愿让那样行动的人们去征
> 服她，胜过那些冷冰冰地进行工作的人们。

这样一来，所谓命运也就获得了这种含义——它是环境与
人的德性之间的一种关系。总的说来，人的性格是一个恒量
（constant）；它不会随着外界环境而改变。当一个人走运之时，
环境将会与其自然能力相协调，并会保持自己的大致结构；而当
其背运之际，环境并不会为他提供什么机会或希望，尽管开端尚
可，此后的发展则会使其功业难以持久（《君主论》第 25 章）。最
后，马基雅维利有时如此谈论命运：当他们的机会符合命运的意
图时，命运便会选择那些能够认清自己机会之人；或者，当毁灭
也是命运之计划时，她便会拔擢那些将会加速自身毁灭之
人——在这些时候，我们几乎很难将命运与德性本身加以区分。
[81]由此观之，"人可辅弼命运之神，但不可与之对抗"。然而，
这种明显宿命论的表达，在希望的力量面前再次发生偏转：人们
永远不能自暴自弃，把自己完全交托给命运，因为他们并不知晓
命运的计划。

　　因为他们并不知道行踪诡秘的命运的走向，所以他们
总是抱着希望；既然抱有希望，他们便不会听天由命，无论
他们可能发现自己有何种命运，要付出怎样的辛劳。①

　　正是这种希望，激发了《君主论》的卒篇章节"奉劝将意大利
从蛮族手中解放出来"并渗透在其字里行间。现状令人绝望；苦
难的深重堪比古代神话中摩西、居鲁士和提修斯崛起之前的局
面。因此，新君主的崛起可谓正逢其时；而国家不得不沉沦良
久，借以充分认识"一位意大利豪杰的德性"（la virtù d'uno
spirito italiano）。意大利向上帝恸哭，期待出现自己的救星；就
此而言，再没有别的力量比美第奇家族更有希望当仁不让了，通
过教皇任命，上帝对该家族的青睐已经赫然在目。大好机遇就
摆在面前；如果君主能够效法书中所列举的伟大典范，所有困难
都可迎刃而解。于是，马基雅维利在此抬高声调，乞灵于上帝给
出的启示录式的征兆："大海分开了，云彩为你指出道路，巉岩涌
出泉水，灵粮自天而降。"上帝并不包办一切，剩下的事情则交由
我们的自由意志，并赋予我们荣光。这一观点又将我们引回对
于必要的军事改革的简短重述。末章的"奉劝"以对美第奇家族
的呼吁而告终，马基雅维利希望他们能够引导意大利实现彼特
拉克（Francesco Petrarca）的预言："反暴虐的力量，将拿起枪，
战斗不会很长！因为古人的勇气，在意大利人的心中至今没有
消亡。"
　　承蒙恩格尔－雅诺西教授（Prof. Friedrich von Engel-Janosi）慨然阅
读本章并进行评论，他认为笔者在过去的分析中可能陷入了一种错误印
象的误区，也就是认为马基雅维利是在召唤《帖木儿传》所创造的典范。

---

① 《李维史论》，第二卷第29章，收入《史学与文学著作全集》，第187页。

雅诺西教授指出,马基雅维利的启示录式观点,就其实质而言毋宁说属于
"'来自巴比伦的神'(Dux e Babylone)和'维尔特罗'(Veltro)等这一系
列"。必须承认,在这个方向上无论对马基雅维利的启示录观点抑或《帖
木儿传》,我都未进行深入的思考。雅诺西教授的建议极具价值。自从其
肇始之日起,意大利启示录式的政治召唤便获得了可观的清晰性。我想
说的是,但丁、约阿希姆式方济各主义(Joachitic Franciscanism)以及里恩
佐(Rienzo)必须作为背景加以考虑,对于伟大君主形象的形成,他们构成
了一种重要的决定因素。如果我们接受这一观点的话,也就同样有可能
分清具有启示录元素的特祷(proper)(是基督教的而非古典的)与由古典
渊源衍生之分类的区别。无论《帖木儿传》抑或《卡斯特拉卡尼传》,都(在
《圣经》描述摩西的因素之外)吸收了由希罗多德在其《历史》第一卷第 108
节以下讲述的青年居鲁士的事迹。这部分神话般的形象并不包含启示录
的元素,无论在《帖木儿传》或马基雅维利的召唤之中都是如此。

　　通过德性创建新秩序的征服者英雄形象毋宁可以追溯到色诺芬的
《居鲁士的教育》(Cyropaedia)第二卷第一章4—5节。我们可以从中发
现出身寒微,最终却攀升到帝国权力顶峰的君主形象;从色诺芬的书中,
我们同样可以找到《帖木儿传》极具特色的"人名罗列"(parade of names)
因素;最为重要的是,如果严格按照字面训诂,我们还可以在书中找到居
鲁士及后来帖木儿激起的害怕与恐怖情愫(phobos,kataplexis。分别是希
腊语和拉丁语中指称"恐惧"的词——译注)。然而也正是在这一点上,类
比戛然而止。居鲁士激起的恐惧不过是心理上的,并不像帖木儿形象中
的"恐怖部族"(terror gentium)以及卡斯特卢乔形象中的"惩戒罪人的复
仇者"(ultor peccatorum),不具备后两者的那种神意惩罚的意味。这些形
象中甚至多于《君主论》的启示录元素,并不能从古代渊源中觅得,而必须
从恩格尔-雅诺西教授指出的那些地方寻找。

　　[有关一位沃格林学者对马基雅维利的当代解读,参见格尔米诺
(Dante Germino)所著《现代西方政治思想:从马基雅维利到马克思》
(*Modern Western Political Thought: Machiavelli to Marx*)(Rand Mc-
Nally,1972 年),第 2 章;以及格尔米诺的论文《重新思考施特劳斯的马基

雅维利》（"Second Thoughts on Leo Strauss's Machiavelli"），发表在《政治学杂志》（*Journal of Politics*），总第 28 卷（1966 年），第 794—817 页。参见施特劳斯：《关于马基雅维利的思考》（*Thoughts on Machiavelli*）（Glencoe，自由出版社，1958 年）。]

八　结　论

[82]在对《君主论》的分析中，我们尽力避免给出任何批判性的阐释。之所以如此是基于这一认识：一旦我们认识了马基雅维利的著作本身，对其评价中出现的大多数争议都可以迎刃而解。对马基雅维利的伦理观这样聚讼纷纭的著名议题，上述看法尤其真切。在展开总结性的阐释之前，我们将对此问题略施评点。

从哲学上看，马基雅维利伦理观存在的问题不是别的，正是对于此一基本事实的体认：人类的生存负载着多种价值的冲突。一种精神的道德将会达成柏拉图式的见解：作恶要比忍受苦难更为恶劣。在实践中，只有以导致或遏制人类实存中固有的其他价值——包括人自身的实存、共同体的实存以及在共同体之中实现的诸种文明价值——之实现为代价，才能使上述见解成为统驭一切的行为准则。人既然是社会的存在，他的行为自然也就背负着责任，须得关注其对他人生活中实现之价值造成的影响。当别国攻击本国时，若是一位政治家拒绝发出反击指令，我们可不能赞扬他的道德臻于一种精神上的化境，甘于在别人打你一个耳光之后欣然奉上另一半脸颊；相反，我们完全有理由指责他逃避责任的无耻行径。精神的德性（spiritual morality）在人类实存中成其为问题，恰恰是因为人类实存绝不仅只包括精神领域。所有诸如把马基雅维利看成为私人和公共行为定

"双重道德"的发明人或鼓吹者的攻讦,[83]都可被看成哲学上的无知而忽略不计。

就马基雅维利本人而言,他对道德问题的看法无疑还是非常清晰的。我们已经看到了他的价值表格;而且也已发现,他从不试图把道德置于实存的必要性与权宜性之上。他也从未有一刻将自己献给王侯的不道德建议施以"道德的"脂粉。关于实存的问题,公元前 5 世纪古希腊启蒙时期以及公元 18 世纪西方启蒙运动期间都出现过诡辩派(sophistic)的"倒置"(inversions),但若将马基雅维利的伦理观与之混为一谈,将会是一种极大的误解。例如,柏拉图在《高尔吉亚》(Gorgias)中讨论过的卡利克勒斯(Callicles)的伦理观,的确试图将正义的观念建基于较强者的权利之上;我们从这里可以发现"强力即公理"(might makes right)的态度。与此不同的是,马基雅维利则会说强力可以为秩序之确立、意大利之解放以及一般意义上的世俗之荣耀(onore del mondo)奠定基础,但他永远不会认为上述各种价值包含了正义与道德。相反,他敏锐地意识到:唯有通过本质上不荣耀和不道德的行动,上述价值方可实现,因此其证成有赖于它们所欲达成的那些价值。如果这些行动被用于实现不具备价值的权力,那么除了其不道德性之外,断无别的东西可以存留下来。特别是如阿伽托克雷的事例所揭示的,那种将现存秩序转为一种独裁君主制的行为,若是除了满足个人权利欲之外再无别的目的,我们必须将其视为纯粹的罪行。

马基雅维利的这部分教诲,诚如我们以前曾经揭示的那样,或许正是使其批评者兴奋不已的心理原因。每一种政治秩序都或多或少是一桩实存的偶然事件。实存之残酷与罪行的奥秘存在于最佳秩序的根底;不过,我们不能不加论证便接受"权力即邪恶"(power is evil)这一格言,其正确与否取决于它是否能描述秩序中关乎人类存在的偶然性成分的话,才可以说这一格言是真确的。通过社会习俗,罪行的秘奥无法进入公众的意识。这样一来,如果有这么一位政治思想家,用他的作品激起人们对于这一秘奥心神不宁的意识,在既定秩序的智识守成者们那里,这位思想家肯定会变得形单影只。

　　然而,所有这些反思都只触及问题的表层。马基雅维利著作一直以来引发的扰攘不安的局面,还有着更深层的原因。颇具典型性的原因[84]存在于其建议的冷血性;读者或许会感到困惑——细想之下,他甚至会感到震惊——困惑和震惊于马基雅维利对其行为哲学在精神领域的影响表现出一种貌似漠不关心的态度。我们所言的"貌似漠不关心"乃是经过深思熟虑的,这是由于马基雅维利实际上非常关注其行为哲学对精神领域的影响。然而,他的态度看起来颇为怪异。当我们想起马基雅维利并非基督徒,其信仰乃是自然神话(Myth of Nature)通过珀律比俄斯式廊下派主义(Polybian Stoicism)这种特殊变体的复兴之时,这种怪异态度的原因也就迎刃而解了。精神领域并未被遗忘,只是并没得到分殊以达成其超越性的实现(transcendental fulfillment);它保持着俗世的性质,而其实现则是体现在德性昌隆、进而铸成共同体的秩序之中。"意大利的精神"(spirito italiano)应当在一个民族共和国的秩序之中得以彰显;它应当在世俗之荣耀中找到自己的至福,借助声名获取恩典。这并不是引起人们不满的那种通过目的将手段予以神圣化的做法——我们永远无法从政治中将其完全驱除——而是目的的异教主义,也即精神在俗世的化身(the mundane incarnation of spirit)。对马基雅维利而言,行为的权宜性和非道德性并不会影响灵魂的命数；当其在世间展现自己的德性时，他的灵魂就是神圣的，同时也觅得了自己的命数。

在我们看来，向异教自然神话的复归，乃是马基雅维利使现代读者产生怪异感的最终渊源。然而这种怪异感不应阻碍我们认识到异教神话视域之内真正非凡的、理论上的成就。我们已经充分引述了马基雅维利的价值表格，从而揭示出他已阐释了一套社会中人类实存的体系，从宗教与圣礼约制到最为卑下的职业功能，这一体系可谓无所不包。我们进而又引述了一些段落，在最优秀的经院哲学理论层级上，揭示了一种对于行动与自由意志诸辨证问题的理解。根据《李维史论》的表述，福尔图娜使具有德性之人认清自己的时机，当她意欲如此时；而在她打定主意致力于破坏之时，又会蒙上那人的双眼——她便是如此驾驭着历史的进程。在这种意义上，福尔图娜正是象征着"天意"（Providence）的异教符号。

马基雅维利具备足够的哲学技艺（craftsmanship），足以理解福尔图娜的定数与"天意"或是那种拯救或咒诅的预定论（predestination）一样，都属于一种在神之相下（sub specie Dei）的决定论，而神的计划是人类无法预测的。他并未脱离常规，陷入那些对全部历史进程了然于胸的政治知识分子（political intellectual）抱持的灵知主义；[85]在有限实存（finite existence）的层级上，历史仍会被对自己的本体抱有信念的德性塑造。

最后，马基雅维利清楚此种信念与力量的本质。他以诸多让我们想起《希伯来书》（Epistle）的表述，坚定地声称，即使是在理性上看来最为绝望的境地中，希望都一直是政治救赎信念的本质所在。因此，《君主论》书末启示录式的景象与其在该书其他部分展现出的态度根本就没有什么风格上的抵牾之处。相

反，通过"心的逻辑"（logique du coeur），拯救者的启示录景观成
为德性信念不可避免的高潮。几乎毋需说明：一个对精神生活
拥有这些精微洞见的人，并不是一个无信仰者——尽管我们可
以确知，马基雅维利并不是一个基督教精神主义者（Christian
spiritualist）。[1]

　　这便使我们面临这一问题，即马基雅维利的异教主义本身。
先来看它的积极方面。马基雅维利的诸种观念必须放在其背景
之下才能得到更好的理解，在本章早先的各部分，我们已经对此
予以勾勒，诸如帝国基督教的解体、人文主义史纂、发生在亚洲
的事件以及 1494 年的创痛等等。一个有其自身结构的政治世
界的大幕已经打开，而基督教的帝国（imperium）观念已经成为明
日黄花。当圣奥古斯丁《上帝之城》意义上的历史意义消失之际，
古典意义上的历史的"自然"结构再度清晰可见了。实际上，自然
的神话（the Myth of Nature）已经不再是荒废经年的呓语；唯有在
各种精神问题尚未充分分殊的意义上，它才有其不尽人意之处。

　　读者会想起柏拉图与这一问题的争斗。另一方面，精神的
基督教宗教性，尽管的确是精神生活分殊化的一大进步，却又造
成了一种具有严重缺陷的历史解释（通过圣奥古斯丁与欧若西
乌斯［Paulus Orosius］）[2]。之所以说它具有缺陷，这既是因为
其视野的窄狭，也是因为它忽视了某一政治文明之自然进程的
问题——这一问题在柏拉图那里已经得到了最有希望的探讨。

---

[1]　笔者希望提请读者注意，在马基雅维利对"天意"辩证法（the dialectics of Provi-
　　dence）的异教符号—象征化（pagan symbolizations）及歌德的《未完成之歌》
　　（Orphische Urworte）之间，有着密切的关联。

[2]　［译注］约 385—420 年，基督教史学家、神学家，圣奥古斯丁的弟子之一，出生于
　　伊比利亚半岛西北部。其最重要著作为 Historiarum Adversum Paganos Libri
　　VII，即《反异教徒历史七书》。

因此，不管其在现实运用中是多么不尽完美，马基雅维利对珀律比俄斯形式的政治之自然循环的重新采用，都堪称一项极具理论直觉的功绩。我们必须将这件功绩与马基雅维利面临的另一种选择方案加以对照，对于马氏而言，采用后者具有同样的可能性。[86]这种方案便是发展出一种唯物论(materialistic)和虚无主义的政治理论——也即其批评者归咎于他的"马基雅维利主义"(Machiavellianism)。对于政治之自然循环问题的重新绍介标志着对历史与政治的一种现代阐释的开端，经由维柯(Vico)，一直发展到爱德华·迈尔(Eduard Meyer)①、斯宾格勒和汤因比对此问题更为晚近的阐发。

现在我们转而探讨新异教主义的消极方面。要想对此进行最好的揭示，有必要提及这一事实：在马基雅维利敬献《君主论》的翌年，文艺复兴运动开始了。基督教并未像马基雅维利所想的那样已然寿终正寝。然而，我们不能够没有凭据便妄下断语，说别人在判断上犯了错误。当其评判时势之际，马基雅维利恰恰非常关注基督教具有变化的多种可能性。他清楚地知道截至宗教改革时代，基督教仍然存活于世；而且他懂得圣方济各与圣多明我在这方面的历史作用。他也曾目睹了萨伏纳洛拉的行迹；而且据其判断，他明白另外一个更具效力的萨伏纳洛拉随时都有可能重现。我们已经揭示出其错误的心理根源，诸如1494年的创痛及其置身"腐败之城"(città corrotta)的经历等等。但颇为明显的是，错误判断的终极根源仍然存在于马基雅维利的属灵生活之中。其自然神话及其对于德性和世俗荣耀的信念并不仅仅是一种"理论"；而是其真挚的异教宗教虔敬的表达。

不过，林林总总的诸种宗教虔敬尽管为一切时代所固有，但

---

① ［译注］1855—1930 年，德国史学家，精研西方古代史，著有《古代史》五卷。

仍有其特定的历史时期；我们曾经描述过柏拉图与此种神话的历史真实之间展开的斗争，[①]当时对上述问题曾有详细讨论。一旦基督教存在于此世并塑造出一个文明，人们便不能对此视若无睹，去做一个异教徒——前柏拉图的异教徒。所有人都面临着这种挑战，马基雅维利也不例外。就其历史地位而言，马基雅维利的异教主义并不是柏拉图致力于克服的"大众的神话"（people's myth）；而是基督教意义上的信仰的缺乏，是灵魂面对超越现实（transcendental reality）时恶魔般的封闭。当我们试图理解其政治观念时，也必须借助这种封闭指引我们的判断。诸如"意大利的精神"以及"世俗的荣耀"，并不是对城邦的古希腊式信条；而是对于历史之超越性意义的拒斥[87]以及向特定社群之部落主义的复归。

《君主论》中熊熊燃烧的启示录式热忱，到了马基雅维利后期作品中已经趋于死寂了。在《卡斯特拉卡尼传》中，起初对于英雄的召唤却以伤感与屈从的语调告终，诚如卡斯特卢乔在弥留之际对年幼的圭尼吉（Guinigi）所言：

> 孩子啊！命运女神曾以如此众多的辉煌胜利将荣耀许诺我，却又在大业中途将其拦腰斩断——若能早些领会这一点，我就会少付出些努力，不再那么殚精竭虑；这样一来，我便可以传留给你一块较小的疆土，但同时还有较少的憎恨和妒意……我就会度过一个或许不比现在长寿，但却笃定更为平静的生活。而我传留给你的那块较小的疆土，也必可拥有更为安全与稳固的国祚。

---

① ［英文编者注］关于这一问题的讨论，参见《秩序与历史》第三卷《柏拉图与亚里士多德》（路易斯安那州立大学出版社，1957 年），第 183—204 页。

　　对未来的热情信念不复壮怀激烈；转而凝眸于过往，关注对可能性的诸多限制。而马基雅维利的生命，也终止在《佛罗伦萨史》讲述的盛衰兴替之中。

第二章　理性之秩序：伊拉斯谟与莫尔

[88]16世纪早期的政治观念结构在许多方面仍然晦暗不明。如果我们把"现代"政治看成这样的时代——帝国基督教的各种机制彻底崩溃、民族国家成为西方政治秩序的中心——的话，或许可以认为这一时代具有两大肇端。第一次肇端以马基雅维利其人其书为标志。正如我们从对马基雅维利的分析中所见，作为一种政治秩序的正式原则，在中世纪诸种机制崩解的废墟之上产生了恶魔般的权力自然主义（the demonic naturalism of power），而就其实质而言，这种权力自然主义受制于此种观念——权力的秩序应当成为一个民族的秩序。第二次肇端则是宗教改革。中世纪教派主义（sectarianism）的力量由地下喷薄而出而浮现于机制的表层；一个经历了深刻革新的基督教，以新教宗教改革与天主教反宗教改革的形式成为西方公共秩序的决定性成分，无论在一国之内抑或国际层次都概莫能外。

我们所言的"晦暗不明"，正是两次肇端之间关系造成的结果。首先，从时间上看，两次肇端紧相毗邻，以至于公众极少意识到第一次肇端的存在。直到相当晚近，史学家们才开始觉察

到,一场全然不同类型的智识"现代性"实际上先行于宗教改革
的"现代性",西方文明或许具有一个结构完全不同的"现代"时
期,这种"现代"时期与中世纪有着更为密切的连续性,其间并不
存在宗教改革那样的剧烈变革。然而,只有在 1516 年,此种可
能性的征兆才达到一个特定的频率;这正是具有决定意义的
(fateful)1517 年之前的那一年。

　　再者,第二次肇端在公共领域引入了一种新的大众宗教虔
敬(popular religiousness)的成分,[89]人们迄今都毫不怀疑该
成分的特性与力量。但凡我们仍旧坚持使用"中世纪"和"现代"
这样的术语,仿佛它们标示了意义明确的时段,并依照简单的时
间顺序前后相连,那么,就我们对 16 世纪早期的恰当理解而言,
这一新成分的引入可谓构成了最为严重的障碍。这种新的大众
宗教虔敬成分(我们将在下一章"上帝的子民"中对其进行详细
讨论)并不是"现代的",而是"中世纪的";不过,之所以说它
"新",乃是由于它在中世纪一直都被压制,从未大规模地对公共
机制发挥决定性的作用——尽管也曾对后者施加过变革的压
力。因此,"第二次肇端"凸显了一波由诸种中世纪势力构成的
新的浪潮,许多世代以来,这波浪潮遮盖了"第一次肇端"中"现
代"得多的各种起源性事件。只有到了 18 世纪启蒙运动时期,
当新教改革诸世纪的动力(impetus)已然衰竭之际,我们才再度
发现一种堪与 16 世纪前几十年相比的"现代"理性主义。在二
者中间漫长的间隔阶段,人们可以觉察到伏尔泰与伊拉斯谟,或
是汉密尔顿(Alexander Hamilton)与马基雅维利之间的亲和
性。这么一来,尽管宗教改革逆转了第一次肇端带来的"现代
性",并对其复兴造成了一种为时良久的延宕,然而对于 16、17
世纪的历史而言,它却如此深刻地打上了自己的烙印,以至于其

实质上是中世纪的宗派主义竟也获得了卓越的（kat' exochen）"现代性"之内涵。

从我们所处的时代回顾过往，尽管 1517 年之前的思想家们及其观念具有革命性的特质，但他们却显得出奇老套，这是因为他们并未被宗教改革触动。实际上，在 1516 年，没有谁能够预见到就在第二年，由一位极为勤勉但看起来并不显赫的修士发布的一系列看似无害的论纲（theses），竟然会引发诸多被禁锢力量的大雪崩（avalanche）！智识领域的变化是非常剧烈的；我们或许可以说，任何一部在 1516 年撰写或出版的伟大著作的作者，到了 1526 年都绝不会撰写或出版他们的著作——甚至包括《君主论》的作者马基雅维利。

一　1516 年

一旦我们擦亮眼睛，致力于探究宗教改革之前的"现代"政治思想的话，作为现代开端的开创性行为，马基雅维利及其《君主论》马上就会变得不再那么形单影只。[90]那些对马基雅维利构成刺激的问题——中世纪机制的解体、基督教作为建立秩序（ordering）力量的衰朽、民族国家的出现以及权力政治（power politics）的不加掩饰性——同样是其同时代人所面临的问题。当时的思想家们及其对现实问题给出的答案都是颇值得考量的；马基雅维利及其《君主论》只不过是其中之一。

我们首先还是探讨一下 1516 年这个关键的年份。马基雅维利很可能在这一年完成了他的《君主论》。也是在同年，在路易十二死后的退隐之中，塞瑟尔（Claude de Seyssel）正在撰写他即将于 1518 年献给弗兰西斯一世的《伟大的法兰西君主国》

(Grande Monarchie de France)。该书为法国发展出一种由《萨利克法典》(lex Salica)①有关条款加以稳固的有限君主制的观念。这正是内战(the civil wars)②末期由博丹(Bodin)在其《国家六论》(République)一书中予以复兴的法兰西民族君主制的观念。在当时意大利的乱局之下,马基雅维利考虑了通过冷酷地运用权力为民族创建政治秩序的可能性,而塞瑟尔则是在已经建基稳固的民族君主制条件下发展出稳定的政治秩序之观念的。

同样是在 1516 年,伊拉斯谟出版了他的希腊文与拉丁文《新约》译本及由其编辑的圣耶柔米(Saint Jerome)著作集。出版这些书籍的动机在于通过追根溯源(a ritornar al principio),达成基督教的复兴。时人已经不再对《新约》内容耳熟能详,因此必须重振这种传统;要想更好地理解基督教教义,就应该告别经院主义的表述,转而诉诸从语言学角度看来更为可信的原始著述。此种挑战拉丁文圣经(the Vulgate)的颇为危险的尝试,被与其同时的圣耶柔米著作的出版掩盖了起来,正是圣耶柔米将其对基督教教义的阐释建立在《新约》的前拉丁文圣经诸文本(pre-Vulgate texts)基础之上。因此在路德之前,我们便可发现那种借助复归《福音书》渊源对基督教进行改革的尝试。对于那些可以阅读《新约》拉丁文本并有兴趣在伊拉斯谟译本与希腊文原本之间进行比较的教士和知识分子而言,这算得上一种复归。然而对于大众而言却不是——正如我们即将看到的那样,一如马基雅维利,伊拉斯谟给予大众极低的评价。

---

① ［译注］又称《萨利克继承法》,发源于法兰克人萨利克部族中通行的各种习惯法并因此得名,公元 6 世纪由克洛维一世汇编为法典,构成了查理曼帝国法律的基础,一度是古代西欧通行的法典。
② ［译注］指法国 1562 年开始持续 30 年之久的宗教战争。

伊拉斯谟对于基督教的人文主义改革具有两个前线。其更为直接的矛头所向乃是由当时衰微的经院哲学导致的基督教的僵滞状况。[91]其次，伊拉斯谟改革也是针对由此种僵滞造成的后果——不仅在亚里士多德化（Aristotelianizing）或阿威罗伊主义（Averroist）的哲学家里面，而且在更为广泛的大众中间，不信仰都有甚嚣尘上之势。

问题已经变得如此严重，以至于在 1513 年的拉特兰会议（the Lateran Council）上，利奥十世（Leo X）觉察到确有必要颁行一项章程，针对阿威罗伊主义关于灵魂会在肉体死亡之后溶入世界灵魂（world soul）的说法，捍卫灵魂的不朽及其作为个体的存在。而就这一基督教教义从理论上的崩解而言，1516 年仍然至关重要，彭波纳齐（Pietro Pomponazzi）[①]的《论灵魂不灭》（*De immortalitate animae*）正是出版于这一年。与其在帕多瓦（Padua）的同事阿基里尼（Alessandro Achillini）这样的同代阿威罗伊主义者们相比，彭波纳齐要走得更远。他坚持认为理智之魂（intellectual soul）（在亚里士多德主义的意义上）与肉体同归于灭，因此在俗世生活之外灵魂并无命运。此外，他还指明了自己的立场带来的诸种后果。既然灵魂不能在生活中导向永恒至福（eternal beatitude），对人类行为的超自然裁处（super-natural sanctions）也就消失了。这样一来，行为的道德性也就只能单纯依凭热爱美德、憎恶邪恶加以保障。就经由对于人类及日常职分的物质世界（intramundane）导向发展出一套伦理体系而言，这是第一次持久的、现代的努力。彭波纳齐著作的出现，典型地代表了一股被宗教改革打断，而只是在 17、18 世纪大

---

① ［译注］1462—1524 年或 1525 年，文艺复兴时期意大利哲学家，人文主义的主要代表之一。

规模重现的浪潮。

最后,前宗教改革现代性的两部最为重要的政治论著——伊拉斯谟的《论基督君主的教育》以及莫尔的《乌托邦》——也是在 1516 年付梓。现在我们将对伊拉斯谟(1466—1536 年)和莫尔(1478—1535 年)的这些著作进行更为详细的讨论。

二　伊拉斯谟的基督教

伊拉斯谟《论基督君主的教育》堪与马基雅维利的《君主论》相比。马基雅维利乞灵于一个蒙受命运女神垂青、通过自己的德性统一意大利的英雄形象,而伊拉斯谟则试图唤醒自己献书的对象查理五世(Charles V),俾使其成为一位禁欲主义的君王,使其为子民精神与物质生活的良善而妥善管理继承而来的权力。就其文学风格而言,伊拉斯谟与马基雅维利的著作一样,[92]都属于"君王宝鉴"(Mirror of the Prince)的后期(尽管不是最后)作品;而且在为数众多的细节上,伊拉斯谟的著作同样遵循着此种风格的传统。① 然而,在《君主论》那里,作者对传统因素的坚持并未使人们注意到它会带来翻天覆地的"现代性"。从该文体千年来单纯的建议条列模式中,我们无法找到使这一作品具备历史重要性的独特品质;这种独特品质只有从伊拉斯谟对于基督教的认知之中、从某一君主被鉴识为"基督教君主"

① 关于《论基督君主的教育》一书的历史谱系,参见波恩(Lester K. Born)为其译本所撰"导言"(纽约:哥伦比亚大学出版社,1936 年;纽约:Octagon 书店 1965 年再版);尤其是参见"导言"第五部分"从 6 世纪到 16 世纪的完美君主形象"。新版本以其拉丁原书名 *Institutio Principis Christiani* 为题,由切夏尔(Neil M. Cheshire)及希斯(Michael J. Heath)翻译,贾丁(Lisa Jardine)主编(剑桥:剑桥大学出版社,1997 年)。

的标准之中才能够找到。

伊拉斯谟的基督教可以被视为人文主义的。在附于希腊文《新约》(*Novum Instrumentum*)之前的《劝世文》(*Paraclesis*)中,伊拉斯谟呼吁这样一种《新约》的读法,即将"基督的哲学"与包括柏拉图或毕达哥拉斯(Pythagoras)在内的其他"教派"加以比照。当时的世界目睹了诸多门类学问的复兴;那么,在这样的时代,"基督教哲学"为什么就不能以同样的透彻性,从芝诺(Zeno)与亚里士多德这样的源头详加阐析呢? 伊拉斯谟用亚里士多德化的语言质疑道:基督徒为什么不能抱着其他哲学体系的教授们同样的热情,去研习他们自己的"宗师"(master)呢? 基督毕竟是一位"来自天国的教师",可以一己之力向人们教导特定与永恒的智慧。另外,基督的哲学被写进了为数很少的一些小册子;并不需要人们耗费对付《亚里士多德全集》(the *corpus Aristotelicum*)等大部头所需的心力。偏好仍然是基督徒的偏好,然而其所诉诸的对象——甚至是为之辩护的对象——却是一位人文主义者的做法,即乞灵于自己钟爱的行为哲学,乞灵于诸多学派之中特定之"教派"的"教师"与"宗师"。

基督教乃是一套蕴藏在某种文学载体之中的教义;博学的人文主义者伊拉斯谟出版了一部信实且带有注释的拉丁文《圣经》,使原初语文载体的基督教渊源文本较易为世人所知;而且他向所有人发出呼吁,希望大家都能仿效自己的典范,阅读渊源文本并使其哲学成为自己的行为指针。他甚至希望渊源文本可以以现代俗语(vulgar tongues)的面目行世,以便普通人的阅读并将其熟记于心。不过,若想进行严肃的研习,掌握三门语言[93](拉丁文、希腊文与希伯来文)是起码的要求。研习不应出于好奇的心态,而应保持敬畏庄重的态度:基督教哲学并不是一套应当加以记诵的教义,而是一种生活方式,这种生活方式由基督本人践行,并应由那些深慕基督典范的人以忠爱献身的精神加以仿效。

这一切听起来都很像基督教原来的面貌——但是读者将会察觉,此种基督教的观念与布拉班特的西格尔(Siger de Brabant)①时代一名阿威罗伊主义者对待亚里士多德的态度并没有多大的差别。这位读者还可能颇带几分惊诧地自问,教会在这种基督教认知之中究竟处于何种位置?什么构成了基督教哲学在智识上的穿透性?它又是怎样通过教父们(patres)和经院学者们演化成一套庞大的思辨神学体系的?在基督教已有1500年历史的情况下,让每名基督徒借助用希腊与希伯来文写就的复杂的渊源经文(外加寥寥几处拉丁文评注),便试图达成个人对于基督教教义体系的理解,难道伊拉斯谟没有意识到此举可能会造成的后果吗?

很明显,他并没有意识到可能的后果——正如同时代的宗教改革者们碰壁之前一样。造成这种无意识的原因是显而易见的:部分在于智识状况的客观结构,部分在于伊拉斯谟本人的个性特征。当时,像他这样的人受的神学训练一定是相当不尽如意的:循规蹈矩的(epigonic)经院哲学已经退化为对边缘性的无足轻重问题的吹毛求疵,而其领导者却是一些往往对《圣经》文本所知甚少的大人先生,这些人对于经院哲学伟大体系积极的智识介入实际上并不存在,他们既无法通过精神体验亦无法借助历史环境对教徒深入浅出地解说教义中概念间的分野——一言以蔽之,对伊拉斯谟这样一个聪慧敏感的年轻人来说,这些人只可能造成这样一种印象:除了他们煞有介事盛在盘中的教义

---

① ［译注］13世纪中后期低地国家哲学家、阿威罗伊主义主要代表人物。

珍馐之外，基督教简直可以在世界任何一个角落找到。

　　若想知道伊拉斯谟对经院哲学表达愤慨的背景，就必须了解上述状况。在《劝世文》里伊拉斯谟问道，为什么要把更多的时间花费在经院哲学而非福音书上面？和基督相比，阿尔伯特（Albertus Magnus）、托马斯、奥卡姆（William of Ockham）、司各脱（Duns Scotus）等人又算得上什么？让我们看重虔敬而非辩难；让我们在美德上变得强大而非在说理中战无不胜。在《愚人颂》（*Encomium Moriae*）里，[94]他毫不吝惜地奚落了那群雄辩滔滔的哲士与神学家，[1]他借用了后者的见解、关系、礼节及其诡辩与"此性"（quiddities and haecceities），没有人能亲见这些宝物，那是因为它们压根儿就不存在。

　　这些段落不仅有助于我们了解伊拉斯谟的讽刺，同时也有助于了解此种讽刺的成因。其对诡辩与"此性"的再三嘲讽看起来似乎说明，他并不清楚两者乃是由亚里士多德的"是其所是"（to ti en einai）和"此处这个"（tode ti）转化而来，并代表着创造一种拉丁语哲学词汇表从而对亚里士多德式意涵进行适切转换的可观成就。

　　在此，我们首度接触到现代智识解体的动力问题（dynamics）。当模仿主义（epigonism）已经达到冒犯的某一特定程度时，更具活力的受害者的反叛也就开始了；然而，反叛行为的正义性，并非是为愤怒的受害者攻击激起其愤怒的问题提供保障；在此种情况下，通过放弃在后继模仿者手中退化的智识

---

① 《愚人颂》的第 52 节针对哲士，第 53 节针对神学家。英文译本：《〈愚人颂〉及〈1515 年致马尔腾·范·多普的信〉》（*Praise of Folly and Letter to Maarten Van Dorp*，1515），修订版，拉迪斯（Betty Radice）译，列维（A. H. T. Levi）作序并加注（纽约：企鹅丛书，1993 年）。在英文版的伊拉斯谟《文集》（*Collective Works*）中，该译本得到了更新（多伦多：多伦多大学出版社，1974 年至今）。

成果,进而脱离模仿主义的诱惑便是相当之大了。这便是伊拉斯谟屈从的诱惑——因为他和伏尔泰一样,与思虑谨严相比,他更擅长笔下生花。

被伊拉斯谟严加谴责的神学家们对此自然不会感到高兴。伊拉斯谟与托马斯·莫尔的友人多尔庇乌斯(Martin Dorpius)成了愤慨的神学家们的代言人。在其写给多尔庇乌斯的回信(信中标注的日期为"安特卫普,1515 年 5 月")中,伊拉斯谟极为简明地表达了自己的立场。他强调自己攻讦的对象并非所有的神学家,而是"现代神学家"(modern theologians, recentes theologi);现代神学家们是群坏家伙,而其余的神学家却是好的。于是问题变成了:谁是现代神学家? 在这一关键问题上,伊拉斯谟有意地抱持了一种不真诚的态度。他从来不敢明确地指称他们;只是用错综复杂的方式把他们称作"唯实论者(realists)、唯名论者、托马斯主义者、阿尔伯特主义者、奥卡姆主义者以及司各脱主义者",[①]但是他攻击的"现代神学"是否便是阿尔伯特、托马斯、奥卡姆与司各脱的神学体系? 对此他从不多说。不过,[95]根据其《新约》译文及《愚人颂》序言的文脉,他的动机无疑是想以"现代神学家"之名祛除经院哲学的大师们,尽管他乐意把圣俄利根(Origen)[②]、圣巴塞尔(Basil)[③]、圣耶柔米和安布罗斯(Ambrose)看成善好的古代人。

当我们阅读伊拉斯谟对诸种现代神学(recentious theologiae genus)的控诉时,必须将其矛头所向牢记于心。"还有什么比那对基督神圣教义予以同等反映与阐发的旧式(神学)

---

① 《愚人颂》,第 53 节。

② [译注]约 185 年—约 254 年,基督教早期著名教父之一。

③ [译注]约 330 年—379 年 1 月 1 日,小亚细亚半岛的凯撒里亚主教,4 世纪极有影响的基督教神学家。

更为高贵庄严的东西？"然而现代神学却被"其野蛮与造作语言的无知与畸形"、被"其对于文风的浑然无觉"以及"其对语言的忽视"所毒害。① 而且，即令我们不去计较文学造诣上的不足，这种神学"被亚里士多德、人类智巧（human inventions）乃至世俗律法（profane law［prophanis legibus］）歪曲"是如此之深，以至于几乎不能体会"纯粹与真正的基督"。这种神学把目光过多地聚焦在"人类传统"之上，因此已经丧失了对"原型"（archetype）的洞见。

> 我且问你，基督与亚里士多德有何关系？辩士的机巧（sophistic subtleties）与永恒智慧的玄秘又有何关系？这些题目（quaestiones）构成的迷津指向何方？②

另外，一旦在某些场合必须作出决定，"我希望采取这种行为时，必须心怀虔敬而非虚妄尊大，必须立足在《圣经》而非人类推理的基础之上"。

---

① 也许这样说会对伊拉斯谟不公，不过笔者必须承认，从伊拉斯谟以圣托马斯和奥卡姆的威廉为主要论敌的此种批判中，可以发现因为詹姆斯（Henry James）不能像一位畅销书作者那样写作而对其进行攻讦的现代新闻记者的影子。

② 笔者在此处沿用拉丁文 quaestiones，是为了保留伊拉斯谟式技巧的原貌，展示他怎样用托辞（alibi）的方式掩盖批判的锋芒。若是有任何人指出他的文字是对以问题形式（quaestiones）组织《神学大全》（*Summa theologiae*）的攻击，伊拉斯谟或许便可一脸无辜地回答说自己并无此意，只是在讨论一些"问题"（problems）。关于这一技巧，可以比较伊拉斯谟在《论基督君主的教育》中对君主的劝诫："您已然与主基督为盟——但仍有可能退步复归到凯撒（Julius）或亚历山大大帝（Alexander the Great）的方式。"若是有人指出这句话有影射两位教皇尤利乌斯二世（Julius II）和亚历山大六世（Alexander VI）之嫌，伊拉斯谟便可故技重施，义正词严地驳回这一指控。

　　简言之,我们已经到了这样一种境地,所有教义问题的决议(negocii summa)不再仰赖基督的敕令,却取决于经院神学家的解说与某些主教的权力。①

　　这样一来,一切都已变得非常棘手,以至于我们无望将世界引回真正基督教的方向。对于这些以及其他许多问题,[96]都被当时最为可敬与博学的人士发现,并使他们深感痛惜;同时,他们将这类无耻且无礼的现代神学家视为导致了罪恶现状的主要原因。②

　　因此,伊拉斯谟的宗教改革观念,乃是一种从行为哲学层次上重新回归基督教实质的真诚尝试。向《福音书》渊源文本的复归也就是向基督与使徒们生平的复归;对他们嘉言懿行之记录的高度关注,应当服务于效仿伟大楷模进而转变自身生活的目的。然而,与这种对福音派基督教的渴望相伴生的,乃是一种否定态度,在政治史与政治观念史上,它已被证明为是伊拉斯谟立场中更有效的成分。

　　首先,伊拉斯谟并不满足于通过回归福音书达成的基督教实质的复兴。他理所当然地认为这种回归必然要求摧毁基督教的智识传统。考虑到这一要求,他临深履薄,利用自己对古今神学家所作的区分掩饰其完整含义。只有到了洛克那里,这一举动的后果才变得完全清晰可辨;而读者可以从本项研究的第六部分第四章第二节的5—6段找到对此一问题的深入阐析。③

---

① 笔者仍然沿用了拉丁文 negocii summa(可以理解为"关于诸种教义问题的决议"或"此种决议所造成的结果",即"基督教教义的实体"),这是因为伊拉斯谟有意选用这一词组,以便在文字意义上影射《神学大全》(the Summa)。

② 《致多尔庇乌斯的信》,第 19 段。

③ 参见《革命与新科学》(《政治观念史稿》卷6)。

不过毫无疑问，伊拉斯谟与思辨哲学及神学关系的断裂已是如此之彻底，以至于他已不再能够理解，对《新约》中包含的复杂与爆炸性的精神力量展开的系统化智识分析，所具备的那种稳固化与文明化的功能。伊拉斯谟著述中最让人感到惊奇的地方——而且也是其读者必须不断提醒自己以便免除对其过度批评的总体状况——乃是伊拉斯谟几乎令人难以置信的历史幼稚症（historical naïveté）。对于这一事实——诸人类社会在历史中的实存并不仅是聪慧的个人以美文（belles lettres）展现其品味、风格之优雅及对三门语言之掌握的场合——他看起来几乎毫无意识。在伊拉斯谟身上，知识分子的倨傲已经如此严重，以至于钝化了他对传统与智识规约重要性的感知，并使之夸大了将某一罪恶之症候予以彻底摧毁的价值。

我们必须以评价其后世诸多知识分子的方式来评价伊拉斯谟本人：就其情感上的反叛而言他基本上是正确的，[97]然而就其智识反应而言又全然错误。不管是其积极方面抑或消极方面，伊拉斯谟的改革主张都有其历史重要性，这是因为它通过将宗派运动的精神资源注入西方国家的公共生活，展示了1517年巨变之前西方文明之智识与精神传统解体的程度。伊拉斯谟对宗教改革之反应的矛盾心态、其对反叛的同情态度及其对各种反叛形式的厌恶（很容易让我们因想起当代的"我们并不想要如此"[so haben wir es nicht gemeint]而心生怀旧之情），对各种困境均有极好的展示——这些困境乃是源自在危机时代遁入人文主义的私人性实存（private existence），源自遁入一种虔诚、博学、通达情理却又欠缺智识与精神力量的实存。

三　禁欲主义君主与"粗人"

　　然而我们现在仍然处于令人欣喜的 1516 年——伊拉斯谟向未来的皇帝呼吁一种基督教君主形象的年份。在献辞中,伊拉斯谟用柏拉图式的语汇陈述自己的计划。除非哲学家主张国事,或那些恰好受命治理的人信奉哲学,否则没有任何国家会幸福。查理正是治者,而伊拉斯谟则努力试图推行一种哲学教育。然而这种哲学究竟是什么? 它并非探究宇宙起源、终极原因与终极物质、运动与无限性之类问题的"哲学"。与友人莫尔在《乌托邦》中的做法一样,伊拉斯谟对上述学院哲学(school philosophy)与适合君主、更为尊贵的哲学进行了区分。他的哲学乃是一种"将心智从错误意见与恶毒的大众偏好中解放出来"的哲学,而这种净化(cathartic)功能将会得到一种"追随永恒权力(the Eternal Power)范例"之治国主张的补充。①

　　这一计划听起来显得很"哲学",却并不是非常地"基督教"。尽管他早已做出过警告,说自己不会用复杂的亚里士多德形而上学弄得君主一头雾水;但更让伊拉斯谟担心的则是,朝臣们将会抗议那种借助柏拉图的善恶标准塑造君主行为的观念。这种教育的产品将会是"哲学家而非君主"。可是,在这一点上,伊拉斯谟可谓坚如磐石。若不能成为一名哲学家,也就无法成为君主;[98]你要么做哲学家—君主,要么只能沦为一位暴君。他再次向读者们保证,他所谓的哲学家并不属于那群熟知辩证法与物理学的人士之列,而是一个"抛开虚假的伪现实(pseudo-realities),以开放的心胸寻找并追随真理"的人。于是便有了伊拉

────────────────

①　伊拉斯谟:《论基督君主的教育》,波恩(Born)主编,第 133 页以下。

斯谟的惊人之语："做一位哲学家和做一个基督徒实际上是同义的。二者只是用词上的区别。"①

将哲学与基督教之间的细微区别一举取消,这就需要对基督教的含义做一些解释;伊拉斯谟毫不犹豫地借助他早先讨论过的概念对基督教进行了界定。基督教并不存在于仪式或是根据时尚加以虔信的教条或是教宗的谕旨之中。

> 谁才真正配得上基督徒的称呼? 并不是那些被施过洗礼或涂油礼的人,也不是那些去教堂做礼拜的人。而是以内心最深处的情感拥抱基督,并效仿主的虔诚行为的人。②

伊拉斯谟并不拒斥教堂及其圣礼秩序;他甚至从未公开讲过一个人可以不经洗礼便成为基督徒的话;可是,当年彭波纳齐作为哲学家得出"灵魂有朽"的论断时,也并没有对教会持排斥的态度。我们可以发现一种奇特的、在物质世界道德(intramundane morality)与基督教残留(Christian hangover)之间的混杂情愫。这种倾向毫无疑义地存在着。

> 在基督的哲学中,除了对于自然原初之良善的复兴——基督本人称之为"重生"(renascentia)——之外,难道还有什么别的东西吗? 而且值得重视的是,尽管没有人能够像基督那样如此激进与有效地教导这一教义,但是在异教的书籍中却可以找到许多与此若合符契的东西。

---

① 同上书,第 150 页。
② 伊拉斯谟:《论基督君主的教育》,波恩(Born)主编,第 153 页。

　　拯救的戏剧已然失却重要性：上帝所创的人类本性是良善的；当然存在着堕落与原罪；可是通过努力追随基督的范例，我们可以回复原初的良善。在此种自我拯救（self-salvation）的观念中，占据中心位置的乃是耶稣之生而非基督之死。①

　　如果我们接受伊拉斯谟的建议，认为哲学与基督教仅仅是用语上的区别，[99]或许可以说君王的基督教教育能够被理解成一种哲学教育。正如我们所见，这种哲学的首要功能，乃是将心智从错误意见以及大众的恶意偏好之中解放出来。真正的君主"应当被引领远离普罗大众低俗的关切和污浊的欲望。应被其视为卑下、低劣与不恰当的东西，莫过于分享那些对有价值事物兴趣索然的普通民众的意见"。若有阿谀奉承之辈试图唆使君王放任自流、反对制约君王行为的前述规则的话，答案将会是：

　　　　那些纵容君王为非作歹之人实际上是在贬损其威仪！还有什么行为更能让一位君王颜面扫地——莫过于使其（在思想行事上）无异于凡夫俗子，使其成为愤怒、淫欲、野心、贪婪的奴隶，以及使其对愚言蠢行感激涕零！②

　　这些段落听似简单；然而其意涵却颇为复杂。勿作罪恶之

----

① 《论基督君主的教育》中的这些段落乃是伊拉斯谟立场最为清晰的表达。关于其伯拉纠主义（Pelagianism）的其他变体，尤其是与其政治观念相关的变体，参见里特尔（Gerhard Ritter）：《权力国家与乌托邦》（*Machstaat und Utopie: Vom Streit und die Damonie der Macht seit Machiavelli und Morus*，慕尼黑：R. Oldenbourg，1940 年），第 50 页以下以及这些页码的注释中给出的进一步引述与参考书目。

② 《论基督君主的教育》，波恩编，第 151、159、191 页。

奴役的劝诫是对所有人提出的笼统道德要求，即通过其精神灵魂的整饬性力量（ordering forces）对其感官灵魂的本能性力量（instinctual forces）予以控制与引导。当伊拉斯谟将这一笼统的道德要求狭义化，使之成为对于君王的特殊规约时，虽说"凡夫俗子"显然可以随心所欲地处事，问题也就出在伊拉斯谟事实上是否有意将人类划成两大类，一是拥有成熟人格的统治精英，二是由类似于亚里士多德所谓"天生的奴隶"组成的大众。如果这是他本意的话，可以说伊拉斯谟已经与基督教人的观念分道扬镳，转向一种异教的人类学假定。尽管通观《论基督君主的教育》一书上下文，此种分殊无疑并非伊拉斯谟所想。

> 所有人作为自然的造化都是平等的，奴隶制乃是叠加于自然之上，即使异教徒们的律法也体察到此种事实。（同上，页 177）

这种一般性的表述只不过是伊拉斯谟在面临重大问题时惯有之不准确的体现。他并不想剥夺普通人精神上生而有之的权利；当他在纵情罪恶的普通人（当然他们也有可能对自己的罪过深感懊悔）以及自我控制与按道德行事的有德者（virtuoso）之间进行经验性的区分时，他只是在发泄自己对于"粗人"（the vulgus）的反感。[100]伊拉斯谟的理想乃是禁欲主义者，这是一种加入了柏拉图主义、廊下派及苦行僧侣传统（monastic）成分的理想。尽管普通大众可以从心所欲——伊拉斯谟对其基督教信仰以及平等性并无偏见，然而理想的君王却应是个禁欲主义者。此种"哲学"理想是不是全然的"基督教"，这是一个颇为微妙的问题。对非禁欲主义普通大众再三进行的低劣评价只是指明了一种行为的贵族政制论(aristocratism of conduct),如果用精神的语汇则可将其概括为精神傲慢(spiritual pride)的原罪,概括为统治欲(libido dominandi)——完美主义自我支配欲(perfectionist will to self-domination)的一种更为隐晦的形式。

不管怎样,要想成为一位基督徒,人们不必非得首先成为一个禁欲主义的有德者。伊拉斯谟表述的棘手之处便在于将基督教等同于禁欲主义的倾向。就其历史情境而言,此种倾向乃是西方社会传统秩序消解的症候;这种消解的程度已经是如此之深,以至于一个文人(litterateur)单枪匹马便能将一种混乱的基督教观念阐释给广大的公众,同时不致引发比伊拉斯谟本人亲历更多的憎恨情绪。就伊拉斯谟政治观念体系化的问题而言,我们可以将术语上的困扰移除开来,单独讨论其所谓的"禁欲主义君主"理想。

然而,令人困惑的"哲学—基督教"这一同义用法一旦被移除开来,就会浮现这一问题:在诸多的美德中,君主为什么应当首先成为一位禁欲主义者? 答案在于伊拉斯谟将邦国(civitas)视为一种宇宙类似物,而君主在这一图景之中则是上帝的类似物。

> 君王之于其王国,一如上帝之于宇宙,太阳之于世界,眼睛之于身体。(同上,页186)

国家(commonwealth)与宇宙一样,被视为一个有机体,拥有一个活力四溢、掌控周遭的中心。当中心发生病变时,疾病将会传染蔓延到整个身体,最终使其腐坏;如果身体有病,只要有活力的中心并未感染且能够发挥其疗救作用,整个机体就还存有康复的希望。

　　因此，一旦任何疾病困扰民众，君主应当保持自己的清洁无污，免于腐化的愚行。（同上，页 176）

　　人体的中枢乃是其最优良的部分，即头脑；头脑的中枢亦是其最优良的部分，即理性；而宇宙的中枢是上帝——［101］万物的精髓（essence）。以此类推，国家的中枢——君王——应当在良善、智慧与审慎方面优于其他任何人。邪恶由头脑蔓延到身体，这将有违自然之理；无序状态由君王滋生到整个国家，同样有悖常理，这是因为君主的卓越特性足以消除由"普通大众的愚蠢"激起的风暴。

　　一系列譬喻的单一元素有其古代效仿的对象，而譬喻的堆积亦有臃肿之嫌；没有任何关于这些譬喻的精确理论表述能够明确无误地建立在文本的基础之上。然而，作为整体的说服性力量具有一种独特的意味：尽管拥有古典与基督教的范本，但是伊拉斯谟的系列譬喻还具有一种东方的格调。比起下属百官，君王无论是在命令层级，还是在本质层级（the hierarchy of essence），都应当拥有优势的地位，一如其臣属相对于平民的优势地位——当我们读到此处，就会想起一种埃及式的等级制观念。君王并非通过权术（statecraft）治国，而是通过自己禁欲主义的德性近乎神秘地保持与恢复一种和谐状态——读到此处我们自然会联想到中国的天子（Son of Heaven）。伊拉斯谟及其通过维持中枢谨严有度、自我约束与通达情理之精华的治国理念，与儒家文士颇有相契之处。

四　君主禁欲主义之范围

　　君主的禁欲主义应当涵盖从人之常情的耽溺、技能与占有的骄矜，一直到权力之恣纵的所有领域。

　　君王应当避免堕入珍宝、黄金、光鲜亮丽的皇家紫袍、成群结队的朝臣、形形色色的荣誉称号与雕像等等构成的陷阱；一个人如此这般装扮起来，而其真正的良善甚至比不过一个位于社会最底层的家伙，还有什么比这更为可笑的（同上，页150）？推理的过程是典型伊拉斯谟式的。他不敢明确地讲（在151页的另外一处段落里他对此有所暗示）君王的生活与仪容应当符合一种"节俭与单纯的整洁"，但却惹人愤恨地含沙射影说，[102]任何身着皇家衣饰者都将是一个在品质上低于"社会渣滓"的家伙。再者，"穿着"这样的衣饰看起来似乎根本就是不可能的事情；君王若这样做，在其臣民眼前除了"炫耀"之外，根本无法达成别的作用。而当他炫耀之际，也就不可避免地教会臣民渴求与羡慕"根据君王法律足以惩罚的几乎所有罪行中最为邪恶者"的根源所在（同上，页151）。与此相同的反讽式论述被用来就辉煌的饰物提出禁欲主义的建议。

　　　　你若想变得声名远播，就不要依靠展示自己的雕像或绘画；如果说这些东西还有什么值得褒扬之处的话，那便是由它们所代表的、艺术家的天才与技艺了。（同上，页151）

　　伊拉斯谟还是没有敢明言君王应当生活在简陋的环境之中，只是隐约影射：耽于极致高雅会阻碍你"将自己的性格变成自己各种善好中最为不朽的部分"。君王适宜的高贵性便存在于上述理想的实现过程中。伊拉斯谟还区分了源出于美德与善行的高贵以及出身与财富的高贵。

君王绝不能耽于最低级的"高贵"而骄矜，因为这种"高贵"的层级是如此低下，除非它源出于美德，否则简直不值一提。（同上，页151）

两种"高贵"之间的判分自有其古典时代的范例；①但是作为西方政治中反对基于出身之"高贵"的有效论述之一，仅仅是从封建时代之终结以及职业政治家与知识分子之崛起以后才有其持续发展的历史。② 伊拉斯谟式的基于美德的"高贵"和马基雅维利的"美德"（virtù）具有不同的内容；然而两人都赞同君王的个人资质乃是邦国的整饬性力量；在时代的剧烈动荡之中，有鉴于机构与传统的瓦解崩裂，统治者的个人素质作为秩序的凝聚点赢取了一种新的重要性。

[103]尤为重要者，君王的禁欲主义必须限定自己与臣民的关系。君王是上帝的类似物。让自己的存在与"原型"保持一致是其职责所系。上帝的首要属性有三：全能、全知、全善。君王享有权位；然而此种权力若没有良善则无异于暴政；其统驭若没有智慧便无异于混乱。因此君王必须获取智慧以便达成政府的各项目标；而且他必须通过使用自己的权位襄助臣民，尽可能多地满足他们的需要，进而展示自己的良善。③ 君王应当注意，在他开始统治之前就必须拥有上述素质；王位并非熟悉诸种治国

① 参见对塞涅卡（Seneca）《劝谕友人书》第 44 封信 3—6 节（*Epistulae Morales*，XLIV. 3—6）的引用。前引书第 151 页编者注 40。

② 这一问题到了 13 世纪教皇与霍亨斯陶芬王朝（the Hohenstaufen）的斗争那里变得更为尖锐；参见西韦尔斯（Peter von Sivers）编，《中世纪（至阿奎那）》（《政治观念史稿》第二卷），密苏里大学出版社，1997 年，第 9 章，第 144—159 页。基于美德之'高贵'的理论最早是在但丁（Dante）的《飨宴》（*Convivio*）中阐述的；关于这一问题可以参见本书后文，即第三章"上帝的子民"，第 11 节等。

③ 《论基督君主的教育》，波恩编，第 158 页。

问题的适宜场合。政治之中没有"试错"（Trial and error）的
位置。

> 一种非常严峻的危险是：当君王仍在学习之际，邦国却
> 已危机四伏，行将崩颓。（同上，页183）

王位随处充满了对于谨慎小心的要求，以至于只有傻瓜或
流氓才会毫无顾忌、心安理得地登临其位；柏拉图式的律则堪称
有效：那些并非不情愿统治的人实际上是不适于行使统治之责
的（同上，页160）。切不可将君王之统治误解成领主（lordship）
对其属民之统治。这样一来，臣民就会被贬低到奴仆的位置。
而所有人都是平等的造物，特别是通过他们唯一的主——基督，
所有基督徒都享有平等的自由。某一基督徒僭夺全权行使于其
他基督徒教友身上，这无异于一种绝顶的蠢行（同上，页177）。

> 永远不要忘记，"领地"、"帝国权威"、"王国"、"王权"和
> "权力"都是些异教用语而非基督教的语汇。

基督教邦国中的统治权只能包括"管理、仁慈与保护"（同
上，页175）。对于基督徒而言，

> 统治权（the principate）只具有管理的意味，而并没有
> 帝权的含义；而国王的权威只是事关服务，却无关暴政。
> （同上，页169）

对其臣民来说，君王必须发挥一位照顾其大家庭之家长

(paterfamilias)的功能。他须得确保过时的法律得到废止或修订；他须得监督臣属们，务使其清廉，惩罚那些腐败之徒；他须得打压那些盗匪与乞讨行为；他须得救济穷人，但如有可能则应避免贫困；为此[104]他须得修建桥梁、开辟运河、排干沼泽、治理水道、改进农技以发展自己的领地；他还应通过公共建筑与教堂妆点其邦国。简言之，伊拉斯谟发展出仁慈专制（benevolent despotism）以及福利国家之合理化管理（the rational administration of a welfare state）的观念。①

最后，我们抵达了君王禁欲主义最为核心的所在——对其自身权位的限制。君王必须拿起自己的十字架，否则基督将不会接受他。那么这种十字架究竟是何物？

> 我将告诉你：效仿善举，不得施暴，不得抢掠，不得卖官鬻爵，不得因受贿而腐化。

伊拉斯谟承认对于这些规则的遵守并非增加君王收入的最佳方式，也非保持其王权完整的良方。

> 正如你宁可忍受一点伤痛也不愿倾尽举国物力进行复仇，君王偶尔也会让自己的邦国蒙受零星的损失。

必须学会忍耐，因为由此将会带来巨大的成功（让别人受到较少的伤痛）。而最为激进的说法则是："在捍卫邦国时，若你不能避免违背正义、戕害臣民生命以及损伤宗教的话，那就干脆放弃，屈从于时代的强势（importunities）吧！"你若按照上述态度

---

① 《论基督君主的教育》，波恩编，第 10 章"和平时期君王之要务"。

行事,恐怕许多人会把你看成傻瓜而非君王;但是对此你也必须
承受,因为"做一个正义的人要比做一个不正义的君主"更好。①

五　伊拉斯谟论战争

从这种彻底的君王禁欲主义出发,伊拉斯谟自然会得出关
于战争的推论。战争乃是"一切美好事物的海难";是全面罪恶
的渊薮;一场战争必将诱发另一场战争,而战火将会蔓延到非常
遥远的地方。只有在除此之外全无他途的情况下,君王才应诉
诸战争;而且一旦开战就应使之为期尽可能短,并使其臣民乃至
一般基督徒的生命损失尽可能少。人是为和平与善意而生,并
非掠夺好斗成性的动物。[105]战争是一桩"灾难和罪恶的事
件",即使"正义战争"也不例外——"如果真有战争能以所谓的
'正义'称之的话"。伊拉斯谟并不想就"所有战争均是非正义
的"这一论题表态(尽管这分明是他的看法),而是体认到所有人
都会觉得自己投身的战争乃是正义的,鉴于人类事务的复杂与
多有盛衰兴替,任何战争都能找到自圆其说的理由。尤其需要
注意的是,由于人们总是可以把他人的行为解释为破坏协定的
行为,因此,条约实在是引发战争的原因。所以条约越少就越有
利于维护和平——在这一点上,他和莫尔的《乌托邦》不谋而合。

---

① 《论基督君主的教育》,波恩编,第 154 页以下。在 1517 年的《和平之控诉》
（*Querela Pacis*）中,伊拉斯谟大幅扩充了这种论述。若有必要,就必须追求和
平。"尽管(为了和平)需要付出巨大的成本,然而战争肯定会糜费更多;除此之
外,最为昂贵的代价莫过于流血,这是你自己同胞与臣民的热血,亦是你出于种
种义务纽带必须加以保护而非为了施行荒谬的政策以及残酷、自私以及罪恶的
野心而慷慨挥洒的热血。"(波恩为其所编伊拉斯谟《论基督君主的教育》一书所
作导言,第 18 页)

圣奥古斯丁曾经思索过一场战争成其为"正义"所需环境的可能性，但是既然《福音书》已经明确地谴责了暴力行为，为什么我们还要对一位教父的权威顶礼膜拜呢？当然存在着这种问题：我们不应放弃自己的权利。然而事实上，君主的权利源出于关于他们私人事务的协定，例如联姻结盟。但这些事务在多大程度上与臣民的利益切身相关呢？君王必须把自己的臣民当成人来看待，而非如同牲畜一样随意驱驰。"统治者的绝大部分权威来自人民的同意，这也是最早造就国王的因素。"因此，各国君王之间若有严重的矛盾发生，便应延请主教、修士、法官以及饱学之士加以仲裁。

尽管作为常理，君王们的私人事务与野心乃是战争的根源，伊拉斯谟并未忽视人民在某些方面也难辞其咎。他反省了英格兰人与法兰西人、爱尔兰人与英格兰人、意大利人与德意志人、斯瓦比亚人（Swabians）与瑞士人"等敌对国民名单榜上有名者"之间的群体性仇恨，进而问道："这些愚蠢的名称对我们的分化力量，凭什么就超过了基督徒这一共同名称对我们的联合呢？"然而和平的一大阻碍恰恰出在这里，那些本应发挥作用、让平民与君王在战争深渊之前悬崖勒马的教士们却在支持战争并为之祈福。而且他们在交战各方都如此行事，以至于我们遭逢到这样一种可笑的局面：敌对两军营垒中都有一位基督，"仿佛基督是在与自己一同作战一般"。①

六　权力问题

我们已经围绕"禁欲主义君王"这一观念对伊拉斯谟的政治

---

① 精简自《论基督君主的教育》第11章"论开战"。

观念进行了考察。我们选择采用这一术语[106]——而非伊拉斯谟的"基督教"君王——是为了强调他并不关注政府形式问题（尽管他倾向于君主制），不关注古典意义上的理想国家，也不关注中世纪意义上的精神权力与属世权力之间的关系问题。事实上，对于伊拉斯谟而言，政治问题的焦点集中于君王一身；他关注的乃是作为社会秩序原则的人对权力的态度问题。这是 16世纪初叶的人们普遍关心的问题。

与马基雅维利一样，伊拉斯谟关注的，乃是从追求权力直到忽略实质性秩序的当代一般性的社会失序。针对此种君王的贪婪狂（pleonexia），马基雅维利以在竞逐中超越对手、借助自己出众的资质建立民族秩序的君王观念与之相应和。针对相同的问题，伊拉斯谟却提供了截然不同的一种理想君王形象：他不应使用权力（已然牢牢握在自己手中）达到扩大领地或增进一般性个人力量的目的，而应当将权力视为一种信托（trust），其使用必须以促进邦国的福祉、维持国际的和平为目的。可以说马基雅维利与伊拉斯谟都关注稳定的政治秩序问题，不过对于前者而言，在当时意大利的条件下，这一问题体现为：如何在权力争斗中尽最大努力建立一个秩序？而对于后者来说，在西班牙与阿尔卑斯山北的条件下，这一问题却体现为：如何在既定秩序下更好地实现政权的管理以及对于浮华虚骄的克制。

然而上述不同的表述仅仅触及问题非常实际的表层。政治紧张局面与战争总会存在；而根据具体的条件，若想建立秩序，不外乎采取下列两种方法之一：要么借助强力达成和解；要么抑制野心，接受现状。在实际的表层之下涌现出一个新的问题：在不同类型政治秩序的转型时代，权力乃是政治中具有决定性的因素。在帝国与封建秩序崩解的过程中，在民族政治体建基之前,马基雅维利与伊拉斯谟两人均将权力之运作看成新秩序的限制性单元。外部强权对意大利的侵略、英法之间的斗争,以及哈布斯堡家族通过勃艮第和西班牙的联姻达成的权力集聚,在当时创造出这样一种对于战争的看法:新兴强力王权各怀鬼胎,发动战事,它们之间的战争只有通过彼此国力的耗竭抑或诸强之中最终优胜者的致命一击才有望告终。

[107]当机构的限制与精神的约束都已崩溃之时,在一个已经基督教化的文明中,权力获取了一种罕见的神魔般的力量,马基雅维利与伊拉斯谟都属于上述现象最早的一批觉察者。日渐解体的基督教文明里发展出的权力的"现实主义",并非向那种相对稚嫩的异教自然主义权力观——我们可以从修昔底德(Thucydides)笔下的米洛斯辩论(Melian dialogues)中找到此种权力观念的经典表达——的回归。当精神秩序被移除之后,遗留下来的并非希腊自然神话水平上的那种异教文明——一如诸多新异教徒(neo-pagans)乐于相信的那样;遗留下来的乃是这样一种观念:权力成为罪恶的原始材料,成为毫无精神与文明秩序补偿体面(redeeming grace)的情况下对于实存的断言(assertion of existence)。必须将马基雅维利的德性(virtù)神话理解为一种为赤裸裸的实存竞争进行粉饰的努力;而伊拉斯谟的"禁欲主义"也应当照此理解为一种拯救性的行动,理解为一种对权力支配者——君王——依照柏拉图与基督教美德施行权力的呼吁。

对伊拉斯谟这方面的洞察作出评判,仍是一件悬而未决的事情。至今仍在其仰慕者与批评者之间上演着一场炽热的争论:前者盛赞伊拉斯谟高度的人文主义、理性主义与和平主义,后者则抨击伊拉斯谟的含糊其辞及面临实际议题时的怯懦。在这场争论中我们无意支持其中的任何一方。问题具有一种可观的结构。根据伊拉斯谟所见，君王的贪婪狂构成了战争与无序的根源。关于节制尤其是关于禁欲主义的忠告，甚至发展到这样一种程度，即劝诫君王宁可放弃自己的权位，也不愿以人民的鲜血和财产为代价去捍卫它。

作为一种解决之道，这听起来的确颇为天真。但是，只有当我们将各民族政治体之间权力争斗的后见之明投射到伊拉斯谟所处的年代中时，才会有上述看似"天真"的观感。在伊拉斯谟眼中，政治中间并没有诸民族（nations）的位置。政治斗争是在各民族大众的头顶、在君王们之间展开的。他们并不关心统治自己的究竟是这个或者那个君王（或王朝）。他们在战争中付出的牺牲并非服务于自己的利益；而是由君王们强求并服务于君王们的私利。如果我们把此种政治观念接受为前提，那么伊拉斯谟将权力视为君王伦理问题的观点也就不难理解了。如果政治中除了君王们的野心之外别无他物，那么那种不愿统治、宁可退位也不愿卷入一场规模与耗费巨大的战争、[108]愿意将自己与其他王侯之间的法律纠葛交由教会高层仲裁的禁欲主义君王，实际上将成为战争问题的解决之道。尽管这种观念或许永远无从在历史中获得完美的实现，考虑到人类的诸多弱点，它仍然不失为一种关于行为取向的可靠观念。

伊拉斯谟的"天真"并不在于其结论，而在于其前提。与马基雅维利形成非常鲜明对比的是，伊拉斯谟明显很少关注君王权力的社会背景（social context）。尽管他偶尔也非常善于提醒君王，人民的同意乃是其权威的基础，然而在大部分场合，他的君主都似乎只存活在一种社会真空当中。君王事业在多大程度上体现了社会力量的表达，在多大程度上得到了其在政治上并非全然不善表达的人民的支持或限制，伊拉斯谟看起来并未考虑这些问题。在阅读伊拉斯谟《论基督君主的教育》一书时，恐怕读者做梦都想不到，他的君王查理 1519 年被选为皇帝一事，竟然会引发卡斯蒂利亚的公社起义（the uprising of the Comuneros）。

伊拉斯谟还患有一种严重的历史盲视症。当我们考察伊拉斯谟对经院哲学智识传统的攻击时，曾有机会对此进行反思。而且当我们读到他对民族仇恨的绝妙评论并表明自己取缔这些"愚蠢的名称"的愿望时，此种历史盲视更以格外的强力吸引了我们的注意。不管怎样，一个懂得一点"以罗马为名"（nomen Romanum）的伟力的人，除了"愚蠢"之外竟然找不到这种新名分（nomina）的其他特征，这或许便是伊拉斯谟之局限性最为显著的症候。

在此我们对这部著作含糊其辞特点的原因有所接触：伊拉斯谟个性的热情与力量、其识见的渊博、其苦行意志的炽烈及其和平观念的清晰，无不可以使读者沉迷其中；但是与此同时，读者又会深深震惊于其立论的皮相与无用并为之感到沮丧。与马基雅维利的邪恶信仰之肇因颇为类似，这种含混性的根源是一种狭隘性（narrowness）。伊拉斯谟把自己封锁在一位人文主义知识分子的立场之上；将存在于历史之中的社会现实化约成一对反题（antithesis）：一方是作为秩序之原则的理性禁欲主义；另一方则是作为失序之原则的"粗人"毫无价值的欲望——而其讨巧和令人安心的结论便是：如果所有人（至少所有统治者）都能像伊拉斯谟一样，便可以万事大吉、天下太平。人民的实际生活、民族生存的激情、颇为成疑的文明成果、传统的价值、知识分子生活的重要性及其在历史中的规训——所有这些因素都无从在伊拉斯谟的政治图景之中找到。此世只有唯一的荣耀：禁欲主义的知识分子和君王秉持禁欲精神善加治理受托于人民的权力。在这一梦想的轴心,我们可以发现邪恶不在别处,恰恰存在于伊拉斯谟政治观念所处理的主题——权力之欲望——之中,并以知识分子之贪婪狂(pleonexia)的形式出现。

七 《乌托邦》与美洲

伊拉斯谟之立场所具有的或多或少的张力,在莫尔及其《乌托邦》中变得足够明晰。然而,这种明晰并不意味着我们可以在《乌托邦》中找到对各种问题鞭辟入里、易于理解的阐释。[①] 莫尔爵士的异于常人之处,乃是天主教会和共产主义运动都视其为圣徒。如此丰厚的历史荣衔也就意味着,他赖以获得永久声名的著作具有难以阐释的复杂性。实际上,对这一著作的阐释迄至今日也远未终止;但是至少已经出现某种协调一致的努力,以至于我们现在对该书的理解,都已远非 20 年前的程度所能及。《乌托邦》的晦涩在一定程度上应该归咎于它的成功;因此,我们应当首先做出一些初步的评论,借以移除源于其盛名的某些晦涩难解之处。[②]

---

① ［英文编者注］从此处到本章末尾的原始素材曾以《莫尔的〈乌托邦〉》("More's Utopia")为题发表于 *Österreichische Zeitschrift für öffentliches Recht*,n. s. 3 (1951);第 451—468 页。

② 可作为今日之《乌托邦》诠释基础的著述当推钱伯斯(R. W. Chambers)的《莫尔》(纽约:Harcourt and Brace,1935)。继钱伯斯著作之后最好的专著是多纳(Henry W. Donner)的《〈乌托邦〉导论》(*Introduction to Utopia*)(Uppsala [London]:Sidgwick and Jackson,1945;重印本为 Freeport, N. Y.:Books for Libraries Press, 1969)。费奥雷(Tommaso Fiore)撰有一篇很有价值的论文《圣徒莫尔》(*Saggio su Tommaso More*),该文是费奥雷的《乌托邦》意大利译本的导言,收入费奥雷编《乌托邦》(*L'Utopia*)(Bari:G. Laterza e figli, 1942)。一战之后德国史家将《乌托邦》诠释成一部为英国帝国主义及其 (转下页)

[110]《乌托邦》曾被译成所有的现代语文；而且在所有这些语文中，utopia 这一单词都已成为一个普通名词（common noun）。该词的意涵极其丰富，其中最为核心者当属"一种理想的完美状况"（牛津英文词典）。一位思想家心目中的完美状况或许会借助虚构的形式，通过对理想社会机制的详尽建构得以表达。在上述形式上的与虚构的表述之外，utopian 一词已经可以被用以指涉任何一种政治理想的表述；而且，若是此种政治理想由于这样那样的原因而显得或多或少难以实现，该词便会具有某种贬蔑之义。该词的社会影响是如此强烈，以至于一举成为政治科学的一个专用语。人们似乎广泛接受这样的看法：在政治中存在一种可以称之为乌托邦思想的东西；我们甚至能够

（接上页注②）殖民剥削张目的作品，对于莫尔问题的兴趣由此得以空前提升。此种诠释路径系由翁肯（Hermann Oncken）的《莫尔的〈乌托邦〉与国家学说中的权力问题》（*Die Utopie des Thomas Morus und das Machtproblem in der Staatslehre*）(Sitzungsberichte der Heidelberger Akademie der Wissenschaften, Phil.-Hist. Klasse, 13. C. Winter, 1922）一书肇其端；其成果在翁肯为里特尔（Gerhard Ritter）的《乌托邦》德译本（R. Hobbing, 1922）所作导言中有所体现。关于此种诠释路径之兴衰的详细介绍，可参见多纳在《〈乌托邦〉导论》一书的各注释。翁肯从莫尔身上寻找英国"帝国主义"与"伪善说教"（cant）的做法是个极大的错误；而就其诠释原则而言，莫尔诠释史上的上述小插曲可以说已经告一段落。然而，此种错误也自有其合理性；作为对《乌托邦》的一种修正诠释，里特尔的《权力国家与〈乌托邦〉》（*Machtstaat und Utopie*）一书也曾论及翁肯曾经犯过错谬的原始问题（参见该书第二章"莫尔作为英格兰岛屿福利国的观念形态表述者"["Morus als Ideologie des English-Insularen Wohlfahrtsstaates"]）。就本书的分析而言，我们所采用的版本乃是这一评注本：《乌托邦》（*L'Utopie*）拉丁文本，德尔库特（Marie Delcourt）编纂并加解释与批判性注释（E. Droz, 1936）。然而凡引该书页码均是出自路普顿（Joseph H. Lupton）的《莫尔爵士的〈乌托邦〉》（牛津；1895 年版），这是由于该版本最易取得。同时参见《莫尔爵士全集》（耶鲁大学出版社，1963 年后陆续出版）以及《乌托邦》（诺顿评述版，第二版）（由 Robert M. Adams 英译及编纂，W. W. Norton and Co., 1992）。

看到关于乌托邦思想的通史论著。① 在"乌托邦"名下汇聚了形形色色的观念——诸如希伯来先知、"耶稣的乌托邦主义"、柏拉图的《理想国》、圣奥古斯丁的《上帝之城》、莫尔的《乌托邦》,以及包括圣西门(Saint-Simon)、傅立叶(Claude Henri Rouvroy)、欧文(Robert Owen)在内的一些社会主义思想家。作为上述文献方面成功的一种后果,莫尔自己的著作被视为同类写作传统的范本;莫尔据说写了部关于"理想国家"的作品,也就博得了"乌托邦思想家"的声名——尽管确切地说,《乌托邦》里的诸种机制究竟在多大程度上被其作者视为"理想的",这本身亦是一个难以回答的问题。②

尽管存在上述困扰,仍有必要还原(reestablish)该词具有历史相关性的核心词意,亦即作为一种文学策略(literary device)的"乌托邦"。莫尔的《乌托邦》以虚构形式描绘了一个社会的经济、政治与宗教机制。[111]不管他对这些机制的价值持何种意见,莫尔开创了现代时期的一种文学种类。而这种开创是与美洲的发现密切相关的,得益于当时关于新国度及其人民的旅行报告,同时在一般意义上,也受惠于时人对那些直到当时尚属未知之地的地理视野的开拓。《乌托邦》故事的讲述者,具有哲人气息的航海家拉斐尔(Raphael),便是韦斯浦契

---

① 例如,可参见赫茨勒(Joyce O. Hertzler)的《乌托邦思想史》(*The History of Utopian Thought*)(麦克米伦书局,1926 年版)。

② 上述文献方面成功的高潮事件或许当推曼海姆(Karl Manheim)《意识形态与乌托邦》(*Ideology and Utopia*),Louis Wirth 及 Edward Shils 英译,Routledge and Kegan Paul,1936)一书的出版。该书最初以德文出版(*Ideologie und Utopie*)(F. Cohen, 1929),以大量篇幅处理乌托邦主义问题,实际上全然未曾提及莫尔的《乌托邦》一书。其原因在于曼海姆对 utopian 一词进行了界定,而莫尔的著作很难与其相符。

(Amerigo Vespucci)①公司的成员；而韦斯浦契的《新世界》(*Mundus Novus*)（于 1507 年收录在瓦尔德泽米勒［Wald-seemuller］的《宇宙志导论》［*Cosmographiae Introductio*］一书之中）在《乌托邦》中亦有迹可寻。② 而 1511 年马特（Peter Martyr）的《论新世界》(*De Orbe Novo*)，莫尔或许同样并不陌生，同样在其书中有所体现。③

　　地球空间已訇然洞开，为政治构想预设了舞台。当然，在人类历史上出现此种奇妙的境况，美洲的发现并非首例。例如，潘多拉寓言（the Pandora fable）便反映出希腊人城邦生活的萌生，端赖于其殖民地与政制设计的现实基础与实践活动。④ 希腊人之所以能够通过构想某种理想国家的方式表达政治观念，是因为存在实践的背景使得此种文学形式成为可能。伴随着罗马帝国的崛起，这种文学种类不可避免地走到末路。到了 13 世纪，由于拉丁十字军的远征行动，西方世界的君主们开始发现地中海以东的新的国度，这种文学种类有所复兴；这也正是圣托马斯《论君主政治》(*De regimine principum*)诞生的时刻。然而，上述时刻只是孤例，从古代希腊到莫尔的《乌托邦》之间的漫长岁月里，这种文学策略基本未曾得以运用。随着美洲的发现，使其成为可能的背景再度出现了。

　　如果我们以此种方式界定此一问题，当能使之具备其在政治观念史上实际拥有的重要性。政治奠基（political foundation）之际一种开放视野的存在，乃是通过对某一国度之

---

① ［译注］1454—1512，意大利航海家、商人，美洲新大陆即以其命名为 America。

② 《乌托邦》（路普顿编本），"导言"，第 xxxvii 页以下。

③ 多纳：《〈乌托邦〉导论》，第 27 页以下。

④ ［英文编者注］关于潘多拉，可参见《秩序与历史》第二卷《城邦的世界》（巴吞鲁日：路易斯安那州立大学出版社，1957 年版），第 140—144 页。

文学乞灵（literary evocation）表达政治观念的动因所在。从此种意义上看（但也只能严格地从此种意义上看），我们谈论一部希腊的乌托邦文学，甚至将柏拉图的《理想国》称为乌托邦[1]，或许可被视为正当之举。[112]然而，此类用法是否明智，我们心存疑虑。并无必要将一个满载如此之多蕴含及形形色色意义的称谓赋予此一界定明确的现象；而这种使用方法，不啻于对 19 世纪兴起的一种坏习惯的让步，这种恶习便是将所有由历史产生的政治象征（例如乌托邦、意识形态、社会主义、民主、共产主义、法西斯主义，等等）不计一切代价地转换为政治科学中的一个概念。

尽管我们可以赋予"希腊乌托邦文学"这一表述以一种有限的正当性，但泛而言之的"乌托邦思想史"这种表述却缺少正当的理据。狭义上的乌托邦文学，只是出现在希腊城邦世界与发现美洲之后的西方文明这种经过严格限定的（well-circumscribed）历史区位之中。这两次现身具备相似的因由；当然，希腊世界会对逾千年后的西方著述存有文学上的影响；但是两次现身之间并无历史上的连续性。

然而，的的确确拜莫尔著作所赐，一部真正的乌托邦文学史开始显现于世人面前。其在南大西洋上的岛屿，在相隔一个世纪之后，为康帕内拉（Tommaso Campanella）在印度洋上的《太阳城》（*City of the Sun*）以及培根在南太平洋（South Seas）之上的《新大西岛》（*New Atlantis*）所效法追随。斯威夫特（Jonathan Swift）的《格利佛游记》（*Gulliver*）和笛福（Daniel Defoe）的《鲁宾逊漂流记》（*Robinson Crusoe*）均有赖于《乌托邦》

---

[1]　例如可参见，萨林（Edgar Salin）：《柏拉图与希腊乌托邦》（*Platon und die griechische Utopie*），Duncker and Humblot，1921 年版。

缔造的氛围；而一直到杰克·伦敦（Jack London）、康拉德（Joseph Conrad）以及毛姆（Somerset Maugham）的时代，南太平洋仍然是逃离西方的大隐之所。就政治思想本身而言，在新的地域进行拓殖与政治建构的景观，直至洛克的《政府论》（*Treatise of Civil Government*）仍然颇为开阔明朗——尽管至此已然臻于极致。洛克的名句——"全世界初期都像美洲，而且是像以前的美洲"[①]，揭示出理想的自然状态仍可在美洲寻得，然而有鉴于新世界诸政府现实中的基础，诉诸想象力的做法已经可谓日薄西山了。"高贵的野蛮人"（noble savage）与初民社会的各种德性，直到卢梭那里仍然发挥着影响；可是到了夏多布里昂（Chateaubriand）之后，在更为严肃的政治文献的层面之上，此种社会批判的工具看起来也已然用罄。

　　[113]然而，这种文学形式一经确立，即令最初素材的耗竭亦无从令其使用告一段落。到了 19 世纪，乌托邦文学充斥着社会主义与科学主义的内容，而空间之距离逐渐被时间之距离所取代。而此种文学形式所承载的目的则堪称光怪陆离，从巴特勒（Samuel Butler）的《乌有之乡》（*Erewhon*）到韦尔斯（H. G. Wells）的《现代乌托邦》（*Modern Utopia*），再到赫胥黎（Aldous Huxley）的《美丽新世界》（*Brave New World*），可谓不一而足。

八　某地与乌有乡

　　《乌托邦》乃是一部对话体著作。其场景是在 1515 年的安

[①]　引言出自《政府论》（下篇），第五章第 49 段。（[译注]此处采用的是叶启芳、瞿菊农先生的译法，参见《政府论》（下篇），北京：商务印书馆，1964 年版，第 32 页。）

特卫普，当是时也，莫尔正作为英格兰使团的一员出使低地国家。书中的对谈者包括莫尔本人、他在安特卫普的友人爱吉迪厄斯(Petrus Aegidius)以及拉斐尔·希斯拉德(Raphael Hythlodaeus)——正是拉斐尔这位"海客奇谈的讲述者"、受过人文主义教育的水手及韦斯浦契新世界之旅的随行者，向莫尔讲述了乌托邦的故事。对话全书分为上下两部。第二部包括了拉斐尔对于乌托邦盛世制度的描述。这一部实际上是较先写就的，其时莫尔仍然在安特卫普。第一部则是在莫尔返回英格兰之后写出，包括一系列介绍性的对话，例如关于时代罪恶、关于通过向统治者献策以实施改革的不可行性、关于哲人与治国良材之谠言在朝堂之上被置若罔闻，以及关于存在于私有财产制度之中的社会不平等(social iniquities)根源，等等。由第一部的这些对话，自然导出了拉斐尔关于乌托邦岛的故事——正是在那里，借助明智的制度，社会福祉得到切实的保障。

　　对话的自传性部分居于作者意图的核心之处。臣奉国王究竟有无意义，莫尔对此颇有疑虑；一人之力无法阻止时代大潮；他本人将会与自己曾经深恶痛绝者难以避免地沆瀣一气，腐化堕落。当时在莫尔灵魂之中展开的这场激辩，被分配给对话中的两个角色，即莫尔与拉菲尔。莫尔乐于侍奉王室，"从国王那儿，正如同从永不枯竭的泉源那儿，涌出的是所有能造福或为害全国的一条水"。[①] 世务经验丰富、学识广博者有义务(boni viri officium)谏言主上，造福公众。[114]较之伊拉斯谟，莫尔受柏拉图洞穴之喻主题，亦即哲学家与闻城邦事务之责的影响更大。而且，实际上莫尔调用了柏拉图的表述，亦即只有哲学家做国王

---

① 《乌托邦》，路普顿(Lupton)编，第 37 页。（[译注]中译文参见《乌托邦》，戴镏龄译，商务印书馆，1982 年版，第 16 页。）

或是国王从事研究哲学，国家最后才能康乐。

　　　假如哲学家甚至不屑于向国王献计进言，康乐将是一件多么遥远的事！[1]

　　而这不尽然是柏拉图的观念——即使在无所不包的希腊城邦背景之下，柏拉图也深知不参与（nonparticipation）成为义务的时代终将到来。我们同样很难说这种观念是基督教的。基督徒的首要义务乃是面向至善（summum bonum）的生命取向——而那绝非国家的康乐。莫尔问题向我们揭示，作为国家之内整饬性权力的属灵权力已然衰落，以至于国家康乐在莫尔那里毫无非议地成为君王与世俗哲人之共同统治面临的问题。在莫尔的论述中，属灵权力乃是一种"可以忽略的量"（quantité négligeable）。在莫尔那里，正如在伊拉斯谟那里一样，我们可以观察到由属灵权力向世俗智识权力的转型；这种曾由但丁关于皇帝与哲人双头统治观念肇其端的发展，此时得到了极大的强化。然而，就其无处远足而言，世俗知识分子处在一种困难尴尬的境地之中。除了成为一位政治知识分子并依附于现存或即将得势的权力，难道他还有别的选择吗？实存的（existential）答案——对于莫尔而言很明显是他唯一可以想到的答案——便是拉斐尔，他为家庭之故抛弃财产，漂流海上，全无国邦。就其立场来看，拉斐尔"更热衷于浪游，宁可生死付之度外。他有老不离口的两句俗话：'死后没棺材，青天做遮盖'，以及'上天堂的路到处远近一样'"。[2] 这位人文主义漫游者现在回答了莫尔的问

---

[1]　前揭书，第79页以下。（［译注］参见戴镏龄中译本第33页。）

[2]　前揭书，第28页。（［译注］参见戴镏龄中译本第11页。）

题;而且通过丰富的例证指出,鉴于政界现况,他将勉力为之的那类谏臣几乎没有什么获得认可的机会。

莫尔对此表示赞同;但却通过区分两类哲学捍卫自己的立场,而其友人伊拉斯谟在《论基督君主的教育》一书中也曾做过同样的区分。[115]必须区分"学院哲学"(school philosophy,philosophia scholastica)与"政治哲学"(polite philosophy,philosophia civilior)。前者出现于朋友们的聊天议论而非政治关系之中。让那些朝臣们对与自己思考习惯相左的、闻所未闻的观点(sermo insolens)表示赞同,人们怎能对此抱有期望呢?"政治哲学"洞悉自己的身位,不会抽象地坚持一则真理在所有境况之下均切合时宜,不会不守次序地表达自身,也不会像一个糟糕的演员一般毁掉正在上演的大戏。根除错误观念与传统罪业并不是什么一蹴而就的事情——但是这并不能成为将邦国弃置不顾(一如在风暴中弃船而逃)的理由。不能用稀奇古怪的观念扰乱人民,而应使用说服的艺术与技巧,以期做到"凡是你无法使之好转的事,切不可丝毫搞坏"。"因为什么事都好是不可能的,除非什么人都好,我不敢希望在不久的将来什么人都好。"①

这一答案并不会给人留下多深的印象。它既非柏拉图式的,也无甚高深之处。有足够理由认为,对于一位想要在政治上有所作为、足够聪明敏锐可以觉察自己应当承担之义务、需要一点点镇静剂以便克服自身之踌躇的人士而言,这简直就是一桩常识。如今我们把它称作"合作者"(collaborator)论证。回避问题的技巧显得可圈可点。实际上,一则抽象真理并不是在所有场合之下均合乎时宜的;不过在某些场合,抽象真理必须被昭

---

① 前揭书,第97—100页。([译注]参见戴镏龄中译本第41页。)

于天下，以便从道义困惑的泥沼之中超拔而出。

实话实说，你不能寄望于一夕之间便将传统罪业涤荡净尽；不过依然存在着一条底线，一旦逾越此线延宕之举就不可宽恕了。并非所有人都好，因此不可能什么事都好，这对于完美主义者来说可谓有效的劝诫；不过，也很容易成为原谅罪行的借口。此种论证之所以显得直接有力，乃是因为时人已不再将灵性视为超越世俗秩序之上的终极权威，而属灵秩序亦暴露出一些缺点。国家趋向于获得此前一度属于灵性的终极权威。上述重心移转的征兆便是莫尔在"学院哲学"与"政治哲学"之间做出的区分。哲学的意义，作为属灵生命的智识之维，作为在属灵生命之中臻于极致之秩序以及面向实存（the realissimum）之灵魂趋向的智识表达，[116]对于莫尔一如对于伊拉斯谟一般，已经明显丧失了。伊拉斯谟的"君主哲学"（princely philosophy）和莫尔的"政治哲学"一样，均是来自古典与基督教传统的智慧；但它已然失去那种无法从过去、唯有从渊源之永恒存在中方可取得的粗朴性（savageness）。

《乌托邦》是部对话体著作。莫尔的论辩只代表其立场的一个侧面；而我们的批评亦只触及他所遭逢张力的一个侧面。莫尔深知还存在截然相反的论辩；他将这些论调假拉斐尔之口道出；而争辩的结果却遥不可知。我们必须从总体上看待此种张力。问题的诸多构成元素都已然为我们所知。莫尔在对话中的言说由于有投机取巧和逃避属灵议题之嫌而令人失望。我们希望在张力的另外一极发现属灵的立场。然而我们却再次大失所望，因为在这里我们只看到一位挂冠远遁的人文主义浪游者。总体而言，这种张力乃是发生在人文主义的、政治性的情感氛围之中。货真价实的另一种选项亦即属灵的生活，则一直滞留于视野之外。莫尔问题的此种结构在某种程度上令人称奇,这是因为在其早年,莫尔曾经在进入教阶(Holy Orders,作为加尔都西会教士［Carthusian］或严修派方济各会教士［Observant Franciscan］)或是研习法律两者之间犹豫不决。对此,他的选择是家庭、法律与邦国。然而,姑且不论其深厚广博的神学知识,我们也有理由寄望于一位实际上极有希望成为僧侣之人当可领会"俗世"的问题,而且不会试图借助有辱智识的论辩逃避问题。

开解这一迷局的钥匙或可在《乌托邦》的一个段落中找到,在这段文字中,拉斐尔描述了岛民对于同胞之中已然形成的一种严格宗派性阶层的态度。由于他们尊重由"宗教"激发的所有行为(只要信徒不会扰乱其他人逍遥自在的信条即可),乌托邦人对于此一阶层抱有宽容的态度。然而他们自己却是快乐主义者(hedonists)与唯理主义者(rationalists)。

假如一派人宁可独身而不结婚,宁可艰苦而不舒适,其所根据的论点是理性,这就要惹起乌托邦人的非笑。①

"理性"(ratio)与"宗教"(religio)被视为两种互相抵牾的整饬行为的原则。乌托邦国家乃是顺应理性秩序而生;宗教则被简化为由神(God)之存在、灵魂之不朽、彼世之罚赏以及神意之统治组成的一种自然神论的最小化教理(a deistic minimum dogma)。②［117］更有甚者,这种最小化教理之所以得以留存,也是出于功利理由的考量,亦即若没有这套教理的话,乌托邦的

---

① 前揭书,第 282 页。(［译注］参见戴镏龄中译本第 109 页。)

② 前揭书,第 274 页。(［译注］参见戴镏龄中译本第 103 页以下。)

国法将不足以让好人循规蹈矩。① 在一切实质性要点上，莫尔的理论构设与后世洛克的宽容及政教分离观念都若合符契。官方的自然神论及其礼拜仪式，缺乏足以激起争端的一套系统化神学，使得所有人在不寻求广大公众体认的前提下均可信其所愿。没有谁会坚信并充满热忱地表述这种观念，除非它已经在其头脑中深深扎根，基于此一显见事实，我们或许有理由认为，呈现为具备平等公共等级之属灵与属世秩序，作为基督神秘躯体之"基督教世界"（Christianitas）的观念，至少在此种程度上，至少在其人生的这个阶段，已经不复主宰莫尔的心灵；也就是说，属灵秩序已经不再被当作国家之中具有代表性的公共秩序而得到体验。属灵生活已经成为一桩私己事务，而且作为一位神秘主义者其个性又不够强悍，难以对自身构成支撑，属世秩序遂成为世俗的国家，公众代表占据垄断地位，同时也保留了与历史环境彼时所遗留者同样多的基督教传统。

　　"理性"（ratio）与"宗教"（religio）、教会与国家、自然领域与超自然领域之分离，属世秩序向世俗国家之化约，以及相应产生的"宗教"的私己化，有助于我们理解莫尔的困局及其体现在乌托邦对话张力之中的独特形式。当自然的、理性的、世俗的国家垄断了公共地位（public status），当其封闭了人类在社会中实存

① 拉斐尔此处提及一则事例，有位乌托邦居民像很多其他同胞一样被拉斐尔他们劝化改宗基督教，却有点儿过于认真地对待新的信条。他开始当众宣传基督教义，并言之凿凿地告谕同胞国民，如若不追随自己的做法，永受天罚（eternal damnation）将成为他们难逃的宿命。这位教徒自然遭到了拘捕，并被作为和平的妨碍者遭受处罚。故事的教训在于，狂热的信徒之所以被放逐，并不是因为他诋毁主流宗教，而是由于他煽动群众（reus excitati in populo tumultus）。这一场景预示了后来由陀思妥耶夫斯基在《宗教大法官》（Grand Inquisitor）一书中处理的问题（路普顿编，《乌托邦》，第 270 页。（［译注］参见戴镏龄中译本第105 页。）

的视域,实际上已经很难找寻俗世失序时代之中人生的路向。
[118]国家成为无所遁逃之宿命;"无论对错,皆吾邦国"的国族
绝对主义取代了基督教对于"俗世"的相对主义;而以至福为终
极目标的基督徒,则变成了对话中的拉斐尔这个无家可归的理
想追求者。那么,他在哪里寻得自己的理想呢? 在这一问题上,
莫尔展现了自己的力量;其回答的象征性(symbolism)至为清
楚显明:乌有之乡(Nowhere)! 尽管他对基督教有着范围至广
的解构之举,但莫尔仍然是一位虔诚的教徒,以至于不会成为后
世的进步主义者、相对主义者和马克思主义者那样的物质世界
终末论者(intramundane eschatologist)。他沉迷于一种"理
想";但至少懂得此种理想乃是存于乌有之乡,在国家的历史
节点上渺无踪迹。自莫尔的《乌托邦》始,我们开始由基督教
转向革命性的物质世界终末论。人之理(ratio humana)不再是
朝向神之理(ratio divina)的参与者,而成为以价值论的(axi-
ological)、批判性的(critical)悬置(suspense)面貌存在于政治的
历史实在之上的一整套规则(规范性的理想);通过彼岸拯救
得以实现的基督教使命变成了快乐之物质满足的目的论。这
不多不少,正是存在于莫尔身上的裂变。他的理想停驻在这
种理想之"乌有乡"的朦胧状态;而且正如我们现在所见,莫尔
非常清楚,自己对于理想社会的描绘预示着对于人之本性的
不切实际的改变。他并未陷入后世行动主义终末论者的谬误
之中——这些行动主义终末论者们往往假定神秘主义的革命
进程将会确凿改变人之本性,以至于恶的问题将会从世界上
消失净尽。

　　巴尔塔萨(Hans Urs von Balthasar)在《德意志灵魂启示录》(*Apoka-
lypse der deutschen Seele*),第三卷,《死亡偶像崇拜》(*Die Vergöttlichung
des Todes*),萨尔茨堡与莱比锡:A Pustet,1939 年版,第 409 页,提出了此

种一般性主张："所有乌托邦都相信体现为每个'饼鱼奇迹'（multiplication of loaves［译注］参见《圣经·马太福音》第 14 章）与本质/实存之加增的梦境"；此系《政治观念史》本卷英文编者的译文。这一论题大致无误，在其所处的语境———一段关于马克思主义终末论的讨论———之中尤其如此。然而，如果精准地看待莫尔的案例，笔者愿意通过强调"乌有乡"有意为之的中间定位而印证此一论题。莫尔倾向于"本质之加增"（increase of essence），但他仍然认识到这种奇迹的不可能性。

在对这种作为基督教终末论之解构的乌托邦理想的分析中，我们大致汲取了巴尔塔萨在其《德意志灵魂启示录》第一卷《德意志唯理主义》（Der deutsche Idealismus，1937）第 22—29 页给予读者的启迪。然而，我们要再次对该书特别提及莫尔的一处地方提出异议。巴尔塔萨写道：

> 唯有国家与教会（作为自然物与超自然物）之分离，方可为那种自发而为自然的、世俗的终末论乌托邦创造出必要的先决条件。当其撰写《乌托邦》一书时，莫尔实际上承继了一种古代传统（柏拉图与普罗提诺［Plotinus］）。①

所谓莫尔承袭了一种"古典"传统尤其是柏拉图的传统，这一点似乎需要进一步的论证。柏拉图的"理念的城邦"（Polis of the Idea）并不是"理想的"国家。对理念意涵的关注，驱使柏拉图在《蒂迈欧》（Timaeus）与《克里提阿》（Critias）阐发了自己的历史神话。理念具化于现实之中；而具化（incarnation）则如同所有"自然"之物一般，均服从循环衰荣的铁律。柏拉图趋近于一种基督教意义上的终末论［英文编者注：沃格林在此处所指的资料最终体现为《柏拉图与亚里士多德》一书的第199—204页］，而莫尔却与之渐行渐远。毫无疑问，基督教终末论之前之后的这些立场具有某些相似之处。不过，柏拉图仍然止步于"古典的"终末论形式之内———也就是说，止步于具化循环的神话之内。我倾向于认为，复兴历史循环观念的现代政治思想家

---

① 此系《政治观念史》本卷英文编者的译文。

们——例如马基雅维利——就此而言较之那些将"理念"误认为后基督教意义上之"理想"的、以"柏拉图主义者"自居之人,具有更为可观的柏拉图成色。

《乌托邦》对话中的张力与莫尔一生如影随形,身死方绝。在断头台前的遗言中,他抗议道:"我是作为国王忠仆而死,但首先是上帝的忠仆。"当时莫尔在伦敦塔中与其妻子的一段对话流传至今。他试图与妻子论理,于是问道:

> 亲爱的太太爱丽丝,务请您告诉我⋯⋯这座府邸难道不是和我自己的一样接近天堂吗?

在此,我们当能记得 20 年前莫尔笔下无家可归的拉斐尔说过的话——上天堂的路到处远近一样。奔赴乌有乡的漫游者曾经征引的话语,而今则为奔赴某地的漫游者感同身受——流亡他乡是我们难逃的宿命。

那么,亲爱的爱丽丝又说了些什么呢?"仁慈的主啊! 仁慈的主啊! 难道咱们的房产永远都无望留下了吗?"①

九　傲慢与财产

因此,莫尔的"理想"乃是一种社会批评的工具。这种工具的历史定位,乃是处于基督教唯灵主义与后世社会革命的大众终末论之间的中道。"理想"的严肃意义在于其对当时社会邪恶

---

① ［译注］"Bone deus,Bone deus,man,will this gear never be left?" 此系译者根据莫尔女婿罗珀尔为其所作传记再三斟酌得出的译法,尚需就教于读者。参见 The Life of Sir Thomas More,by William Roper,his son in law,The Harvard Classics,Vol. 36,Collier & Son,New York 1910。

面的攻击；它原则上并无改革纲领的严肃意味。这种模糊性遂
成为误解的不竭源泉；因为在其对乌托邦岛穷形尽相的刻画之
中——这种刻画作为整体且就其原则而言并非作为社会改革规
划而存在——莫尔略去了被认为是整体性改良建议的大量细
节。[120]尽管我们并不是总能确保足以在两类建议之间做出
区分（特别是因为莫尔任由自己的幽默感与讽刺品位恣肆汪
洋），但它们的存在却是确凿无疑的。一方面，在该书一个总结
性的段落中，莫尔指出自己尽管并不能全盘同意拉斐尔的说法，
但的确希望看到乌托邦国家的许多事物能够在自己的社会中实
现——虽然他对此并不抱过高期望。另一方面，还有这样一个
极少为人注意的段落，足以让我们了解莫尔对其理想之地位的
态度。借拉斐尔之口，莫尔指出：人们对私己利益更不必说对基
督权威的关注，早就应该已经"使得全世界都采用乌托邦国家的
制度，若不是那唯一的怪魔加以反对，这怪魔便是傲慢（pride
[superbia]），它是一切祸害之王，一切祸害之母"。① 如果我们
考虑到这一段落出自一位精通《上帝之城》的作者之手，就必须
给予其应有的重要性。傲慢乃是基本的罪恶，根植于自爱
（amor sui）之中，乃是特定存在的意愿与自负，就其定义而言，它
是人在反叛上帝过程中的原罪。通过恩典的襄助，在为了成圣而
展开的日常斗争里，此种"一切祸害之王和一切祸害之母"可以被
拘限于正当界限之中；然而，人性蒙受的伤害无法获得痊愈。通
过其制度设定，乌托邦人除去了这条"从地狱钻出的盘绕在人们
心上的蛇"，从而完成了这一几乎不可能完成的任务。莫尔深知，
自己之所以能够建立起理想的国家，乃是通过从人性中根除掉那
种基本的因素——正是这种根深蒂固之物使得"自兹以后幸福生

———————————

① 路普顿编，《乌托邦》，第 306 页。（[译注]参见戴镏龄中译本第 117—118 页。）

活"(live happily ever after)的社会制度之创设变得全无可能。[①]

　　然而,上述观点的清晰性并未能抹煞莫尔之理想的批评工具本色。相反,傲慢之消除恰恰指向了莫尔希望抨击的那种罪恶。可以确定的是,制度并不能改变人之本性;傲慢与我们如影随形;但这并不意味着人性可以狂暴肆虐。[121]"脱离傲慢的国家",正是与莫尔所见所处时代之历史现实对立的观念,当是时也,封建时代正处于衰落之中,傲慢正在肆无忌惮地发挥其破坏力。莫尔赋予其笔下的乌托邦岛民以一套实为异教的行为哲学与德性体系,从而强化了批评的力量。乌托邦人是在自然与理性导引之下追求自身快乐的快乐主义者(hedonists)。他们对于追逐欢乐的沉溺,受到性情与正义的节制,从而使其不致伤害自己的邻人。他们体认到智识灵魂的诸般优点,并在静观生活之中觅得乐趣。他们厌恶技术性的玄思(technical metaphysics),却已然发展出一套道德哲学、一套自然科学与诸种有用的艺术。他们将人性看成是乐群的(social),把帮助自己的同胞个体视为一项义务,并组织社会性机构(学校、医院、养老助残院等等),通过集体性的供给,使得生活对于所有人而言都同样惬意。他们拥有一个非世袭性的学者阶层,使体现出特殊禀赋之人皆得以跻身此阶层。他们不让占有欲玷污这种美好生活,而是奉行所有财产的公有制;所有人简单的需求均从公共仓储那里得到充足的供应;而其餐饮则由食堂(refectories)集体加

----

① 乌托邦人"ea vitae sunt institua secuti, quibus reipublicae fundamenta inecerunt non modo felicissime, verum etiam, quantum humana praesagiri conjectura contigit, aeternum duratura"[乌托邦人采用了那样的制度以奠定他们的国家基础,这个基础不但是最幸福的,而且据人们所见,将永远持续下去]。路普顿编,《乌托邦》,第307页,亚当斯编,诺顿评注版,第84页。([译注]参见戴镏龄中译本第118页。)

以组织。此种祥和幸福的、集禁欲主义与快乐主义于一身的生活的要义，正在于基督教的缺席。即使在原初、异教文明的条件之下，这些个人与社会福祉亦可取得——忘却了傲慢这种行将就木的小伎俩；这便是寓意所在。①

　　"缺乏约束的傲慢"（Superbia without restraint）乃是莫尔对其所出社会的控诉。这一问题本质上与伊拉斯谟所致力者如出一辙，而莫尔的视野要宽广许多。他不仅从王侯们的贪婪狂（pleonexia）上，而且从所有阶层民众之中发现了此种罪恶；狂热地追求权力和政治伟业只不过是此种罪恶的诸多展示方式之一。因为莫尔对于英格兰及西欧社会一般状况的描述，读者颇为乐意征引这一专著，毋宁说是《乌托邦》其书。对此，我们只消想想那些在战争及饥荒过后驱逐掉自己无力再从事工作之仆从的贵族；[122]那些赶走自己的佃户以便将其土地变成牧羊场的地主；这样一来，身无分文的乞丐充斥全国，只能靠救济、抢劫与盗窃为生；而那残暴的刑法则将因饥饿而犯下小偷小摸罪状者判处绞刑；娼妓、滥饮、赌博等堕落现象随处可见；法律被用以服务于上流阶级的利益；劳工阶级受到残酷剥削，老弱之辈惨遭遗弃，沦为饿殍；宫廷社会及其游手好闲的食客沉沦腐化；战争阴谋笼盖四野；国王们不满足于造福本国，却妄图征服另外一个远超出其统治能力范围的国度；横征暴敛以及全无能力治理繁荣自由人民的国王，无不使得人心败坏；根本就没有什么社会责任感，更谈不上有什么政府义务，举凡制定济贫法（poor law）、推进刑法改革、建立医院与有助于为破产佃户农民提供就业的本

---

① 此种异教幸福与基督教腐败之间的对比，已由钱伯斯（Chambers）在其所著《莫尔》（*Thomas More*）一书的第 125 页以下"乌托邦的意涵"部分（"The Meaning of Utopia"）做出相当精彩的讨论。

土产业政府、设立教育机构等等，无不成为笑谈。

　　莫尔认为，以上所有罪恶的根源乃是私有财产制度；若是这一制度就像在乌托邦国家中一样被取缔的话，上述罪恶亦必将随之消失。在这个问题上，我们必须保持警惕之心，以免步入歧途，离题过远，陷入那种常见的将莫尔阐释为"社会主义"先驱者的谬误中去。对于莫尔来说，财产（property）并不是一个孤立的问题。他严厉斥责建立在财产制度之上的阶级社会，并抨击经济权力的误用与有产阶级社会责任的阙如；但是他既不相信财产与财富（wealth）本身便是罪恶，也未将满腔热情寄托在公有制的、俭朴的生活之上。与此相反，他反对拉斐尔废除货币的公共生活理想，这是因为这一点将会

　　　　使得一般人认为（opinion publica）一个国家引以为自豪自荣的全部高贵宏伟和壮丽尊严都荡然无存了。①

　　财产问题的产生和对于傲慢的分析有着密切关联，两者密不可分。私有财产制度之所以应予以取缔，是因为它乃是沉溺于傲慢的首要手段。[123]傲慢之自我评鉴，其标准并非财富，而是他人的苦楚，因此傲慢才是罪恶的真正渊薮。

　　　　傲慢哪怕能成为女神，也不愿做这个女神，如果她再也看不到她可以欺凌嘲笑的可怜虫，如果她不能在这些可怜虫的不幸前显示自己的幸运，如果她夸耀的财富不能使这些可怜虫因贫穷而受到折磨并且更加贫穷。②

――――――――――

①　路普顿编，《乌托邦》，第 308 页。（[译注]参见戴镏龄中译本第 119 页。）

②　前揭书，第 306 页。（[译注]参见戴镏龄中译本第 118 页。）

需求与占有应当有其标准和界限，然而傲慢却使财产沦为满足权力欲望与社会尊荣感的工具。莫尔已经处于后世由霍布斯（Thomas Hobbes）继续展开的将析解傲慢运用于宗教选举（religious election），进而将其视为满足傲慢之工具的道路之上。而且与霍布斯一样，莫尔对那种通过重新复兴属灵生活拯救病变灵魂的做法深感绝望。霍布斯设计了"利维坦"（Leviathan），以之作为通过强力弹压傲慢的外在力量；而莫尔则设计了废除私有财产的社会，将其作为势必会替代灵魂疗法的外在与制度举措。强调此种疗法浓厚的非柏拉图特质，或许并非多此一举。

莫尔的靶的所系，正是作为傲慢满足之手段的财产。我们必须在这个意义上，才能理解莫尔对其时代特征的概括——"富人的阴谋"（conspiratio divitum）①——富人佯装代表了国家的利益；并以此为幌子牟取自身利益。他们将法律玩弄于鼓掌之间，确保自己的不义之财，同时以尽可能少的薪酬盘剥穷人的劳动。更有甚者，他们将有利于自身的规定变成一般性法则，称其为普适于富人与穷人的国法，使之对穷人不仅成为一种戕害，更成为一种辱没。② 简言之：莫尔所大力斥责的那种社会状况与政府实践，正是两个世纪之后，在一个更为进步的时代，在洛克《政府论（下篇）》（*Second Treatise of Civil Government*）中得到了认可与理论证成。与洛克形成鲜明对比的是，较少启蒙色彩的莫尔坚信：作为一项社会与政治秩序原则，通过占有欲得以满足的傲慢会摧毁国家的理念。这是因为，如果所有人都只知

①　路普顿编，《乌托邦》，第 303 页。（［译注］参见戴镏龄中译本第 117 页，戴先生译作"富人狼狈为奸"；此处直译为"富人的阴谋"。）

②　前揭书，第 303 页以下。（［译注］参见戴镏龄中译本第 116—118 页。）

追逐私产（res privata），公共事务（*res publica*）[①]又从何谈起呢？另一方面，不存在私有制的乌托邦社会是一个真正的国家，这是因为[124]"私有财产不存在，人们就认真关心公事"。[②]

　　我们已经阐析了莫尔理论建构的主要成分，现在已能对其政治意涵展开评判。首先应阐明的是，莫尔并不是社会主义者。他建构了一个社会主义国家，是为了展示在移除了傲慢赖以得到满足的主要手段之后，一个社会将呈现出怎样的面貌。消除傲慢而非消除财产，才是其关注的首要问题。于是便浮现出这一问题：他实际上究竟是否相信其乌托邦的"明智制度"足以纠正罪恶？这个问题的答案恐怕必然是否定的。作为一位自觉的基督徒和训练有素的神学家，莫尔深知傲慢无法经由制度设定加以根除。若此为真，下一个问题将是：他为何在这棋局之中乐此不疲？在这里，我们触及了莫尔问题的核心，他的精神虚弱与悲观主义；然而同样在这里，我们也触及了现代政治的一个重大问题。

　　一旦莫尔将时代罪恶诊断为傲慢的恣意横行，那么基督教给出的答案自然便是重建属灵秩序，例如可通过一场教会改革加以实现。[③] 然而，与马基雅维利一样，莫尔似乎对此种可能性并无信心。从此种情感僵局之中，我们不得不寻找那种半开玩笑之游戏的渊源，此种游戏试图通过明智的制度，在社会中根除傲慢的诸般罪恶。制度的善好代替了人的善好；一种技术性的设置解决了灵魂的实质秩序问题。莫尔本人有足够丰厚的理据

---

① ［译注］作为公共事业的。
② 前揭书，第 299 页。（［译注］参见戴镏龄中译本第 115 页。）
③ 附带提一下，这也正是柏拉图主义的解答。我们此前已然发出警告，不宜将"理想"国家的构想者流于皮相地以"柏拉图主义"称之。

得知,这样的材料只能导向乌有之乡。然而,他却沉迷于棋局之中;而此棋局的结局,与 18 世纪和 19 世纪——其时莫尔的精神衰弱已经堕落到属灵秩序的全然失效——思想家们严肃推出的结论并无差别,其整体结果乃是灵魂与社会中属灵秩序的弃绝。属灵秩序被社会理想取而代之。"理想"之所以能够在现代政治中获取至高的重要性,是因为它看似通过实用主义的举措而非将生活予以圣化,开启了一条朝向一种稳定社会秩序的道路。[125]就原则而论,它已成为这样的一种状况,被艾略特(T. S. Elliot)严厉批评为梦想一种"如此完美以至于任何人都不需向善"的秩序。不过,"理想"必须有其内容。而莫尔再次指出了在并无灵性指引的情况下通向快乐主义理性(ratio)的道路,通过被掷入文化长河之中的百部伟大著作,这条道路将会为所有人提供一种适当经济性存在的观念。

　　不过正是在这里,我们到达了莫尔与后世更为现代的思想家们相揖别之处;因为莫尔不仅明白理想之实现乃是建立在不可能的前提(亦即根除傲慢)之上,而且其本人拥有充足的现世快乐,足以发现理想的实存乃是一件了无生趣的事情。当莫尔苦心经营的平衡被打破之后,难以计数的独立谬误将会接踵而来。这位政治思想家——套用礼貌起见的称呼——或许懂得,除非傲慢真正被消除,否则理想的制度将难以发挥作用;循此,他应当着力于消除傲慢,将其作为建立完美国家的序曲。这正是行动派神秘主义者(activist mystics)的做法——从宗教改革的保惠师(Paracletes)到实证主义与共产主义的保惠师,亦即孔德与马克思。他抑或会把无穷无尽的傲慢视为人性之中难以根除的组成部分,进而涉及政治制度,要么通过绝对力量弹压其驱动力,如同霍布斯的"利维坦"一般,要么便使得个人驱力之间相互制衡,正如洛克、汉密尔顿及麦迪逊(James Madison)等人的事功。后一种体系在政治中取得了可观的实际重要性,是因为只要依然存在可供剥削的人类与自然资源,它便可良好地运转,以至于满足最近被概括为"贪心的民主"(democracy of cupidity)的那种制度胜任愉快,颇有余裕。当然,还有那些仅从表面上理解某一理想的伯拉纠教派的无辜之士(the innocents of the Pelagian persuasion),他们相信人性本善,经由努力和宣讲,完美的国家最终将得以建立。且不论其徒劳无益之处,他们的社会重要性同样颇为可观,因为他们为那些天真程度较之略逊者提供了一潭足以摸鱼的混水。

十　乌托邦的战争

作为结论,且让我们探讨一下莫尔关于战争颇多争议的看法。

[126]原则上看,他笔下的岛民热爱和平。他们把战争看成野兽的事情,然而任何一种野兽都不像人那样频繁地进行战争;因此乌托邦人对战争深恶痛绝;"一反乎几乎所有国家的惯例,把在战争中追求的光荣看成极不光荣"。① 然而,他们也绝非懦弱的羔羊之辈;而是通过艰苦的军事训练,通过由敌国作为战争赔偿之贸易和贡金积聚起来的巨额财富,获得精良的战争配备。乌托邦人从不为了国家的荣光而开战;他们发起的所有战争都是为了惩戒别国侵犯律法的行为,在这个意义上这些战争均可

---

① 路普顿编,《乌托邦》,第243页。除非另有注明,该书文本中所有相关讨论均出自"关于战争"(*De re militari*)一节,路普顿编本第243—65页。(〔译注〕可参见戴镏龄中译本第94—103页。)

谓义战；而这些战争的目的则被严格限定为通过暴力获取自身
依法应得之物，抑或在前者已被证明不可能的情况下——制造
足够的恐惧以使敌人放弃再度犯难的念想。

因此，莫尔与伊拉斯谟一样，认可一种"义战"（bellum jus-
tum）。这样一来，就出现了这样的问题：战争在何时可谓正义？
莫尔对此问题进行了详尽阐发。首先，当战争服从于在他国占
据之土地上建立殖民地之目的时，我们可称其为正义。由于享
有繁荣健康的生活，乌托邦人口与日俱增；那些土著居民不能善
加利用自身土地的毗邻大陆，恰恰可以成为乌托邦过剩人口的
拓殖对象。原住民可以在乌托邦的制度之下与殖民者和谐共
生；他们若是反抗，乌托邦便出兵讨伐，因为自然法
（praescriptum naturae）要求，土地合情合理地应被交付需要从
中得到给养者加以使用，这样一来也就构成了作战的绝好理由
（justissima causa belli）。[1] 当然还不能遗漏其他的正当理由。
乌托邦人不仅保家卫国，而且帮助自己的友邦免遭外敌侵凌；对
待战争应当格外慎重，不能等到大祸临头再起而自救，而应在察
觉到敌国备战蛛丝马迹之际便发起预防性的战事。再者，出于
人道主义情感，他们协助被压迫人民，将其从暴政和奴役之下解
放出来。他们不仅在自卫时帮助友邦，而且一旦被问询对待时
局的看法，坚信所有和平解决争端的方案都已穷尽的前提下，他
们也将在进攻性战争中与友邦同仇敌忾。他们尤其会在友邦商
人被外国假借法律之名压迫剥削之际起而拯之；[127]因为乌托
邦人觉得在"正义"的幌子下侵凌百姓堪称最不正义的行为。当
他们自身在商贸事务上受到迫害之时，乌托邦人却更为隐忍，只
是报之以经济制裁；但是当任何一位本国国民在身体上受到侵

---

[1]　前揭书，第155页。（[译注]可参见戴镏龄中译本第61页。）

害的时候,他们就会派出一名使节,要求犯罪者伏法受罚(处以死刑或贬为奴隶),如果遭到拒绝的话,他们就会宣战。

乌托邦人的战争行为是高度理性的。主要目的在于将流血牺牲降至最低范围,尤其是避免损失宝贵的乌托邦人生命。一旦宣战,他们就会在敌国秘密遣使张贴告示,许诺将付给除掉该国国王者重金奖赏,除掉该国其他权贵者亦将得到略逊于之的奖励;若能将敌酋生擒活捉,奖金则会翻倍。敌人之间如能彼此背叛,更是可以获得补偿金和奖赏。此举的吸引力极大,简直无从抗拒,一是在于奖金数额之巨,二是在于乌托邦人还许诺给予其他国家的安全土地收益。其他人或许会觉得这些方法卑鄙残忍,然而他们却觉得明智可赞;这是因为只有为数不多的有罪之人命丧黄泉,才能避免民众中发生大规模的流血牺牲。

如果贿赂无法奏效,他们就会设法煽动敌国心怀不满、觊觎王位者的阴谋情绪。或者,如煽动内乱的计策不成,他们便会唆使敌人的邻邦卷入纠纷,重新提出早已遗忘了的领土要求,而这类要求则是"国王们从来不会缺乏的"。他们对联军施以金援却让其单独投入人力。如果需要更多的武装力量,他们便会招募雇佣兵作战;只有在万不得已之际,他们才会让自己的公民奔赴疆场。

莫尔笔下这些颇为吸引人的战争原则,就其意涵而言已经成为一场英德之战的正当理由(causa justa)。德意志史家们将莫尔看作一位背信弃义的英格兰人,他为不列颠帝国的扩张发明了种种冠冕堂皇的借口,并以典型的英格兰式的伪善,为之罩上了一层道德的光环。英人则对德人的见解嗤之以鼻,这是因为彼时距离此后不列颠的海外扩张尚有一个世纪之遥;而且不论这些信条与那放肆的帝国及其方法有多么大的近似之处,我们都没有资格指责莫尔具有这种"先见之明",甚或直接为其未雨绸缪。德意志史家闷闷不乐地承认自己在若干历史细节上犯了错误，不再像以前那样深信不疑，却仍然坚持认为这种可能性依旧存在。作为此类辩论中司空见惯的现象，[128]论辩双方都对这一重要问题贡献不大。就拒绝接受莫尔与不列颠帝国主义之间的所有勾连而言，英人当然不错；而德人相信自己的嗅觉并坚持一种颇为严整的阐释，同样说得上无懈可击。

　　在我们看来，如果将前文对于《乌托邦》的解读原则贯彻到底，那么对莫尔的适当阐释将是一件水到渠成的事情。由于莫尔"理想"根深蒂固的模糊性，关于其论说态度严肃与否，我们并无把握。许多人持有"乌托邦人的手段卑鄙残忍"的看法，这一评论或可反映出莫尔本人的立场。然而，此类对行动中的国民军队（当乌托邦人诉诸本国军队之际）充满爱意的描述，听上去很像试图消灭封建军事力量的民族国家政治家梦寐以求的事情，在很多方面类似于马基雅维利关于公民军队的梦想。而且一般说来，有理由认为对于义战原因的列举，或许较少称得上是一种理想，毋宁应当说是一种反对君王们不值一提之战争理由、列举战争之明智原因（服务于人民的利益）的尝试。

　　然而，充分虑及莫尔的批判意图及其个人的保留态度，在他其余的制度设计中，仍然存在无可动摇的事实：他终究还是沉溺于此类天马行空的奇思妙想。战争原因与方法之间的关系令读者生厌之处，正是其理想的一贯正确性（infallibility）。坚信此种理想的人永远不会犯错；此种理想也决定了对那些不愿接受者施加行为的正义性；而作为结果，此种理想的承担者们将政党、法官与执行官的功能集中于己身。通过被赋予一种本应归于属灵事物的绝对性（absoluteness），世俗秩序取得了一种"理想"的特征，其效果便是政治行为的一种独特的"德性化"（moralization）。

　　我们可以通过下列主要特征理解这种"德性化"：(1)理想的占有者失掉了对于自身之傲慢（superbia）的意识，尤其是在政治关系中失去了对于自身之贪婪狂（pleonexia）的意识。(2)在意识的层面上，傲慢已经成功地纾解，遂有理想的成型；就此观之，理想乃是精神上之傲慢或统治欲（libido dominandi）的一种宣示。(3)当这种歪曲牢牢掌控了理想者的头脑之时，他便会毫无罪咎之感地追逐自己的欲望，这是因为欲望目前已被嵌入理想之中，而理想就其定义来看，乃是一种道德上的绝对。[129](4)由于理想证成了使其得以实现之手段的正当性，进一步的后果便是意图伦理学的一个独特变种——在莫尔的诸种原则中间，这一后果称得上清晰可辨。(5)由于理想的承载者必然合乎德性地行动，因此凡是与之相冲突者自然是在为非作歹；战争之应用将不可避免地导致自身权力的保存与扩张，当将其作为正义原则之后，乌托邦人便只会发动正义战争了。(6)作为结果，现存纷争的悲剧将被从历史上抹去；与理想的承载者相比，敌人为宣示自身存在而做出斗争的权利要远为逊色；所有那些希望脱离理想承载者的纠缠，过上独立自主生活的人，都无异于罪犯。(7)更为一般地来看，此种理想将会否认历史的意涵——通过历史性文明的多样性逐渐展现的人类潜能；这是因为唯有一种文明能够实现人类的观念，那便是理想承载者的文明。(8)最后也是最为危险的是，对于无法被整合进理想的所有价值之历史实现的粗暴攻击，会逼迫其他所有人进入一种防御性的位置，而为了摒除此种对于人类尊严的戕害，最为恶劣的阴谋与罪行看起来都显得合乎情理。

　　我们从莫尔乌托邦式理想主义之中，可以发现处于伊拉斯谟禁欲主义核心的同样的智识贪婪狂（pleonexia of the intellectual）。而且，与在马基雅维利那里一样，它亦是同样的对权力的邪恶信仰，只不过是披上了"理想"的伪装。因此，与其训诫在不列颠帝国主义中的所有实现形式相比，莫尔的运思过程具有可观得多的一般重要性。莫尔具有一种含糊的历史价值，亦即在史上首次充分阐发了世俗理性、正义与道德的贪婪狂。他对于理想的表述，并非后世发生现象的诱因，但的确是将在此后数世纪主导西方文明的重大精神病症的首次真正体现。而此种理想的首次系统性表述却并非不列颠人首创，而是西班牙人之功，维多利亚（Francisco de Vitoria）的《关于印第安人的思考》（*Relectiones de Indis*）贡献尤巨——之所以如此，并不是由于西班牙人具有什么格外恶毒的特质，而是因为他们乃是第一批在大征服（the Conquest）中对于自己的贪婪狂颇感纠结的国民。就贪婪狂已经从君王扩及国家而言，《乌托邦》在一个较马基雅维利或伊拉斯谟著作更为发达的时段，展现了属灵世界解体的问题。[130]莫尔的著作也是一个以人类典范自居之民族的首次想象再造。必须重申：莫尔并非实际历史一系列事变的诱因；然而还需重申：我们在此处首次窥见了一个国族之间（international）与文明之间（intercivilizational）政治场域，其中所有人都和乌托邦人一样拥有某一种理想，自觉有权利为其他所有人做正义的垂范者，并以随之而来的战争理性服务于此种理想。从《乌托邦》一书中，我们能够观察到：将在此后数世纪中成为西方历史决定性因素的一系列情感与理念正趋于成型，这似乎正是其真正的历史重要性所在。西方殖民帝国主义、纳粹主义真实可触的暴行，标志着一条曲线的末端；而这位人文主义知识分子诙谐戏谑的暴行，恰恰画出了曲线的起点。

第三章　上帝的子民

[131]随着西方基督教精神—世俗秩序的衰落,一种新型的世俗权力组织以及一种新型的社群实体(community substance)亟待出现。通过其后几个世纪中作为新兴政治形态之国家(state)的创生,世俗问题得以解决;然而,新型属灵实体(spiritual substance)对于此种政治形态的渗透却呈现出一些不小的困难——经由国家组织框架之内的各种民族主义运动,这些困难只是暂时得以解决。我们已在前文展示:16世纪前几十年的政治思想家们如何与上述问题缠斗不已。马基雅维利希望借助君王的德性(virtù)创造意大利的国族秩序;伊拉斯谟坚信禁欲主义君主足以作为社群的协和者;而莫尔则乞灵于制度,试图一劳永逸地解决由傲慢与贪婪狂(pleonexia)引发的无序状况。他们都未能预见即将造成西方世界精神重新定向(reorientation)的巨大力量。在历史中与上帝为伴之各种社群中人的重组,实际上是一个持续千年之久的过程;这一过程肇始于中世纪

盛期(the high Middle Ages)①,迄今我们仍未能发现其终结。16 世纪宗教大改革(the Great Reformation)的迸发,不过是此一极其复杂过程的一个阶段。因此,在进入对宗教改革及其政治影响的讨论之前,对于这一为时久远之人民精神运动的总体结构,以及其中再三出现的问题,我们必须烂熟于心。

一　制度与运动

我们可将西方文明区分为两个层面——表层和底层,进而处理上述精神运动。[132]表层可被粗略视为公共制度的层面;底层则可被视为针对已建制制度之持久反叛的诸种运动。自11 世纪初叶迄今,西方文明的精神与智识历史便在上述两个层面上开展;不仅如此,这段历史中的大多数时段,堪称公共制度与反叛运动之间互动的故事。到现在为止,我们只是考察了在公共层面上出现的那些事件,诸如封建体系与初期民族君主制的演化、教会政府的集权化趋势及其迈向宪政化(constitution-alization)的公会议(conciliar)尝试、基督教帝国(imperial Christianity)的各种想象再造观念、“神秘体”(corpus mysticum)的观念、基督神秘体(the mystical body)中两种秩序的观念以及精神力量与世俗力量之间的制衡,等等;在同样的公共层次之上,我们可以从随后几个世纪的历史中发现种种观念,诸如民族国家、人民及其代表、自然法、个体权利、宪政政府、改革后教会的想象再造、宗教宽容以及教会与国家之关系,等等。

---

① ［译注］一般而言,系指 11—13 世纪或 1000—1300 年之间的欧洲历史阶段,常与中世纪早期(the early Middle Ages)及中世纪晚期(the late Middle Ages)相对使用。

　　在上述表层之下,呈现出由反叛我们文明之制度上层结构的情感与观念所构成的千年戏剧。然而,制度与人民千年运动之间的张力,其实并非西方专美。它实际上是文明进程的一般性特征;例如,中国公共制度与再三出现之道教气质(Taoist complexion)的大众运动之间的张力,原则上与西方世界的前述张力属于同类现象。然而,西方世界的张力呈现出在其他文明之中无法觅得的某些特质。我们可以通过将这些特质与希腊文明中相关问题进行比较,庶几能够对其加以刻画。读者或可回想起此前我们对希腊非政治主义(Hellenic apolitism)①的讨论。当时我们曾注意到,由于基督教关于"人与上帝之非中介性"(the person in immediacy to God)②观念构成了对制度的恒久刺激,因此存在于城邦制度与非政治团体观念之间的张力,将会以更为激进的形式重现于基督教文明之中。[133]基督教的人格观念将会以双重形式发挥作用———一是作为反抗灵魂与上帝间关系之制度化(institutionalization)的行为方;二是作为制度之重建(regeneration)的行为方。且让我们对这些断言赘述一二。

　　非政治主义是所有政治文化中都会存在的恒久问题。制度

---

①　[英文编者注]参见《政治观念史稿》卷1,《希腊化、罗马和早期基督教》,第69—84页。同时参见《柏拉图与亚里士多德》,第112—117页以及第140—146页,沃格林在此处整合了来自最初《政治观念史》手稿的资料。

②　[译注]根据《基督宗教外语汉语神学词典》,immediacy 有两个义项:(1)直接性、直观性、无媒介性、无中介性。由否定前缀 in[非]及 medium[中介]构成,指没有中间的事物,两者之间不需媒介的接触。在宗教信仰的层面上,指人直接与天主/上帝交往。新教较强调此种来往,天主教则较注重以媒介与天主来往,如圣事、圣人敬礼、经文等。(2)实时、即刻,例如 immediate mediate[有媒介的无媒介性]表述,表示一种有限的人类体验与认识无限奥迹之间的张力,即一方面实在地碰触奥迹,另一方面又需要两者之间的桥梁或中介物。参见 http://www.ccccn.org/book/html/162/9623.html。

所能为之事,无非是对其创建之时的社会力量领域加以稳定与整饬;即使最佳的制度创建也不可能尽善尽美;总会有些团体与个人不满于此一历史时刻的制度安排;随着时间流逝、环境变迁,新的不满因素又会浮现。一项制度必须时刻投身于稳固自身的运动,解决那些如若任其发展将会危及自身价值与意义的问题。如果某项制度中的统治集团丧失了这种适应能力,越来越多的人将会感觉自己遭受到"置之不理"(left out)的冷遇。如果特定社会中这样的人多到一定的程度,并且能够发展出一种行事哲学,符合那些以"身体"(bodies)生活于社群之中而非以"灵魂"(souls)参与其中的人们(借用柏拉图的表述)的需求,借以表达自己的感受与观念的话,就会出现我们所谓社会规模上的非政治主义现象。更有进者,如果这些人形成社群并将自己组织起来采取政治行动的话,一场革命也就时机成熟了。

正如我们所言,这种性质的张力存在于所有文明之中,然而其形式却可能随着精神结构的不同而呈现迥异的面貌。在希腊文明中,我们发现张力的形式是由关于城邦之集体神话以及神秘论哲人(mystic-philosophers)灵魂之神话间的冲突所塑造。希腊非政治主义的浪潮若能如愿冲决堤岸,其结果不过是造成城邦的解体;在灵魂之实质上一神论和普世论的神秘主义(monotheistic and universal mysticism of the soul)冲击下,城邦世界之多神论的集体主义(polytheistic collectivism)只会报之以倾颓。

然而在基督教文明中,事情的决定因素却迥然不同。帝国基督教(the imperial Christianity,即教会与帝国)的公共制度自其肇端便将精神灵魂(spiritual soul)及其命运的问题纳入自己的框架之中。从原则上看来,无论是民众对于*伊赫那吞*(Ikhnaton)①帝国宗教的普遍不满,[134]还是希腊学派的非政治主义,抑或中国与儒家公共秩序相冲突的"会社主义(associationism)",这种种现象都不会在基督教文明中产生。实际上,以上种种特殊情形并不会发生;张力体现为不同的形式。或许我们可以使用"宗教改革"(reformation)这一术语指称这种与众不同之处。精神运动已在教会内部得以制度化;因此,从社会底部发生的精神运动并不会对制度构成一般性的对抗。而反对派的运动与制度本身之精神密切相关,必须通过呼吁改革表达自身。基督教尤其是登山宝训中(the Sermon of the Mount)的唯灵论(spiritualism),可被用于作为反对据说代表其自身之制度的判准;如果说统治团体的行为粗暴侵犯了基督教的属灵秩序,则可求诸那些原则上为统治团体自身所接受的标准。这样一来,作为特定范畴的宗教改革,也就成为一种使中古与现代西方文明有别于希腊时代的观念。实际上,自1000年至1500年的五个世纪,其显著标志便是将激进的属灵运动加以化约,此种化约体现为一系列较小的改革;对于属灵运动那些无法加以化约的残渣(indigestible dregs),则通过社会压制(有时是流血镇压)加以解决。

　　我们刚刚提及属灵运动及其压制过程中存在的无法化约的残渣。当影响力巨大的反对现存制度之大众运动成形之际,其成形本身便成为制度在某种程度上无法解决(本应由其解决的)问题的确切证据;在这个意义上,"民意即天意"(vox populi, vos Dei)的观念便成为至理名言。然而,此类运动的形成本身并不足以证明运动的方向禀有任何内在价值。运动或许可以代表朝向

---

① ［译注］古埃及第十八王朝时期法老,曾尝试对古埃及宗教进行改革。

某种精神价值之社会实现的驱动力量；然而这种驱动力量可能
不过是个内核，陷于对现存制度之毁灭性憎恨重围之中。由此
种可能性出发，可能会出现制度与运动之间张力衍生出的极
大的危险，其中有些在各文明中普遍存在，有些则为西方文明
所独有。属灵运动"正当的怨愤"（legitimate grievances）及其
在基督教意义上对改革的呼吁，可能伴生着一种对文明价值
的敌视态度。[135]此种文明敌意乃是由社会底层产生之运
动实际上难以避免的特征；对上层阶级智识与审美价值的不
满将为呼吁改革提供充足的动力。对精神领域改革之呼吁，
尤其会与"焚书"、压制文艺、取缔现存财产秩序等方面的要求
汇聚到一起。

　　对于制度而言，上述反文明的混杂体具有加倍的危险性。
就其对文明价值的直接攻击而言，它们是危险的；此种混杂体进
而为现存制度对运动的抵抗赋予了正当性，从而使危险更甚：运
动中的反文明因素授统治团体以口实，使之得以拒绝平复"正当
的怨愤"；这样一来，制度暂时性的胜利或许会成为未来更为惨
烈冲突的根源。对于西方基督教类型的文明而言，反对正当改
革呼吁的积聚效应将产生更为恶劣的影响。若改革迟迟不来，
那些总是容易反对制度体现之文明价值的不满情绪，或许会转
而挑战精神价值本身。实际上，这已构成西方文明内部运动的
发展过程：这一过程肇始于阿尔比派（Albigensian）一类的运
动；以共产主义及国社主义（National Socialist）类型的运动而告
终。这一发展在历史上鲜有其匹。西方基督教文明具有一种独
特的脆弱性，并呈现出独特的衰落情状：在古希腊—罗马文明中
衰落的张力是由代表灵性发展的诸种运动所引发，而在西方基
督教文明中，衰落的张力则是由灵性上具有压制力（spiritually

regressive)的诸种运动所引发。①

至关重要的是,我们应在运动的不同成分之间加以鉴别,[136]这是因为若不如此便可能导致其诠释过程中的严重混淆。例如,尼采只看到了基督教起源及其后期改革运动中的"怨恨"(resentment)成分——这一成分的确存在,但尼采却未能看到基督教的属灵价值,而他对西方文明腐化的攻击,则进一步使其陷入可悲荒谬的一种对精神本身之精神反叛的尝试之中。尼采这一事例之所以特别具有启发性,是出自理论上的错误分析及其实践后果之间的密切关联:像国家社会主义这样的运动,可以宣称自己宗法尼采,进而获取一定的合法性;尽管尼采的本意,恰恰是针对西方文明中具备且在国社党运动中彰显的那些特征。属灵反叛无疾而终;而对灵性本身的反叛却产生了社会性的结果。

二 运动之分期

运动的历程横亘自中古盛期至今的若干个世纪,我们可以采取不同标准将其划分为几个阶段加以阐析。第一个也是最为重要的分期标准,乃是运动所涉制度的吸纳能力。

据此标准观之,可以说直到 1300 年左右,吸纳能力仍然非常之强;但自此之后,吸纳能力发生了巨大的倾颓。截至 1300 年,从总体上看,教会仍有能力克服遇到的问题。在这方面最为著名的事迹,当属通过新兴的托钵修会(mendicant orders),将 13 世纪早期的大众宗教运动纳入教会掌控。当然,我们仍须注

① 附带说一下,西方文明的此种独特性,应当使得那些热衷于对西方的进一步衰落做出预判的史家三思而后行。这些条件既会产生无出其右的失序乱象,另一方面该文明固有的复原能力同样也是罕有其匹的。

意到阿尔比十字军运动（the Albigensian Crusade）也昭示了教
会在吸纳能力方面的严重弱化——这是由于该运动的弹压更多
是拜纯粹军事胜利所赐。然而，即使到了 13 世纪末叶，吸纳能
力仍然很强。阿尔伯特与托马斯将阿拉伯－亚里士多德主义智
识运动（Arabic-Aristotelian intellectualism）纳入基督教正统，
便是当时属灵制度之智识适应能力的一大辉煌事功。

　　1300 年之后发生了巨变。14 世纪以埃克哈特（Eckhart）、
陶勒尔（Tauler）及弗兰克福特（Frankfurter）等人为代表的大型
神秘主义运动，并未能被吸纳，反倒被斥为异端。[137]而所谓
"前宗教改革"（pre-Reformation）诸运动则被暴力镇压，例如胡
斯教派运动（the Hussite movement）便引来一次正式的十字军
征伐。同样的应对新生问题的软弱无力，则由下列现象昭然揭
示——民族对于分裂教皇制（schismatic papacy）与日俱增的影
响，为教会创造一种国族间议会式组织构造的失败，教会政府向
绝对主义形式的复归，以及为了应付民族政府而创建新型法定
政教协约形式（legal form of concordat），等等。尽管存有此种
事实——新型的神秘主义通过库萨的尼古拉这样单枪匹马的思
想家渗入教会组织，但是上述时代的整体图景却难以改变。这
些个体的吸纳行为未能解决教会当时面临的问题——通过神秘
主义文化与教理的符号主义（the symbolism of the dogma）之
分殊进一步发展基督教信条的问题，同时还有从行动中的宗教
体验出发重新解释教理符号之意义的问题。公元 1300 年或许
可被看作基督教会由此开始衰落的划时代的年份，而这里所说
的衰落，乃是就其对属灵运动江河日下的吸纳能力而言的。

　　从 1300 年直至 1500 年这一时段，可被概括为教会在吸纳
能力渐趋下降的同时成功镇压大众属灵运动的时期。而从

1500 年开始的时段,则可被概括为大众运动强悍到足以破坏宗教诸制度,并以敌对的分裂教会之创立而告终的时期。这便是自 1500 年至 1700 年的新教诸世纪(Protestant centuries)。然而,即便是在此一时期,教会(目前已经成为较为狭隘意义上的天主教会,以有别于成功的诸种新教运动)的吸纳能力亦并未完全消失。反宗教改革运动则表明规模可观的复辟势力依然存活于世。更值得一提的是,我们从这一时期开始注意到分裂主义属灵运动与新兴国家组织之中大众政治运动的合流。这种趋势在英格兰最为显著,正是在那里,民族立宪论与新教运动融为一体。

　　大众属灵诸运动的最后一个时段始于 1700 年。这一时段同样具有新的特征。在此前各历史时段中,属灵运动逐渐与国家组织的民族主义相互融合,而在 1700 年之后,[138]运动开始显示出与日俱增的国际气息,具有冲决民族国家形式的危险性。即使在此前的一个时段之中,这种成分也并非全然缺失;无论天主教抑或新教,都发展出国际联盟,而这两个"国际"相互之间亦处于剑拔弩张的交战状态。不过,在作为基督教普世主义回光返照之 16 及 17 世纪的宗教国际主义,以及基督教传统外发育而出(甚至与其相敌对)之实证主义和共产主义类型的新的国际主义之间,我们或许可以加以区分。① 更值得一提的是,此种考虑引出了最后一个时段大众属灵运动的第二项特征:其世俗主义的、反基督教的性格。最后,此间也发生了即使在运动较早期反文明特征之下便已隐隐呈现的一种威胁:对于被忽视之属灵改革的吁求;或是由于其内在精神正是邪恶的渊源,因而经由制

---

① 　关于不同国际联合及其分期,可参见《政治观念史稿》卷 5,《宗教与现代性的兴起》,第 4 章"维多利亚"(Vitoria)。

度不尽充分的节制,逐渐变为一种完全摧毁诸项制度的吁求。改革吁求变成了一场对于灵性的攻击。

三 运动之范围

我们刚才给出的运动进程之概括及其阶段之划分,只能被看成一种尝试性的努力。西方文明的动力机制,尤其是运动与制度之间的张力,截至目前尚未得到其应获得的专门讨论。人们的兴趣被过多地投诸单纯的制度层面。关于此一进程的早期诸阶段,尚无著作能够明显超越吉本(Edward Gibbon)在其《罗马帝国衰亡史》(*Decline and Fall of the Roman Empire*)中给出的描述。吉本(在其雄文第 54 章)的功绩在于,他首次促使人们关注 16 世纪宗教改革迸发之际达到顶峰之运动的渊源与范围。从 7 世纪叙利亚的保罗派运动(the Paulician movement),到保罗派向巴尔干半岛的传播,到其支脉鲍格米勒派(the Bogomil sect),再到保罗派与鲍格米勒派向上意大利(upper Italy)的移民,一直到清洁派(the Cathars)于 11 世纪在法兰西南部的出现,吉本勾勒出了一条直接传承的线索。[139]从清洁派开始,这条线索继续发展:从韦尔多教派(the Waldenses)与方济各会(Franciscans),发展到后世席卷全欧并在 14 与 15 世纪英格兰的罗拉德运动(the Lollard movement)及波希米亚的胡斯运动(the Hussite movement)中臻于极致的教派运动。16 世纪的宗教改革则呈现出波澜壮阔的面貌,具体体现为农民战争(the Peasant War)以及席卷从荷兰到瑞士、从阿尔萨斯到莫拉维亚(Moravia)广大地区的再洗礼派运动(Anabaptist movement),而其余绪则波及荷兰、英格兰及北美的教派生活。而到了 17 世纪，我们仍可见证新教运动的宏伟展开，举凡掘地派（Diggers）、求正教（Seekers）、喧嚣派（Ranters），莫不乃其旁干支流。最终，在 18 世纪，我们则可目睹自然神论者（the Deist）与一位论教派（Unitarian）团体朝向启蒙派、功利主义与社会主义各色团体与运动的转型。

上述谱系的勾勒立刻揭示出一些困难，要求我们务必对其进程尤其是其早期诸阶段进行更为详尽的探询。截至 16 世纪，这场运动仍然是文明史的地下潜流。它实际上是单一个体及其感召之从众灵魂中严格意义上的宗教运动。这些运动不会轻易结晶化为一个理性的、可以作为一套教理加以流传的观念体系，无法做到像一系列亚里士多德著作向阿拉伯人及西方经院学者们的传播那样。因此，是否能够在严格意义上谈论诸运动的"历史"，这个问题极难做出正确的解答。历经数个世纪，这些运动由其情感及态度的整体框架清晰地彼此相连；不过这种亲和性是否总能得到一波运动向另一波运动真实历史影响的佐证，或者说为运动提供驱动力的体验是否每次均作为全新事物、毫无此前紧邻之类似运动的密切影响而产生，大体上仍然是悬而未决的问题。

第二种困难则来自我们对于运动渊源之直接知识的欠缺，尤其是仍旧来自对于早期阶段的不尽熟悉。正如前文所述，运动乃是社会潜流；同时，其精神性反叛通常也是一场社会性的反叛。当运动发生巨大转折之际，运动追随者们肉体及书面著述的毁灭，使我们只能将来自其敌对者的记载作为唯一的资料来源。[140]然而，此种资料来源之毁灭的严重程度可能要比乍看起来轻得多。神学家和宗教裁判官们憎恨与迫害诸运动中的教派分子，但却极有可能对后者有着极为深刻的理解。因此，如果我们无视诋毁诽谤的陈词滥调和奉为经典的暴行故事,就连那些充满敌意的记载或许都能提供对于运动特性颇为确切的理解,尽管许多相关的细节与史实自然久已丢失。

四　教会与宗派

我们已经概括了普遍存在于所有文明中的制度与运动之间张力之最为一般的特征;然后简略指出了西方文明所独有的宗教改革问题;最后讨论了运动进程的分期问题及其大致范围。现在,我们将进而讨论一些更为具体的问题,而这些问题均来自此一事实:制度乃是指教会的圣礼性组织(sacramental organization),而运动的承载者则是基督教各宗派。

对宗派运动的攻击,乃是特别针对由早期基督教与俗世之妥协所造就之教规制度的特征。为了理解这些特征,我们只需对本项研究较早部分所阐发者作一归纳。教会由于能够将登山宝训的严苛教谕与人性的弱点、政府权力的存在及前基督教文明的历史内容相妥协,对西方世界产生了巨大的文明化影响。与人性弱点之妥协,体现为通过施洗及圣餐等教仪,将所有人纳入基督的神秘体(the mystical body of Christ);信徒身份的基础,乃是系于合乎教仪的接纳,而非通过对其作为可见教会之成员的确认。灵魂在拯救或神谴之中究竟出于何种地位,唯有上帝方可得知;而非由教区中的教友们加以判断。将政府权力接纳为"俗世"的一部分及上帝的意愿所系,则是第二桩伟大的妥协事件。这使得教会熬过了最早几个世纪的困难岁月,并在九世纪通过皇室功能与灵赐阶层的整合,开辟了全盛的局面。[141]同样由圣保罗开启的第三桩妥协事件,则是与历史的妥协,这次妥协之所以达成,则是经由体认到上帝在通过道成肉身向举世展现自身之前,通过自然律法(the law of nature)向异教徒们展现自身,通过旧约的律法(the Old Law)向希伯来人展现自身。第三桩妥协亦使得早期教父们有可能将廊下派的自然法思想纳入基督教教理之中,并通过此种吸纳为基督教创造一套可应用于俗世人际的伦理体系。

　　尽管这些妥协如此重要,然而若不辅以教仪组织的建立,它们就无法完全发挥自己的功效。通过教仪之中介感受恩典,也便使得恩典成为切实可触之物。恩典状况并不能通过宗教热忱或英雄主义之圣洁(heroic saintliness)的努力而获取;而是必须合乎教仪地纳入基督的神秘身体之中。祭司职位及其通过教仪对于恩典之协理的发展,以及使教仪独立于其个人价值的牧师职位的客观性,构成了至关重要的组织步骤,如果没有这些发展的话,与社会中自然及历史位序的和解恐怕无法完全展现其潜力。作为神人有机体(divine-human organism)的教会,乃是神—人的社会机体(the social body of God-man);而在牧师举行祝圣仪式之际,教仪化的基督重新续接神与人之间的盟约。经由教仪的实施,道成肉身得以在历史中介之中客观地存续下去。

　　上述妥协连同恩典通过教仪的客观化,构成了教会之文明化功能的基石。体验诸项妥协,教会便能够整体性地接纳一个民族包括职业、习惯、法律与经济制度在内的社会结构,并以彼时一般民众所能接受的程度,将基督教的灵性与伦理价值注入社会机体之中。不需要爆发什么革命,亦不需要发生在有生的一代人中建立基督王国的终末论动荡。终末论期待的张力被缓解到正当其时之文明进程的氛围之中;这种进程将以缓慢而耐心的劳作在数个世纪中展开。

由于上述各种妥协，教会可以对信众施加影响；[142]它可以通过给予他们朝往超自然目标的方向，利用自然赋予的财富并慢慢使其更为高尚。再者，与社群全体客观相伴的恩典，使得一种十分重要的基督教生活个体禀赋的社会化成为可能。基督的代人牺牲被单个与集体地呈现于世人面前；这样一来，那些具有圣洁生活天赋之个人的异乎寻常的禁欲主义，也就获取了代人受过的功能，并通过教会教仪的净化，有利于教区中较少此种禀赋之教友的救赎。这种无所不包之有机体的阶序，包括富人与穷人、牧师与在俗教友、君王与臣民、鸿儒与白丁、英雄气概的禁欲主义者与意志薄弱的有罪之人，包括武士、商人与农民。正是由于此种包容性，教会及其灵性遂得以深入整个文明体。

与"俗世"在文明程度上至为壮丽的融合，正是产生宗派反作用的原因。祭司与教仪制度中灵性的客观化、对于俗世事变的因应、灵性之实现（spiritual realization）的渐进主义——所有这些自然都是基督教之潜能的一种本真体现。然而，朝往一种全然不同方向的发展亦有其可能。基督教同样有可能向另外一种方向发展，亦即不加妥协地实现福音书建言（evangelical counsels），宣布放弃制度的普世性，以及通过高标准的个人宗教虔信与道德行为，集中力量在小型教区实现灵性。在基督教历史中，总是存在回返复旧的可能性——从启示录基调到终末论基调，从客体化的教仪制度到小型团体中醇厚的个人虔信，从与此世的妥协到毫不妥协的福音书基督教，从普世性教会到小型的宗派。若想理解宗派运动在其与教会斗争中的驱动力量，我们必须将教会和宗派均视为基督教的真挚表现形式；恰恰是由于它们乃是真挚的基督教运动，因此宗派才会要求改革教会，才会威胁教会制度本身,呼吁基督教的一种更为完美的社会实现形式。

在教会与宗派纷争中不可避免涌现的基督教教理诸多问题并非我们的关注。[143]我们必须仅仅处理纷争中的那些触及制度之架构及其文明内容的层面。就此而言,我们或可认定:实际上截至17世纪的运动的所有方面,均旨在反对祭司功能,并反对教士阶层对于通过教仪居中传达恩典之权的垄断。从作为其源泉的即时宗教体验之中,再三涌现出针对教仪客观性的反叛,而"信徒皆司铎"的原则(general priesthood of the laymen)则再三在基督教社群里得到确认。此种攻击的基本方向孕育着深远的政治影响。俗人基督教(Lay Christianity)乃是教会祭司与教仪制度的致命威胁;但它并不仅是对于教会本身的威胁。灵性与世俗权力在帝国基督教秩序之中紧密整合于一体;若不能毁灭基督教秩序中灵赐的统治地位。对于教会制度的攻击若能取得成功,必将取得下述结果:(1)教仪组织分裂为相互敌对的各种分教会与宗派,(2)分教会与新兴的民族共同体相互整合,(3)民族性的灵性—世俗修会分裂为世俗的国家与政教分离后自由的教会与宗派,以及(4)世俗国家暴露在一种反基督教特性的宗教运动(例如现代的大众运动)之下,并最终被其占据。

五　改革与反文明效应

教会与宗派运动之间的斗争,实际上是对教会克服基督教终末论与宗派开端之进程的反转。教仪与祭司组织的创立、制度的客体化以及恩典的中介化,已成为将基督教与俗世及其文明之和解予以稳固过程中的极致之作。对稳定化、客体化组织的攻击,已然黑云压城,大有拆散上述和解之势。而这场攻击尤其伴有一种撤销与政治权力之和解的趋势。宗派运动所承载者,是一种新的对政府权威以及统治阶级功能漠然无视的态度;[144]这种漠然无视在下述方面体现得淋漓尽致:拒绝在教区成员之间的纠纷中使用法院体系,拒绝宣誓及拿起武器保卫社群,只要顺服与宗教决定的团体伦理不相冲突便将顺服政府权力视作理想,以及仅仅对牺牲丧命这种极端情形报之以消极抵抗。运动的此种反国家主义(anti-etatist)态度并非完全局限于基督教宗派诸阶段(1700 年之前);在 1700 年之后的世俗主义与反灵性运动阶段之中,我们仍可觅得这种态度的延续。对政府功能之自由派的(liberal)、受到严格限定的理解,部分地源自宗教改革中的宗派主义;同样的反国家主义态度的激进形式,亦存在于 19 世纪工联主义运动,以及马克思主义关于国家消亡的论断之中。

　　然而,从与政治权力和解立场的正式后退,只是我们所谓运动之反文明特性颇为复杂趋势的特征之一。灵性改革与文明破坏这两种因素经常是如此紧密地在运动之中交织在一起,以至于我们很难将其加以分离或判断哪种因素占据优势地位。再者,我们已经指出,两种因素颇为常见的共存状态绝非偶然。唯有在特定条件下,激进的非俗世性方成其为可能。我们很难判定相关人士是否已在某一发达文明之社会与经济网络中,与两种因素的共生体产生关联。从俗世撤离意味着信徒经济与社会关系的一种范围广远的简化。实际上,我们从中古宗派生活之中观察到一种技工因素的优势地位,以至于一次宗派运动成为一次典型的"纺织工运动"(weavers' movement)。再者,这种优势地位不仅在诸宗派于技工之间发展最速这一意义上真实无

误;手工劳作毋宁说已成为一种最适于基督徒生活的存在的理
想模式,而商业行当则因其被认为是难以避免的、贸易中的不诚
实性,被打上了非基督徒的标签。我们亦应时时谨记耶稣以木
工为业这一事实对于此种理念的影响。

这样一来,基督徒的贫穷生活及信徒社群之中的经济平等,
也就成了在社会较低层阶级之中广受认同的一种趋势;[145]而
这种贫困与平等的理想如果和对于"俗世"政治架构充满敌意的
模式相互结合,指向兼具富人与统治者双重功能之上层阶级的
革命性运动的发展时机也便臻于成熟了。在这种意义上看,革
命态度实乃中古若干教派运动之固有成分。还需再次指出,正
如反国家主义事例所示,此种态度在 1700 年之后亦被带入反属
灵运动之中。例如,它仍然存在于那种不仅希望推翻统治阶级
并取而代之,而且试图以"无产阶级"文明取代"资产阶级"文明
的现代共产主义阶段之中。

六　《锡安荣光一瞥》

我们可以通过研究一份文本,使属灵改革与社会革命之间
及其密切的关联得到最好的展示。职是之故,我们选择了清教
革命之中一本名为《锡安荣光一瞥》(1641 年)的小册子。①

这本小册子具备的格调受到了终末论期望的鼓舞。巴比伦
的陷落迫在眉睫,而新耶路撒冷将很快到来。

---

① 作者身份存在争议;或许为诺里斯(Hanserd Knollys)所作,但也有人认为作者
　　是吉芬(William Kiffin)。关于这份文本,可以参见伍德豪斯(A. S. P. Wood-
　　house)编《清教与自由》(*Puritanism and Liberty: Being the Army Debates*
　　[1647—9] from the Clarke Manuscripts with Supplementary Documents),伦
　　敦:J. M. Dent and Sons, 1938 年版,第 233—241 页。

　　巴比伦的陷落便是锡安（［译注］以色列）的崛起。巴比
伦的毁灭便是锡安的救赎。

　　上帝将成为这一令人欣喜变迁的终极原因。"上帝倾注一
天的心力，直至建起了耶路撒冷，这一举世赞颂之城。"然而，为
了加速这一时刻的到来，人类也应勤于劳作，事功不辍。

　　痛击巴比伦恶徒之人有福了。有功于摧毁巴比伦之人
　　有福了。

　　那么，谁是将会通过以巨石痛击巴比伦恶徒从而加速锡安
来临之人呢？他们正是"普通人"（the common people）。"上帝
希望在宣告圣子王国的伟业中发挥普通人的作用。"普通人在促
进基督王国之实现的过程中具有特殊作用。基督的声音"首先
来自群众（the multitude）即普通人。在其他所有人听到圣言之
前，他们首先得以聆听。［146］全能的上帝利用普通人与群众，
宣告自身降世统治"。这一假定乃是建立在《福音书》的前例之
上。基督并没有走向智者、权贵与富人；而是走向了穷人。而在
宗教改革开启，反基督（the Antichrist）被发明之际，最早起而捍
卫基督的又是平民大众。更有进者，神意对于大众的眷顾并非
恣意妄为，这是因为反基督的精神恰恰是从上层阶级尤其是高
级教士（prelacy）之中生成；因此，基督的声音"很可能从那些如
此卑微的大众之中"，从"凡夫俗子"之中发出。
　　论争的底色正越来越显明地从精神变革转为社会革命。
"上帝的子民一直是而且现在也是被轻视的大众。""现在我们可
从许多所在得知，那些犹大王国的统治者们，那些国家的权贵

们，他们的精神与上帝的圣徒们正相敌对。""圣徒们"被称作忠于派性、主张裂教、宗奉清教、热衷煽动的现状的扰乱者。然而，这种污名应当从他们头上移除；而统治者们将会坚信"耶路撒冷的居民，亦即聚集在某一教会之下的上帝的圣徒们，乃是邦国的精粹之民"。统治者们不仅应当得到他们的真心服膺；而这种服膺也将为社会关系的巨变所强化。作者援引《以赛亚书》第49章23节：

> 列王必作你的养父，王后必作你的乳母。他们必将脸伏地，向你下拜，并舔你脚上的尘土。

另一方面，圣徒们也将在这新的国度获得荣耀；"尽管比不上死后在至高天堂中那样圆足，但也极尽养奉之能"。一个尘世的乐园，一个处于俗世现状与彼岸天堂之间的国家，将会在颠覆之后得以建立。在这新的国度中，

> 圣徒们将身着白色的亚麻衣物，此乃其正义（right-eousness）；此种正义正是得自上帝，圣徒们循此得以在上帝之前正直，在人众之前圣洁。这种圣洁性将会镌刻在他们的食皿之上，镌刻在他们的缰绳之上；镌刻在其恩惠得以极大光显上帝荣光的一切事物之上。

除了这种裁缝之道的变革（sartorial reform），法律与经济制度的结构也将发生深刻的变化。基督将会如此频密地现身在此一国度之中，以至于圣徒们须得追随神的羔羊（the Lamb），[1]

---

① ［译注］又称"上帝的羔羊"（the Lamb of God），意指基督。

而无论其将引向何方。这种美好与荣光的存在,将极有可能使得合法的强制变成多余之物;"至少就其现存状况而言,法令(ordinances)究竟有无存在的需要,已然颇富争议"。[147]"基督之存在本身,已经足以替代各种法令。"就经济条件而论,亦将出现丰富与繁荣的景象。基督赢取了整个世界,并且是为圣徒们所赢取,并会将其授予他们。"使徒说,这世上所有都是你的";而《启示录》第 21 章 7 节则令我们确信,"圣徒们将会继承一切"①。此种虔信的动机在此处得到了最为率直的表达:

> 你可以发现,现在圣徒们在这世上所得甚少;现在他们乃是最最贫困和卑微的人群;然而,一俟上帝之歌得以全然为世人所接受,这世界亦将归于他们所有……不光天堂将成为你们的国,就连这俗世也概莫能外。

这种景象看起来如此美好,以致流于虚幻。这些奇迹如何才能发生? 世人凭借何种举措才能克服那些明显无法战胜的困难? 答案是,人类的行为只能对划时代的革命起到辅助作用;将其国度带到世间的正是上帝自身。

> 只有全能的上帝可以完成这些功业,凭借其伟力,他能够将所有事物掌控于己身。山脉将被变为平原,而他将一路越过山巅、越过困难而来。没有什么能够阻止他。

对于揭示革命教派问题而言,《锡安荣光一瞥》尤其具有价值,这是因为在这本小册子里,在运动的这一或另一阶段中得以

---

① [译注]此系直译。和合本译作:得胜的,必承受这些为业。

呈现的所有主要特征,实际上均汇集于此。然而,并非所有这些
特征都在此得到均平一致的表述。最为有力地标志着运动在其
中世纪早期诸阶段的元素,亦即呼唤改革的元素,到 17 世纪为
止已经变得颇为微弱。对于制度改革的呼唤已变成对于破坏的
鼓吹。改革的元素,只有在以下迹象中方能觅得,那就是敌基督
现下的臣仆将经历一次洗心革面,从而将圣徒们看作圣灵的真
正承载者。然而,这种洗心革面并不能从社会层面对其有所助
益;其所代表的制度结构将会崩溃,而其在未来的主要职司看起
来也不过只是从圣徒们鞋履之上舔舐尘土。更为有力地发展而
出的,则是使终末论情绪变得显明的那些元素。这一时代
(saeculum)的末日已近在眼前;巴比伦将会毁灭,而基督则会显
现在他的国。然而,即将来临的王国并不是正统天主教的彼岸;
[148]继现存邪恶状态而起的,将是一种完美的历史状态。《锡
安荣光一瞥》的终末论并不是超越性的;它是属于物质世界的;
而且,由于此种特征,它当属于由菲奥雷的约阿希姆(Joachim
of Fiore)所开启的对于第三王国(the Third Realm)的沉思
之列。

　　即将来临之人间天堂的结构在某种程度上仍然模糊不清;
我们只能辨明对于强制之缺乏以及私有财产的典型的否定——
一直到马克思及列宁那里,这些否定可谓一以贯之。我们还可
发现另外一种要素,这种要素并不总与人间天堂的梦想相关,那
便是愤恨和暴力的要素。这一要素源自《旧约》。中世纪晚期,
血腥复仇梦想中的改弦更张与恣意狂欢,以在《福音书》之外对
于《圣经》文本日益增长的知识,开始进入教派运动之中。其于
何时首次出现这一问题,端赖于史料知识的多寡;在特洛尔奇
(Ernst Troeltsch)看来,暴力作为千年至福(chiliastic)教派运动

的一种因素,最早可从胡斯运动中的塔波尔派(Taborite)分支那里觅得。① 从此之后,它始终是此类运动的常备因素,直至现代的极权主义大众运动。

七　运动之社会结构

在更为深入地探讨运动之情感与观念之前,我们将进一步思考社会革命的问题。迄今为止,我们只是揭示出运动乃是源自社会底层,并试图改革甚或摧毁已确立的制度;现在我们将对作为改革与反叛之载体的社会结构进行更为密切的考察。

为了澄清这一问题,我们必须首先略微放宽观察的视野。在对于运动之范围的考察中,我们曾经提及吉本绘出的谱系。这种谱系在勾勒运动主线之时极为有效,而此主线便体现为从东方的保罗派(the Paulicians),经由 11 世纪意大利的巴塔里亚运动(Italian Patarenes)及前宗教改革(pre-Reformation),一直发展到现代大众运动的连续性过程。[149]然而,改革的问题要比诸运动更为古远。对于中世纪盛期的思想家们来说,教会通过一系列革新保存了其属灵的有效性,是件非常清楚的事情。而且同样清楚的是,相继发生之革新的社会载体乃是诸修会。本笃会改革(Benedictine reform)与克吕尼改革(Cluniac reform)是其中的主要事件;通过将教派倾向吸纳入托钵修会,教会得以枯木逢春。因此,我们必须正确区分源于修会的改革以及源于历次运动的改革。前者就其属性而言源于封建及农业

① 特洛尔奇:《基督教会的社会学说》(*Die Soziallehren der Christlichen Kirchen und Gruppen*),两卷(J. C. B. Mohr [Paul Siebeck],1912 年版),第 405 页以下。英文本:《诸基督教会的社会学说》(1931 年;Harper and Row,1960 年重印)。

社会;后者则源于城镇社会。二者相互重叠并最终于 13 世纪融汇为一。从较为严格的意义上讲,本笃会改革与诸运动全无关联。克吕尼改革并非起源于某场运动,然而就格雷高利式煽动(the Gregorian demagogy)利用上意大利城镇运动(upper Italian town movement)以便对封建神职人员施压而言,这一改革与运动交织在一起。就托钵修会而言,对于出身之强调完全转变为运动,而将运动疏导成修会形式则是第二位的。

方济各会(the Franciscan Order)的历史对于理解这种转型尤其具有启发性。作为一场运动,方济各会在开始时与当时其他异端运动并无实质区别。会众们得到了来自教皇英诺森三世的谨慎的支持,并在长期的犹豫审度之后得到承认,这就是名为"小兄弟"(Fratres Minores)的修会。然而,这一认可并没有解决运动中妇女的问题;而解决之道则是为妇女们组织起第二个方济各会——克莱拉会(order of the Clarisses)。不过,这些修会的创建,仍未解决更广大群众的问题,他们有着强烈的宗教热情,却不打算过一种严格的修道院形式生活。最终,这些人数更广的群众得以被纳入第三种修会,亦即为世上所有教友兄弟共享的第三修会(the Tertiary Order)。

在教皇至高监理之下,将运动疏导成诸修会的形式,看起来曾经一度颇为成功。然而,正是这种成功,在修会内部造成了运动特性的复兴。随着制度化进程,常规化与滥用职权等不可避免的堕落症候开始出现,而修会中一支激进的精神派则试图恢复运动原初的特性。[150]这支方济各精神主义支派最终被住院派(the Conventuals)逐出修会;修会之外的精神主义者们则分裂为一些规模较小的团体,被作为异端迫害,并于 14 世纪消失殆尽,而方济各会自身的堕落程度却日甚一日,以致一度成为教会生活中一桩臭名昭著的丑闻。运动与修会的融合及其局部的失败，说明了问题的性质，并且最好地揭示出：在由教会提供的较为老式的宗教生活形式以及新型城镇社会的紧急事态之间，我们应在何处划出有形的界线。

运动的社会根源存在于城镇之中。它与作为农村经济基础上封建社会之飞地的城镇的崛起密切相关。城镇居民并没有过于紧密地被整合进周围的封建体系之中。城镇居民作为局外人（outsiders）的特性，加上由社交更为频密之生活方式造成的更为强大的智识活动，似乎已经使得城镇成为教派主义的肥沃土壤。运动的扩展紧随着区域城镇发展的步伐。它始于 11 世纪上意大利各城镇中的巴塔里亚运动（the Pataria）；并从那里传播到法国南部各城镇中，进而传播到皮卡第（Picardy）①的一些新兴城镇（作为一种典型的织工运动）；并最终遍及西部德意志以及英格兰各城镇。运动的领军人物一般都不是来自最低阶级的工人，而是来自一个智识上活跃的中间层级。他们是商人（瓦尔德斯［Petrus Waldes]）、阔少（jeunesse dorée）（圣方济各）、牛津的教师（威克利夫［Wycliffe]）及其学生（早期罗拉德派［early Lollards]、扬·胡斯［Jan Hus]）、僧侣（路德）、神学家和法学家（加尔文）、牧师（在瑞士各城市中）。上述运动领袖来自城镇社会中层的典型现象一直延续到现代，例如为工人事业鼓与呼的马克思与恩格斯；以及具有较低中产阶级出身的列宁、希特勒与墨索里尼等领导者。

城镇中的中产阶级乃是运动兴盛的中心。然而，在关键性的历史时期，这一中心能够将其动荡传播到社会的其他部分之中，而运动则可以从几乎任何对既定制度具有一时之愤的团体

---

① ［译注]法国北部旧省名。

中间获得支持。我们能够两次发现运动以极大规模传播到农业人口中；亦即作为威克利夫运动副产物的 1381 年英格兰农民起义，以及作为路德改革运动副产物的 1524—1525 年的德意志农民战争。

[151]然而，这些连锁事件只是因缘巧合；它们不像运动与中产阶级的关联那样具有实质性。在 17 世纪英国内战中，并未出现泾渭分明的状况，然而整体而言，大致可以说农民属于保王派，而中产阶级和商人则属于议会派。在社会等级序列的另一个方向，我们可以发现来自封建贵族的政治支持，这些贵族起而反抗正处于开端阶段的中世纪君主集权趋势。例如，阿尔比派十字军（Albigensian Crusade）便具备双重属性：首先是一场教会声讨异端的十字军运动，其次是一场北部法兰西的贵族战争；后者依赖于卡佩王朝（the Capetians），反抗独立的南部法兰西诸男爵。在 16 世纪的德意志宗教改革中，运动的成功大体上得益于反皇权之领主王侯们的支持；而同一世纪的法兰西宗教战争仍是贵族不同派系之间的鏖战。当 17 世纪贵族背景的投石党（Fronde）与资产阶级背景的议会携手抗击国王之时，同样的贵族派系战争质素又在法国重现。威克利夫一度从冈特的约翰（John of Gaunt）①那里获得支持；而清教革命则以大贵族大量散置于议会派之中为典型特征。在更为晚近的年代里，我们亦可注意到一种堪与其对照的上层阶级与教派运动的结盟，亦即大资产阶级给予法西斯主义和民族社会主义运动的古怪支持——而此种联姻往往使人们轻率断言这些运动乃是"资本主义的"抑或"反动的"。

---

① ［译注］生于 1340 年，卒于 1399 年，是英格兰国王爱德华三世之子，理查二世的叔叔，因为侄子年幼，在 1377—1399 年间代他治理国家。

八　东部对西部运动之影响：托名狄奥尼修斯

由吉本加以阐发的运动的谱系引领我们对保罗派加以回顾。而这一世系则昭示了这样一种可能性：我们在运动中寻得的一般观念就其渊源而论都是东方的。实际上，由于奠基于此类体验基础上的诸种宗教文化可以在灵知教派、新柏拉图主义、摩尼教（Manichaean）与伊斯兰神秘派（Islamic mysticism）那里觅得，就此而论，运动之活跃的内核大体可被称为"东部的"或"东方的"。因此，我们必须虑及东部信仰（religiousness）对西部教派运动的影响问题。[152]然而这一问题绝无简明的答案。毫无疑问，一条字面影响的脉络是有迹可寻的；然而，若是我们仅仅将其作为文献史上的一个问题加以处理，很难说是种公允的做法。我们所面对的并不是东方神学对西方的影响问题；毋宁将其做此种表述：曾在东方激发了沉思神学宏大体系之构建的宗教体验在西方出现。这种宗教体验本身既非东方的，亦非西方的，究其本质，它其实是人类的。它们可以在任何地点、任何时间出现，尽管除非社会环境使其扩张成为可能，它们既不能变得具有社会影响力，亦不能发展成为沉思神学体系。通过东方神秘主义沉思神学在西方的经典之一，即托名狄奥尼修斯（Dionysius Areopagita）的诸种著作——以及爱留根纳（Scotus Erigena）吸收托名狄奥尼修斯沉思神学的巨著《论自然的区分》（*De Divisione Naturae*）——的命运，我们可以最好地理解此一问题。

托名狄奥尼修斯的诸种著作对中世纪宗教运动产生了可观的影响，而且其影响并不仅仅限于宗教运动；它们同样对正统哲学造成了如此有力的冲击，就像前人曾经讲过的那样，即令托名狄奥尼修斯的著作佚失于世，通过圣托马斯的著作，我们实际上也大可以将其重新建构。这批著作的作者究竟是谁，现已无法确知。只知道他是一位基督教哲学家，极有可能生活在公元500年左右，深受新柏拉图主义尤其是普洛克鲁斯（Proclus，412—484年）的影响。这批在东方享有盛誉的著作于827年由拜占庭皇帝迈克尔二世（Michael II）赠予虔诚者路易（Louis the Pious），但由于阅读障碍而鲜少读者，此举收效甚微。840年之后，随着"秃头"查理（Charles the Bald）的征服，爱留根纳将它们译成拉丁文。它们在西方世界的影响也正是从此开启，至少爱留根纳的沉思神学宏大体系《论自然的区分》便充斥着托名狄奥尼修斯作品的深刻影响。

然而，困惑也正是从此时开始；例如，爱留根纳在其晚期主要著作《论自然的区分》中表达的立场，实际上在其较为早年的著作——851年的《预定论》（*Predestination*）中便已存在，而彼时托名狄奥尼修斯的影响尚难以为人觉察。通过在爱尔兰基督教传统中保留东方教父们的著作，爱留根纳思想中早已具备一种新柏拉图主义的脉络；[153]我们必须将此种脉络视为独立于托名狄奥尼修斯对西方中世纪盛期之巨大影响的渊源。我们甚至可以触及一种特定的信条，这一信条可能源自此种独立渊源，并作为宗教运动诸观念之重要成分而忽隐忽现、不绝如缕，直到潜入反精神变体（antispiritual variety）的洪流之中。

《预定论》这一小册子乃是奉命之作。莱姆斯大主教辛克马尔（Archbishop Hincmar of Rheims）命令这位爱尔兰学者撰写文章批驳僧侣格茨肖克（Gottschalk）所主张的令人生厌的预定论教义。这位不幸的僧侣似乎拥有逻辑颇为谨严的心智：他坚称,上帝将坏魂灵投诸永罪、对好魂灵予以救赎的敕令,实际上是永恒不变的,没有任何人有权予以变更,教会尤其不能如此。对于人的救赎而言,这一教义使教会的存在变得全无必要,毫无疑问必须对其采取行动。不幸的是,临危受命的爱留根纳也拥有逻辑谨严的心智。他走向了另一个极端。他强调善良上帝的独一性;邪恶无法从上帝那里产出;所谓诅咒(damnation)源出于上帝意志的假定,也就在神性之中引入了善与恶的二元论。因此,邪恶便意味着一种否决;它是源于个人意志堕落而对上帝的叛离;上帝并不惩罚,而是罪人通过自身的堕落而惩罚自身。叛离的状况不会永远持续下去;所有叛离上帝的造物最终都将回归与神合于一体的局面。爱留根纳的这种解决途径实质上便是俄利根的诸灵最后复原论(apokatastasis),亦即完全恢复具有神圣独一性的上古局面。如果我们不得不去寻找爱留根纳在获得托名狄奥尼修斯著作全面影响之前已然具备的一种观念,当可求诸奥列根以及一般而言的东方神父们;也正是这种诸灵最后复原论,亦即向创造具有无瑕性(sinlessness)之神圣状况的全然回归,在历次政治运动中融汇成各种尘世天堂(terrestrial paradise)的观念。[①]

[154]上文最后一句话的观察将我们引向问题更为深层的一条支流。尘世天堂的观念——亦即将紧随现存不完美之基督时代(saeculum)而至的完美历史时代——只是到了 12 世纪末叶才在菲奥雷的约阿希姆(Joachim of Fiore)的诸预言书中得到完整的表达。对于第三王国(the Third Realm)的约阿希姆

---

① 不言而喻,就其令教会权威感到满意的程度而论,爱留根纳的驳论并不比格茨肖克的教义好到哪里去。格茨肖克的教义在 849 年的切尔扎宗教大会(Synod of Chierzey)上遭到谴责;而爱留根纳的教义则先后在瓦朗斯(Valence,855 年)和朗格勒(Langres,859 年)宗教议事会上遭到谴责。

式沉思,在中世纪晚期成为最著名与最具影响力者。然而由保惠师(the Paraclete)开创之完美俗世这一观念本身,在基督教传统中总是可从圣约翰福音那里汲取灵感,正如早先几个世纪教会史中孟他努教派运动(Montanist movement)的作为一般。就其复兴而言,当时所急需者,不过是一种热衷于在历史社群中实现精神完美的虔敬的人格而已。实际上,我们可以发现爱留根纳便复兴了这种圣约翰式的完美国度观念。在其著作《〈约翰福音〉评注》(Commentary on the Gospel of Saint John)中,爱留根纳区分出三种类型的神职人员。《旧约》与《新约》的神职人员只是通过类型与符号(types and symbols)察知真理(the Truth);而未来的第三类神职人员将会面对面地参见上帝。前两类神职人员遵从神谕之法与恩惠之法;而第三类神职人员则遵从实现了的上帝王国。现存的基督教会将会在第三类安排中趋于消失,这是因为后者正是一种真正属灵教会(ecclesia spiritualis)的符号,世人灵魂将在其中通过圣灵与上帝直接沟通。

正如全体复兴(complete restoration)教义甚至在托名狄奥尼修斯作品发挥影响之前便已出现,第三王国之教义应该有助于启发我们对于诸革命运动观念的认知。这一理念聚合体的不同组成部分并未共同构成某一体系的构件,也就不会作为某一学派的文献传统在历史中传承。这些组成部分彼此联系,成为恰切表达特定类型属灵体验的符号。它们在基督教—希腊传统中构成了类似于一块漂浮之物(a floating mass)的存在;每当具备此种类型的宗教人格寻求表达体验的符号之际,这块漂浮之物便会引起人们的注意。而当此一宗教人格由爱留根纳这种级别的思想家担当之时,[155]这块漂浮之物便会结晶成为如同

《论自然的区分》一般的恢弘体系。①

正如前文所言,托名狄奥尼修斯的著作就制度层面而言在神学文献中有着显著的影响。我们可以将这种影响的历史追溯到伦巴德(Peter Lombard)、大阿尔伯特、圣维克多(Saint Victor)学派以及圣托马斯那里;在此项研究的较早部分,我们亦曾注意到其对一圣教谕(the bull Unam Sanctam)以及罗马的吉莱斯(Giles of Rome)之层级(hierarchy)观念的影响。② 托名狄奥尼修斯著作中充斥着大量足以被吸收进正统体系中的成分。而非正统的、革命性的成分,在《论自然的区分》之中亦有所体现。然而,在这种暗流的层次上,其影响不再体现为一种文献传统的形式,而是体现为前文提及的沉潜(subterraneaness)、突然之重现、体系组成部分之碎裂以及各种构成元素以不同序列重新聚焦等等形式。

在9世纪,爱留根纳的著作仍然是漂移不定的混杂体。一位伟大的思想家在法兰克基督教(Frankish Christianity)不合时宜的环境之中,似乎从乌有乡里横空出世,著书立说,历史的洪流旋即便在其身后断裂;他的声名作为大师鲜少为人提及,而其著述则湮没于历史长河之中。其后,很难加以解释的是,到了12世纪末叶,《论自然的区分》在沙特尔的亚毛利(Amaury of

① 关于托名狄奥尼修与爱留根纳的关系,可参见琼斯(Rufus M. Jones)的《奥义宗教研究》(*Studies in Mystical Religion*)(伦敦:麦克米兰出版公司,1936年版),第6—7章;关于伪狄奥尼修的进一步研究,可参见布列赫(Émile Bréhier)的《哲学史》(*Histoire de la philosoplie*)(1931年版)巴黎:法兰西大学,1942年重印),第1卷,第599页以下;关于爱留根纳,可参见布列赫同书,第1卷,第540页以下。伪狄奥尼修的著述可在米尼(Migne)所编《希腊教父学》(*Patrologia Graeca*)第3、4卷中觅得;爱留根纳的译著及其著述,可在米尼所编《拉丁教父学》(*Patrologia Latina*)第122卷中觅得。
② 参见《政治观念史稿》卷3,《中世纪晚期》,第14章。

Chartres)于巴黎大学的授课之中得以重新面世。我们只能推测爱留根纳的手稿一直以来都可寻得,而亚毛利只不过是在经历了数个世纪之后以共鸣与理解之心再次阅读它们,同时具备智识能力足以将其吸纳进自身体系化思想的第一人。亚毛利的教学逐渐引起时人的疑虑,最终使他于 1204 年遭到大学当局的谴责。数年后亚毛利去世;然而其教诲看起来颇具影响力,因为在其辞世不久,巴黎周边便兴起了一个传播甚广的教派,也就是所谓的亚毛利教派(Amaurians)。

[156]在亚毛利教派诸教义中,有一条历经所有革命运动乃至今仍亘久不变,这一教义便是:圣灵在新的宗教体系中存在于新社群的成员之中,堕落的状态可以被克服超脱,而神性得以在其身上重新确立的那些人全无原罪可言。正如一直以来的趋势一般,就亚毛利教派而言,在教派中人的生活规范中,这些原则似乎已经蜕化变质:重建神性国度和纯洁无罪状态的努力,至少是被一部分信众所中断,这是因为,不管一位重塑之人做出什么举动皆不可能为罪的声称,同时也意味着一种开脱之辞,无疑会引发最为恶劣的放荡之举。这也正是埃克哈特在 14 世纪于著名篇章中予以警告的那种朝向堕落的趋势:

> 有必要防范虚假的智慧,防范那种认为毫不恐惧后果胡作非为的想法。除非一个人能够免于原罪,否则他断然无从享有不虑及后果的自由。唯其在一个人免于原罪之时,原罪所可能带来的后果方会消除。但凡人有为非作歹的能力,是非判分就应当得到一丝不苟的遵循。①

---

① [英文编者注]这段话引自琼斯的《奥义宗教研究》,第 224 页。琼斯则是征引了菲弗(Franz Pfeiffer)的《埃克哈特大师》(哥廷根,1857 年版;阿伦：　(转下页)

"人无原罪"这种看法最为重要的寓意或许当属"人不犯罪"；而在教派对于重塑之人的观念里，这种关系似乎逆转过来：人被假定为脱胎换骨、得到重塑，因此其不道德的行为与罪状也就必须被视为在其身上运行之神圣能量的显示。关于此种逆转的洞见亦将有助于理解纳粹主义等现代大众运动中相应的犯罪（criminality）现象。如果我们不将其纳入所谓目的证明手段正确之意图伦理的框架，而是将其置入人被重塑而达到超人（superhumanity）境地，进而使超人之行为超越善恶的语境中的话，则行为的非道德性也将在很大程度上变得更易理解。

到了 1225 年，爱留根纳的《论自然的区分》一书本身也遭到了谴责。遭谴责时间的相对较晚，似乎意味着亚毛利教派事件并不是该书遭谴责的直接原因。实际上，[157]该书传播面之广，远远超出了亚毛利教派的圈子；特别是在南部法兰西阿尔比派受迫害期间，此书抄本亦在该派信众中间流传。阿尔比派动乱的重要性远远超出影响较小的亚毛利派运动，而该书和清洁派神学思想之间的亲密关系或许构成其遭谴责的原因。而该书在清洁派信众中的更为有力的重现，则揭示出文献影响的作用模式。很难有理由断言清洁派运动乃是肇因于《论自然的区分》一书教义的传播。在此，托名狄奥尼修斯文献传统与吉本追溯过的独立运动之洪流融为一体。这一过程可作如是观：在既定教会机构之符号体系中无从得到恰切表达的某类宗教体验，借助一种沉思性的"来自东方的"相似宗教体验以表达自身。若是这种表达方式具有爱留根纳宏大体系的形式，则在该体系中汲

（接上页注①科学出版公司，1962 年重印），第 664 页，*Liber Positionum* 的第 6 行。沃格林可能是从菲弗编著版本中选译了这段文字。关于埃克哈特研究现状以及菲弗编本的可信性，可参见《埃克哈特大师：教师与牧师》（*Meister Eckhart: Teacher and Preacher*，纽约：保禄会，1986 年版）。

取表达之道的宗教体验亦将变得极其有利于传播；循此，文献上的发现成为运动在社会上急速扩张的工具，在其寻得明晰的文字表述之前尤其如此。

九　运动诸观念

　　诸次运动中涌现出的观念相当复杂；尽管历尽劫毁，但是留存下来可资利用的材料仍然颇为可观。我们既无法穷溯这些观念的种种支流，亦无从对其进行某种编年式的纵览。我们只能局限于择取一些典型的观念予以考察；而它们须得是对政治态度之形塑具有特殊影响的观念。此种论析方式可在拙著此前部分关于特定"影响"结构的讨论中寻得其合理性。16世纪之前历次运动具有代表性的各种潜流，使得通过一种制度化了的神学家与知识分子阶层以学派工作践履的重大文献史这种研究途径若非全无可能，亦是极其困难之事。教义式的表达（dogmatic expression）必须留驻于从东方传统不断游移的混杂物里面涌现出教义化元素的流动状态之中，其中偶尔会幸运地出现某一运动与类似爱留根纳著作之间呈现出的那种会通之处。因此，我们的任务将是：从形形色色的运动之中提炼出此类教义化元素，[158]借以代表一系列共通的、表达贯穿所有运动之基本体验的、以这样那样变体出现的观念。

（一）　阿尔比派

　　我们将阿尔比派运动——该运动堪居历次运动中含蕴最为丰富、年代最为久远者之列——作为提炼此类元素的第一个对象。该派运动发源于南部法兰西位于罗纳河（Rhône）与比利牛斯山（Pyrenees）之间的古老行省塞提玛尼亚（Septimania）。该省具有早期异端宗教文明的丰厚积淀，因而堪称一场宏大异端运动的理想发源地。可以说，这一地区宗教非正统的历史滥觞于基督教化运动（Christianization）本身，这是由于比利牛斯凯尔特人乃是被 4 世纪的普里希利安（Priscillian）异端教派所改宗。从 5 世纪至 8 世纪，该省是西哥特帝国（the Visigoth empire）的一部分；而在该帝国统治的头一个世纪，西哥特人统治者是阿里乌派信徒（Arians）。在 8 世纪，该地区经历了一次彻底的伊斯兰化浪潮；而到了 10 世纪与 11 世纪早期，我们可在此间发现鲜明的摩尼教（Manichaean）特质。从那时起，该地区深刻卷入了与保罗派教徒（Paulicians）诸次迁徙密切相关的宏大运动。1167 年，图卢兹宗教大会（Synod of Toulouse）系由君士坦丁堡的保罗派神父尼切塔斯（the Paulician Nicetas of Constantinople）主持，而这位神父在保罗派运动中发挥之作用毫不逊于某一位教皇；1201 年的阿尔比宗教大会（Synod of Albi）由其继任者帕勒莫的尤利安（Julian of Palermo）主持，这位神父则是为清洁派运动注入强劲动力的坚定的宗教复兴运动主义者（revivalist）。

如果说在保罗派成分和清洁派成分之间做出模糊的区分尚存可能的话，那么这条分界线似乎以下述方式展开。保罗派构成了一般性东方信仰运动的一部分，并在 6 世纪之后在其自身历史循环中进入了可与 16 及 17 世纪西方清教遥相呼应的纯信派（Puritanism）阶段。如果和与其并行的伊斯兰教纯信派运动以及拜占庭圣像破坏运动（Byzantine Iconoclastic movement）相比，保罗派不过是一场规模较小的运动。上述几场并行的纯信派运动间的关联,或许可以从特定事件中觅得:纯信者伊索里亚人利奥三世(Leo the Isaurian)于 722 年将宗教宽容的范围扩展到保罗派信众,而在正统得以重建后接踵而至的巴希尔一世(Basil I)反异端斗争中,在 873 年萨莫萨塔(Samosata)血战里,保罗派与伊斯兰军队并肩作战,共同与希腊人厮杀。[159]就观念而言,自西方宗教运动之始便似乎体现出强烈诉求的纯信派成分可列举如次:(1)教仪结构之简化,通过取消婴儿浸礼,代之以自愿选择的以浸入河水形式进行的成人浸礼;(2)教阶等级之取消,代之以一种较为简易的司牧层阶即"特选者"(the e-lect)——直接蒙受上帝恩宠之人;(3)一般信徒以阅读《新约》——尤其是使徒圣保罗诸书信(the Epistles of Saint Paul)获取直接宗教体验做法之复兴;(4)向一种原初朴质生活方式之复归,若有可能最好可以营一种手工匠人的生活。

　　这些纯信派成分源自原始基督教,并在宏大宗教改革运动中的新教(Protestant)浪潮出现之前便于教派运动中重现。然而,我们可以从阿尔比主义本身找到与摩尼教有关的额外特征。若是将其理解为表达了这样一种宗教体验,亦即世界乃是光明与黑暗势力的战场,那么这些纯信派成分便蒙上了一层新的色彩。有种意见认为,作为爱的上帝不可能同时也是包含黑暗与邪恶之世界的创造者,正是在此种论辩之中这一体验得以彰显自身。而摩尼教的创世神话认为,上帝在开始创世后,撒旦或造物神(the Demiurge)打断了他的工作,而这项工作进而由后者完成。人乃是堕落的天使,被囚入汇集邪恶的物质之中;而人的使命则是努力将自身从邪恶物质中拯救出来,以便重新成为 ca-tharos——纯净的精神。

　　纯信派的那些行为规则恰好可被纳入此种世界观念之中。

最具压迫性的物质法则乃是生殖；因而求得纯净精神的渴望也就体现为要求信徒——至少是最高级别的信徒即所谓"无瑕者"（perfectus）——不得结婚；或者，若是他已经婚配，便不得再触碰自己的妻子。附着于生殖之上的恶的耻辱甚至还会体现为特定的饮食规则，比方说必须禁食那些实质上与性交有关的所有食物——例如肉、蛋、奶酪等等。更有甚者，与一般物质的所有接触都将带来特定的污秽，因此应被降低到最低限度。从此种一般原则出发，便出现了对依附特定物质之行为——就像个体拥占权（individual proprietorship）所昭示者——的罔顾，以及将劳动严格限制在满足基本生活所需之最小限度内的规则。[160]此类规则只能获得部分的纯净化；而若想获得完全的纯净精神，舍死亡之外别无他途。但是，死亡会招致神谴——除非死者曾在有生之年营一种纯净化的生活。因此，清洁派对于涤罪有着不合正统的看法；他们相信此时的生命乃是一场涤罪之旅，死后接踵而至的将是全然的拯救抑或神谴。循此，死亡乃是可欲的；而自杀似乎也被视为可允许之举，而当自杀采取扩展耐受心（endura）的形式——例如作为"无瑕者"禁食直至饿死之际——更是如此。

（二）爱留根纳

然而，摩尼教因素只是基本宗教体验由以汲取的诸多形式之一。尽管在运动中似乎占据压倒性优势，然而将清洁派全然等同于摩尼教因素，并非明智之举。1200 年左右爱留根纳《论自然的区分》在清洁派圈子里显赫一时，说明运动的体验可以在摩尼教之外的其他思辨神学体系中寻得表达方式。爱留根纳的体系或许可被视为新柏拉图主义的(Neoplatonic)。自然的所有存在物被划分为四大部分,而各部分之间则通过一种创造性发散(emanation)和向造物回归之过程相互连接。爱留根纳诸自然中的第一个便是上帝,其具备为所有存在物提供"不被创造之创造者"(noncreated creative)基础的能力。这一基础乃是通过在原型观念的非物质世界中的"行进"(procession)展现自身;这一存在领域乃是"被创造且具备创造力的"(created and crea-tive),这是由于原型观念恒动不休,进而处于"行进"过程之中,为自身创造了物质世界的实体。物质的世界是"被创造且无创造力的"(created and noncreative),只不过是浮象而已;而事物的本质则存在于其非物质的原型之中。可见与不可见的事物世界,在最后的"行进"中进入与上帝联接的智识阶段;"并非被创造且具有创造性的"(noncreated and creating)阿尔法现在已经变成了"并非被创造且不具创造性的"(noncreated and noncre-ating)欧米伽。因此,世界便是一场宏大的圣灵显现(theopha-ny),源于上帝,亦将复归于上帝。

　　由于涵盖了造物、堕落及人的复归,爱留根纳的"行进"论对我们意义重大。在第一次行进中,人乃是一种原型;从永恒视角观之,[161]他只是上帝心智中的一种理念。[1] 在此种原初造物中所有人俱为一人(all men are One),"这一人完全是按上帝形象得以创造,而其他人亦完全按照此一人形象得以创造"。[2] 在第二个"行进"阶段中,原型通过时间、空间与物质,在种类个体之中得以呈现。[3] 然而在前两个"行进"阶段之间却发生了某件

---

① 爱留根纳:《论自然的区分》,第四章第 7 节。
② 《论自然的区分》,第四章第 9 节。
③ 《论自然的区分》,第四章第 9 节。

事情,这便是《圣经》所述创造夏娃和人之堕落的故事。正是在爱留根纳思辨的此一环节,那些带来宗教力量以及教派运动实际灾变的观念粉墨登场。

爱留根纳思辨的力量,便在于将《圣经》符号主义纳入其产生之际的体验之中加以重新解释;他并未在字面上理解经文的叙述,而是将其理解成精神进程的符号化。爱留根纳将《圣经》所述造人故事分为两个部分,亦即首次造人与再度造人(a first and a second creation)。首次造人是在性别分化之前原初之人(original man)的创造过程。人被创造时所在的天堂,正是堕落之前人的原初本性;这一本性包含了精神与肉欲(nous and aisthesis)。原初之人被禁止去吃那生命树(即圣父的智慧)以及神圣的逻各斯(即基督);而且他亦得到禁令,不得服从物质事物之美给不完美魂灵带来的诱惑,从混沌的欲望中区分善恶。可是人却未能抵挡住诱惑。因此,上帝在其再度造人中,将其本性分裂成精神与肉欲、男人与女人,同时谴判人,使之营一种动物性的生殖。更有甚者,原初之人分裂为男女还障蔽了人的原初智慧。远处天堂的赤裸性(nakedness)被诠释为真理的赤裸性。人的观察力和关于自然的各种科学均被剥夺;由于其具备无瑕美德的力量,因此人的生活乃是质朴的(artless)。没有遮蔽和文饰,人也就不必借助什么关于外在事物的知识达成对神圣事物的理解。他生活在对于上帝之下事物的单纯而持久的沉思之中;此外他还具备美德与智慧的力量,一旦被激活便可通向正确的行动。想要从最初人父堕落之行中得到救赎,[162]就必须从抑制感官激情开始,继而从诸人文艺术及自然知识的哀愁之中解脱而出,唯其如此,最终方可在精神的指引下擢升到永恒的、非物质的直观之中。①

　　人的问题在于其向太古的、天堂般国度的复归。关于人之复归的思辨充斥着《论自然的区分》的第五章。从汗牛充栋的讨论中，我们只需拣选出在教派运动中颇为有效的少数一些神学见解。首先，人性向上帝的复归是完全的；我们此前曾在爱留根纳的《预定论》中发现的奥列根的诸灵最后复原论（apokatastasis），而今在其《论自然的区分》之中重新出现。赎罪经由基督平等地延展到全人类；爱留根纳的神学体系里并无永恒神谴之地狱的存在。然而就复归而言，人们之间仍然存在区别。所有人都将复归天堂；但是"天堂"却具有一种层级结构，与首次造人和再度造人遥相呼应。人有智慧之官能，亦有轻率的自由。若是没有此种轻率，则人之堕落（the Fall）也就无从谈起了。通过基督获取拯救和向上帝的复归，都不会改变人类轻率的本性。轻率之人不会复归与上帝的精神联接，智慧走向其愚昧所指引之自然物品天堂般的享乐。

　　　　难道我们没有见过许许多多轻率愚陋的人吗？这些人欢欣自满于自己家族的名望，自满于亲属的荣光，自满于自身的美貌、活力和身体的健壮，自满于自身的心智敏锐、雄辩滔滔，自满于配偶的美丽或刚猛，自满于子孙满堂、金银丰盈，更不用说什么尊严与荣耀。对于这些物事，世界只会付之一哂，而这些可怜人却宁愿永远如此过活，而不愿聆听和思考精神的愉悦。

---

① 《论自然的区分》，第四章第18—19节。关于天堂的思辨主要来自奥列根；关于真理赤裸性的思辨，主要来自忏悔者马克西穆斯（Maximus the Confessor）。关于作为"根据上帝形象所创造的人之本性"的天堂，也可参见《论自然的区分》，第五章第2节。

　　这些人将会复归自然享乐的天堂。然而，其他人的人生"被智慧之光洞照，闪烁着神爱的火焰"，他们将被允准获取最高智慧与力量，并借此得以神圣化，得到对真理的省思。①

　　[163]复归中人的层级阶序，乃是由其在尘世生活中的层级阶序所决定的。爱留根纳并没有把人划为命定获得拯救和命定遭受神谴的两大类；而是做出此种区分：一类人是能够像"无瑕者"圣徒一般生活的属灵者（spiritual men），另一类则是沉湎于自然物品的诱惑，无法从中拔擢者。属灵者是那些通过智慧与爱在生命中实现自身人类存在完整性的人。这种完整性意味着将人视为上帝印象的自我理解。爱留根纳将这种"人乃上帝印象"的教义表述为其"行进"神学体系的必要组成部分。创世过程是一次圣灵显现；世间显现的一切都是上帝本性的彰显。因此人作为上帝的印象（the image of God），并非与上帝一起成为造物过程的组成部分，然而所有的造物过程本质上都存在于其本性之中。就创世造物的本质乃是经由人之思辨的心智得以知晓而论，人之本性与创世造物有着同样的边界。"除了以概念的形式存在于圣徒灵魂之中"，自然又能存于何处？这是因为，"思索存在处，便是存在所在处，或者不如说，便是关于其本身的思索所在处"。② 在爱留根纳的新柏拉图主义观念中，世界具有一种三重的存在：在上帝的心智之中，在未展现的（unfolded）创世之中，以及在人类的理念之中。创世在人之中的存在不仅延伸到可见的类人（subhuman）创世，而且还涵盖不可见的天使特性（angelic nature）；即便是天使，也是经由根据上帝形象的创世而存在的。"天使浮现在人的心中，是通过'天使存在于人心中'这

---

① 《论自然的区分》，第五章第 38 节。

② 《论自然的区分》，第四章第 7 节。

种观念;而人浮现于天使心中,则是通过存在于人心智中的天使的观念。"

　　而这根本就不是什么奇迹;因为即令我们,在相互论辩时都会变身为彼此。这是因为,通过相信你所相信者,我便成了你的观念,而且通过一种妙不可言的方式我已经变身为你。反过来,如果你完全相信我所相信者,你便成了我的观念;而你我所持的两个观念,也就变成了我们两人一起相信其纯粹性(pureness)的一个观念。①

通过此种相互性的存在,鉴于其对于人的核心地位,人之本性也就把从兽性到天使的创世纳入自身之中。因此,最终的"复归"将会是创世向人之本性的复归;随后才是人向上帝的复归。②

(三) 两个世界

[164]我们已经讨论了来自阿尔比派背景及爱留根纳思辨神学的一系列学说。就其自身而言,这些学说并不会在政治史上造就多么重要的问题。它们的政治有效性,乃是来自其与前文讨论过的亚毛利教派及菲奥雷的约阿希姆在史上第三王国(the Third Realm)问题上的汇流。第三王国之观念激活了种种不同的学说,主张从物质邪恶中超拔而出的完美的救赎国度,或者太古天堂般的国度,已经从彼岸转为一个新的历史时代,足

---

① 《论自然的区分》,第四章第 9 节。
② 《论自然的区分》,第四章第 8 节。

以由教派信众在此世实现。在亚毛利派那里,三大历史性王国的观念变成了对于三大神圣时段(divine dispensations)的信仰。在《旧约》代表的第一个神圣时段中,上帝依据律法(the Law)形式采取行动;在《新约》代表的第二个神圣时段中,上帝通过基督及神圣教会发挥作用;而在当下开始的第三个神圣时段中,通过信众灵魂之中的圣灵,上帝直接现身。[①] 在这一新的国度里,上帝作为圣灵在所有人之上道成肉身,正如其在基督之上道成肉身一般。

我们需要再次指出,第三王国之观念,就其本身而论,或许除了引发相对无足轻重的教派运动之外,别无其他的重要性可言。然而,如果这一观念借助一个理想的社会国度丰富自身,就将引发社会变革的渴望以及建立天堂般与上帝联接的宗教狂热。由此种汇流引发的那些政治观念占据了至为宽广的历史领域;其中较为重要者,将在此项研究后面的一些部分详加探讨。就当下的语境而论,我们将会择选出极少数观念给予特殊处理,这极少数观念反复出现于更为晚近的各种运动之中。我们应首先处理现代政治运动最为基本的分类,亦即两个世界的分类。

即便是神学思辨引发了三大历史时代的假定,但政治中至关紧要的现实问题却一直都是由现存的不完美国度向即将到来的完美国度的转型。因此,使用三阶段历史模式的政治运动,[165]对两个世界(过去与将来)之间对比的关注,丝毫不逊于关于采用摩尼教历史诠释的运动。教派运动一旦变得具有政治性,就会被两个世界——光明世界与黑暗世界、上帝世界与撒旦世界、属灵世界与物质世界——的观念所主宰。为了理解这一

[①] 关于亚毛利派教义,可参见琼斯:《奥义宗教研究》(*Studies in Mystical Religion*),第 186 页以下。

两分法的意义所在,有必要在精神和物质之神秘意义以及关于物质与心理进程之现代理论之间作出判分。精神与物质,或者光明与黑暗,都是宇宙力量(cosmic forces)。清洁派的摩尼教式观念、爱留根纳的神学思辨以及 13 世纪的教派运动,莫不在理解世界时将其诠解成光明与黑暗的或精神与物质的力量。政治思辨的"诸世界"(worlds)则被看作两大力量中一个或另一个占据主导地位之连续不断的各个阶段。如果用和我们更为切近的、较为粗糙的大众观点视之,这就意味着两个世界在结构上是同一的,只是由于在其中运行的力量不同而相互区分。光明世界的建立并不会废除我们所知的世界结构;我们并没有离开此世到达彼岸;世界得以留存,只是邪恶已在世界上被涤荡一空。从邪恶中获取拯救并不意味着死;恰恰相反,它意味着在一个免于黑暗力量的更为荣光世界中的生。这种观念是人类美妙迷梦的绝佳范例,这正是那种鱼与熊掌兼得的迷梦。

(四) 科利尔的一篇布道

从诺里斯(Hanserd Knollys)所著《锡安荣光一瞥》那里,我们已经见识了此种类型的神学思辨。这一清教徒文献充满了对即将代替旧世界之新世界意象的陶醉之情。现在,让我们用几段文字专门讨论新世界存在的一个问题,这一问题对于那些耳畔一直回响着基督之语——我的国不在这个世界——的基督教宗派而言显得尤为棘手。这样一个不在这个世界的国度,又怎能存在于历史的此世呢?

1647 年 9 月 29 日,在普特尼本部(Headquarters at Putney)发表的一篇名为《新创世之发现》(A Discovery of the

New Creation)的布道辞中，科利尔（Thomas Collier）对上述问题进行了反思。[166]科利尔就《以赛亚书》第 65 节 17 行的如下经文进行了布道："看哪，我造新天新地。"他贬低此种观念："基督将会临世并亲自统治，挫败其敌人，擢升其子民，这便是新天新地。"那并不是他的理解；他毋宁相信"基督将会以圣灵形式临世，并在其子民的精神之中见其光辉的王国，而其子民则将凭借基督赐予的力量统治世界，这才是新天新地"。和爱留根纳的天堂非常相似，科利尔的天堂乃是上帝的王国，而"这王国是在圣徒们之中的"。"而这便是新创世，新天堂：圣徒们中间的天堂王国。"这是爱留根纳的观念，但它已通过历史上的新王国观念经历了一场"激活"（activation）。而此种"激活"现在得到某种未曾想见的理由的支撑。科利尔发现：

> 我们的确曾经具有而且仍然具有关于天堂的格外低陋与世俗的看法，将其视为视野之外、苍穹之上的一个光辉的所在，而且唯有在此世终结之后方可享有。然而上帝本身便是圣徒们的王国，是他们的歆享与荣光。上帝昭示自身之处，便是他和圣徒们的王国，而这正是在圣徒们中间。这里存在着《福音书》伟大和隐蔽的奥秘——圣徒们之中的新创世。①

彼岸的上帝王国成了一种"物质主义的"观念，而"属灵的"观念则要求一个由圣灵改观的历史性的世界。

从此种对于天堂的"激活"之中，我们可以发现伴随爱留根

---

① 科利尔的布道辞可在伍德豪斯（Woodhouse）编著《清教与自由》（*Puritanism and Liberty*）一书第 390 页以下找到。

纳符号论思辨的危险。这位神秘主义者消除了感官印象，试图深入产生符号的体验之中；但他保留了体验与符号之间的区别和距离。爱留根纳的天堂不再是必须在此世有其地理定位的物质实体，而是保留了唯有在死亡带来的"彼岸"方可达致的一个完美国度的符号。完美之符号根植于不完善的体验，唯有通过死亡中蕴含的恩典才能对此种不完美加以克服。这正是真正的神秘主义者在其思辨中止步之处；也恰恰是行动主义的神秘主义者（activist mystic）的起步之处。和真正的神秘主义者一样，"行动分子"接受符号的非物质化；[167]但他紧接着迈出了致命的一步：他取消了符号与体验之间的距离，并且错把一种可以在社会中人的生活中得以实实在在兑现的体验当成了符号。

由宗教符号向政治反叛之革命纲领的这一变形记，使得哲人困惑：即使在最为稚嫩的基要主义中，是否真的不存在坚实的根基。坚信天堂能够在彼岸某处提供精美免费午餐和欢乐窝的人，至少不会写信给自己的议员，要求此类福祉在此时此刻便可兑现。神秘主义的完美性符号向"行动分子"政治纲领的转型，可谓存在于现代政治大众运动的核心。这种转型并不只在较为严格意义上适用于基督教教派主义；在19世纪无神论与反基督教政治宗派那里也成为一种常量。关于其在巴枯宁与马克思政治思辨中的重现，读者可参阅本项研究最后一卷的相关章节。

（五）　对费尔法克斯勋爵的《质询》

我们曾经反复强调过教派运动观念的非体系性；各种教义之流变实体的各种要素可以不同组合方式连接为一体；而此种万花筒式的重新安置则是通过特定的关键观念——例如两个世

界的观念——加以保障的,并构成了教义素材结晶化的常量。
为了防止过于狭隘地关注三大国度或三大王国的教义,且让我
们首先思考在第五王朝(the Fifth Monarchy)论说背景下出现
之时的两个世界的观念。

《但以理书》中关于"泥足"(feet of clay)的意象以及关于飞
来将其砸碎并充满世间之巨石的意象,①连同认为此幻象意味
着四大帝国之后第五王朝将会出现的解释,已在清教徒革命中
寻得其拥趸。一些此类第五王朝教派信徒向费尔法克斯勋爵
(Lord Fairfax)提出了一系列的质询;而在这些质询过程中,两
个世界的问题再度被提出。诉求者们问道:"难道现在不正是
(或已经极为接近)打碎世俗政府、建立新的王国的时候吗?"在
沉思此一问题之时,作者们想起这一王国将会在第四王朝之后
接踵而至。[168]第四王朝的第一阶段早已随着罗马帝国的崩
溃而告终结;而第四王朝的第二阶段亦即敌基督的王国(the
realm of Antichrist)也即将寿终正寝,这是因为其分得的1260
年时间即将用尽。

此类思考对于圣徒而言颇值得欣慰。然而令人颇为不快的
反对意见在这里再度被提出——"我的国不在这个世界"。对于
这种反驳,诉求者们找出来一种解答方式。基督自然曾经说过
他的国不在这个世界,但他并没有说"它不会出现在这大地之
上,抑或不会在大地尚存之日出现"。与此相反,《启示录》第五
章第10节则让人确信:"又叫他们成为国民,作祭司,归于神。
在地上执掌王权。"因此"世界"(world)也就不同于"大地"

---

① ［译注］典出《圣经·旧约·但以理书》第2章。巴比伦国王尼布甲尼撒(Nebu-
　　chadnezzar)梦到一巨人,脚是半铁半泥的,头是金的,胸臂是银的,腹股是铜的,
　　被飞来的一块巨石砸碎了脚,整个巨人顿时瓦解。而打碎这像的石头随即变成
　　大山,充满天下。希伯来先知但以理(Daniel)释梦称这预示着国家要分裂。

(earth)。"世界被用以指称世俗政府连续性的时间",亦即罗马王朝赓续的时间。基督的王国不属于的"世界"乃是一个历史性的悠长时期(aeon),在《希伯来书》第二章第 5 节"我们所说将来的世界,神原没有交给天使管辖"的意义上,其将为另一个历史性的"即将到来的世界"所接续。现时代乃是"划分出的时代"(parting asunder of times,《以斯拉下》第六章第 9 节),新世界将会在旧世界之后到来;而此一新世界便被看作"第五王朝"、"基督的王国"、"新天新地"以及"圣徒们的教会"。较之科利尔的布道辞,这里有着更高的术语上的精确性,大地被用以指称有限之人类实存的恒常结构,而世界则被用以指称黑暗或变容(transfiguration)的神秘性地位。我们可以再次看到,科利尔布道辞中"彼世的"(otherworldly)一词的正统意义已然消失;而完美性的符号(the symbol of perfection)再次成了变容历史的实在(the reality of transfigured history)。①

　　《质询》(The *Queries* to Lord Fairfax)还足以引起我们另一方面的关注。当划分出的时代来临之际,政治行动分子迟早要面临在历史中组织新世界的问题。而这堪称一个颇为棘手的局面,原因在于新的世界具有此种令人沮丧的特征——但凡想要实实在在将其实现,它们就会看起来与旧世界极其相像。作为规则,行动主义的教派分子将这一令人不快的时刻尽可能地延宕。尽管他恐惧现时代的不公并且大叫大嚷自己对于新属灵世界的要求,但他通常对新世界的具体秩序鲜少有话可说。[169]对于自己的缄默,他可以从前面征引的《以斯拉下》找到《圣经》——如果不是伪经的话——文本的证据。当先知从上帝

---

① 《诸多基督徒提出的某些质询》(*Certain Queries Presented by Many Christian People*)(1649 年);收入伍德豪斯《清教主义与自由》,第 241 页以下。

那里获悉划分时代之时将近之际，他想要得到一些细节。然而上帝答道：

> 从亚伯拉罕传到以撒，当雅各和以扫出生时，雅各抓着以扫的脚后跟。以扫代表本世界的结束，雅各代表着随后新世界的开始。那人的手在脚后跟和手掌之间；以斯拉，另一个问题你就不要再问了。

不要问问题这一神谕乃是革命者们高度尊重的一条睿语。即使在我们现代的政治大众运动之中亦可观察到，例如马克思和列宁这样具有神秘色彩的领袖，即使不大清楚神秘转型之后社会秩序的具体情状，但依然强调当下的重要性，强调夺权的重要性。并无具体秩序之神秘未来的魅力，或许在希特勒青年团（the Hitler Youth）钟爱的歌曲中被深刻地把握——"前进！前进！我们向未来前进！"（Wir marschieren, wir marschieren in die Zukunft!）

《质询》不同于在未来秩序上缄默无语的一般规则；它属于教派革命者变得足以清晰表达其组织目标的少数事例之列。革命进程早已开启；我们已经到达了与列宁写下"下一步"（next tasks）①时俄国革命相应的阶段。我们找到了类似措辞的询问："那么什么才是圣徒们和上帝子民的当前利益所系呢？"答复则建议圣徒们应当在教会社群和组织中依据公理会（Congregational）方式联合起来；此类公理会性质的社团若能成长起来，它们便应根据长老会（Presbyterian）方式会合成大议事会或宗教议会；"然后上帝才会赋予其权威以统治世上万国万邦"。

---

① ［译注］可参见列宁《怎么办？》。

一些推论足以证明此一简明的纲领。我们且首先隔离出封建组织之问题。中心观念在于基督王国通过激活圣徒之圣灵得以建立。由于它是一个属灵的王国，因此不能"由人类权力与权威"建立。圣灵自身将会召唤和聚集一群民众，"并使其组成少许的家族、教会与会社"；唯有当这些属灵内核已经充分繁衍之时，才能通过"他们将要选择和拔擢的那些基督的司牧与教会的代表"而"统治世界"。

[170]属灵核心团体组成之联盟的观念可谓具有至大的历史重要性，这是因为，通过各殖民地的清教徒定居点，它已经成为美国联邦主义的终极宗教内核。甚至，通过美国联邦观念对于国际政治的影响，它已成为20世纪无疾而终的单一"世界政府"组织尝试的最为有力的内涵。然而这一观念本身却既不是清教徒的，也不是美利坚的，而是可能在革命教派主义的氛围中出现于任何地方；毋宁说它存在于为自身建立王国的圣灵的观念逻辑之中。例如，我们可以在巴枯宁的无政府主义那里发现其重现。在巴枯宁表述关于解放了的人类在彻底摧毁旧世界之后建立的组织之时，他便将其表述为解放了的小型团体的联盟；他甚至以一种寻其友声的态度坚信新世界乃是追随"无政府的"美国联邦主义模式而生。

所有这些听起来都较为无害与和谐。圣灵将会激活小型的团体；它将会激活为数众多的小型团体；联盟将成为可能；而且全人类最终都会由结盟了的圣徒以议会自治政府的形式构成。它听似一场美梦；可能发生的最坏的情况莫过于当圣灵激活新世界耗时漫长之际带来的某种幻灭。实际上，情况并不是如此无害。提交《质询》的圣徒们投身于战争，而《质询》则被呈递给军队最高统帅以及战争大议事会（General Council of War）。我们记得这样的表述:上帝将要给予圣徒们"对世上万国万邦的权威与统治"。然而这一表述却颇令人感到烦扰。我们或许可以问:圣徒们将要君临的这些世上万国万邦究竟是谁?它们是当今世上的万国万邦吗?但若是如此,则我们现在仍不存在于新世界之上。而一旦来到了新世界,除了统治自身之外,圣徒们究竟又能去统治谁呢?抑或是说,新世界仍然留存了一些穷凶极恶的旧世界邦国,圣徒们可以轻而易举将其威吓,以便为自己的统治地位增光添彩呢?

在圣徒们的一些颇具启发性的现实举措建议中,我们可以找到此类问题的答案。圣灵之统治将会"推翻所有的世俗统治与权威(仅就世俗的基本宪制而言),尽管有些掌握于基督徒之手"。[171]《质询》在"基督之司牧"(officers of Christ)与"基督徒官长"(Christian magistrates)之间进行了区分。两个世界在结构上同一却在激活力量上不同,这一原则在此种区分中得到了极佳的体现。"时代之划分"前后的统治形式或许是一样的,但是制度之精神将发生改变。诉求者们颇为令人信服地问道:

想想看,议会、官长等等若能作为基督的司牧和教会的代表来统治,而非作为一个世俗王国的官员和一个仅仅是自然和世俗之民族的教会代表来统治,难道不是一件更为荣耀之事吗?在议会中做一名英格兰民族的基督徒代表是不够的,这是因为这样的民族属于旧世界的自然秩序;议会成员必须代表圣徒——并非圣礼教会的普通基督徒,而是取得圣灵自身授意的新王国的诸社群。因此,新型组织意味着与旧的制度彻底决裂;即令新的政治形势仍然是议会制的,但政治代表的基础以及代表的人事构成必须有所改

变。旧的政治统治团体必须被清除，其理由在于"单纯自然
与世俗之人有何权利和理据获取哪怕是最为基本的神
宠呢？

　　更有甚者，"当不敬畏神者进入候选名单并被选为统治者
时，王国又怎能归属于圣徒们呢？"这里体现出来毫不妥协的态
度。如果我们想要实现新天新地，"与旧的世俗政府达成和解又
岂能是合乎律法的（lawful）呢？"难道妥协不是对于圣灵的一种
攻击吗？难道"修复那'石头砸于足上'破碎意象"的努力不正相
当于立足"在石头上"吗？而所有立足在石上的权力难道"不值
得被打得粉碎"吗？显而易见，唯一正当的路线应当是那种最终
能够"永远压服虔信之敌"的路线。

　　这里无需做出详细的阐释。只需列举相关话语的现代意涵
便足以揭示其意义。经由一场不属于"此世"之运动的崛起，民
族（people）的历史秩序被摧毁。这一运动是一种新的社会实
存，取代了民族（nation）的历史性成长。通过一场宪制变革尚
不足以祛除政府机制的缺憾；意见的种种分歧亦不能通过妥协
加以解决。[172]"此世"之人全然属于必须让位于新生光明的
黑暗。新旧联盟的政府全无可能存在。旧秩序中的政治人物不
能在新世界中重新得到选任；而那些并未参与运动的人将在新
秩序下被剥夺选举之权。所有这些变化都将通过"圣灵"得到充
分实现；然而在政治程序中则将假手于圣徒式的同志们，而这只
手将是全副武装。如若旧秩序的掌权者不能欣然下野的话，这
些虔敬之敌就将被"镇压"——抑或用我们今天的说法——被清
洗。简言之：我们已经到达了实现新世界过程中的这一阶段，也
就是相当于俄国革命中列宁在《布尔什维克能保持国家政权

吗?》(Will the Bolsheviks Retain State Power?)这一颇为迷人
的篇名之下阐发其看法的阶段。他们当然能够,而且没有人可
以与其分享。

对于任何并非圣徒者而言,这样的社会排斥自然没有什么
说服力。新王国在实质上是普世性的,在其统治诉求上也是普
世性的;它可以延伸及"普天之下的所有人与物"。圣徒们预见
到,他们联盟的这种普世排他性(universal exclusiveness)将会
造成与其为敌的世界上其他人同样普世性的联盟。他们将组织
起来"反对世界上的敌基督教势力";而敌基督教势力亦会"普世
性地联合起来反对他们"。这样一来,据信将在年代上接踵而至
的两个世界也就在政治事件中变成了卷入彼此生死斗争的两大
普世性武装阵营。从两个世界的神秘主义学说之中,我们可以
看到正在形成的世界战争模式,而这一模式将在20世纪占据主
导地位。政治教派主义者的普世性的排他性,造成了对其加以
反对的普世性的联盟。我们在此正在触及现代"世界大战"中真
正构成其致命性(fatality)的因素。战争舞台就其范围而言是全
球性的,但这些战争并非因此而成其为世界大战;说它们是世界
大战,实则因为教派排他性的神秘主义使得战争双方都具有进
行普世性毁灭的意愿。在魔焰正炽之际,我们可以看到,敏感而
狂热的德意志民族主义,以其对于敌对环境近乎偏执狂的印象,
是如何创造出反对外部环境的一种货真价实的世界联盟;我们
可以看到,同样偏执狂的英国战争宣传,是如何想象列国有罪的
被遗弃者,进而制造出侵略者的意象;[173]我们可以看到,国家
社会主义运动灭绝性的教派主义,是如何炮制出消灭反对自身
之世界联盟的意愿;我们还可以看到,与此类似的教派排他性想
象,又是如何形塑了苏维埃运动与世界其余部分之间的纷争。

（六）行动主义与虚无主义

在此处的子标题之下，我们试图聚焦于前文曾经有意触及的、关于光明世界之实现相关的一些问题，今后还将在本章剩余部分再次且更为频繁地探讨之。我们曾经指出，带来光明者受限于对自身具体目标的表述问题。然而，其纲领的一种宏观勾勒出现了。在政治上具有相关性的案例中，向新世界的转型意味着世俗福祉的重新分配以及将梦寐以求的统治阶级的地位交付运动成员之手。例如，就诺里斯而言，我们可以发现将现存世界"有血有肉地"交给圣徒们的渴望。以色列终末论意义上的"风水轮流转"，直到马克思的"剥夺剥夺者"（expropriation of the expropriators）那里，一直都构成运动的基本特征。

马式的这一表述正是聚焦于我们正在讨论的这个问题。作为一项伦理诉求，这一表述是有问题的。如果贪图其他人的财产对资产者而言是不道德的，为何对无产者而言这样做便是道德的呢？在伦理学的层面上，这一原则没有什么意义；而其力量却在于这样一种神秘主义的信念，亦即通过这种极端激烈的行为，不公正的世界将会被转化为一个光明的世界。只有在"划时代"式沉思的语境中，此类表述才具有其意义——无论是马克思的上述表述抑或同样吸引人的"以战止战"（war to end war）的表述莫不如此。因此，从务实的角度看，预设其支持者具有立足现实主义人类学层面进行开放讨论之雅量，进而从中找出反对此类表述理由的做法，可以说是毫无意义可言的。从这种现实主义立场出发，人们或许会认为社会疾苦的调试才是最为可欲的，但并不能阻止需要调试之状况的出现，社会变革不会改变人类或世界的本性,而在变革之后,邪恶仍将是人类实存最为基本的条件。此类论证并无助于驳倒历史变体论的信念。[174]而马式人类学正如激进的清教人类学一般,乃是建立在这样一种信念之上:通过一场革命性的变革行为,人性将从其现存的不完美状况进入使得社会强制变得全无必要的一种完美状况。

两种立场——属灵现实主义者的(spiritual realist)立场与行动主义神秘论者的(activist mystic)立场——之间的冲突,使得我们可以更为贴切地刻画出问题的本质。

首先,对变体世界的信念不能被置于历史实存之中。当信徒们做出通过政治行动求取实现的严肃努力之时,其结果并不会是黑暗世界与光明世界的接续出现,而是两个平凡世界(ordinary worlds)在一场世界大战中的并存。当然,行动分子预见到此一结果,并通过将其构建成自身历史规划中的一个"过渡性"(transitional)阶段,从而在理论上打了折扣,正如通过马克思主义的"无产阶级专政"概念所做到的那样。

其次,在行动分子们的省思中,两个世界之间的暴力碰撞既不属于旧世界亦不属于新世界。而是两个世界之间划时代的(epochal)大灾难。很不幸的是,我们用以描述此种复杂现象的技术语汇(只是在过去一代人中这种现象才展现出自身的全部重要性)并未得到充分的发育。因此,我们不得不为了指称这一大灾难行动的过渡性王国而发明一个新的术语;我们不妨将其称作"终末论暴力"(eschatological violence)。所谓"终末论暴力",意味着存在于行动主义信徒们情绪之中的一种行动王国,由于其确保从邪恶世界向光明世界的过渡,因此这一王国也就超越了善与恶。我们已经在《质询》中见到,质询者们能够坚称光明世界不能"由人类权力与权威"所建立,可是与此同时他们亦能提出极具人类特性的建议,全副武装地将新世界带到世间。普遍存在于此世的(world-immanent)作为造物的人类(human creatures)诸力量,以一种难以言表的方式与神的诸超越性力量相互融合,以至于人的行动已不再是人的行动,而是神的能量通过人类形体发出的效力。在现实中通过政治行动与暴力发生之事,被理解为超越性圣灵的一场运作。对平凡人类实存有效的道德判断,也就明显无从运用于此一圣灵的运作。在行动主义—奥秘主义的意义上,这种"最终的暴力"存在于那种从被造物有限性来理解人的实存秩序之外。[175]历史中超越性侵入(transcendental irruption)的悖论,正是我们此前提及的诸种悖论性准则的渊源。

其三,既然"终末论暴力"超越善恶,既然争取光明世界的战争是一场将黑暗诸势力逐出宇宙的超越性圣灵运作,那么信徒们自然会不可避免地沉溺于灭绝的彻底性之中,而这种灭绝在现实层面上则呈现为兽性与暴行。纳粹主义及西班牙内战等等,已经在我们的时代为上述论点提供了详实有力的论据。上述运动缺乏人性、全无良知的恐怖,正是来自奥秘主义和动物攻击性的合流。在上述革命赖以立足的历史与政治层面上,最为彻底的人类欲望足以得到满足,不仅逃脱道德与法律的节制,而且秉持着臻于极致的信念——最为丑恶的罪行不过是那场将世界从邪恶中解救出来之神圣擘划的手段而已。

其四,由于人性变化与历史变体并非在人类行动范围之内展开,此类人类行动未达目的也就并非在手段—目的的理性关联中运行。因此,行动主义运动的政治实践也就呈现出这样的特征,要么是我们之前曾讨论过的无计划性(planlessness),要么是计划之流产,要么就是上述二者的混合体。尤其需要指出,一场运动的运行若是圆满顺遂，从来不会不以强制为代价带来一个甜美光明的国度，而是常常经由种种严重集中化、专断化权力的组织形式——就此而言，计划之流产也就获得了其特定的形式。这一逻辑序列的最佳佐证乃是紧随圣徒革命而来的克伦威尔（Oliver Cromwell）的独裁、法兰西大革命极度自由之后罗伯斯庇尔（Robespierre）与拿破仑的独裁以及俄国革命之后斯大林等人的独裁。这种逻辑序列之不可避免性以及出现"弹压傲慢者之利维坦"（the Leviathan that will keep down the proud）的原因，已经为霍布斯深入阐发；读者可以阅读此项研究第七卷关于霍布斯的章节（该卷第一章第三节及第五章第五节），那里有对此问题更进一步的论析。

在行动主义的神秘主义事业中，无计划性这一特点同样非常明显。由于神秘主义者遵照人性在新世界已然改变这种假定，[176]他自然不能醉心于那些假定人性不变的计划。由于事实上人性并不变化，一场革命斗争的胜利将使行动分子讶异于这样一个世界，如果他想要确保稳定秩序的话，就必须遵循他将不得不遵循的那些原则，彷如这场革命斗争并未发生一般。为达成针对此种崭新情境的调试，所需的技巧或多或少，所需的速度或快或慢，但张力却一直存在——但凡克伦威尔的极度不满和犹豫不决，抑或热月政变（Thermidor）面临的困境，抑或俄罗斯革命后苏联政治的重新定向，莫不是拜此种张力所赐；总有那么一个时刻，人们必须找到一种新的常态水平，神秘主义革命的终末论狂热本身必须被摒弃，而那些不可救药的终末论者必须被"清洗"。

然而，我们必须警惕那种仅仅从重大灾难性革命中为此种问题找寻例证的做法。诸种运动的情绪与观念已经颇为彻底地贯穿于西方文明之中,而且已经通过诸如清教徒革命之类的中介,构成了非革命的、"正常的"美国政治的一种颇引人注意的组成部分。我们曾经提及威尔逊(Woodrow Wilson)将一战描述为"以战止战"的宣传口号。二战则不仅造就出口号,而且产生了具有行动主义神秘主义烙印的一整套影响深远的政策,亦即罗斯福(Franklin Roosevelt)所谓的"无条件投降"(unconditional surrender)。在国内政治层级,"无条件投降"的要求乃是无意义的,这是因为从治国术的历史连续性观之,唯有在旧秩序的各种条件土崩瓦解之后,新秩序的各种条件方可大行其道。然而,如果将其理解为表达了行动分子取缔邪恶势力的神秘主义意愿,以及与此相伴生的对历史实存之紧迫感(exigencies of historical existence)的盲目性的话,一种在理性政治层级上只会允准高度粗鲁的(highly discourteous)阐释的表述也就颇具意义了。

其五也即最后一点,且让我们探讨这个问题:那种在行动主义神秘主义者涤荡邪恶势力之意愿与政治家不得不做出让步之实存现实之间的张力,正是今日被称为"虚无主义"(nihilism)之现象的渊源之一。"虚无主义"这一术语本身只是到19世纪才经由屠格涅夫(Ivan Sergeyevich Turgenev)、布尔热(Paul Charles Joseph Bourget)①和尼采开始为人们广泛运用。[177]这样一来,它已然在自身意涵中吸纳了在中世纪以来全部种类运动中不尽典型、而仅在诸运动历史中的反圣灵阶段(antispiritual phase)颇为显明的一些元素。这个术语得到了精心建构,而其意涵本不应有丝毫的改变。然而,我们必须注意到,至少其意涵的一个构成部分拥有更为宽广的应用空间,那便是行动分

---

① ［译注］布尔热,1852年—1935年,法国小说家、文艺批评家。

子设想文明毁灭性（civilizational destructiveness）的部分。在
一个方面，在行动分子设想的一个我们所知之人性已然消失的
世界之中，文明毁灭性乃是不可避免的；由于人性决定了我们历
史性世界的结构，而取缔人性的信念必须借助摧毁历史性世界
结构这一意愿而表达自身。然而，"虚无主义"这一术语还提请
我们注意到行动分子的毁灭性的另外一个方面，这一方面尽管
并未在中世纪与宗教改革诸次运动中缺席，却只是到了19世纪
才变得全然可辨。对于变体世界的信念，看起来似乎并非我们
在解释诸运动现象时可以最终诉诸的源头。在深厚的厌世感
（taedium vitae）之中，在历史性实存的不适（malaise）之中，在一
种根深蒂固的以其自身种种语汇遭会生命（meeting life）的精神
无力感（spiritual impotence）之中，以及在接踵而至的一种从存
在重负中逃离以期进入天国的意愿之中，还存在着行动分子信
念与行动主义之虚无主义（activist nihilism）更为深层的渊源。

十　自由精神

（一）问题之状况

运动历史中最令人苦恼的问题之一，便是连续性
（continuity）问题。运动各种渊源的毁坏是如此彻底，以至于只
有一些特定的突出特点得以保存。正如之前的分析所示，这些
留存下来的特点足以构成运动诸观念的典型内容；同时亦足以
使下述看法在道义上确凿可信：即使是在少量坚定支点之间的
桥梁已然断裂之处，仍然存有一种连续性。然而，从我们的文献
资料选择之中——在道路一端的托名狄奥尼修斯作品、爱留根

纳及菲奥雷的约阿希姆著作,以及道路另外一端的新教诸世纪文献创作(即大约从 1200 年至 1500 年间的时段)之间,读者将会发现存在着巨大的鸿沟。[178]实际上,若想在原始材料的基础上,重构各种观念在此时期的准确发展状况,将是件不可能完成的任务。然而这一困难绝不能诱使我们忽略历史的实际进程。当宗教改革前夜的 16 世纪 20 年代,菲奥雷的约阿希姆著作突然在出版物中出现之际,我们或可假定,出版商知道自己拥有了一部名著的市场;然而,若非直到付梓之际,它早已在某种潜流的连续体中存在的话,这部撰写于 12 世纪最后 10 年的作品,其市场又究竟从何而来?

再者,尽管历次异端运动的文献资料皆已损毁,但我们知道历次运动本身却存续了下来;从正统作家们的抱怨中,从宗教审判所的审判中,以及从宗教议会的历次谴责中,我们可以获得充分的信息,了解这些异端运动令人苦恼的存续状况。这一系列的材料并非籍籍无名;而是在 18 世纪的某些经典著作如莫斯海姆(Johann Lorenz von Mosheim)①的《教会史》(*Ecclesiastical History*)中得到了充分的展现;而过去两个世纪涌现出的一些批判性历史著作则颇为可观地增加了我们的知识。令人遗憾的是,在其塑造我们对于西方智识史的心灵图景之时,19 世纪与 20 世纪的自由主义史篡并未吸纳这些材料;甚至直到今日,经由所谓"中世纪"与"现代"时段之间存在巨大断裂的假定,我们对于各种政治观念的历史观仍然被严重地扭曲了。对于 1200 年至 1500 年之间历次运动哪怕仅仅是提纲挈领的勾勒,自然不足以成为一部观念史的替代品,但此种考量将至少可以揭示出社会环境的连续性——正是借助这种连续性,12 世纪与 13 世

① [译注]莫斯海姆,生于 1693 年,卒于 1755 年,德国路德派教会史家。

纪的那些观念才得以被带入 16 世纪。对此种连续性环境的关
照，将至少可以防止这种错误，即仅仅出于更早的资料大多佚失
之故，而非基于其他原因，便把某些观念贴上"现代"的标签。显
而易见，如果我们能够不将孔德主义、马克思主义、列宁主义以
及希特勒主义关于一场历史最终变体的那些想法看成什么"新"
观念，而看成源自 13 世纪行动主义奥秘主义连续体的终末论省
思；抑或我们能够不将黑格尔与马克思的历史辩证法看成什么
新的历史主义或新的现实主义，而看成灵知主义省思的一种再
生后的盛行；抑或我们在理解以实证主义、进步主义、共产主义
与民族社会主义为一端、[179]而以基督教为另一端的当代批判
性斗争时，能够不将其看成"现代"诸观念与基督教之间的斗争，
而看成基督教与灵知古老斗争的重现；抑或我们能够从圣爱任
纽（Irenaeus）在其作品中对同时代灵知主义者们的抨击之中，
寻求当今各种议题的精微表达；那么，我们对于宗教改革及以后
时期的现代政治诸运动的理解，必将达到新的深度。

　　当然，我们拥有的可不仅是关于诸运动具有持续性的记录。
尽管形形色色教派团体的原始文献创作大多已经佚失，但仍有
海量的二手文献存世。这些二手文献有时读来颇令人费解，这
是由于其指涉的教义内容皆被从其语境中抽离而出。但它们远
非无法得到破译。运用它们的主要障碍，与其说是某种诠释技
术上的不可能性，毋宁说是史家方面的某种不情不愿。亚当派
的（Adamitic）教义与实践尤其深受此种不情不愿之苦。史家处
理相关问题时，表现出一种尴尬与震惊的体面态度，可以说是件
屡见不鲜的事情。亚当派小派信徒往往被称作"狂热者"、"精神
错乱者"、"宗教狂信者"、"纵欲之人"以及"激进分子"，等等。在
每个单一事例中，此类概括或许颇为真实；可是，当教派主义者

沉迷于按照通行社会道德标准将被冠以"下流露阴"（indecent exposure）之名的实践之际，对此表现出强烈的愤慨恐怕就不是史家的任务了；史家的任务，乃是对此种现象进行诠释，说明在返回乐园状况这种神秘主义信仰之中，它是有意义的。

例如，我们可以找到这样的记载，阿姆斯特丹的再洗礼派教徒（Anabaptists）脱光衣服，在街道上裸奔，高呼上帝之怒行将来临，而当被带到市政官面前时，则向其担保："我们乃是赤裸裸的真理！"在迫害最为惨烈的时代，此类自杀性的行为具有某种精神变态的（psychopathic）痕迹，而史家本人或许对此感到义愤或同情；可是作为一位人文主义者，史家首先应当对那些悲剧性人物寄予足够的尊重，进而将其行为理解成从宗教角度看有意义之事；他应当记取《论自然的区分》中爱留根纳将乐园中的赤裸性阐释为真理的赤裸性的那些篇章，同时将公众场合的裸露理解为神秘主义者的变体亚当派完美景况的重建。这样一来，他或许同样能够如此理解此类行为，如果可将其理解成精神变态，那我们同样可以将其理解成通过"宣告战争不合法"（outlawing war）而创造世界和平的一种个人的群集，抑或是那些千禧年教派主义者们（chiliastic sectarians）的行为——[180]诸如克伦威尔在爱尔兰、希特勒在奥斯维辛的行径一般——通过对属于黑暗王国的为数众多的人施行"明智的灭绝"（judicious extermination）而创造光明世界。

然而我们必须承认，从二手文献中重建意义需要付出一定的想象力。在那些以分散形式出现在我们面前的历史事件与各色教义的基底上，存有诸多观念，如果我们能够对其获得一种系统化的图景，诠释工作将会受益匪浅。幸运的是，一项近期发现恰好为我们提供了如此一种完整而系统的观点，在理解孤立与分散的资料时,适足以成为一把钥匙。这项发现出人意料地来自艺术史研究领域;同时,它在观念史领域开启了足以发现前人闻所未闻宝藏的视野。更有甚者,此项发现适用于略早于路德登上历史舞台的那段时代,由此我们可以为那条在宗教改革时代以巨大破坏暴力冲出地表的潜流运动中的各种观念状态,给出一种颇为准确与详尽的描摹。我们所言的发现,正是弗朗杰(Wilhelm Fränger)对博施(Hieronymus Bosch)的研究。[①] 然而,在阐述弗朗杰研究的主要发现之前,我们将首先简单描述一系列宗教运动构成的链条,须知正是这些运动恰恰构成了博施画作显示的那些观念的载体。

(二) 奥特里布派

我们即将讨论的系列运动在历史上被称为自由精神兄弟姐妹会(Brothers and Sisters of the Free Spirit)或精神人类(homines intelligentiae)。文献资料的状况,并不能允许我们对运动究竟应该包括哪些团体做出精确界定。除了极具自由精神派典型特点的那些教义之外,某些团体看来还与威尔多教派(Waldensian)类型的贫困崇拜有着强烈的相似性。另一方面,自由精神派多多少少地广泛渗透到最初作为此类兄弟会(brotherhoods)而建立的各色团体之中。不过,如果具备适当的限制与谨慎,则这场运动的主要历史链条还是确凿可信的。

[181]这一运动最早源于莱茵兰(Rhineland)斯特拉斯堡的

---

① 弗朗杰:《博施:千年王国——一种基本解释》(*Hieronymus Bosch: Das Tausendjährige Reich: Grundzüge einer Auslegung*)Coburg: Winkler-Verlag, 1947。

一个教派奥特里布派(the Ortliebians),该教派因其创始人的名字得以命名。即便奥特里布(Ortlieb)本人并非亚毛利教徒(Amaurian),我们仍可确信亚毛利派在其教派渊源中发挥了举足轻重的作用。我们对沙特尔的亚毛利以及迪南的大卫(David of Dinant)的了解是何其之少！这种情况同样可在我们对奥特里布派运动的研究中发现。至于其他,与其说我们具有对其教义的理解,还不如说具有一点儿对其典型观念框架的认知。此一教派的根本教义关注的乃是上帝与人的同实体性(consubstantiality)。原则上所有人都有能力在实质上具备神性;而通过有意愿的行动,有可能实现与上帝的实质性结合。当一个人与上帝达成结合之际,他也就进入了精神的自由。在此种状态下,所有制度限制、法律规则与道德训诫并未失效,只是变得毫无意义而已,这是因为秩序的实质性渊源即精神本身正在某人体内运行。而此种神圣化是可能在人生范围之内实现的。"复活在死亡"(resurrection in death)的提法也就失去了意义,这是因为人是通过与上帝的实质性结合得以复活的。

　　显而易见,此类信仰将会导致不和于社会秩序之行为的发生。既然地球乃是上帝的,而上帝又实质上存在于复活了的信徒之中,那这地球便又是信徒的——而这在实践中可能意味着攫取他人财物乃是上帝之行。既然神圣化延伸至人身,那么身体激情的满足便成了神能的流露——而这在实践中又可能意味着无度的性放纵。尽管这些后果并非必然,而且在教派创立者一代并未作为规则而存在,然而后世连续不绝的此类控诉,却意味着运动必定已经吸引了更为残酷与放纵的"神秘主义者"外围的加入,而对于这些家伙而言,自由精神不过意味着无序的狂欢。

　　从社会角度观之，奥特里布派同样展现出某些重要特征。该教派规定了完美化的不同层级，从精神自由的见习者到完全入门人士等等不一而足。见习者无从聆听全部教诲；他们不得不接受一种逐次递进的教育历程。这种谨慎的渐进主义展示出运动在精神上的责任感与严肃性，至少其在原则上及在初始阶段如此。再者，此种渐进主义使得较低的层级得以停驻于正统之内。该教派从社会角度来看并非一个外在于教会的组织，倒有些像是教会的一个分支。见习者们留在传统的、讲求圣礼的组织之内，[182]只有那些达到了较高启蒙程度的信徒才会达到搬出教会的地位。

　　新型灵知教派与正统基督教借以分道扬镳的此种分层与渐变，从历史角度观之，应当被理解为较早诸世纪灵知教派走向与基督教和解之渐进主义的反转。奥特里布派渐进主义代表的，不过是瓦伦廷派的（Valentinian）"沉思倾向者、感觉倾向者与欲望倾向者"（pneumatici, psychici, and hylici）的判分。"沉思倾向者"（pneumatici）乃是灵知主义的神启圣徒；然而若是屈从于基督教，则这样的教徒只能达到较低层级的"属血气者"（psychici）的水平。"属血气者"需要历史中的基督来求取自己的救赎，而瓦伦廷派所谓的"沉思倾向者"却足以通过一个非历史的、天上的救主（soter）获取救赎。此种独特的社会建构，亦即一个完美精神主义者构成的内核，一种通过其不同精神层级构成的科层架构渗入主流制度社会的指导者阶层，乃是一种具有丰厚政治可能性的基本形式。它是一个秘密社会的完美工具，服从于下述目的：仅仅付出零星干扰的最小代价，进而给那些镇压者最小的窥见机会，从而将现存社会搞得千疮百孔。科层架构底层的那些可怜蛋儿所知不多，也就不会出卖什么秘密；

同时,尽管他们的外在行为与非本教派成员相差无几,但其忠诚却有效地服从于新的方向。依据其原则观之,它便是我们借助对现代大众运动的经验而熟知的社会形式——具有"领袖"、"骨干"、"前方组织"以及"同路人"等构成的内部层级。在缺乏革命危机检验的前提下,不管它对自身的打击到了何种地步,由于它的无形性以及被发现的不可能性,这种社会形式足以令现存统治机制感到绝望。通过鉴照当下时代的经验,我们当可更好地理解,旧体制卫道士的绝望绝非仅仅来自教义上的分歧。

(三) 贝居安派—埃克哈特

实际上,自由精神运动作为在各色社会群体中变得活跃起来的发酵素特性,恰恰构成了我们判别其真实特点时遭遇之各种困难的原因所系。作为自由精神运动主要社会基点的社会运动,[183]本身与自由精神运动——亦即贝居安女修会及贝格哈德男修会(Beguines and Beghards)毫不相干。据我们所知,贝居安派的历史始于 1180 年的列日(Liège),当时勒贝格(Lambert le Bègue)为寡妇及未婚女孩们建立了一所世俗修道院(lay convent)。在随后几十年乃至数百年里,为无家庭依附关系女性创建世俗修道院的观念迅速传播,大约在 1220 年左右,与其类似的男性世俗修道院运动接踵而来。这些运动明确揭示了新型城镇的社会需求,个体之间相互疏离,面临赤贫之虞,唯有通过建立一种特别的制度化阶层,方可缓解此种趋势,在看似毫无睦邻友善的一片荒漠般的城镇(哪怕是中世纪那种规模很小的城镇)之中,保存那些在社会关系上相互疏离之男男女女的自尊与人性高贵。从宗教角度看,作为一项规则,此类修道会与多明我及圣方济修道团有关。修道院成员往往是第三级教士(Tertiaries);而在将贝格哈德教派作为异端加以迫害的时代,其成员被命令加入第三级教士,以便使其处于制度化宗教控制之下。

这些为数极少的资料足以充分揭示当时诸运动中的复杂战线状况。贝居安派本质上是一场社会运动,但它同时也在找寻一种新的宗教取向。托钵僧修道团能够提供一定程度的宗教指导,但其领导效力是不足的。到了 14 世纪初,角色实际上发生了倒置:由于人们乐意加入贝居安女修会及贝格哈德男修会,托钵僧修道团明显衰落了。这种状况是如此令人难堪,以至于杰出的经院哲学大师司各脱被召往科隆,通过其权威与祷告的威力扭转贝居安派的宗教狂潮——由于其在 1308 年的骤死,这项使命未能完成。

伟大的方济各会修士司各脱的这段插曲进一步提醒我们,斗争被方济各会修士与多明我会修士之间的敌对弄得更为复杂了。托钵僧修道团之所以展开斗争,不仅是为了从自由精神那里争夺贝居安派的灵魂,还是为了争夺对各所大学的智识控制以及对人民的影响。托钵僧修道团的祈祷,在更为广泛的大众中激起宗教意识,尤其是使人们注意到基督教并非传统教阶制度之专美,而是(至少对于人民而言)可以被特定宗教组织更好地代表,就此而言,可谓是运动兴起过程中做出巨大贡献的一个重要因素。[184]当 14 世纪初叶托钵僧修道团争夺群众控制权的斗争呈现出严重的失败迹象之际,其中一个修会自然会做出此种政治性的尝试,亦即将导致贝居安派混乱的责任推卸到另外一个修会身上。

这一尝试的机会被托付到埃克哈特身上,他是多明我修会伟大传承中继艾伯特与圣托马斯之后的第三人。埃克哈特的神秘主义与托名狄奥尼修斯及爱留根纳总的情结颇有亲和关系，尽管其神学与自由精神派并无直接关联，灵魂基础上之沉思这一共同内容却使得二者的温和结盟成为可能。实际上，对埃克哈特受谴责教理的清算，一度被错当成一项针对贝格哈特教派的敕令。针对埃克哈特的斗争是由方济各会挑起的；这场斗争的彻底胜利由于埃克哈特之死而略有失色，但却进而转化为1329年对他的死后谴责。方济各会修士们谴责埃克哈特教理的诉求状上有许多签名，其中奥卡姆的威廉（William of Ockham）的大名赫然在列。

方济各会之所以发起对埃克哈特的斗争，重要原因在于埃克哈特这位伟大的多明我会修士，通过自己的祷告词以及对年轻一代牧师的培养，对当时的大众团体产生了极为深远的影响。当然，如若埃克哈特能够活得更为长久，如若其著作并未因谴责而被阻断行世，究竟将会发生什么，对此我们已然无从得知；不过极有可能发生的是，正如稍早一个世纪的圣方济各与圣多明我一般，埃克哈特或许可以成为一种新兴宗教运动的创建者，此种运动足以在保护其疯狂成长免遭行动主义神秘主义走火入魔的戕害之余，满足人民的宗教需求。然而，这一事业亟需将埃克哈特及其跟从者的神秘主义宗教性吸纳进制度化的基督教之中；亟需调试自身的组织与神秘主义神学，使之具有某种与多明我会及方济各会的旧日教阶及经院神学相同层次的合法形式。正如我们此前曾经指出的那样，至少对于当时刚刚摆脱其自身激进精神支系最终残余的圣方济各修道团而言，这一事业已经明显不再具备什么可能性。这样一来，[185]宗教上受到感召激发的群众失去了埃克哈特这样的人或能给予的精神指引；通过宗教裁判所的群体审判与群体处决,教派运动的失序局面在当时被弹压了下去。

就 14 世纪初叶这一大迫害关键时段的教义状况而言,除了少许典型之外,官方文献传世者甚少。在 1311 年维恩大公会议(Council of Vienne)上颁布的克雷芒系列敕令(Clementine decrees),至多是增加了少许推论。那些生活在完美状况中的人超出了教会节制之外;从纯粹沉思的高度下降,依靠圣礼思想或救主的热忱过活,将会是一件自我矮化堕落之事(debasement)。此类更为具体的指责不过意味着圣灵豁免(dispensation of the Spirit)的降临。斯特拉斯堡主教(bishop of Strasbourg)1317 年的一封通信表述了这一教义:"作为一个地方,无论地狱抑或炼狱皆不存在";不存在最终审判,所有灵魂均在自身死亡之际遭受审判;更有甚者,没有谁会全然迷失,甚至犹太人与撒拉逊人(Saracens)①的精神都将回归上帝。上述教义片段意味着,无论爱留根纳对于《圣经》的符号主义诠释,抑或俄利根的诸灵最后复原论(apokatastasis),都是教派思想的一个组成部分。②

(四) 第九块岩石:迷狂与迸发

主教信中有一句话值得仔细推敲,这是因为它导向超出常规教义范围的图景:

> 他们让自己岿然不动,立于第九块岩石之巅,既无快意

---

① ［译注］广义上指中古时代的阿拉伯人。
② 关于文献的来源,请参见琼斯(Jones):《神秘主义宗教研究》(*Studies in Mystical Religion*)。

也无伤感；哪怕只需说出一个字便可消除尘世所有的忧伤，他们也不会把它说出来。①

所谓九块岩石，代表着属灵之人逐渐上升最终达至巅峰，即达成与上帝之结合的九个步骤。很明显，自从 1200 年左右运动开始之际，九岩之说便已开启，在未知作者撰述著名的《九岩之书》之前，已有多个同名文本行世。约翰·洛伦兹·冯·莫斯海姆便曾从其中的一个《九岩》文本引述过章节，他将其推定到较早的时期，[186]并认为它有助于解释主教通信中相关论断的意义。

　　另外，具有神性之人的运作与行事，系完全按照神的运作与行事而行。由于他在上帝之中创造和塑造了天地。他便也是永恒世界之父。若没有这具有神性之人——他不得不使自己的意志顺遂上帝的意志——上帝不会创造任何东西，因此令上帝赞许之物，也便是令具有神性之人赞许之物。如果上帝的意志乃是我应当犯罪（commit sin），则我的意志必须与之相同，我甚至不能奢望弃绝罪恶。这才是真正的悔罪（contrition）。对于一个良善忠实与上帝结合之人而言，他或许犯下过一千个致命的罪过，但他甚至不应去奢望自己并未如此为非；不能，他宁可死上一千次，也不能省却其中任何一项致命的罪行。②

---

① 琼斯，《神秘主义宗教研究》，前揭，第 208 页。
② 莫斯海姆：《教会史》（*Ecclesiastical History*）（伦敦，1803 年），第三卷，第 285 页。

关于原始资料令人困窘的状况，上述段落可谓提供了绝佳的例证。当我们阅读这段文字时，会浮现出众多灵知教派、曼达教派（Mandaean）以及摩尼教派（Manichaean）似曾相识的文献。我们或许会想起"第一人"（Protos Anthropos，Primal Man）、索菲娅·阿卡密（Sophia Achamoth）①以及瓦伦廷教派的霍罗思（Valentinian Horos）②，等等。然而，求诸这些来源将会揭示，主教通信中这段话所传达的观念目前还不能与我们所知的那些灵知派教义完全契合。就创世乃是神性伊涌（divine aeon）③堕落而为物质（matter）这种一般观念而言，两者之间存在着一种亲和性。灵知主义的"影响"可被我们强烈地感知；宗教经验的氛围是一致的；而教义建构却是全新的。在此种新型符号主义构建背后，我们须得想见必定存在一位第一流的宗教思想家。而这种构建性的观念便是：造物神（Demiurge）在灵知主义意义上创造出一个伊涌，可以"神人"（the Divine Man）称之，而此伊涌便成为造物神创世的工具。世界本身被认为是双重的，包含了善与恶。在此我们可以发现，其与灵知主义的那种观念具有契合之处，这种灵知主义观念认为，创世就是一种光明实体堕落成物质的海玛门尼（the Heimarmene of matter）④。再者，世界的二元结构并非上帝意志，而是强加于其身上的一种命运，若离

① ［译注］灵知教派中的某种雌雄同体结构。

② ［译注］有"境界"之义，亦称"限制者"（the Limiter），与古希腊神祇荷鲁士（Horus）颇有渊源，可参见 http://en.wikipedia.org/wiki/Valentinianism#Horos。

③ ［译注］aeon 在英文中一般具有"永世、万古"之义，在灵知主义语境中可译为"移涌"或"伊涌"，系指自至高神溢出的一批精灵或存在物。

④ 灵知主义关于造物主与海玛门尼的观念，乃是《治邦者》（*Statesman*）神话中柏拉图所用象征符号的变体。（［译注］Heimarmene 原是希腊神话中的命运女神，灵知教派借其指代"普遍且具压迫性的宇宙命运"。）

开它连世界都不会存在的一种条件，就此而言，此种灵知主义观念还具有一丝柏拉图式海玛门尼（Platonic Heimarmene）自身的印记。在某个方面，若非其存在便无造物之可能的神人，[187]同样会让我们想起爱留根纳的通过人而实现的创世观念，及其通过回归一人状态进而实现世界向上帝之回归的观念。

　　然而，通过此一中心观念，亦即神圣过程与人都是参与此一过程之神性的组成部分，这样一来，所有这些类同性也就构成了一个新的整体。当他洞悉自身之神圣官能并与上帝创世意愿达成一致之时，一个人也就获得了自我之实现。既然包括黑暗与邪恶在内的所有造物皆属此种上帝意愿之列，人也就必须调试自身，使之适应造物黑暗之中的神圣苦难；他绝不能背叛实属上帝之命定的命运，而是必须履行自身的罪孽职责。

　　　　这才是真正的悔罪。

　　我们可以发现一种悲剧性存在的灵知主义观念正在浮现；以一种积极意愿扛起遭逢罪孽苦痛的重担，以及将遭逢罪孽苦痛视为造物性实存（creative existence）之条件而坦然接受。循此，我们可在中世纪盛期找到一种超越善与恶之尼采式实存的浪漫感伤。我们不能借助前引这段孤立的文字做过多的推论。然而，在我们看来，这段文字似乎决定性地预示了诸种经验的一般范围，正是在此范围内，更为晚近的关于悲剧性变体实存的哲学由以发端；而且此段文字看起来还很像历史链条中一个重要的联系环节——这一历史链条把从孔多塞（Marquis de Condorcet）到尼采关于超人（the Superman）的现代省思与关于"第一人"（Protos Anthropos）的古代灵知主义省思连接在一起。

　　这段文字体现的教义，乃是一个思想与实践体系的中心观念。对此体系的各种细节，我们无从直接获悉；但借助其他线索与残篇，我们至少可以重新构建出这一体系的特定内涵。陶勒有篇布道辞，描述了此类神秘主义者的精神自由，至今依然留存于世。神秘主义者们被刻画成缺乏任何自下而上或自上而下行动的人士，有如静待主人使用的被动的工具；他们不具备任何自身的意愿，因为这将妨碍上帝在其作品中意愿之实现。对于神圣意愿的体认是如此彻底，以至于所有通往上帝的客观化距离全然消失。"他们不事思考，也不礼赞上帝。"他们想使自己在欲望与爱、对任何权威的顺从以及德行之践履面前保有自由。这是因为，只要一个人竞逐美德，他便没有进入完全的精神赤贫与自由之境。由于他们已经抵达最高级别的无知无邪（innocence）境界，也便超越了美德与信仰方面有限的实存；这样一来，他们也就无从为罪，道德与法律秩序在他们身上也就无从适用。[188]当他们行事之际，只是顺服一种基于本性、方向不定的冲动（impulse），以便精神自由得以无拘无束。①

　　读者在阅读来自《九岩之书》的这一段落时免不了要问：在那种超越了善与恶的悲剧性实存中，秩序的原则究竟是什么？如果善与恶必须在实存中被不加区别地经受，那么在具体情境之中，人又该如何择取自己行为的路向呢？如果面临着做出不道德行径的诱惑，他究竟是应当为恶还是应当克制呢？如果基督教意义上的"至善"作为终极定位点被取缔，那么原则上他又应当如何在一生中行事呢？

①　陶勒的布道辞收录在普莱杰（Johann W. Preger）的《中世纪德国神秘主义史》（*Geshichte der deutschen Mystik im Mittelalter*）（莱比锡：Dörffling and Frank 出版公司，1874—1893 年），第 3 卷，第 133 页。关于该文献，同时可参见，琼斯：《神秘主义宗教研究》，第 209 页。

陶勒尔的布道辞为上述困惑给出了答案。神秘主义者的人生，根本就不是由爱和理性指导的行动的人生；他的人生乃是在一种张力之中开展的，此种张力即对于灭世之"迷狂"（a stupor of world annihilation）与神秘主义者"本性"之"迸发"（outbursts of the mystic's nature）之间的张力——此种"迸发"自然是对世界的干预，但却不具行动之性质。我们现在同样可以理解主教信中的这句话："哪怕只需说出一个字便可消除尘世所有的忧伤，他们也不会把它说出来。"在岩石之巅神秘主义者"岿然不动"，是因为他已然在爱前保有"自由"——也就是说，是因为他并未参与到世界的积极实存（positive substance）秩序之中。

我们关于行动主义与虚无主义之关联性的初步分析，现在借助将关联性化约为神秘主义迷狂与迸发之间的终极张力，也便得到了确认。另外，我们现在亦可为之前的分析补充一些新的内容。首先，迷狂与迸发之间的神秘主义张力，乃是人类在世界上实存之绝灭的后果。所谓"在世界上实存"（existence in the world），指的是将包括自然条件、理性及精神生活在内的所有维度的人类实存，接纳为人寻得自身之有限表达的领域。所谓"绝灭"，指的是对那些主宰人在社会中之实存的各项原则的摒弃（这些原则源于自然条件、理性、信仰与爱）。其次，经由此种绝灭，行动之秩序被摧毁。当此种类型的神秘主义者变得"活跃"之际，事件也就具备了"迸发"的性质。在现代大众运动之中，这一现象的本质有些时候会变得晦暗不明，[189]而这则源于此一事实：不管怎样，"迸发"在其发生之际是对世界结构的一种侵入，若想达到影响社会结构的效果，就必须遵从"手段—目的"关系的技术或务实理性。一场神秘主义大众运动，从实存之失序（existential disorder）中起源，同时在迸发过程中展示出超群的务实秩序水准,这种现象并无自相矛盾之处。① 其三,我们在此必须首次触及此类精神主义诠释中最为困难的问题之一,该问题已在若干场合引发了术语学的困难:"反精神的精神主义"(antispiritual spiritualism)悖论。笔者在本项研究较为偏后的部分,即关于谢林(Friedrich Schelling)的章节,②将会更为充分地探讨此问题。就眼下而论,我们只需辨明"迷狂"精神主义的真面目即可,相对于在造物有限性和神圣现实之绝对彼岸间保有距离的基督教精神主义而言,它不啻于一种灵气病理性的倒错(pneumato-pathological perversion)。

从世界的撤离以及向顶峰上的不变性(immovability)的攀升,并未创造出与神圣实质的联盟;相反,它们导致了人在其有限性之中的封闭性。它们并未导致向神圣领地的扩张,反而导致了自我的囿限。在浪漫派虚无主义最为精准的诊断者之一讨论1800年左右德意志文学生产的某一特定支流时,上述问题得到了精彩的阐述。在其《美学初探》(Vorschule der Ästhetik)一书以"诗性虚无主义者"(Poetic Nihilists)命名的章节中,让·保尔(Jean Paul)写道:

　　时代精神中那种无法无天的肆意性,试图自私自利地消灭世界与所有事物,以便使精神获得那种自由,得以倾泻

---

① 这一问题曾被韦伯以"功能"(functional)与"实质"(substantial)合理性为名加以处理。并由曼海姆进一步阐发,参见曼海姆《重建时代的人与社会》(Man and Society in an Age of Reconstruction)一书(Harourt,Brace and World 出版公司,1940年版;1997年重印版)的第1部分第5章"世界理性不同含义之澄清"("Clarification of the Various Meanings of the World Rationality")及后续各章。

② 参见《政治观念史稿》卷7,《新秩序与最后的定向》。

注满虚空,并得以撕碎作为障碍的自身伤口上的绷带;而且这样一来,谈及仿照与研究自然,它必定会满怀不屑之情。这是因为,当时代历史日渐变得类似于一位没有宗教或国度的历史编纂家(historiographer)的时候,自我中心主义的肆意性最终必将把自己掷向严苛而残破的现实律则;在那些除了特定、狭隘与琐碎的诗体建设(verse construction)之外不必遵循任何律则的所在,它将乐于蒸发自身,变为无效的幻想。[190]当上帝在一整个时代有如日薄西山之际,这个世界很快亦将进入黑暗之中。①

(五) 保惠师

在从其更为细化的各种分支探究迷狂与迸发问题之前,且让我们对历次运动的领袖们亦即圣灵的化身们予以匆匆一瞥。在此,原始资料仍然非常缺乏,并且只是在相对晚近之时才涌现出来。然而,就当下这一案例而言,原始资料时代上的晚近或许意味着,在 14 世纪之前,圣灵之实存(Paracletic existence)尚未发展到充分的境地。此中原因为数众多。最为明显的一个原因,乃是约翰派圣灵(Johannine Paraclete)发挥了其影响力,但我们还应将灵知符号主义及新柏拉图主义传统广泛而深入的蓄积牢记于心。弗朗杰对下述毕达哥拉斯派的(Pythagorean)残篇再三致意:

> 有三类具备理性的存在——上帝、人以及如同毕达哥

---

① ［英文编者注］让・保尔《全集》(*Sämtliche Werke*)(H. Böhlaus Nachfolger 出版公司,1935 年版),第 xi 页、第 22 页。

拉斯一般的存在。①

　　该残篇颇具启迪意义,这是因为它说明早在古典时代便已发育出神与人之间的一种中介实存(a mediator existence)之观念,正如我们在柏拉图之神子(the Sons of God)观念中所见的那样。在自由精神运动之中,我们再度面临类似的问题,即超越人类地位、进入中介精神之个人的崛起,到了中世纪与新教诸世纪,这一问题则在运动领袖们通过不同中介性符号获得自我指称的过程中得以清晰表述。范围更广的神秘主义者中足以提供的良好例证,当属于 1381 年在艾赫施塔特(Eichstädt)遭到审判的卡恩勒(Konrad Kannler)。他以"基督之兄弟"及"新亚当"自承;他甚至是"明智的敌基督者"(Antichrist in the good sense);最后,还是"无辜羔羊的形象"(Image of the Innocent Lamb),并借助此等能力得以主持末日审判。② 到了 15 世纪,我们拥有了一个在教理上更为精准的例证。在 1411 年凯末瑞克(Kameryk)的一场审判中,某一教派的领袖坎托(Aegidius Cantor)[191]遭受指控,因其再三宣称"我是人们的救主;通过我他们将见到基督,正如通过基督他们将见到圣父"。③

---

① 这一残篇曾在弗朗杰所著《博施:千年王国———一种基本解释》的第 129 页提及。根据策勒(Eduard Zeller)在其著作《历史进程中的希腊哲学》(*Die Philosophie der Griechen in ihrer geschichtlichen Entwicklung*)(O. R. Reisland 出版公司,1920 年版)第 1 卷第 395 页注释 4 中的看法,这一残篇据亚里士多德的看法,乃是由新柏拉图主义者扬布里可(Iamblichus)给出的。

② 弗朗杰:《博施:千年王国———一种基本解释》,第 34 页及以下。

③ 凯末瑞克审判的记录,载于弗里德里希(Paul Frédéricq)《宗教裁判所低地地区异端审判记录大全》(*Corpus documentorum inquisitionis haereticae pravitatis neerlandicae*)(J. Vuulsteke 出版公司,1889 年版),第 1 卷,第 249 件。弗朗杰的《博施:千年王国———一种基本解释》透彻地探讨了此一案例。

随着宗教改革的开展,我们所能拥有的资料渐丰。这里便有乔里斯(David Joris)(约 1501 年—1556 年)的例子,他是一位来自弗兰德斯,最终在巴塞尔建起了自己的新耶路撒冷的再洗礼派教徒。在对历史的诠释中,他重拾了我们曾经论及的、来自爱留根纳及菲奥雷的约阿希姆的三大神圣时段符号论。当然,我们现在正处于第三时段。新鲜之处在于,圣灵已经出现在他身上。通过三大神圣时段的大卫们(the Davids),上帝展现自身。在圣父神圣时段(the dispensation of the Father),通过《旧约·诗篇》里的大卫(the Psalms of David),上帝最为强烈地展现自身;在圣子神圣时段(the dispensation of the Son),则是通过大卫的后裔(the scion of David),即耶稣;而在圣灵神圣时段(the dispensation of the Spirit),则是通过乔里斯。大卫基督(Christus David)代替了耶稣基督(Christus Jesus),成为人类的救主。更有甚者,在乔里斯风格的作品中,我们还可找到与"第一人"(Protos Anthropos)相似之物,作为圣灵的器皿,它得以重生。在其著作(*T Wonder Boeck*)1542 年的第一版中,有一幅关于"新人"(New Man)的画作,上有其姓名首字母签名,可能意味着自己的肖像。

尼古拉斯(Henry Nicholas,也写作 Hendrik Niclaes,约 1501 年—1580 年)是慈爱教派(the Family of Love)的创始人,也是乔里斯的一位同时代人,或许曾受乔里斯的影响。尼古拉斯给自己的作品署名"H. N.",这既是其姓名的首字母,也意味着"新人"(Homo Novus, the New Man)。在《天国的福音》(*Evangelium Regni*)一书中,他宣布新的神圣时代的喜人浪潮已然来临。上帝对被遗弃之人大发慈悲,并通过推崇亨利·尼古拉斯宣示自己的真理。主的工具缺乏生命气息,已濒临绝境,但可通过基督重生。① 基督已经以其神一般的存在指认了他。H. N.在基督那里得以神化，而基督则在 H. N.那里得以人化。上帝将 H. N.创造为一个有生命的圣体龛（a living tabernacle），创造为一个其子基督的法座，以便使自己超卓的作品在当下最后一次为世所知。

　　在尼古拉斯领导之下，慈爱教派（Familia Caritatis）被以等级制方式组织起来。[192]高级别职位由年资较长者充任，而这些年资较长者看起来似乎是那类"无瑕者"（perfecti），就像尼古拉斯本人那样，一种更新（renewal）已运作于其身。基督徒的神圣仪典若想合宜地进行，既不能交给那些单靠《圣经》经文知识行事的普通信众，也不能交给那些教阶意义上的牧师们。这些神圣仪典只能由以死追随基督并随其在新生命中获得重生的"无瑕者"执掌。只有在他们与自己的基督成为活的上帝的寓所与形状之时，上帝之道（the logos）才会有如活水，从他们身上溢流而出。②

　　在 17 世纪清教革命期间的早期贵格派信徒之中，我们还可发现一位"圣灵"，那便是内勒（James Naylor，1618 年—1660年）。他的追随者们将他称作"永远的公义的太阳；和平之王；上帝的唯一受生之子（begotten son）；万中挑一的最佳美者"。1655 年他进入布里斯托城，骑着马（这是因为当时驴子匮乏）作耶稣态。一名女子引领着他的坐骑，其他人则在他面前挥舞着自己的围巾与手帕，口中高呼："神圣啊，神圣啊，神圣啊，万主之

---

① 　就自由精神运动一般情况而论，生与死之观念可以追溯到《罗马书》第八章第二节："因为赐生命圣灵的律，在基督耶稣里释放了我，使我脱离罪和死的律了。"以及《罗马书》第八章第十四节："因为凡被神的灵引导的，都是神的儿子。"

② 　关于乔里斯和尼古拉斯的资料，可参见琼斯：《神秘主义宗教研究》，关于他们的生平行状，尤其可参见该书"再洗礼派"及"慈爱教派"各章。

主的上帝：至高的和散那（Hosanna）；神圣啊，神圣啊，以色列的上帝！"这位新的基督被一个议会委员会逮捕和审判。他自辩并未犯亵渎神明之罪，坚称荣耀之语并非给予其本人，而是致献给栖居于己身的上帝。他无从拒绝别人受上帝所感并延伸到其本人身上的荣耀。

> 如果圣父感动了他们，将这些荣耀给予基督，我无法拒绝他们；如果他们将这些荣耀给予基督之外的其他任何人的话，我将深恶痛绝。[1]

乔里斯、尼古拉斯和内勒的例子揭示出圣灵实存的核心要素，但总体观之，这些运动本身并未在公众中获得多大的重要性。乔里斯在巴塞尔的教派是如此小心翼翼地开展活动，以至于直到他死去都并未引起多大的公众关注。慈爱教派在英格兰有一定的扩张，但却因具备足够的寂静主义（quietistic）色彩，而并未引发当局的严重关切与干预；而是在 17 世纪汇入刚刚肇始的贵格派运动之中。内勒则似乎是一个应者寥寥、离群索居的家伙。[193]最后，让我们转而讨论这样一个圣灵实存的例子，这位"圣灵"得以建立自己具有公共权力性质的新耶路撒冷，并与当时的主流制度进行了旷日持久的斗争，那便是莱登（Jan van Leyden）及其"明斯特王国"（Münster Kingdom，1534 年—1535 年）。这一案例对我们而言颇为重要，不是因为其展示出新的教义上的特色，而是因为其展现给我们：当把圣灵的一个神

---

[1] 此一案例出自尼尔（Daniel Neal）所著《清教徒史》（*The History of the Puritans*）（W. Baynes and Son 出版公司，1822 年、1837 年版），第 4 卷，第 139—143 页。

圣时代转化为历史实存这一重大检验来临之际，一位行动主义神秘主义者有何作为与实践。

和乔里斯一样，莱登也是一位新大卫。和大卫一样，他也被加冕为新锡安（the New Zion）之王；而他的袖珍王国则被理解为一个即将扩张以对全世界实施统治的王国的核心。莱登是一位具有伟大个性天赋的年轻人；去世之时仅有二十五岁。他熟知如何以滔滔雄辩掌控人民，而且是位出色的政治心理学家。他通过极尽奢华的展示吸引人民。他拥有两项金质王冠，一顶供王国之用，一顶供帝国之用；他在金腰带上佩了一把黄金大剑；当出现在公众面前时，他骑匹白马，其身未至已有先驱官和军号手先行；在盛大的公共仪式上，他的宝座周遭有一支步兵卫队和一支骑兵卫队拱卫；他还组织了一个衣着华贵的宫廷。他极尽上述种种奢华之能事的城市，却是一个正在遭受围攻之灾、人民几无个人财富并濒于饿毙边缘的所在。但是人民却乐此不疲。一旦新秩序被理解为随着黑暗与光明斗争而降临的新的神圣时代，举凡地位之分殊、统治团体做派之奢靡以及最为严酷的独裁专权等等，所有这一切在通常情境下将成为不满与叛乱之源的事物，都变成了可以容忍甚至值得向往的特质。

正如在此类案例中屡见不鲜的那样，我们可以从中寻得廉价的欲望和天堂国度之实现之间的混合。在明斯特王国一夫多妻制的组织之中，平均水平乃是一夫三妻，而莱登却不辞辛苦地肩负起取悦由 14 名女士组成之后宫的重任，从相关细节中我们当可推断，他不仅热衷于遵循自己王国的律令，而且将最好背景家庭的最为迷人的女子们存储起来以备自用。然而，整个这番壮观景象都经过了精心算计，目的是使人们从色欲上信服王国的荣光。当然了，此种对于权力实存之存在的基于色欲的信服在所有情境之下都是必需的；某人若忽视了此种稳定自身地位的工具，将被视为一个拙劣的政治家。[194]然而，群众不得不相信光明王国在每个转折点上，都会拜人类之有限实存这一令人不适的影响所赐，而面临崩溃之虞，唯有在此种运动氛围之下，这一工具才能取得其特有的重要性。在此类情境之下，权力之符号化也就获得了性中毒（sexual intoxication）的特质。

在 16 世纪和 17 世纪，自由精神运动逐渐销声匿迹。而在过渡时期，我们可以发现这场运动的成员们投身浸礼宗或贵格派之类"体面的"运动中去。然而，以我们曾经分析的种种形式存在之运动的消失，并不意味着存在于其中的精神亦已消失。毋宁说，这场运动发生了一次由基督教形式向世俗形式的变体过程。这正是由英语中 libertine 一词诸多意涵所揭示出的那场变形记。自由精神运动变成了同时具备"自由思想"（free thought）与"自由放纵"（licentiousness）双重意涵的 libertinism。自由精神的灵知主义变成了启蒙理性的灵知主义。自由精神各教派信徒们的真正继承者，并非吸纳了他们的余部的"体面地"基督教派别；而是 17 世纪和 18 世纪形形色色的自然神论（Deistic）、一位论（Unitarian）、阿里乌派（Arian）以及最终的无神论（atheistic）派别。

当我们追寻与基督一起神化并从其身上如活水般涌流出上帝之道的"无瑕者"的继承人时，必须沿着洛克指引的方向前行——根据洛克的看法，理性是如此完美地道成肉身，以至于理性者的个人意识可以成为启示真理的标准。当我们找寻"保惠师"的继承人时，不得不沿着世俗主义超人们（secularist Supermen）的方向前行——以及沿着孔多塞尤其是孔德的方向，孔德正是世俗主义的第三个神圣时代的传福音者。在此项研究之后各个部分,我们的首要任务将是:使得那些极其"现代"、"科学"的思想家们作为行动主义神秘主义者、作为一种新的反基督灵知的鼓吹者以及作为伟大圣灵式存在的先驱者的形象清晰可辨,这些伟大圣灵式存在的先驱者们正如希特勒等人一般,降入政治舞台,将经过长期准备的大众运动引入毁灭性的历史行动轨道之中。

（六）　博　　施

　　我希望,与对自由精神运动的一般研究相比,此前的分析多多少少能够更为深刻,但本人的分析所借助者仍未超出常见材料的范围。[195]尽管时或能够引起一点讨论,但迄今为止,这场运动某一部分的全盘教义都遭到了人们的忽视,那便是该运动中的亚当派的(Adamitic)教义与实践部分。在这些资料中,上述问题之所以引起我们的注意,通常是经由教派圈子中对性放纵之恐惧与义愤的各种表述,或者是经由从未付出任何深究努力便加记录的奇闻异事。凡自由精神运动扩张所及之地,上述事件均历数个世纪而不绝于书。我们已经知晓威廉斯(Roger Williams)在罗德岛(Rhode Island)与一些亚当派教徒相处的困境。我们也可读到形形色色的、归于早期贵格派教徒(early Quakers)的忧虑之语,例如:"在护国公(lord-protector)本人在场的公开敬礼(public worship)过程中,一名女子走进了白厅教堂,一丝不挂",其目的是对此事或彼事提出抗议。① 我们曾经论及在阿姆斯特丹街头裸奔的再洗礼派教徒(Anabap-

---

①　前揭书(〔译注〕即尼尔(Daniel Neal)所著之《清教徒史》(The History of the Puritans)(W. Baynes and Son 出版公司,1822 年、1837 年版),第 4 卷,第 139 页。

tists)。我们还可发现足以使我们更接近问题核心的一些偶或出现的论述,例如皮科洛米尼对波希米亚的皮卡德派(Picards)(乞讨会[Beghards])的描述——一位牧师自称"亚当,上帝之子暨上帝之父",并在其身旁设立了一位"上帝之母"——一位人格化的索菲娅。而在托莱多(Toledo)①的"光明会"信众(Alumbrados)中间,宗教裁判所发现了一位灵知教派的"圣母"(mater)赫尔南德斯(Francisca Hernandez),这名女子颇以其与不同男子间的性爱关系为乐;其中一名与之相好的男子在审判中向裁判所确证:"能够教诲此种智慧的,绝非巴黎(Paris),而是天堂(Paradise)。"②

对自由精神运动中亚当派教义所做的最好的早期叙述之一,来自莫斯海姆。在其《教会史》一书中,莫斯海姆曾论及那些"可怜的狂热者"(wretched enthusiasts),这些家伙坚信:

> 通过持续的沉思,将有可能从上天赋予的意识之中根除所有的自然本能,并且将一种特定的天赐迷狂与神圣冷漠注入其中——他们将其视为基督徒完美状况的伟大特质。具备这些情愫的人们,将会在其虚假的圣洁之后享有奇特的自由,并通过其行为展示自身罔顾于外在的容貌;这是因为,他们将赤身裸体地举行自己的秘密集会,与其精神上的姐妹们——或者不加区别地与其他女子——同卧一榻,而不会有一丁点儿的踌躇与犹豫。此种斯文扫地的形骸放浪,乃是拜其歹毒体系所赐。他们将作风正派和谦逊视为内在腐化的标示,视为仍然处在肉欲、兽性、淫荡精神

---

① ［译注］Toledo 系西班牙中部省名。
② 弗朗杰:《博施:千年王国——一种基本解释》,1947 年版,第 27 页。

宰制之下的灵魂的特质，[196]这种灵魂尚未与作为其中心和源泉的神性重新结合。而且他们认为，所有这一切与神性相距何其遥远，要么是感受到自然的肉欲暗示，要么是受制于所见所触的来自异性的热烈激情，要么是不能够消除和抑制逐渐炽热的淫欲和放纵。①

显而易见，此种叙述难以令人满意。然而，问题的轮廓已经变得清晰。亚当派的教义与实践与从堕落（the Fall）向与上帝在天堂乐园中团聚的"复归"（return）具有某种关联。作为从有限存在领域撤离的"迷狂"，同时亦是向一种无知无识（innocence）之"前性"（presexual）境界的撤离。此种教派社群里的裸体行为，正是巅峰之"不可移动性"得以实现之神秘主义实践的一部分。我们还记得爱留根纳对性别分化之前创设最初之人的诠释。初人亚当借助圣父与神圣逻各斯的智慧，使精神与欲望实现和谐的平衡状态。莫斯海姆描述的"迷狂"，从堕入性别之前的实存这个意义上，看起来乃是向伊甸园的复归。

现在我们可以如此理解上述材料如此频繁声讨的性放纵：要么是对于预想中天堂般国度的"离经叛道"，要么是作为天堂般国度之实现的一种神圣能量的"迸发"。不管从完整意义上哪种阐释是正确的，我们都面临一种系统性的尝试——一种身体的精神化（spiritualization）和一种对于精神爱欲的狂热崇拜。从与拉丁的阿威罗伊主义（Latin Averroist）运动相关的"自由放纵"（libertinage），尤其是《玫瑰传奇》（*Roman de la Rose*）那里，我们可以观察到类似的问题。而我们或可将亚当派的精神主义视为某种宏观运动的一个组成部分，此种宏观运动相信：自

---

① 莫斯海姆：《教会史》，第 3 卷，第 283 页及以下。

然被赋予了作为上帝创世题中应有之义的一种新的尊严。

体认到自然的尊严是一回事,擢升自然以期超越创世并进入一种前创世的天堂则全然是另外一回事。我们必须预计到:朝向亚当式实现(Adamite realization)的努力,将会造成与朝向变容历史(transfigure history)之努力相同的诸种问题。关于这些问题,就其展示自身的诸种方式——胎死腹中、中途出轨、遽然爆发、奇闻怪事等等——而言,我们已被充分地告知;[197]而且,关于亚当式神秘主义的世俗主义变体,以及行为放荡、自由恋爱、裸体主义者殖民地(nudist colonies)等等其现代表达,我们同样具有充分的信息。然而,关于亚当式各教派的成功社群生活我们却所知甚少——实际上,直到非常晚近,我们甚至不确定自由精神运动此种经常提及的成分,究竟有未达到值得一提的智识发展成就以及相应的社群实践。就此类问题而言,通过此前提及的弗朗杰关于博施的论著,如今我们已经颇感确定。现在我们已知,亚当派运动发展出一种神秘符号主义的恢宏体系,其发展定然已经占据了时代一流的心智,在我们可从那位荷兰画家画作中观察到的繁荣背后实则具有一脉丰厚的传统。

这一画作乃是保存于埃斯科里亚尔建筑群(the Escorial)①的一幅祭坛画(altarpiece)和三联画(triptych)。在艺术史上,它一直以《欲望之天堂》(*The Paradise of Lusts*)名世;弗朗杰研究了对该画作的读解,并认为此种读解使得画名有误,并将其重新命名为《千禧年》(*The Millennium, Das Tausendjährige Reich*);我们在今后讨论中将遵循弗朗杰的这一新命名。当我们打开这幅三联画之际,左幅展示的是"伊甸园",右幅展示的则

---

① [译注]该建筑群建于1563—1584年,位于西班牙马德里附近,包括西班牙国王陵墓、宫殿、教堂、修道院和庙宇等。

是"地狱"的象征。中幅则显示了"伊甸园"的沿承式场景,即从亚当与夏娃开辟伊甸园之初,直到伊甸园被一大群裸体男女充斥。在中幅前侧,这些裸体人物被分成较小的群组,乍看起来犹如正沉浸于不同的性事体位与实践。中幅中侧则被一个规模更大的人群所占据。其正中乃是草坪环绕的一个池塘。池塘周围,乃是一队进行凯旋游行的男性,他们骑在形形色色的、象征力量与丰饶的动物身上;池塘里面,则是一组组沐浴的女性,她们被凯旋式的壮观景致吸引,期待某些应然之事的发生。

正是中幅的放浪风格使该画作被诠释为一个代表着种种性堕落行为的"欲望之天堂"。而且就算是现在,当我们拥有了一种更为合理的解释之际,我们仍可理解为何此画作成为数世纪以来的一大谜团。不管怎样,它毕竟是一幅祭坛画;再者,"伊甸园"与"地狱"以及描述"创世"的外辐区域,无疑证明它是一幅基督教象征主义的画作;[198]于是这样一来,我们无需付诸想象力,便可认为任何正统的基督教堂均会将其中幅悬挂在祭坛之上。反思此种不协调性,进而考虑到如此代价不菲和倾尽心力的作品只能是奉命之作,弗朗杰推测这一画作是为某一纵欲主义教派社群而作。根据此种推测,此画作必将象征了该教派的教义体系。而这实际上已被证实为一种可能的阐释。

就此种阐释本身而论,我们必须认识到它也很难传达新的教义成分。由于颇为丰富的此类教义成分与象征符号早已经由文本情境为人所知,才有可能在博施的画作中负载如此之多的细节,上述阐释也才具有成立的可能。弗朗杰论著的重要性,并不在于对细节的发现,而恰恰在于其证明了我们已经拥有如此众多碎片的上述细节,并非作为一种相对而言不连贯的混杂物而浮游于教派圈子之中。它们被整合纳入一种精巧的智识体系之中,而这一体系想来定已在一种口耳相传或形诸简册的传统中,在先觉者们(the illuminati)的圈子里发展与传布。画作的内容本身所传达者,极有可能是用以纪念自由精神运动中某一亚当教派领袖的精神联姻(spiritual wedding)。而该画作象征系统之体系性的完美状况则揭示出此种推论,亦即教派领袖本人将其教义体系的全部信息传达给了博施,并监督了创作的过程。

欲了解教义体系的细节以及支持上述诠释的论证过程,读者须参考弗朗杰的论著。我们在此只讨论此教义体系中的荦荦大端。博施画作显示出的教义体系,具有约阿希姆教义和亚当派教义的某种混合特征。正是从约阿希姆教派的复杂教义中,画作传达出在圣父、圣子与圣灵三阶段中对于宇宙中的一种神圣启示的理解。三联画之外面的两幅象征着创世,而根据《创世记》,这世界正是圣父的作品。内侧靠左的画面"伊甸园",呈现了通过一位具有基督传统特征的年轻的阿波罗式神祇创造亚当和夏娃的场景。内侧居中的画面"千禧年",则呈现了一位居于其尘世天国之中的精神的、亚当教派式人类形象。然而,这种简要概括展示出对于三大历史王国的约阿希姆式认知,[199]已经在诸种灵知教义的影响下发生了可观的调整。三大历史王国已经不复是原来那种具体的历史展开——首先是希伯来民族在基督教之前的历史,而后的第二个天定阶段起自耶稣基督诞生一直持续到现在,而第三个天定阶段即圣灵王国则始于现在。经过调整后,上述三者已经成为象征任何时代人类精神宿命的灵知主义的永世(aeons)。

圣父的王国则已变成通过其"圣言"(word)①创造了物理宇

①　这句"圣言"被画在外侧的画面之上:"因为他说有,就有;命立,就立"(Ipse dixit et facta sunt-Ipse mandavit et creata sunt)。([译注]拉丁经文出自《诗篇》第三十三章,此处采用了《圣经》和合本译法。)

宙之巨匠造物神（Demiurge）的永世。

　　基督的天定阶段已经成为第二位神性人物——或许是那创造出第一对夫妇的"第一人"或"神人"的永世。他既不是《创世记》中造人的耶和华，也不是救赎人类的历史性的耶稣基督，而是一位与耶稣基督相像的较为年轻的上帝，通过画作中的种种象征符号当可发现，他被刻画成在人身上达到极致的生机勃勃的创造力的根源。进而言之，绘画上的象征主义亦令人一目了然：较为年轻的造物者上帝并不是"不朽性"意义上的"永恒生命"的上帝；而是作为一场生死之间永恒复归之生命的上帝。"伊甸园"则意味着他是性别分化的起因，正是性别分化决定了生命的变迁与节奏——变迁无法通过屈服于其节奏的诸种力量加以克服，唯有经由爱欲（Eros）上升为圣灵（the Spirit）方可达成。这样一来，与耶稣基督相像的、年轻的上帝及其造物亚当和夏娃并未占据画面的中心位置。占据画面中心的乃是一只眼（orbis）——眼球及位于其中心的黑色瞳仁；而且，为了使其象征意味彰显无遗，还有一只猫头鹰坐在瞳仁之上。因此，我们可以从画作的中央找到集中性的象征。通过索菲娅（猫头鹰），通过将人的视野聚焦于他足以发现真实自我的、灵魂所立足的地面之上，生命变迁将得以超越。①

　　三联画的中间一幅即"千禧年"本身，揭示出在"伊甸园"中被预先注定了的人类实存。焦点位置的瞳仁，现在已经被生命之泉（Fountain of Life）取代。[200]生命力自身以及那生气勃勃、做好了准备迎接生命圣餐的游行队伍的壮丽恢宏，占据了

①　关于将眼睛视为聚焦灵魂立足地之器官的诠释，参见柏拉图：《阿尔喀比亚德前篇》（*Alcibiades*），132－133。在《阿尔喀比亚德前篇》中，眼睛作为象征符号的引入，是在苏格拉底阐释德尔菲神谕"认识你自己"之际。也可参见弗朗杰：《博施：千年王国——一种基本解释》，第 62 页。

主导地位。然而,生命过程的力量只存在于人类实存的根底;却并未穷尽其意义。画作的前端充斥着此前我们提到过的裸体人物群组,根据弗朗杰的分析,这些人物揭示出一种精心细描的、图画式的关于"爱的艺术"(ars amandi)与"死亡艺术"(ars moriedi)的文论。生命力在精神联姻中的升华,以及一种温情的爱欲崇拜,乃是存在的真正问题;当两性通过精神重新联合融为一人之时,即是意义达成之际,从生死之间的存在之谜中脱离的艺术,亦将在此时为向生命变迁之飞越的转型做好准备。因此,"千禧年"的背景充斥着关于重生与升天的象征符号。

　　在右侧画幅"地狱"中,三大永世的含义得到了完全清晰的体现。博施笔下的地狱并非超越性的虐罚所在,而是人类欲望之基本力量主宰的经验世界。"千禧年"一帧前端的景象关乎生命的艺术,"地狱"一帧则同样是关于实存之流产的图像展示。从丰富的象征符号中,我们可以拣选出少数几例:战争画面中对于激情元素之现实遏制遭受失败;各等级(僧侣与骑士)的腐化;产生失序的诸种欲望(赌博、通奸、占有欲);"音乐家们的地狱"及其关于和谐缺失的象征;以及位于中部的、关于生命之虚荣及其引发之厌世感(taedium vitae)的象征。这样一来,"地狱"也就和关于三大永世的画幅一起成为关于人类宿命的、颇为圆满的教义论述。如若听凭生命诸种驱动力和欲望的引领,则人类实存将会变成一个虚荣、纷乱和无序的地狱。然而,从此种地域向千禧年的变形,并不能通过对生命诸种驱动力和欲望的否定和抑制加以实现;驱动力和欲望必须被视为生命之源泉,被视为基本的宇宙动力,此种动力将通过巧妙地屈从于生命的节奏以及通过纵欲主义教仪中对于欲望的精神化,携带人类超越造物的变迁从而进入其神圣领域。

在自由精神运动中，基督教发生了一种几乎不可思议的自由发展与转型，而博施的三联画则提供了证明。正统的象征符号仍然存在；[201]但却受到了丰厚的柏拉图主义、灵知主义、新柏拉图主义及新毕达哥拉斯主义（neo-Pythagorean）精神文化的补充。就所有经籍文字本身已经从基督教象征符号中消失而论，这场运动充分吸收了托名狄奥尼修斯和爱留根纳的神秘主义神学。甚至连约阿希姆式冥想的历史主义也被消解掉了。正如在柏拉图的晚期作品中一样，象征符号的运用已成为一种精神的自由运动；神话则被深刻理解为无意识的历史性盛行，除却基本实存经验的感官表达之外并无其他功能。我们特别应予注意的，乃是那种将精神上无方向的存在当作真正"地狱"的热切的理解；这种理解的热切性，我们只有在 17 世纪霍布斯和帕斯卡的心理学中间才能找到其充分的发展。而且，我们还应更为注意的是此种相应的、关于自然之精神化及纵欲主义之功能的理解——这是因为自由精神运动的此种成就几乎未能获得什么重要的后续发展。精神爱欲文化湮没之全面，博施三联画数世纪以来一直遭遇的误读堪为最佳的佐证。这种误读是如此之深，以至于将欲望画作地狱的画家，竟被确信画出了欲望之天堂。

十一　阿波罗式世界帝国

我们关于自由精神运动的考察遗留了一个颇具开放性的问题。我们曾经谈到制度与运动之间的紧张关系，谈到该运动直到公元 1500 年一直具备的潜流特征，谈到宗教改革的迸发，还

谈到 1700 年之后的俗世化过程。毫无疑问连续性是存在的；18
世纪和 19 世纪关于第三王国的玄想，与中世纪盛期时具有相同
的正式结构；在费奥雷的约阿希姆和沙特尔的亚毛利那里，变容
历史的问题亦与孔德和马克思如出一辙。然而，从自由精神运
动教派性的基督教发展到启蒙运动与实证主义的俗世性省思，
这种实际转型问题仍然存在。笔者将通过下文的思考揭示出问
题的性质。一直到 1500 年，制度与运动之间的张力不仅仅是一
个社会分层的问题；它不仅仅是较低社会阶层与领导阶层之间
的张力；在很大程度上，它同时也是一种智识阶层之间的张力。
[202]在亚当派的省思历史中，在诸亚当派小派信徒的省思和我
们或可称为"宏大的"亚当主义省思之间，存有一条鲜明的界线。
关于永恒亚当、第一与第二亚当以及堕落亚当的重生
(renovatio)的省思，构成了基督教人类学的经典组成部分。圣
奥古斯丁、托名狄奥尼修斯、爱留根纳、埃克哈特、库萨的尼古拉
以及雅各布·波墨(Jacob Boehme)，均是探寻上帝的形象
(imago Dei)及其宿命的显赫者。这些伟大思想家与亚当教派
主义全无关联。

　　这种智识上处于第二位的、教派主义类型的省思，究竟是在
何时和如何变得"可敬"并渗入西方思想里的智识顶层的呢？这
一问题显然并无简明的答案。我们可以展示运动的基督教阶段
与其俗世后续之间在形式上的连续性，但却很难讲前者对于后
者具有直接的影响。如果我们列举诸如伏尔泰、狄德罗(Denis
Diderot)、达朗贝尔、希特勒这样的名字，并将其与奥特里布、
约里斯(Joris)、尼古拉斯以及博施这些名字相比对的话，定会
感到将其相连并非易事；链条之中缺失了一个能够将彼此相
连的关联。中世纪盛期的神秘主义者们仍然生活在基督教理

的环境之中；百科全书派、实证主义者与唯物主义者们则生活在一种科学和普遍存在于此世的氛围之中。省思的形式是相同的，却经由不同的介质而表述自身。因此，我们可以将问题提得更为尖锐：行动主义的神秘主义之省思，究竟是在何时何地与内在此世的"智识主义"（intellectualism）及"科学"之介质发生融合的呢？

（一）布尔达赫对文艺复兴的理解

现今我们拥有的知识尚不足以得出此一问题的答案，但至少要比一代人之前那种在黑暗中摸索的情况有所改善。布尔达赫（Konrad Burdach）①的著作已经建立起关于上述融合的历史轨迹；通过丰富的材料，至少对于至关紧要的 14 世纪而言，该书烛照了融合的历史进程。该书给出的答案意味着，我们需要放弃对于文艺复兴的传统理解，亦即将其看作一个在文明内容与景观方面与中世纪全然不同的崭新时代。这件事可不是仅仅把文艺复兴时段向前推移——也就是从 13 世纪乃至 12 世纪发现古典文化的复兴——那么简单；[203]而是意味着追根溯源，在两者之间建立起充分的连续性——前者是中世纪盛期的基督教精神主义，后者则是我们认定为"文艺复兴"的那种人文主义、诗歌、艺术和科学成就的崭新领域。通过将人文主义和文艺复兴界定为垂死之帝国力量的继承者，布尔达赫得以概括出此种充分的连续性。人文主义和文艺复兴与教会和帝国的共性，正是"普世性的观念"。"在决定人类内在特性的想象、道德及生活艺术领域"中的、一种非政治性类型的"第三帝国"，正是肇始于文

---

① ［译注］Konrad Burdach，1859—1936。

艺复兴。

    此种由但丁、彼特拉克和里恩佐开拓的精神领域的新的"第三帝国",我称其为"阿波罗式的"。①

    "第三帝国"的观念在此再次出现,但此种"阿波罗式的"知识与想象文化领域的"第三帝国",并非精神的"第三帝国"。然而,尽管两种"第三帝国"观念(阿波罗式的与精神的)必须详加区分,二者在历史上是紧密相连的。布尔达赫毕生事业的成就正在于阐明:在14世纪意大利文艺复兴中,在但丁、彼特拉克和里恩佐等人那里,精神国度和阿波罗式国度的两种行动主义开始融为一体,我们也正是在这里找到了历史轨迹,"第三帝国"省思由此进入西方文明俗世、智识与艺术的文化。关于但丁与里恩佐,我们已经(在"第三部分:神圣帝国[Sacrum Imperium]"中)发现:对于"王者"(DUX)的约阿希姆式省思,构成了其政治思想与行动不可或缺的部分。② 然而,在对于中世纪的处理中,我们将把自己匡限于记录约阿希姆式省思的后果,而不会介入现在占据我们心智的融合问题。

    我们必须设法证明布尔达赫上述理解的一个组成部分。他

---

①   布尔达赫:《宗教改革·文艺复兴·人文主义:关于现代文化教育与语言艺术之基础的两篇论文》(Reformation, Renaissance, Humanismus: Zwei Abhandlungen über die Grundlage moderner Bildung und Sprachkunst),第二版:Gebrüder Paetel,1926年版;重印本,1978年。该书由两篇论文构成:一是《文艺复兴与宗教改革语言的意义与起源》("Sinn und Ursprung der Wort Renaissance und Reformation",1910年),二是《论人文主义的起源》("Über den Ursprung des Humanismus",1913年)。引文分别出自该书第133页和第142页。
②   参见《政治观念史稿》卷3,《中世纪晚期》。

坚持认为"第三帝国"具有"非政治性的"(nonpolitical)特征。[1]
[204]如果我们还记得但丁和里恩佐的诸种观念,那么上述概括
就显然并非不证自明的了。实际上,一旦触及对问题的具体阐
发,布尔达赫本人就会引入一些成分,足以将新国度之观念概括
为"政治性的"。人文主义源于"意大利民族意识的觉醒,这种意
识指向在欧洲教化(Bildung)过程中成为自主性主导国家这样
一个现实"。在文化塑造中扮演引领角色的意识,与罗马帝国主
义的意识密切相关。具备合法性的皇帝乃是帝国的主人;帝国
属于罗马;因此皇帝是罗马人。特别是在里恩佐的观念里,罗马
奥古斯都的象征符号具有一种重要的作用;而在但丁的《论世界
帝国》中,普世性的罗马君主制是建立在人类普世性的智识的联
合体基础之上的。我们可以谈论罗马观念中的一种"民族性神
秘主义"(national mysticism);以及一种对于罗马和世界领主之
间的神圣联姻的信念。[2]

有鉴于此类阐述,我们很难再坚持认为它("第三帝国")是
"非政治性的"。或许更为正确的说法是,我们再次见证了意大
利城镇社会及其知识分子的第一波骚动,后者已做好准备,以待
以一种新的、俗世与精神的正当性提供政治秩序,取代那垂死的
帝国与教会权力。然而,智识状况由于一系列因素而变得晦暗
不明。主要的一些因素,便是骚乱的早早发生,以及发生的地

---

[1] 布尔达赫:《宗教改革·文艺复兴·人文主义:关于现代文化教育与语言艺术之
基础的两篇论文》,第 133 页。所谓"非政治性"的概括,布尔达赫的后来有所重
申,参见《里恩佐与时代精神转型》(*Rienzo und die geistige Wandlung seiner
Zeit*)二卷本的第一卷《从中世纪到宗教改革》(*Vom Mittelalter zur
Reformation*)(柏林:威德曼出版社,1913—1928 年版),第 542 页。

[2] 布尔达赫:《宗教改革·文艺复兴·人文主义:关于现代文化教育与语言艺术之
基础的两篇论文》,第 133 页、第 137 页;布尔达赫:《里恩佐与时代精神转型》,
第 542 页。

点——意大利城市国家。这两个因素均导致了政治表达的晦暗不明和游移不定。一方面,"阿波罗式的"帝国之观念倾向于表述自身的政治形式,乃是世界性的罗马帝国。我们已经探讨过:此种倾向为但丁《论世界帝国》中的观念平添了一份"浪漫主义"的成色。另一方面,在里恩佐的护民官任期(tribunate)内,我们可以发现其政治认知摆荡于"罗马帝国"、意大利的神秘主义实体及罗马城市共和国等层次之间。既然普遍存在于此世的(world-immanent)智识作为政治秩序的载体,唯有在"民族"(nation)的层次上方可从历史上予以稳固,[205]而且既然城邦国家在意大利统一(Risorgimento)之前乃是意大利政治历史的宿命,我们可以发现一种新的政治省思方式的重要开端——这种省思方式赖以发生的城镇社会智识环境,被马基雅维利及意大利民族重新统一的希望逐渐削弱。16 世纪与 17 世纪法国和英格兰的民族国家资产阶级的政治思想家们,在阿尔卑斯山以外的环境之中,重新开始了这一任务。

在法国人博丹、英格兰人霍布斯与洛克那里,与教会和封建等级王国的决裂得以完成;第三等级的政治省思的介质——亦即"自然"和"理性"——得以确定;而民族(nation)亦已被视为新的国度政治秩序赖以建立其上的基础层级。早期意大利城市国家"资产阶级"省思与其后来在阿尔卑斯山外民族国家中复兴之间连续性的断裂,造成了从行动主义的神秘主义向行动主义的智识主义之转型的模糊性。从意大利文艺复兴的政治省思之中,我们可看到其与阿尔卑斯山以北之政治省思之间的勾连,尽管此种勾连唯有付出心力才可发现。① 从意大利的环境之中,

---

① 然而,阿尔卑斯山以北的勾连线索并未丢失。英格兰的事例,读者可参见《政治观念史稿》第六卷《革命与新科学》第四章"英国对具体性的探寻", 　　(转下页)

我们可以看到中世纪的、教派性的精神主义与一种智识性的第三王国省思发生了实实在在的融合。在此，在第三王国具体化为民族之前，我们可以原原本本地研究其过程。就其与自由精神运动的关系而言，或许可以说从对于"阿波罗式的"帝国的省思之中，我们可辨识出中世纪晚期城镇社会智识顶层里该运动的痕迹。①

（二）博尼法切八世——"属灵人"

[206]为了揭示基督教精神主义与一个即将由顶级的智识人格所创造之新王国的融合问题，从丰富的资料之中，我们只能遴选出极少数显著的事例。我们将从博尼法切八世（Boniface VIII）对于基督教"属灵人"（homo spiritualis）观念的新观点开始讲起。

从霸气的《至一至圣教谕》（*Unam Sanctam*）诏书中，我们可以发现这样的论述：

（接上页注①）读者在此将发现认真追溯的从基督教—柏拉图主义向洛克关于理性的启蒙理念的转型。法兰西的事例，读者可参见《政治观念史稿》第五卷《宗教与现代性的兴起》中关于博丹的一章。德意志的事例，读者可参见《政治观念史稿》第七卷《新秩序与最后的定向》中关于谢林的一章。

① 将意大利 14 世纪政治省思看作"市民哲学"（Bürgerphilosophie）的诠释，我们可从登普夫（Alois Dempf）那里找到共鸣，参见其所著《哲学与比较哲学史自我批判纲要》（*Selbstkritik der Philosophie und vergleichende Philosophiegeschichte im Umriss*）（托马斯·莫璐思出版社，1947 年版），第 241 页以下。布尔达赫认为，认为人文主义和文艺复兴是"贵族式的"（aristocratic）运动（《宗教改革·文艺复兴·人文主义：关于现代文化教育与语言艺术之基础的两篇论文》，第 140 页及以下），原因是其旨在个人内在世界的培养。这和本书文本所采的诠释并无矛盾。当然可以把个性培养成为一种"贵族式的"理想，只要你清楚人格培养乃是第三等级的"贵族政制论"也就好了。

　　所以,地上权力,若走入歧途,则将受到属神权力的审
判。若较小的属神权力,走入歧途,则将受到较高的属神权
力的审判;但至高的属神权力,若走入歧途,则惟将受到天
主的审判,而不能受到人的判断。因为使徒保罗说过:"属
灵的人能看透万事,却没有一人能看透了他。"(《哥林多前
书》,第 2 章第 15 节)

　　这段论述的有趣之处在于其对《哥林多前书》引语的使用。
就其上下文而言,这句话出现在关于上帝智慧(Sophia)的一段
讨论之中。只有在"完全的人"(perfecti)中才能讲智慧,这是因
为它不是这世上的智慧,也不是这世上有权之人的智慧(《哥林
多前书》,第 2 章第 6 节);上帝为爱他的人所预备的,从未进入
普通人的内心(《哥林多前书》,第 2 章第 9 节)。人只能理解人
的精神,而只有接收到神之精神的人,才能参透万事万物,甚至
包括神的深奥之事(《哥林多前书》,第 2 章第 10 节)。因此我们
必须分辨"自然(属血气)之人"与"属灵之人(psychikos, pneu-
matikos)"(《哥林多前书》,第 2 章第 14—15 节)。作为圣灵烛
照之基督徒的属灵之人能够判定万事万物,却不会被那些不知
晓基督之心者判定(《哥林多前书》,第 2 章第 14—15 节)。因
此,《哥林多前书》的这句引语可被概括为:属灵之人不能由简单
的属血气之人来判定。
　　很明显,这并非该引语在《至一至圣教谕》论辩之中的意涵。
该教谕对"精神的"一词的使用是如此模糊,以至于可以被用以
指称基督教神秘体中有别于俗世权力的属灵权力。对于圣保罗
而言,无论僧侣抑或俗众,每一位基督徒原则上均为属灵之人,
而该教谕则将人的属灵性全部归于僧侣阶层所有,而在该阶层

中又至尊地归于罗马教皇（Supreme Pontiff）所有。这种把戏并没能遮蔽博尼法切八世的同时代人。巴黎的约翰（John of Paris）坚持认为：[207]由于圣保罗的"属灵之人"的属灵性，并非源于宗教有司专享的"属灵权力"（potestas spiritualis），因而该教谕歪曲了上述引语的意涵。①

然而，该教谕的论述并不仅是一桩或是为了赢取一种暂时性的政治优势而采取的含糊其词之举。它实际上代表着一种新的教义的产生，教派式的属灵性和一种帝国式的权力意愿在其中相互混合。"属灵者"（pheumatici）与"属血气者"（psychici）的判分，体现了教派式的成分。在《哥林多前书》之中，这种判分只是意味着基督徒与非基督徒之间的区分；然而该教谕并未说明"属血气者"就不是基督徒；他们也是基督徒，只不过是属于一个较低的灵性品级而已。同样，该教谕也并未将二者等同于被选拔和被谴责灵魂间的区分；"属灵者"并不是不可见的教会，"属血气者"也并不属于"魔鬼之城"（civitas diaboli）。恰恰相反，就其组成了教会的等级系统而言，"属灵者"是高度有形的。实际上，正如我们可在某一灵知教派中发现的那样，该教谕将精神等级转换到整个基督教神秘体之上。

正是由于此种转换，该教义超越了教派主义的领域。教派式的社群范围，现在已经与整个基督教文明相一致。教会科层系统的诸品级变成了"属灵者"的诸品级；西方世界的诸种俗世性—政治性权力则成为"属血气者"的诸品级。诸种建制性制度（教会、帝国、各民族性的王国）被重新阐释为一种圣灵帝国的层级制的组织关系。看似令人难以置信的是，博尼法切八世进行了一种将中世纪基督教属灵与俗世秩序转化为一种灵知帝国的

---

① 巴黎的约翰：《论皇帝与教宗的权力》（*De potestate regis et papali*），第 18 章。

尝试。这一论旨也得到了那些拥有轻率热情的教皇支持者们语言的证实。从维拉诺瓦的阿诺尔德（Arnold of Villanova）那里，我们甚至可以发现修辞问题中的保惠师（Paracletic）色彩：

> 在有信仰者中谁人不知——就连迦勒底人（Chaldeans）和野蛮人亦同样知晓——教皇乃是地上的基督（Christus in terris）？

他拥有"宗教大会的普世权威"，因为在各主教之中唯有他被设定为"诸国之光、万民之法，直至世界末日的众人幸福（salus）之源"。① ［208］关于博尼法切八世在其教皇任内显示其帝国意识的种种举措，读者可参阅布尔达赫的研究。② 关于博尼法切八世的同时代人如何评判其帝国意识，则可从时人针对该教皇统治之记忆的审理中加以采集；人们的指控集中于这一事实，亦即教皇曾在城门之上立起自己的塑像，而那里却是古代悬挂偶像的所在；而且，对教皇意图在人类尊严面前重建一种非基督教的偶像崇拜的指控，当时亦可谓汪洋恣肆。③

---

① 维拉诺瓦的阿诺尔德:《论敌基督的暂时来临》(*Tractatus de tempore adventus Antichristi*)(作于 1297—1305 年)。该文由芬克翻译，收入《博尼法切八世文选》(*Aus den Tagen Bonifaz VIII*，明斯特：Aschendorffschen Buchhandlung，1902 年版)。上述段落引自第 157 页。

② 布尔达赫:《里恩佐与时代精神转型》，尤其第 538 页及以下。

③ 关于这些素材，可参见布尔达赫，前揭书，第 211 页。在本人文本的分析中，多数情况下引用了布尔达赫著作提供的资料；但分析本身则是独立于布尔达赫的著作(尽管与其并非不一致)。在对博尼法切八世做概括性评价时，布尔达赫使用了诸如"属灵的超人"(spiritual superman)及"恶魔般的教主"(demonic hierarch)一类词汇。读者将很容易发现，这些概括从想象力上来讲是无误的，但从理论上来讲却是不足的。

(三) 但丁——智识与恩典

从《至一至圣教谕》中,我们可以观察到将建制教会科层组织转化为一个属灵帝国的统治阶级的努力。在《飨宴》(*Convivio*)中,但丁则乞灵于一种普世性王国的理念,其中俗世秩序是通过一位罗马的世界君主加以确保的,而属灵秩序的最高品级则持于一位遵循哲人(Filosofo)——亦即亚里士多德所谓的"我们生命中的导师"(il Maestro della nostra vit)——权威的完人(perfecti)贵族之手(《飨宴》第四章第 6 节、第 23 节)。为了确保自身完美的实存,皇帝和哲学家是人必须承认的两大权威。皇帝为所有人的实存提供了物理性的安全,离开它的话一种完美实存的形成就几无可能;"人世的导师和贵胄"(Maestro e Duca della regione umane)(第四章第 6 节)则须予以"信赖与顺从",这是因为离开了他的指导,哪怕是安全实存的完美亦不可达成。尽管就完整的人类实存离开任意一者皆无法达成而言,两大权威具有同等的品级,理性或智识的秩序因其乃完美的秩序,从而具有比单纯必要的秩序更高的品级地位。没有哲学权威的帝国秩序只会给人类带来苦难;而但丁的论述实际上是希望帝国权威能够将自身统治与哲学权威连接在一起。[209]他在诠释"智慧"(Wisdom)一词时告诫道:"人上之人须热爱智慧之光";他将该词阐释为"将哲学权威注入帝国权威,以便实现良善完美的统治"(第四章第 6 节)。

正如在《至一至圣教谕》那里一般,我们再次发现从历史实存中召唤一种属灵王国的尝试;而且,再度发现实现此一王国的方法,乃是创造出一个新的属灵贵族阶层。理解但丁理论的关键，乃是其将贵族（nobility）之观念从基于血统的封建贵族，转为基于人格的智识贵族。但丁详细考察了那些将贵族之本归因于联姻、家族关联、城堡、大地产及领地控制等方面的粗俗误解，其实正好相反，所有这些"表象"都是高贵的衍生物（第四章第 8 节）。而在另外一个段落，他矫正了这样一种流俗之见——人之所以高贵是因其贵族种姓的出身，恰恰相反，"并不是种姓使个人高贵，而是个人赋予种姓以高贵地位"（第四章第 20 节）。那么问题来了，究竟什么是真正的贵族（Nobiltà）特质呢？通过基督教精神主义与亚里士多德式智识主义的一种混合，但丁回答了上述问题。贵族特质意味着"所有存在物适切本性的完美状况"。

但丁在这里使用了与"适切本性"（proper nature）同义的词汇 virtù propria，这样一来当其达到 virtù propria 之时，一个存在物便是"最完美的"。达成完美的过程只有一部分是自然的，而另一部分则有赖于恩典（divine grace）的行为；但丁特别将"贵族"（Nobiltà）一词归功于恩典的原生性闪光之力。因此，但丁认为 virtù 实乃人的一种品质，贵族性和激情在此达成了一种前者占据主宰地位的混合状态（第四章第 16 节、第 20 节）。①

对于但丁而言，最高品级之人乃是"完人"（perfectus）（第四章第 16 节）。完美乃是某一存在物适切本性的完全实现。那么，究竟什么是人的适切本性，而它又是如何实现的呢？知悉和达到适切本性的手段乃是欲望。根据亚里士多德，万事万物的最高欲望乃是"复归根源"（lo ritornare al suo Pricipio）。他们从自然那里被赐予欲望，如果遵循这种欲望，他们又将发现和实

---

① 我在此处直接使用意大利文 virtù 一词而未加翻译，是为了避免英文"德性"（virtue）一词可能带来的道德主义误读。

现自身真正的、所以源出的本性。[210]人的本性或其欲求回归的源泉乃是神——"万灵的主宰与创造者";神根据自己的形象与相似之处创造了人;因此人的完美便存在于实现人所由生的"神的形象"(imago Dei)之中。我们可以看到,亚里士多德式形而上学的"圆极"(entelechy)与亚当教派关于"完人"(perfectus)理念的省思发生了混合,"完人"通过在亚里士多德式形而上学意义上对于"静观生活"(bios theoretikos)状态的追寻,得以在实存中实现"第一人"(Protos Anthropos)。

　　神是所有人共同的渊源;但复归本源却并未遍及所有人。我们再次想起,正如博尼法切八世的事例一般,人与人的判分无关于其救赎或受谴。但丁的"完人"一如博尼法切八世的"属灵之人",都是被拯救的灵魂。《飨宴》的主题并非灵魂的超越性宿命,而是"神的形象"在俗世实存中的实现。就此种实现而言,人们的禀赋不同,成败亦不同。欲望是通往神的向导,但欲望同样或许会将人引入歧途。人类的欲望是分化复杂的;它们有种种不同的指向;发现复归本源之路往往并不是一蹴而就之事,而是要经过多次探路和碰壁方可找到;人生或许会迷失在欲望的荒原之内,而永远难以达到永恒休憩(eternal rest)之城(città)(第四章第 12 节)。即使是那些得天独厚,最适合探索正确之道的人,在到达其人生穹门最顶端之前,也往往很难将自身从欲望荒原之中解脱出来(第四章第 23 节)。[①] 循此,对于正确道路的找

---

① 《飨宴》第四章第 23 节的这些阐释,被用在《神曲》(*Divina Commedia*)的开篇诗句之中("在我们人生的道路中"[Nel mezzo del cammin di nostro vita],等等。)如果这些诗句被理解为一种自传性的日期,则但丁《神曲》的面世应是在 1300 年,即但丁三十五岁那年。关于三十五岁乃是人生的"至高点"(punto summo),可参见《飨宴》第四章第 23 节。([译注]本注释中沃格林引用《神曲》开篇诗句时,使用了 mezzzo 一词,疑为手民之误,其词形应是 mezzo。)

寻便是生命过程本身。青春的激情必须耗尽，入世的雄心必须
碰壁，然后智识灵魂的诸种善好以及理性与激情在 virtù 之中的
衡平，方可在实存中被发现和实现。然而，唯有健康的智识（in-
telletti sani）才能抵达内在秩序的这一位置；而大众则会在种种
精神病疾——例如生命中的傲慢（superbia vitae［naturale jat-
tanza］）、自然的懦弱和自然的轻浮——面前感到灰心绝望。灵
魂只有在秩序井然（bene posta）之时，才能成为一种容器，可被
安置（disposta）以接收那种"恩典"、那种"神圣事物"、那种"幸福
的种子"（seme di felicità）、［211］那种"可能的智识品质"（Virtù
intellettuale possibile）、那种被但丁称为"贵族性"的东西（第四
章第 20 节、第 21 节）。

　　当贵族性的恩典降临到秩序井然的灵魂之上时，virtù 将得
到充分的发展。务实的智识将发展出行为中的审慎、节制、勇敢
与公正；而最高的智识即省思性的智识，则将跃升到对于"上帝
与自然造物"的沉思（第四章第 22 节），而圣灵之赐予亦将在其
身上体现。① 当此种自然的"适切本性"、"智识本性"及"幸福的
种子"在一个人身上出现完全的和谐状态之际，他便成为"仿佛
又一个道成肉身的上帝"（第四章第 21 节）。这种表述和教派主
义的"自我神化"（self-divinization）颇为接近，但两者并不等同。
但丁保留了与超越性真实的距离。至美当属与神的联合，但这
种联合无法在有生之年达成。生命之美可从行动人生的不完美
形式（beatitudine imperfetta）中找到；通过智识本性的运作，它
可以在一种较为完美的形式（beatitudine quasi perfetta）之中被

---

① 但丁"根据以赛亚"列举出七项圣灵的赐予：智慧、判断力、正当性、（拯救的）力
　　量、知识、虔敬及对神的恐惧。我推定这种列举援引自《以赛亚书》第三十三章
　　第 5 节以下。

我们发现；而上述两种运作均指向最高之美——"但它是不能在此世达成的"（第四章第 22 节）。因此，但丁的"完人"通过那下降为智识并启迪了智识的贵族性的恩典而分享圣灵，但是至美本身仍然只是省思运行的"较为完美的形式"（quasi perfetta）。

在《天国》（Paradiso）序曲及但丁在致帝国总牧师斯卡拉家族的格朗德（Can Grande della Scala）信里对该序曲的评论性文字之中，"较为完美的形式"这一主题都有所延续，且已被发展为一种阿波罗式智识运作的理念。序曲始于分享超越性真实的恩典。但丁被赐予一种"识见"（vision）的恩典，他处在天国的第三重天堂之中，接近神光之源；而其从神圣王国能够汲取进头脑的见识，将成为该诗的题材（matera）。

然而，这一关于"识见"的报告充满了复杂因素。归来者不能说出自己所见的事物；他也并不记得，人类语言也不足以进行确切的描述。复归本源的"终极欲望"得以实现；[212]但当我们的智识临近其欲望之际，它却陷得如此之深（si profonda tanto），陷入"作为神"的欲望之中，以至于不能带着记忆归来。①"识见"乃是一种恩典的行为，足以为智识提供"实体"，然而当但丁在其智识著作中表达此种"实体"之时，却又回到了俗世的实存——尽管是那本性被"幸福的种子"所高贵化了的"完人"的实存。②

---

① 《天国》，第一章第 4—9 行；《致康·格朗德的信》，第 28 页（该书信的分页乃是根据摩尔［E. Moore］编辑的《但丁全集》［Tutte le opere di Dante Alighieri］，Stamperia Dell' Università，1904 年版）。

② 但丁对其识见的理论化，紧随圣保罗在《哥林多后书》第十二章第 2—4 节里对自身识见的叙述。阅读《致康·格朗德的信》时可参见的其他资料，包括圣维克托的理查德（Richard of St. Victor）、克莱沃的伯纳德（Bernard of Clairvaux）、圣奥古斯丁、但以理（Daniel）和以西结（Ezekiel），等等。

对于适切表达的诉求,现在必须转向阿波罗象征符号之下的"神性"(divina virtù)。① 阿波罗式 virtù[德性]将给予至少足以显现"天佑王国之阴影"的力量,诗人因而能够以月桂树叶自我加冕;而月桂树叶的可彰可表之处,恰在于"题材"与"恩典"。② 阿波罗式的由配享月桂树叶之"完人"组成的王国,被清晰地界定为智识品质的王国,而智识品质则是受到恩典之题材的启示。最终,序曲又回归了《飨宴》的主题,亦即拥有皇帝和哲学家这两大权威的普世性帝国。不幸的是,哲学家智识权威与帝国权力相结合的那种"完人"王国并非真实。采摘作为王国象征的月桂树叶来庆祝凯撒或诗人胜利的事情,如今却如此罕见(《天国》第一章第 29 行);岁月在人类激情的蛮荒之中流逝;它并未感受到最高级的欲望实乃可耻的罪过(《天国》第一章第 30 行)。但愿德尔菲之神能够产生喜悦之情,以便至少能有一人可以渴求他的树叶(《天国》第一章第 31—33 页)。

(四) 结　论

但丁诉诸阿波罗式的帝国,原则上看,从神秘主义省思进入俗世智识之介质的转型在此间完成了。在但丁自身的作品中,以及在其同时代人及随后世代的论著中,人类在历史中的精神重生这一观念得到了丰厚象征符号的支撑,如涅槃之凤凰,[213]如经过一种新的洗礼(lavacrum)而复兴之人类,如里恩佐推崇的一种新的浸礼主义,如通过对世界和老亚当取得的胜利

---

① 《天国》,第一章第 22 行。

② 《天国》,第一章第 26—27 行:"诗篇的题材和你的援助将使我佩戴这些叶子"(e coronarmi allor di quelle foglie che la matera e tu me farai degno)。

而取得的更新，以及最为重要的、普遍存在的、关于精神重生的
基督教象征。这些丰厚的象征符号揭示出运动的广度，却并未
加入但丁在《飨宴》及《天国》序曲中发展出的那些原则。[①] 关键
的一步，乃是将科学与艺术中的创造性智识王国建成一个恩典
的王国；人类文化的王国被神圣化，成为一个精神完美的王国。
在但丁本人那里，此种新的关于完美的内在论（immanentism），
仍然受到基督教超越主义的节制；其对于省思性智识完美的观
点，不过是一种"较为完美的形式"。而未来的世代却较少受到
约束，渗透了恩典的智识较为完美的观念，将会成为经由人类努
力便可步步趋近卒致达成的理性的完美观念。启蒙与进步的智
识"完人"取得了上帝的角色，自我施恩；而且既然他们自身在场
便是上帝在场，完美和较完美之间的区别也就消失了。在 18 世
纪与 19 世纪上半叶——亦即从伏尔泰到孔德与马克思的时
代——此种自我神化与自我施恩的僭妄（hubris）是颇为天真
的；运动进程的担当者们只是略有注意乃至全然无视自己推进

---

① 关于上述丰厚象征符号的细节，读者可参见布尔达赫的各种著作。新约圣经中
有关复兴理念的核心段落，可参见《约翰福音》第三章第 3 节及以下，以及《以弗
所书》第四章第 23 节及以下。关于但丁的"新世纪"（Secol si rinova）等等，可参
见《炼狱》第二十二章第 70 行。关于新的俗世精神渗入基督教的颇有趣味的诗
句，可以参见彼特拉克的编号 359 韵词（Rime CCCLIX）第 49 行及以下：

　　　　Vinsi il mondo e me stessa：il lauro segna
　　　　　　Triunfo，ond 'io son degna，
　　　　Mercè di quel Signor che mi diè forza.

（"［我］……征服了世界与自己；月桂树叶意味着胜利，我受之无愧，多谢上帝赐
我以伟力。"《彼特拉克的韵诗：〈歌集〉［Rime Sparse］及其他韵文》，杜尔林
［Robert M. Durling］编译，哈佛大学出版社，1976 年版，第 558 页。）Vinsi il
mondo 乃是《约翰福音》第十六章第 33 节里基督之语"我已经胜了世界"（ego
vici mundum）。

之运动的影响与后果。只是到了尼采那里，才开始出现运动的悲剧性觉悟；他完全感受到"自施恩典"之人类的贪欲和可怖。[214]恩典与一种阿波罗式的文化王国中的省思式智识的联姻，始于但丁，终于托名狄奥尼修斯式的超人。从此种意义上讲，我们或许可以说，文艺复兴在尼采那里告终。①

---

① 本章已被翻译成德文，并以《神的子民：教派运动和现代精神》(*Das Volk Gottes: Sekenbewegungen und der Geist der Moderne*)为名出版，译者为考尔特·施密特(Heike Kaltschmidt)，编者为奥皮茨(Peter J. Opitz)，W. Fink Verlag，1994 年版。

第五部分　大混乱

第一章　大混乱(一)：路德与加尔文

> 我奔赴幸得上帝指引的方向；
>
> 怀疑是否感受到忧伤在滋长。
>
> ——路德

[217]为了更恰当地给即将处理宗教改革及其政治理论的两章命名，我们已将此一时期颇为负面地指称为混乱的时代(an age of confusion)；对于由路德的《九十五条论纲》(*Ninety-Five Theses*)①触发之众多事件与观念的宽广范围而言，恐怕很难用什么正面的概括加以涵盖。尤其是在政治观念领域，没有什么正面的词汇能够统摄时代巨变释放出的派性文论(partisan literature)狂潮。宗教改革运动的爆发，与那些激荡、支持、对抗历史事件的观念如影随形；但这些观念并未结晶化，未能纳入政治思想的体系之中。如果说宗教改革时期有什么突出的特色，那便是我们无法将此时期与任意单一伟大政治思想家等量齐观这

---

① 关于概括这一时期时代特点的困难性，可参见艾伦(Allen)所著《政治思想史》(*History of Political Thought*)出色的导论章节，第 1—14 页。

一事实。只是到了 16 世纪的下半叶，博丹才横空出世，远胜同侪。然而从博丹起，我们开始超越论辩式的文献旧俗；其政治体系再次回到格拉西乌斯传统（Gelasian tradition）之上，只不过是以民族—国家中的国王与先知取代了皇帝与教皇的位置。在论辩式文献中，我们所见无他，唯有斗争中领军人物立场之表达而已。这些思想家中鲜少洪略远谋之辈；往往只为变革中的朋党张本立言。因此，通过以其自身语汇对不同理论加以陈述，恐怕无从达成对这一时期的理解；[218]必须首先澄清该时代所面临的问题；我们只有在获得足资参照的理论框架之后，彼时的种种派系立场才有望得到适当的梳理。

　　然而，即使这一任务也必须交付下一章处理；这是因为毫无疑问，宗教改革拥有一场焦点性的事件——由路德《九十五条论纲》触发的风暴。宗教改革并非肇始于政治的或其他性质的理论；而是源于幽闭（pent-up）力量和早在 1517 年之前即已存在的一系列议题的大释放。无论路德抑或其他任何人，都无从预见运动中诸多事件的进程。另一方面，或许可以认为，若非路德的性格与脾性给予其滋养与航向，运动的进程将呈现出迥然不同的面貌。一触即发的局势与路德人格之间无意识的互动，标志着宗教改革运动的开端，决定了其随后的进程。在界定由其引发的理论议题之前，必须对上述在互动中爆发的局势与人格进行一定程度上的澄清。作为分析的开始，我们先就社会介质（social medium）略事评述，正是此种媒介赋予事变以国际性的反响，使之得以成就燎原之势，免于仅只作为地方性事件悄然死灭。

一　印刷与公众

首先我们必须认识到宗教改革具有一个技术的维度，无论怎样强调其重要性恐怕都不过分——那便是印刷术的运用。从15世纪中叶开始，印刷术从德意志开始迅速传播到南欧、西欧与北欧；截至路德的时代，可以觅得的著作文本便从包括抄本在内的数以万计飙升至数以千万计。宗教改革堪称第一场大型的、倚仗印制文字进行宣传的政治与宗教运动。若是没有印刷术，改革者就断不能如此迅速地散布自己的观念，宗教与政治讨论便不会如此密集深入，参与论辩者便不会如此为数众多，批评与反批评便不会有如此迅疾的机锋交错，而尤为重要的则是——运动所及的受众数量便不会如此庞大。路德活动的全盛之日不乏这样的时段：全德意志的印刷作坊莫不开足马力印制他的小册子、[219]布道辞与《圣经》译本，甚而可以说在当时的出版物中，路德大有垄断之势。

印刷术如此广泛的运用，自然须以识字阅读率较高的公众为前提。就此而言，我们必须再度对一个新的因素加以讨论，这便是与印刷术传布全欧同为一时之盛的新型大学的建立。德意志大学的发展始于1385年海德堡(Heidelberg)大学的创立；截至15世纪中叶，继之而起的德意志新型大学包括科隆(Cologne，1388年)、埃尔福特(Erfurt，1379/1389年)、莱比锡(Leipzig，1409年)及罗斯托克(Rostock，1419年)等校；或许还可以加上布拉格大学(Prague，1347年)和维也纳大学(Vienna，1364年)。15世纪中叶之后又出现了新一轮创建大学的浪潮：格赖夫斯瓦尔德(Greifswald，1456年)、弗莱堡(Freiburg，1460

年)、巴塞尔(Basel,1460 年)、因戈尔施塔特(Ingolstadt,1459/
1472 年)、特雷维斯(Treves,1473 年)、美因茨(Mainz,1476
年)、图宾根(Tübingen,1477 年)、维腾堡(Wittenberg,1502 年)
及法兰克福(奥德河畔)(Frankfurt/Oder,1506 年)等大学拔地
而起。上述诸多大学的教员、学生、历届毕业生本身便构成了规
模可观的阅读公众(reading public),而创建大学的速度则揭示
了社会上日渐浓厚的知识氛围。再者,此种新型教育机构必须
形成自己的风格,逐渐顺应所在时代的精神,比那些由历代学者
群体谨严承继传统的旧式大学更能与时俱进。维腾堡大学新近
的创立,在某种程度上与路德、梅兰希顿(Philipp Melanchthon)
及卡尔施塔特(Bodenstem von Carlstadt)这三巨擘的人文荟萃
不无关系。我们偶尔能听到某位天主教史学家发出抱怨之声,
认为将如此有影响力的教授头衔委以路德这样 30 岁不到、灵性
智识成熟度恐有不逮的家伙,着实是种不智之举。而梅兰希顿
1518 年获任教职之际,也只是区区 21 岁。

如果我们一瞥当时其他国家的情形,当可更为清晰地认识
到此种新型学术环境所具有的革命性意义。在旧式学术传统占
据主流的英格兰与意大利,15 世纪下半叶根本没有建立过什么
新型大学。而法国则于 1441 到 1464 年之间,创立了 4 所新型
大学——波尔多(Bordeaux)、瓦朗斯(Valence)、南特(Nantes)
与布尔日(Bourges);苏格兰 2 所——格拉斯哥(Glasgow,1463
年)与阿伯丁(Aberdeen,1494 年);北欧 2 所——乌普萨拉(Up-
psala,1477 年)与哥本哈根(Copenhagen,1479 年)。此时唯一
堪与德意志相提并论,同样出现创建新型大学热潮的国家当属
西班牙,在 1450 到 1505 年之间新立大学 7 所——巴塞罗那
(Barcelona)、萨拉戈萨(Saragossa)、帕尔马(Palma)、锡古恩萨

(Siguenza)、阿尔卡拉(Alcalá)、巴伦西亚(Valencia)及塞维利亚(Seville)。不过,西班牙学术机构的迅疾发展并未产生在德意志取得的那种影响。[220]这自然是 16 世纪西班牙国势全盛之际民族精神喷薄迸发的显现,然而宗教与政治运动的路向仍旧紧紧掌控在西班牙宗教法庭(Spanish Inquisition,创建于1478 年)、西班牙王室(尤其是在 1482 年协约之后)及随后的多明我会与耶稣会之手。

二 分裂：莱比锡辩论

前文所列举的数据旨在揭示:到 16 世纪初叶为止,已然形成了一个由写作者、阅读者、书籍及文字辩难组成的世界,在这个世界里,传播中的观念具有此前闻所未闻的内聚力与迅疾性;而在此种新型文字活动领域里,德意志的地域已经成为特别强有力的因素。在这种紧张的论辩氛围下,当我们转而探讨具有危险敏感性的问题之际,必须将这种具有较高观念传导性(conductivity)的新型领域看作先决条件。

正如前文所言,问题本身算不上什么新鲜事物;特别是应当丢弃教会已经变得空前腐化这样的观念。然而在历史与批判检视的目光之下,诸多此前从未遭受挑战的事件、制度与理论议题现在确已显得疑云密布。让我们考察教会之分裂这个在宗教改革运动中具有核心重要性的问题。一直以来,分裂主义教会与派别的发展往往被认为是路德活动最为毁灭性的结果,在基督教世界造就了全新的问题。实际上,历史序列与其恰恰相反:先有了教派分裂主义,此后才有路德在无意制造进一步分裂的情况下制造出问题。在路德生活的年代,教会已然分裂;实际上自从 1054 年起,它就已经分裂为西方正教会与希腊正教会(West-ern and Greek Orthodox churches),随着 1439 年佛罗伦萨宗教公会(the Council of Florence)协调努力的失败,这种分裂的局面更趋尖锐化。再者,自胡斯战争(the Hussite Wars)以来,拜波希米亚兄弟会(the Bohemian Brothers)持久的影响所赐,西方教会本身也开始出现分裂。

1519 年,在莱比锡辩论中,宗教分裂主义成为热门议题;当时艾克(Johann Eck)坚称,由于希腊正教不认同罗马教会的至高主教之权(summepiscopate),希腊基督徒将遭受下地狱之谴。[221]这一议题之所以具备地方性影响,是因为会场充斥着对波希米亚兄弟会状况颇感兴趣、寄望于未来的人群。路德在答辩中指出,自己倾向于赞同希腊正教的神圣目的。我们可以从此处发现一个绝好例证,即隐匿已久的议题是如何发展到引起公众关注的程度,进而使得妥协难以达成。莱比锡辩论本来大可不必发生,它是由希望引起关注从而促进本人事业进步的艾克发起;路德回应挑衅,实在是由于其性格使之无法保持缄默;而萨克森选帝侯(the Elector of Saxony)本可以阻止卡尔施塔特与路德,不让他们参与这场危险的辩论,却由于属于开明派,坚信被遮蔽的真理将经由自由辩论越辩越明,从而慨然放行。

辩论过程自然难以避免地从一个议题向另一个议题转移。教皇是神圣抑或人定制度? 如若它是神圣制度,那么不曾乃至从未认同罗马权威的东正教会又将是何物? 难道所有东正教徒都是异端邪说的拥趸? 这样一来,莫非希腊正教所有伟大的圣徒与教父也都应受谴责吗? 路德问道:难道教皇将会把伟大的圣巴西略(the great Basil)和纳齐盎(Gregory Nazianzen)逐出天堂吗? 艾克的失算之处在于,他在一定程度上只愿东正教的普通信众下地狱。实际上,尽管论辩各方均未能进行明确清晰的表达,但一条真理已现端倪。这条真理便是:作为历史性的宗教(a historical religion),基督教已经依循地中海的文明区域而发生分殊,基督教教义部分地代表了反映人类文明区别的历史性的演进,而历史分殊这一问题,无法通过教派之间互相宣布对方为异端而以正统自居的方式加以解决。圣托马斯曾经坚持这一伟大原则:基督教教义之发展并未增加新的信条,只是使较少分殊的教义内核发生了分殊化。假若一位新生的圣托马斯临世,他应该具备这样的明智之处,即不仅在西方文明而是在诸多历史性文明之内,解决此种教义内核分殊化的问题。

对于艾克来说,希腊正教议题的确是过于棘手了。解决这一议题所需的极强的智识洞察力非他甚或路德所具备,艾克自然会被诱使陷入当时流行的关于"教皇是神圣制度或人定制度"的习见之中,[222]就当时而言,这似乎是唯一足以解决上述议题的教义工具。他回撤到拉丁教会的立场上,开始将胡斯教派的危险言论强加于路德。一直以来,"教皇乃是人定制度"均系胡斯教派的信条(它亦曾是威克利夫以及更早时代《约克论集》[*York Tracts*]的信条);并且在康斯坦茨会议(the Council of Constance)上遭到声讨。路德果真采取了胡斯异端教派的立场,果真认为一次正当召集的宗教议事会也会犯错？路德对此深感局促不安:他与胡斯教派毫无关联,甚至谴责该教派的宗教分裂主义,而且他希望在信经(Scripture)而非宗教法庭备忘录的基础上讨论问题。然而艾克固执己见,而路德亦在迫于无奈的情况下指出,曾被宗教公会全盘推翻的某些胡斯教义同样是福音派的(evangelical),甚至其中的某些观点可从圣奥古斯丁处觅得。

　　一个并不算是新鲜事物的问题再度变得至关紧要；然而，但凡人们可以不去过于频繁地谈论，它就不会触及升格为危险异端的红线。在关于奥卡姆的威廉那一章，[1]我们曾探讨了教会中决断论（decisionism）的问题。基督教一体性（homonoia）的制度化实现总是会面临危险，可能会在处于变迁与分殊化中文明的压力之下历史性地断裂。阿比尔教派的历次战争（Albigensian wars）以及圣方济各会的属灵事务（Franciscan Spirituals）有如此之大的破坏力，以至于人们无从对许多问题进行严肃的讨论。这些问题包括：决断之权应交付谁手？圣灵应当寓于何处？教皇、宗教公会及其他基督徒群体应在何时向彼此发出异端的指摘？等等。当然，问题是无法可解的；教会的统一性必须寓于在圣灵之中妥协与合作的意愿之中；一旦合作的属灵自由萎缩到一定的地步，在若干社会上根深蒂固、相互对立的权威之中，教会的统一性不得不系于其中之一的决断，那么宗教分裂的危险也就极其迫近了。英格兰与波希米亚的前宗教改革运动进一步揭示了局势的严重性。而 15 世纪历次宗教公会有损声誉的表现，自然难以增强人们对"宗教公会不会犯错"的信念——而这一切恰恰发生在这样一个时刻，教会空前需要一个其决断权可以为所有人接受的机构。[223]就莱比锡辩论涉及的特定议题而言，我们或可断定：自奥卡姆以来逐渐氤氲累积的决断论议题，现在已经达到敌对权威之间公开交战的烈度。正如我们即将看到的那样，大量的论辩材料必须被看作决断论之争中的派系文字，并会在不久的将来不仅扼住整个西方基督教的咽喉，亦将主宰其各国族分支的命运。

---

[1]　参见《政治观念史稿》卷 3，《中世纪晚期》，第 18 章。

三 符号之历史性：教会与圣餐变体论

从莱比锡辩论的特定议题中，我们可管窥那带来剧烈宗教动荡问题的一般性质。可以将其概括为基督教逐渐积聚但在智识上未加消化的历史性内容。圣灵是绝对的；但其经验的符号化及其在人类社群生活中的制度化，却是历史性的。在历史过程中，曾在某一时期恰当表达出基督教本质的符号化，到了新的时代却可能变得不合时宜；基督教本质的历史性表达处在恒久调整变动之中。在单一文明数世纪的变迁之中，上述问题的影响可谓强大；正如前文所示，当调整必须被扩展施用于一系列历史性文明之时，问题会变得更为棘手。教会作为永久性的昭示，是一种化入历史的昭示；这种昭示的教义性表达——在教会史之初教义性表达或许被看作与昭示本身一样恒久——反映出它们在历史时代之流中的相对性。

如前文所述，无从应对基督教历史性的最为重要的牺牲品，乃是自其开端起教会的符号。对早期教会而言，通过将异教与希伯来文明诠释为神法之序曲式的启示，圣保罗的天才寻得了与历史的伟大妥协。在罗马基督教时期，通过早期宗教会议关于基督论的争辩，基督教诸文明的问题勉强得以解决；然而西正教与若干东方基督教派的分裂也现出端倪。查理曼大帝之后，在西正教内部，分裂局面可以被西方教会发展相对的地方性（provincialism）有效地掩盖。[224]然而，随着历史视野向东方的逐步扩张以及西方内部情势的复杂化，这段矛盾的相对蛰伏期，难以避免地走向终结。罗马至高主教权的诉求与西方帝国毫无争议的诉求紧密相连。随着历史场景的内外变迁，帝国诉求渐趋衰退，而属灵权力（spiritual power）的罗马理想（Romanitas），也断不会罔顾时局之变仍旧作为不受挑战的符号而存在。伴随着帝国观念的终结，日暮途穷的并非基督教本身，而是其罗马教阶形式（Roman ecclesiastical form）。随着帝国观念的历史相对化（historical relativation），基督教的罗马理想将成为一桩历史的偶然事件。而教会的领导层将会面临此种任务，亦即将普世教会的观念予以灵性化，务期使之独立于罗马的偶然因素。如果莱比锡辩论有所揭示的话，那便是因为一位基督徒恰巧出生在君士坦丁堡附近（the vicinity of Constantinople）便将其打入地狱的时代，已经一去不返了。①

　　我相信，读者诸君现在将会注意到：我们正在进行柏拉图式的讨论，对象则是一个随着时间流逝，至少在局部上变得历史性地不真实的神话。我们曾经用于教会符号的同样的一般性原则，必须被用于宗教改革时期另一些炽热的议题。现在，且让我们暂时转向圣餐变体论（transubstantiation）问题。为表达清晰计，我们应当使用圣托马斯的术语"转化"（conversio），借以指代饼和酒转化为上帝身体与血的奥秘仪典。在 12 世纪之前，圣餐变体的神秘性基本不成其为问题。然而到了宗教改革前夜，先前对这奥秘不假思索的接受，看似受到了方兴未艾的智识文明的有力质疑。人们开始提出问题，要求对此种使饼与酒外在外表上保持不变的"转化"做出一个"解释"。1215 年的第四次拉

---

① 当然，神话形式的历史因素与变迁中的历史境遇之间的冲突，并非基督教独有。我们曾经在自然神话（the Myth of Nature）的历史层面，经由宇宙论帝国（cosmological empire）观念与此类帝国繁多的历史现实之间的矛盾，讨论过同样的问题。过去的百年提供了一出很好的景观，中华文明这一宇宙论文明经历了转型的剧痛，从毫无疑问的普遍主义帝国转向其最终形式尚在不可知之数的历史阶段。

特兰会议（the Fourth Lateran Council），对作为圣餐变体的转化达成诠释上的共识，[225]亦即对偶在之物（the accidents）无甚影响的一种实质改变（a change of substance）。这同样亦是圣托马斯在其《神学大全》（*Summa theologiae*）中给出的解释。正是从年代久远很多的托马斯而非宗教改革时代那里，我们将详查困扰的根源所系，毕竟矛盾只是在宗教改革时期趋于激化而已。

"转化"最初全然是个基督教中蕴含的前基督教神话因素。我们都熟知基督教最早的相关文献——《哥林多前书》第十一章。在该文献中，圣保罗试图让哥林多人确信：

> 我当日传给你们的，原是从主领受的，就是主耶稣被卖的那一夜，拿起饼来，祝谢了，就擘开，说："这是我的身体，为你们舍的。你们应当如此行，为的是纪念我。"饭后，也照样拿起杯来，说："这杯是用我的血所立的新约。你们每逢喝的时候，要如此行，为的是纪念我。"①

圣保罗又增添了几句解释的话，一起达到这样的效果：那些吃这饼饮这酒的人是表明主耶稣的死，直等到他来；所以，无论何人不按理（unworthily [anoxios]）吃主的饼、喝主的杯，就是干犯主的身、主的血了；人吃喝而又不"分辨是主的身体"，就是吃喝自己的罪（judgment [krima]）了。关于自己的知能之源，

---

① 此处的经文由笔者根据奈索尔（Eberhard Nestle）的《希腊文与拉丁文新约》（*Novum Testamentum Graece et Latine*）第 10 版（Stuttgart：Privilegierte Wurttembergische Bibelanstalt，1930 年）译出。（[译注]此处及随后经文的中译，参考了中国基督教三自爱国运动委员会与中国基督教协会 2003 年出版的和合版《圣经》。）

圣保罗宣布是上帝本人而非其他使徒。他坚称:"我素来所传的福音,不是出于人的意思,……乃是从耶稣基督启示来的。"①他在这一点上表现得相当倚重情境:正如《旧约·耶利米书》第一章第5节所言,"你未出母胎,我已分别你为圣"。领受启示之后,他并未奔赴耶路撒冷探视耶稣行众,而是回到阿拉伯。只有在回到大马士革之后,然后又过了三年,他才与圣彼得一道驻留耶路撒冷两周。14年后,他才又回到耶路撒冷,并将他根据启示所得并在外邦人中传播的福音传给使徒们。② 看起来极有可能的是,只是在其中的一个场合耶稣的信众才首次习得最后晚餐(Last Supper)的真正意义。[226]前引的故事之所以有价值,并非因为其质疑了对观福音书(synoptic Gospels)的历史可信性(正如"批判派"史家不无轻率假定的那样),而是因为它极好地揭示出基督教教义获得的内在成长,即从仪典发展到足以诠释自身意义的古典意义上的神话(mythos)。再者,它还将巴勒斯坦这样的阿拉伯内地定位为牺牲式仪典与神话的滥觞之地,圣保罗的表述即是拜这些符号所赐。

　　为了呈现问题真正的理论层面,我们回顾了"转化"一词的主要渊源。至少就圣保罗而言,他仍然生活在"大众神话"的年代——如果可以借用柏拉图的这一术语的话。在《哥林多前书》第十一章的描述中,转化是个神话式的现实;而"不按理"地对待圣餐会导致诸如"软弱"和"患病"等有形的、生理性的后果——似乎当时在哥林多人中间发生了此类灾异(《哥林多前书》第十一章,第30节)。而我们从柏拉图那里学到,神话不容篡改和做手脚。只有在信众对产生符号的经验嗅觉敏锐,在符号能够钩

---

① 《新约·加拉太书》:第一章,第11—12节。
② 《新约·加拉太书》:第一章、第二章。

沉溯往地唤起信众的经验之时，它才能保持自身的"真理性"。[①]
在成为化学命题之后，"转化"的真理性也就丧失了。正如柏拉
图所言，灵魂神话使较少分殊化的符号体系重新获取回忆性理
解成为可能，在此意义上，神话一旦被摧毁，其真理性便可再度
取得。神话的危险区域存在于启蒙后复杂心智（enlightened so-
phistication）的两个层次之间。

　　在进行上述澄清之后，我们现在可以更为精准地对问题进
行概括。针对圣餐变体这样的信条，试图利用亚里士多德的形
而上学术语，给转化之类的仪典奥秘赋予"解释"，在理论上是不
允许的。一旦走进这条死胡同，愤愤不平的形而上学家强烈反
对"没有偶在之物的实质"抑或"没有实质的偶在之物"，恐怕都
只会是一个时间和场合的问题。诸如杜朗（Durand）、奥卡姆以
及德伊（d'Ailly）等人提出的辅助性的理论，试图使饼的实质与
主耶稣的身体同在——换言之，路德的"真实临在论"（real
presence）仍属圣餐变体论的不同版本之列。[227]若非如此，
当可从加尔文的冗长修辞（rhetorical verbiage）抑或慈运理
（Zwingli）弃绝奥秘之纪念式符号（commemorative symboliza-
tion）的直白教理那里寻得出路。我们关注的并非教条的实际
差异。就观念史的目的而言，只需意识到圣保罗基旨信仰（ele-
mentary faith）的年代已经一去不返，而宗教改革运动的领导者
们并无这样的智识可能，足以将圣奥古斯丁"信仰则已食之"
（Crede et manducasti，或许是迈向柏拉图主义层级的至高阶
段）敏感的属灵主义与一种合宜的神话理论予以恰当地匹配。
"转化"已然蜕化，堕落到不得要领的知识分子之间伪形而上学

---

① 　实际上，《哥林多前书》第十一章指代"记忆"（remembrance）的希腊词汇正是
anamnesis。

口角（pseudo-metaphysical squabble）的层次。

然而，若能发掘出其中蕴含的主要冲突趋势，转化一说还是颇具教益的。首先，当时出现了这样一种趋势，亦即从对符号的智识思辨转为对其基旨意义的接受。在路德对"真实临在"非思辨性的坚持之中，我们可以看出这种趋势；路德在此问题上的模糊暧昧与前后不一，不应被看作理论上的失败，而应被看作在理论化难以进行及对其不适性有所察觉两者之间的一种悬而未决的状态。

其次，当时出现了一种颇为混乱的意识，人们察觉到问题必须朝向属灵化的方向才可得到解决。我们仍然可以在路德那里找到此种趋向，但这只是 1520 年左右的一种过渡状况。在关于"永恒信条与新约"（Das haut-stuck des ewigen und neuen testaments）等问题的布道辞中（1522 年），路德竟然开始对"言词"（word）与"记号"（sign）加以区分。"言词"而非"记号"才是重要的东西；"没有记号，我们同样可以行事，然而没有言词却万万不能。这是因为若没有圣言，便没有信仰。"真正的灵交存在于经由言词达成之信仰的强化；唯其信仰被确证，圣礼才可被接受；否则的话——路德此时再次体现出强烈的保罗倾向——接受圣礼便可能是件危险的事情。这可能正是奥古斯丁"信仰则已食之"（Believe and thou hast eaten）得以成立的极端情形；然而这一教条鲜有触及圣礼本身。

最后，第三种趋势以卡尔施塔特、慈运理以及厄科兰帕迪乌斯（John Oecolampadius）等人为代表；这种趋势体现为：从亚里士多德形而上学造成的符号的局部破坏，转向通过"自由派的"讽喻手法（"liberal" allegorization）导致的符号的全面破坏。对于我们来说，这最后一种趋势尤为重要，这是因为它揭示出对于符号的智识上的破坏——作为大型运动它只是到了 17 世纪末期与 18 世纪才显现出成效——[228]其渊源可以上溯到宗教改革之前形而上学对于经院时代的侵蚀中去。对于符号的开明式误解(enlightened misunderstanding)，将智识运动扩展到信仰与神话领域中去的灵知主义倾向，早在 12 世纪即已针对特定问题而发；而其始作俑者，甚至出人意料地包括圣托马斯在内。

四 《九十五条论纲》

通过探讨宗教改革有关的两个主要符号——教会与圣餐变体论——前文已对理论背景有所分析。这可能会在某种程度上阐明为何把宗教改革称作"大混乱"的年代，并能够揭示，在一般政治观念史的背景下，继续采用此种方法分析观念史涉及的所有单一问题，将是件得不偿失的事情。我们在此无需举出更多的例证，只需提纲挈领地指出造成 1517 年爆炸性事件的主要因素即可。

首先，必须注意到更广泛公众中属灵敏感性在一般程度上的提升。在上一章"上帝的子民"中，我们讨论了 14 世纪初叶的危机。募缘会(mendicant orders)的布道工作取得成效；截至 1300 年，有理由认为真正大众的基督教化(Christianization)已然实现，在新兴城镇社会之中尤其如此。14 世纪神秘主义的大潮或许对主教阶层的治理之术提出了很高要求，唯其如此，才能用制度形式将运动浪潮加以疏浚。不幸的是，治理之术很是匮乏，神秘主义大潮惊涛拍岸并冲决堤坝，成为异端地下运动；这也正是我们将教会衰落之始定为 1300 年的缘由。教会当局对这场运动应对失措，而运动本身则愈演愈烈。截至 15 世纪末叶,陶勒尔等神秘主义者的论著仍然为人所知,甚至取得了空前广泛的传播。路德本人就将这位籍籍无名的法兰克福人最精彩的神秘主义著作之一——《德意志神学》(*Theologia Germanica*)——付梓出版并写作序言。对于由这位神秘主义者的宗教虔诚塑造的心灵而言,在更为苦难的往昔未曾激起批评之声的教会的大量粗劣举动,[229]而今却变得令人难以容忍,改革已是箭在弦上,不得不发。

此类行动中最为危险的当属赎罪券的发布,正是这一事件实际上引发了 1517 年的风暴。发布赎罪券的做法在教会历史中由来久矣。它旨在纾解现世的惩罚,被教会用来作为赎罪的外在表现。早在 7 世纪,这种对繁杂惩戒进行纾解的实践即已出现;通过金钱赎买罪过的做法,也符合罗马法中规定的以赔偿换惩罚的"赎罪金"(Wergeld)规则。这一风俗后来得到"圣徒功德库"(thesaurus meritorum)教义的补充,这条教义系由哈勒的亚历山大(Alexander of Hales)在 13 世纪提出,是指圣徒们在"功德库"(Treasure of the Church)中积聚"多余的"补偿。直到这时为止,赎罪券体制不过是教会对外部文明环境的一种让步,因为若是固执于早期教会严苛的戒规,恐怕很难将广大的公众予以基督教化。当谬见流传,不仅将赎罪券看作对现实惩戒的纾解同时也将其看作对于罪业的豁免之际,这种宗教实践开始荒腔走板;而当人们开始将大赦误解为对于未来罪业的豁免之时,错谬也就变得变本加厉了。赎罪券,尤其是来自罗马的赎罪券,竟然被当时的大众普遍认为是通往天国的入场券。尽管我们不能说这种误解是教会当局处心积虑有意为之,但可以肯定的是教会并未采取有效措施防止谬种流传,甚至没有对那些售卖赎罪券者有意助长误解的做法予以裁制。从 14 世纪到 16

世纪,滥发赎罪券已经成为全欧范围的丑闻,巨额金钱和大量的利益相关者都被裹挟其中。

这一丑闻气焰炽盛。滥售赎罪券司空见惯,这样一种环境使丑闻愈演愈烈,进而触发了 1517 年及其后几年的一系列历史事件。至少就教皇制而言,售卖赎罪券已经成为一项重要的日常收入进项以及为特定目的征收款项的有效办法。在 1510 年,主要是为了补偿新近建造圣彼得大教堂的费用,尤利乌斯二世(Julius II)已经开始售卖一种名为"圣年大赦"(Jubilee Indulgence)的赎罪券。[230]这种赎罪券于 1515 年开始向马格德堡(Magdeburg)和美因茨(Mainz)发售。负责人乃是布兰登堡的阿尔布莱希特(Albrecht of Brandenburg)———一个臭名昭著的多元主义者,同时兼任马格德堡大主教、美因茨大主教以及哈尔伯施塔特主教。通过签订一个密约,售卖的收益将在教皇与富格尔家族之间进行五五分成———这是为了对后者进行补偿,因为富格尔家族曾经资助阿尔布莱希特购买那些大主教职位,并为其兼任三职提供补贴。我们现在已经很难判断这份密约的"秘密"程度几何;因为富格尔家族的雇员已经开始与教会的赎罪券发售者共同行动,以便可以就地分成。

路德《九十五条论纲》(《论赎罪券的权力与效力》,*On the Power and Efficacy of Indulgences*)的炮口所向,正是这一国际性的财政闹剧。就其形式与意图而言,《论纲》(以拉丁文发布)乃是对于所涉神学问题枯燥无味的学术讨论,与中世纪大学里数以百计的其他辩难文字无甚区别。然而就其内容而论,却实在是切中肯綮,直击要害。这是因为路德坚称:赎罪券只能在教会惩戒方面换取宽恕,却无法抵消上帝的惩戒;特别是赎罪券无法折抵罪业;再者,它只适用于生者,而无益于炼狱中的亡灵;

而且,路德坚持认为真正值得珍爱的财富乃是圣灵,而不是什么"圣徒功德库"之类的东西。

《论纲》很快激起轩然大波,影响广布。维腾堡大学出版社几乎无力提供足够的印本。短短两周之内,《论纲》便闻名全德。一份德文译本已成势所必需。令路德本人也倍感惊诧的是,在一个月之内他已是全欧洲的名人。这直接导致了赎罪券销量的锐减。对自己财政状况深感不满的马格德堡大主教向罗马申诉陈情;罗马教廷责成奥斯定会总会长(the general of the Augustinians),务必让自己的僧侣①闭嘴大吉;麻烦悄然而至。这是因为,如果说宗教改革有什么突出特征的话,那便是无人愿意保持缄默或是被迫保持缄默。负责赎罪券售卖的多明我会士泰策尔(Tetzel)认为撰文还击是最好的举措;艾克也写了一篇反对路德的短文;路德旋即撰文回应。宗教法庭的一位审判官马佐里尼(Silvester Mazzolini)撰文说明教皇有制裁路德之权。在其1518年的海德堡分会上,奥斯定会教众就此事展开讨论,并非所有人都认同自己教友的看法;而他们的教友自然又要付梓回应一番。

[231]为了让路德就此闭嘴,教廷诏令路德赶赴罗马;这一举动又把萨克森选帝侯牵扯了进来,他认为教皇诏令是对其所辖大学的公开侮辱,更不愿自己著名的教授身涉险境。此外,就其个人情感而言,选帝侯也对赎罪券颇为反感,这是由于布兰登堡家族取代了萨克森王侯在有关主教辖区的势力;而选帝侯在自己的辖区之内便首先禁止赎罪券的售卖。这样一来,教皇利奥十世(Pope Leo X)不得不取消宣召,考虑到悬而未决的新任帝国皇帝选任,教廷并不想与萨克森选帝侯公开交恶。于是,教

---

① [译注]此处指路德。

廷做出了另外的安排：路德应当在奥格斯堡议事会(the diet of Augsburg)上觐见教皇派出的使者枢机主教卡耶坦(the Cardinal Cajetan)；这次会晤效果一般；路德记述了这段试图让其闭口的经历并付梓出版，可以想见形势并未改善。由教皇内臣米尔蒂茨(von Miltitz)领衔的下一次和平之旅几乎马上就要取得成功，路德答应在自己不受攻击的情况下保持缄默；可是多管闲事的艾克却开始挑衅，最终造成了前文曾经论及的1519年莱比锡辩论。小册子与布道辞的战争一直延续到1520年，而这一年路德出版了他关键性的著作，同年教皇也发布了讨伐路德的谕旨《逐路德出教谕》(*Exsurge Domine*)，最终则是1520年12月的焚毁谕旨事件。在短短三年之内，围绕赎罪券展开的口角演化为德意志反抗罗马教廷的民族革命；而斗争双方的立场又是如此坚定，以至于妥协变得毫无可能。

我们此前对于教会及圣餐变体等符号的分析，可能已经给读者诸君带来这样的印象：斗争中涉及的理论问题是相当复杂难懂的。在闲适容忍最为惬意的情况下，若想做出恰当的表述，尚且需要时间、艰辛与反复的斟酌。我们已经无需阐明此点：前文所述事件与论战不断升温的历史进程，恐怕只会引发备受干扰的争论、坎坷苦涩的感受以及马虎轻率的陈述。

五　《致德意志民族的基督教贵族书》

正如前文所言，截至1520年，滥发赎罪券的行径已经发展成一场德意志的反叛运动。其冲决网罗的伟力，可以在这一年路德的小册子中得到理论上的体现。这部小册子名为《致德意志民族的基督教贵族书》(*An den christlichen Adel deutscher*

Nation von des christlichen Standes Besserung）。[232]迄今为止,这部小册子作为基督教社会理论的价值,尚未得到充分的认可。它是路德社会思想与改革纲领最为全面的铺陈;该文有逻辑缜密的理论性导言,接下来是一系列的控诉,最后则以很长的一揽子改革建议而告终,共包括 27 个条款以及对其颇为详尽的说明。

　　小册子的题目本身便已充满了革命性的暗示。它提到"基督徒阶层的改良"（improvement of the Christian estate）,进而提出关于此一"阶层"性质的重要问题。路德并未给出正式的定义;然而从开头的几页起,便开始出现诸如"俗人阶层"（lay estate）、"属灵阶层"（spiritual estate）以及"基督徒阶层"之类的区分。根据上下文我们可以获知,属灵阶层是指教士,而世俗阶层则指贵族;而基督徒阶层是指不拥有圣俗职位的一般基督徒大众。然而,这些某种程度上无特征的普通基督徒大众,却通过重要的认同获得了特性。首先,再次通过上下文可以看出,基督徒阶层被视同"教会";而基督教贵族则被寄望于帮助"教会",这是因为教士们似乎不情愿如此行事。这样一来,或许"基督徒阶层"应该与一般而言的"基督教世界"等量齐观? 正如我们即将看到的那样,此种意涵将会间或出现。然而,显现在前台的则是另一种用法,亦即将"基督徒阶层"等同于一个民族。路德假定在基督教世界存在诸多的"阶层",而这些"阶层"正是民族,首当其冲的则是德意志民族。① 路德即将形成这样一种基督教世界

① Die Noth und Beschwerung, die alle Stände der Christenheit, zuvor Deutsche-land druckt... [不幸的是,本书手稿并不能显示沃格林使用的究竟是哪个德文文本。其中一个文本,可参见《路德博士文集》（*D. Martin Luther Werke*）,批判本全集（Kristische Gesamtausgabe）（魏玛：H. Böhlau, 1883— ）, vol. 6（381）404—469]。美国版的《路德全集》（*Luther's Works*）由 Concordia　　　（转下页）

的观念,亦即将其解读为诸种称之为"阶层"的社群,同时可以用教会与民族这样的词汇指称此种"阶层"。[233]我们可以发现,后世在胡克(Richard Hook)著作中发展出的基督教邦国(Christian commonwealth)观念,在此正得以酝酿成型。因此,通过上述初步的澄清,所谓基督徒阶层的"改良"可以引申为:(1)普世教会之教义、仪式与组织原则的改革;(2)德意志民族教会的改革,接近于高卢主义(Gallicanism)与安立甘主义(Anglicanism)的自主;以及(3)在德意志民族层面上的社会与经济改革。

上述初步认识的理论表述,首先是从基督教社会——也即有别于作为由异教统治者主宰之异教社会飞地(enclaves)的各早期基督教社群的、包括政治权威在内的所有成员均为基督徒的社会——出现的问题开始。在基督教社会中,属灵与属世权力之间的区别,只能被理解为职位与权能的区别;不能裁定属灵地位的区别。

> 所有基督徒在真道上同归于一,身体只有一个,圣灵只有一个;除了各尽其职,断无其他区别……一主,一信,一洗,都是平等的基督徒(《以弗所书》,第四章,第 5 节)。这是因为洗礼、福音与信仰使所有教众成为属灵且合二为一

(接上页注①)出版社(圣路易斯;1955—)及 Fortress 出版社(费城;1957—)出版,共 55 卷。总编辑为佩里肯(Jaroslav Pelikan,1—30 卷)以及莱曼(Helmut T. Lehman,31—55 卷)。路德的《致德意志民族的基督教贵族书》(*Address to the Christian Nobility of the German Nation*)由雅各布(Charles M. Jacobs)与阿特金斯牧师(rev. James Atkinson)译出。同样的文本还与《教会的巴比伦之囚》(*The Babylonian Captivity of the Church*)以及《基督徒的自由》(*The Freedom of a Christian*)合编为《路德三论》(*Martin Luther: Three Treatises*)修订第 2 版(Fortress 出版社,1970 年版,第 7—112 页)。

的基督徒。

特别是，"世俗权力与我们一样受洗，与我们共享同样的信仰与福音"；因此"我们必须使之成为牧师与主教，并将其职位看作基督徒社群的一个有益的组成部分"。

唯其理解了路德本来赋予其的用途，才能真正理解上述教理的意义。一方面，它重申了格拉西乌斯的（Gelasian）分权原则。对于属灵权力的僭妄之举应当加以抑制：

> 世俗之权乃是上帝所授，用于惩罚作恶者，保护虔敬者；因此其职权应当在基督教世界的躯体之内畅行无阻，无论教皇、主教、牧师、僧侣、修女，皆应一体而适用之；

宗教法庭的特别司法之权必须予以取缔；教阶与教会法庭应将其权力让渡于世俗法庭。其次，该教理坚持世俗权威神赐魅力的地位。我们或许还记得，在兰斯的辛克马尔的加冕礼祈祷词中，帝王之位被整合进基督教神秘机体具有神赐魅力诸种职位的等级体系之中；通观整个中古时代，帝位都具备此种神赐魅力的特征。[234]路德重申这一原则：

> 世俗统治已经成为基督教机体的一员；而且，尽管其行事具有肉身的特性，其层级却是属灵的。
>
> 基督并没有属世与属灵的两个身体或两种身体。只有一个头颅；只有一个身躯。

这一教理发展至此，开始与现状相互抵牾；然而整体而言，这是一场颇为保守的改革。通过基督教世界机体内被视为属灵性职司的扩张，这一教理开始具备革命的性质。不仅统治者拥有神赐职司，"鞋匠、铁匠、农民"莫不如此；他们都拥有"自己手艺的职司与劳作，与牧师及主教并无二致"。如果有人坚持认为统治者的职司远比祷告者与告解者的低陋，以至于其司法不能扩及教士阶层的话，裁缝、石匠、木匠、厨师、侍者、农民及所有世俗的手艺人也应被看作卑微不堪，以至于不能"向教皇、主教、牧师、僧侣们提供鞋履、服饰、楼宇、饮食及什一税了"。

散乱无章的争论可以具体化为三条原则。首先是"信徒皆祭司"(the general priesthood of all Christians)[1]原则。凡受洗者均得被授予"牧师、主教、教皇等圣职；尽管并非每人都应履行职司"。其次是基督教机体中所有功能部分神赐魅力平等(charismatic equality)的原则。所有行当、天职、技术、手艺均系圣保罗意义上的神赐职司，与主教、教师、执事等职司并无两样。第三条原则则确保职司的层级：

> 尽管作为祭司我们教友一律平等，在没有大家赞同与选举的情况下不得擅自推展(我们大家有平等权力去做之事)。但凡共同之事，在没有社群意愿与命令的前提下，任何人不得僭妄专权。

这最后一项原则乃是特别针对教士职司(clerical office)而发，意在抨击所谓"不可损毁的完整性"(character indelebilis)；而非要求选举或撤销世俗统治者职位。

我们认为，上述三条原则必须被视为一个整体；若单独观

---

① ［译注］又称 Priesthood of All Believers。

之，路德教理主张不乏矛盾含混之处，而三原则是使其得以稳固的内核。在所有基督徒眼中，教士阶层拥有在智识上最为高深莫测之处——诠释《圣经》经文的权威；为了更好地理解这一问题，犹有必要记取上述内核的统一性。"基督徒阶层"的理论，很快即可引发对教会训导之责（magisterium），尤其是对教皇在信仰问题上之权威的抨击。

[235]我们中间不乏对主拥有正确信仰、精神、理解、言词与意义的虔敬的基督徒；有什么道理对其话语及理解置若罔闻，却要听从那既无信仰又无灵性的教皇之语呢？

认同教皇权威，意味着我们把对教会的信念变成了对独夫（one man）的信念。既然我们皆得为祭司，

为何我们不能拥有品鉴判断信仰正误的权威（authority［Macht］）呢？圣保罗在《哥林多前书》第二章第15节的教诲——"属灵的人能看透万事，却没有一人能看透了他"——又当被置于何处呢？

我们不应忘记，"主的灵在哪里，我们的自由就在哪里"（《哥林多后书》第三章第17节），我们不应被教皇的恐吓吓倒；"让我们将他们的要求与禁令抛在脑后，通过自己对于信仰的理解判断经文，迫使他们遵循更为真确而非他们自己炮制的理解"。

当读到上面这些句子时，我们似乎有些难以置信：受过如此可观智识训练的路德，竟然没有意识到——为了摆脱对于"教皇永不犯错"在程序上定于一尊的依赖，他将判断信仰之权分散到

每个基督徒身上，而这实际上便使得每个基督徒都成为其自身永不犯错的教皇——而这将会不可避免地开启不同诠释聚讼纷纭的无序局面。

再者，同样难以置信的还有：一个在教会历史与纷争方面拥有广博知识的人，竟然没有发现，诉诸《哥林多前书》第二章第15节中"属灵人"(the homo spiritualis)权威可能会造成何种影响。因为博尼法切八世恰恰也曾引用这段话，为其"权威优于单纯灵证"(authority over mere psychici)的观点张本。尽管立场已经发生改变，但批评的结构却不可避免地趋于一致；诉诸"属灵的人"若想奏效，唯有在其他某些人被剥夺属灵地位时方可成立；在博尼法切八世那里，非教士阶层将受到此种剥夺，而到了路德这里，教皇制本身由于"既无信仰又无灵性"而成为被剥夺者。路德对教皇攻讦之词花样繁出，从指斥其为敌基督者到恶语谩骂，可谓不一而足。① 当教会的最高首脑擅权僭政之时，这种诉求就显得颇为危险；[236]通过将诉求对象由当权机构的首领转到街头闾间的普通人，局势开始朝向灵知倾向的教派主义(Gnostic sectarianism)无情地蜕变，从而使教会组织土崩瓦解。

最后，令人感到难以置信的是，正是在1521年，当维腾堡的茨维考(Zwickau)向受感染的先知们灌输路德教理并煽动其行动时，就连路德本人恐怕也会深感惊恐。就相关的诠释学原则而言，看起来非常明显，"根据我们对信仰的理解判断经文"将会提升"信仰"的地位，进而将"经文"贬低到次一等的位置；由此引

---

① 从诅咒术(art of cursing)的角度看，路德的攻讦倒是别有趣味。例如下面这句话："教皇僭居其位；本应是教会之中的基督(Christ in His Church)，而今却有如提灯里的泥污(mud in the lantern)。"语言鉴赏家(connoisseur of language)会觉得兴味盎然(这几乎是阅读路德作品中多数时候会有的感受)；然而我们或可认为，此类语言对于基督教会的统一性实在无甚贡献可言。

发的第二步,便是将激发了经文的圣道(logos)与被激发的经文言词区别开来;于是乎作为第三步,对于圣道的直接把握便使得受到激发的诠释者可以完全将经文弃置一旁。而茨维考派先知们便是一些走出第三步的人士。他们"与上帝对话",其蒙恩而得的知识使他们不必研习《圣经》乃至于任何东西。

今日大众运动的研究者们或许会对早在 16 世纪"知识分子"抛开书山文海的闲适态度颇感兴趣。尽管曾是一位博闻强识的教授,但卡尔施塔特对他的弟子们宣讲:学术研究乃是毫无必要的事情,大家伙儿应该回到家里耕耘土地,流自己的汗,吃自己的饭。语法学校的校长让学生家长们把孩子们领回家;这是因为,当斯托尔奇(Claus Storch)这么优秀的先知都投身于弃置一切值得学知之物的浪潮时,求学实在是件无足轻重的事情。实际上,很多学生回家,是为了学习有用的手艺而非夸夸其谈的学术智慧;由于所有人都得为牧师、为教师,卡尔施塔特会就艰深经文段落的理解请教普通人,阿猫阿狗们自然非常乐见这种新潮。

这种噩梦般的乱象如何得以可能?答案不能从路德的一家之言中去寻找;而必须着眼于其性格及先前讨论原则的整体,来进行把握。由于路德的反智主义(anti-intellectualism),他并未预见自己宣告所有人均足以成为经文诠释者之后,将会出现的经文诠释上的无序乱象。对于我们理解早期改革者以及伊拉斯谟等人文主义者的态度而言,这一点至关重要。[237]他们并未设想过,以回归经文作为基督教教理的基础,会成为与传统的断裂以及个人任意性(arbitrariness)的肇端;在他们的设想中,自己的作为只是与亚里士多德主义及经院主义武断恣意的决裂,只是为了重建被教会故意曲解深埋的伟大传统。与伊拉斯谟一样,路德是如此憎恨亚里士多德主义,以至于他把与经院哲学复杂创设的决裂,看作向更少分裂之虞的、朴素单纯意义上的基督教的复归。为了更为恰切地概括此种态度,我们有必要探讨路德(与伊拉斯谟)的反哲学主义。将此种特殊的反智主义称之为反哲学主义,可以让我们更为清晰地认知,其从早期改革者到19世纪的保惠师——孔德等人——的发展脉络;而且它还提请我们注意这一事实,那就是知识分子(intellectual)这一术语本身,一直以来(从伊拉斯谟到达朗贝尔[d'Alembert]、狄德罗与伏尔泰)都被用来指代对严肃的、哲学性的智识产品深恶痛绝的那种思想者类型。

路德格外重视这一问题。《致德意志民族的基督教贵族书》有一个较长的章节(第25款),专门处理大学与初级学校系统的"改革"问题。在教皇制腐化的影响之下,大学已经变成"希腊荣光的训练场"(gymnasia Graecae gloriae);它们不会讲授太多的《圣经》与基督教教理,因为它们是被"目盲的异教徒教师亚里士多德"主宰着。首先,亚里士多德《论灵魂》、《物理学》、《形而上学》与《伦理学》的讲授应被全部取缔,这是由于这些著作并没有包含多少关于自然与属灵事物的真理。

> 除此之外,人们很难理解他的奇谈怪论……我想说,一名制陶工人对于自然事物的了解,也要比这些书写到的多得多。这傲慢、粗鄙、天杀的异教徒已经用他错误的教诲愚弄和误导了如此众多的基督徒,每念及此,我心甚伤。这简直是上帝对我们罪过施加的惩罚。

> 虑及这些苦难境况,我难以自抑地感到学术(studying)乃是魔鬼(the evil spirit)的创造。

没人能够指责路德胡言乱语。

　　我清楚自己所说的东西。我像你及其他人一样了解亚
里士多德。我也曾认真阅读、细心领会其著述，与圣托马斯
或司各脱(Scotus)相比，我的理解更胜一筹；以上所说绝非
自吹自擂，如有必要，我可以加以证明。

　　亚里士多德的《逻辑学》、《修辞术》及《诗学》仍然应被用于
对青年人言谈和讲道的训练之中。[238]除此之外，还应教授拉
丁文、希腊文、希伯来文、数学以及历史。法学院应当取消所有
教会法与罗马法教程；神学院应当从《语录》(*Sentences*)开始施
教，并将博士研究的对象完全锁定为《圣经》。在阅读早期诸神
父经籍时应当抱有遴选和克制的态度，至多将其看成对《圣经》
的绍介。甚至神学博士自身也成为一个颇令人存疑的称号；这
是因为教皇、皇帝及大学只能授予文学、医学、法学及《语录》的
博士头衔；而《圣经》博士之称则唯有天堂之上的圣灵方可授予。
初等学校应当引入对《圣经》的介绍性课程，其受教者不仅是男
孩还应包括特设学校中的女孩；这些初等学校将成为预备式的
机构，只有最为优秀的学生才能从中脱颖而出，进入大学就读。
这一政策可以矫正所有人皆可进入大学的时弊；"只重数量，随
便什么人都能够混得个博士头衔"。"我极其担忧，除非中学能
够更为努力地向青年人教授与宣讲《圣经》，否则它们将成为通
往地狱之门。"
　　从路德的反哲学主义之中，我们可以感受到曾在此前章节
讨论过的、作为教派运动典型特征的那种破坏文明的因素。现
在我们必须进一步澄清这一问题。这种因素存在于路德的思想

之中；而这给人们留下了如此深刻的印象，以至于宗教改革时期的大众运动——它们在农民战争(the Peasant war)之中达到顶峰——能够将自己的观念与行动予以正当化，将其看作路德更为温和立场之逐渐发展与持续激化的产物。然而路德本人的"离经叛道"并没有达到教派运动的程度；相反，他对其持激烈反对态度，而其极致便是呼吁对叛乱的农民施以屠戮。

此种往往被视为路德一大个性特点(或许也是其弱点)的态度，因为其独特性质而对观念史家具有头等重要的意义。尽管前宗教改革诸次运动中早已存在类似的问题，然而路德的确提供了头一桩典型的事例——一位政治思想家，希望通过对现存文明秩序的局部破坏，达成创造新型社会秩序的目的，随后当更为激进的人试图将破坏工作进一步推进，以至于远远超出路德为自己所设限制时，却又惊惶不已。这正是在我们时代著名的口号"我们本来无意如此"(so haben wir es nicht gemeint)所彰显的那种态度。在拙著后面部分关于孔德的章节中，[239]读者将会找到对上述类型在 19 世纪最为有趣之代表案例的详细讨论；而对此问题更为微妙的讨论，将出现在分析尼采之狂放不羁的部分中。① 而在 20 世纪，随着文明破坏突然而又迅即地加速，这样的情况已经司空见惯：欣然投身于破坏性群众运动的人，却在某种程度上被运动的浪潮反超，进而成为其牺牲品。就路德对过激运动的回应而言，其个性或许可以解释其爆发之激烈；然而对路德针对暴行之训诫词的过多道德主义的关注，只会使人混淆更为重要之情势——也即一位希望通过有限破坏解决复杂的社会与智性问题之人面临的情势——的客观架构。

---

① 参见卷 8《危机和人的启示》第三章对孔德的讨论，以及卷 7《新秩序与最后的定向》的第八部分第四章对尼采的讨论。

　　若是考虑到新教历史的细微之处，则路德不智的破坏性，必须由梅兰希顿创造的新教经院主义（Protestant Scholasticism）以及加尔文在《基督教要义》（Institutes）中对一套基督教义的重新编排而加以弥补。就路德本人而言，他几乎从未洞察到自己态度中的破坏性，而在 1520 年则肯定未曾察觉。其反经院主义及其对所有基督徒自由诠释《圣经》权利的倡导，在他看来并非对劬劳开创的基督教义智性秩序的破坏；他完全有理由对教派性质大众运动的野蛮爆发深感惊诧，这是因为他全无意图成为一位教派运动的邪教首领。

　　为了更为全面地了解这种奇特的盲目性，我们现在必须回转，探讨激发路德改良基督徒阶层（the Christian estate）观念之诸多原则的内核。由这些原则出发，非常明显，路德的事业之中明显存在着此等问题与任务，并由其程度混淆了我们对偶然因素与必然推论的看法。正如我们所见，这一任务并不仅仅是对教会的改革——正如在传统历史标签的压力之下观察者惯于对该时期做出的定论。对路德而言，最为重要的问题当属民族化基督教社会的创建（the creation of national Christian society）。这种民族化基督教社会当然被认为是普世基督教社会的一个明确的成员；而且，[240]既然此一普世社会在教会那里寻得了自己的组织性表达，而路德无意取消普世教会，习惯意义上的教会改革与其主要问题意识从技术上具有相同的重要性，以便使之与改良了的民族社会的要求相一致。不过，民族社会的改革占据了路德主要的注意力；对路德而言，此种民族化基督教阶层的经验乃是如此吸引人心的现实，以至于他无法充满想象力地做出预判——既难以预判此种专注性亦可运用到超民族的教会层次所带来的浩劫；又难以预判基督徒阶层进一步分化变为次民族的教派运动，从而给民族基督教阶层本身带来的威胁。

现在让我们探讨改革纲领本身的要点。世俗权威应当禁绝向罗马缴付年金(annates)，以便阻止对于德意志民族的劫掠和伤害。出于同样的原因，任命外邦人执掌德意志圣职的做法也应被遏制；这些任命剥夺了德意志有潜质的领圣俸阶层正当的收入，并使德意志人民失去了学识渊博的本民族的高级教士。罗马不得继续把持对主教的认可之权，然而——根据尼西亚宗教会议确定的规则——认可之权应赋予相邻两教区的主教或大主教。世俗案件不得交付罗马处理，而应保留在民族世俗法庭的司法范围之内。罗马不得继续攫取封地(fiefs)；必须取消所谓"保留案件"(casus reservati)①。除了讲道与赦免权之外，所有教皇凌驾于皇帝之上的特权均应加以废止。第 10 款概括了自主国家产业原则，并特别将其适用范围扩展到教皇在意大利的领地；要求教皇"把手从汤羹中取出"，放弃那不勒斯、西西里及教皇国各邦。第 12 款设计赎罪券问题，并要求取缔到罗马的朝拜活动，尤其是取缔大赦年(Jubilees)的朝拜。那些抱有谬见、认为自己正在施行善举因而希望投身于此类铺张行为中去的可怜的家伙，应该受到教育，以便明白照料自己的家庭、将钱花在自己妻儿身上，要比朝拜这种荒唐的举动高尚得多。对于此类旅行而言，唯一正当的借口便是观瞻异国他乡的好奇之心。上述种种要点，较少虑及教会之改革，而较多地出于保护民族社会免受外邦干涉与财产盘剥的考虑。[241]这种要求的意图在第 13 款得到了特别的强调，该款规定托钵僧修会的数目应当削减到现有数量

---

① [译注]在罗马天主教时期，系指唯有教皇等高级主教允准才有望加以赦免的案件，其依据来自《新约·约翰福音》22:21—23，基督将赦免之权仅仅交给了使徒及其继任者们。

的十分之一，并取消现存女修道会布道与忏悔之权；这是因为，"似乎罗马教廷着力扩张上述军队，以使世俗教士和主教在对其暴政深恶痛绝之时，无从强大到足以开展一场改革的程度"。

如果说前13款力求在普世基督徒阶层之内获得更大的民族自主性的话，接下来的10款（第14—23款）或可被看作一场对宗教生活泛滥之赘疣（abusive excrescences）的抨击，以及一次通过注入合理之德性（rational morality）改革宗教实践的尝试。这部分所涉问题跨度甚广。路德在第14款开门见山地讨论了圣职人员禁欲问题（sacerdotal celibacy）。理想的状态将是：每座城镇从本城选出"一位博学、虔敬的市民"，将司牧之职交付于他，愿否婚娶悉从其意愿，并将同样的规则施用于牧师与执事，以便襄助其布道及管理圣礼等事。这便是早期基督教的规则，"并在希腊教会时期继续保有效力"。由于此种理想状况难以毕其功于一夕，于是路德开始尝试提出具体的建言，作为改弦易辙的权宜之计。第15款处理修道院中出现的性的规训问题，第16款涉及死者弥撒献词相关的陋习，第17款则取缔与禁令（interdict）等教会惩罚相关的陋习。第18款要求取消礼拜日之外的所有宗教假日。

> 这是因为，我们由于狂饮、聚赌、游荡等种种罪行，误用了这些假日，甚至比平日更多地触怒了上帝。

然而，最为重要的原因当属对普通人造成的损害——过于繁多的假日会使其在损失工作日的同时付出更多的消费，而沉溺其中又会使其翌日的劳作效率更为低下。至于此类假日乃是由教皇所立，则根本就不算什么站得住脚的理由。"凡损伤人的肉体与灵魂的，必会冒犯上帝"；不仅世俗权威有权通过其敕令取消此类假日，而且这根本就是基督徒的义务所系。第 19 款要求取缔在第三及第四层级表亲之间联姻以及斋戒之中被滥用的禁止与豁免之权。后者看起来乃是路德的痛处：

> [242]在罗马，人们对斋戒极尽嘲笑之能事；他们先是命令我们这里的基督徒食用他们连擦鞋都不愿使用的油，进而贩卖给我们吃黄油的自由。①

第 20 款声讨朝拜场所的商业盘剥并要求取缔之，理由同样是它们使穷人丧失工作与金钱，并且干扰了本应集中于教区的宗教生活。第 21 款声讨有组织乞讨的邪恶之处，并要求对城镇中的贫困人群施加恰当的管理举措。第 22 款及第 23 款在一定程度上与前文有所重复，重申了弥撒献词、豁免与赎罪券的滥用等等，更不必说"允食黄油笺"(Butterbriefe)了。

最后四个条款(第 24—27 款)处理一系列议题，每一个都具有相当大的政治重要性。其中第 25 款针对亚里士多德主义及教育改革，我们曾在前文有所讨论。第 24 款处理波希米亚问题(the Bohemian question)。路德不想明确地将自己的立场表达为胡斯教义的正统观点，尽管他并未发现后者的错谬之处。问题在于，胡斯由于违反了得到批准的安全行为界限而遭火刑；波希米亚人自然勃然大怒，断无可能让其产生公义降临之感。就算胡斯的的确确是个异端，也不构成对其施加火刑的理由，而越

---

① 在某种程度上，"允食黄油笺"(Butterbriefe)代表了蔓延在路德这一阶段作品中的愤懑情结。[Butterbriefe 乃是允准基督徒在斋戒日食用蛋奶食品的豁免信笺(《路德三论》[Three Treatises]，第 43 页)。]

出安全行为界限更不足以成为借口；再者，作为一项普遍原则，
"正如古时候教父们的光辉典范所示，战胜异端应该靠笔而非靠
火"。如能承认犯下的错误，并允许他们从本部族选出一位布拉
格大主教（同时经过两位临近郊区主教的确认），就有可能将波
希米亚人重新团结在教会之下。如果教皇不同意采纳上述程
序，波希米亚人也会自行照此办理，毫厘不爽。

　　我们必须承认，有充分理由认为：由普通教众选举及确
　　认，至少不会比采取专制认证的方式来得差。

就圣杯派问题（the Utraquistic question）而言，不可对波希
米亚人采取弹压的态度；应当尊重他们的行事方式，明确两派宗
教方式均与基督教的真义协调一致。一方也不应在圣餐变体问
题（transubstantiation）上对另一方施加弹压；一旦他们相信上
帝肉身的显现，就应当允许他们在其余方面信其所信；

　　[243]在不伤害信仰的前提下，我们应当容忍多种多样
　　的方式。

第 26 款处理帝国的地位问题。该条款包含了路德对于政
治与历史理论一些最为重要的贡献，在许多方面都先行于博丹
在《历史方法论》（*Methodus*）中体现的立场。路德的靶子乃是
教皇权威高于皇帝的观念，而这一观念依据的是朝向西方的"帝
国移转"（translatio imperii）①理论。此条款中种种论证的共同

_____

① ［译注］教皇英诺森三世在 1202 年提出此说，认为帝国这一政治形式由希腊人
　　至罗马人至法兰克人至日耳曼人，教皇则在仪式的层面上见证了此种传承。

特征，在于将俗世历史(profane history)看作自主的领域，依据上帝的意志，权力争斗最终导致政治秩序的产生；通过关于权力传递及罗马帝国连续性的一系列虚幻构想，无从涵盖此一领域中的所有事件。罗马帝国当时已逝去千年；它被大迁徙(the Migration)的诸多事变击得粉碎。罗马城已经不复存在什么强大的政治势力；我们现在生活在法兰西、西班牙及威尼斯握有罗马一度掌控之权力与领土的时代。在东方，希腊帝国①继承了罗马的遗产；然而随着土耳其人的到来，现在这一帝国也已日暮途穷。教皇在西罗马帝国的权威，实际上不过是德意志民族之上一股异己势力的僭越之举。这一立场的历史现实主义，得到了对"移转"(translatio)观念之反思的支持。根据历史记录，教廷将"罗马"的称号从君士坦丁堡移转到法兰克人那里。就其法律内涵而言，这种转换毫无价值可言。称号本身并非教皇所有；所谓"移转"之事亦与其毫无干系；这种"移转"不过是对君士坦丁堡犯下的赤裸裸的劫掠之举；就其坚持与罗马虚构的连续性而言，西罗马帝国乃是建立在暴力与不义行为的基础之上。不过，西罗马帝国在德意志民族中的存在如今已然成为一件历史事实；对此一事实的态度应当考虑到以下诸端。德意志人民并无理由对作为罗马荣光的继承人感到自豪。对于上帝而言，帝国可谓微不足道；上帝对其毫不在意，以至于有时会将其从义人手中褫夺，转交于流氓无赖之手。

> 因此，拥有帝国命运之人，大可不必将帝国看成多么了不起的东西。当他是个基督徒时，尤其应作如是观。

---

① ［译注］指拜占庭帝国或东罗马帝国。

在上帝眼中，"（帝国）只是一件如此破旧不堪的礼品，以至于他经常将其赐予那些最为寡德薄能之人"。而今，事情却已发生变化；帝国现在对德意志民族命运的掌控并非任何人的过错；[244]而德意志民族必须被合乎公义地统治。不管帝国来自何处，上帝都希望它能得到合宜的统治。为此，帝国实际上必须被置于德意志民族的统治之下；德意志人拥有名号，教皇却拥有乡村与市镇，这样的景况着实令人难以忍受。

最后，第 27 款探讨德意志"世俗"领域应当采取的改革。当下对禁止奢侈的法律（sumptuary laws）存在迫切的需求，以便阻止贵族及市民阶层（Reichs Volk）的贫困化趋势；出于同样的原因，海外奢侈食品的进口也应被禁止。然而，德意志民族的"最大的不幸"乃是所谓"高息地租诡计"（Zinskauf）——我们现在将其称为"高利息分期购付"（installment buying at usurious rates of interest）——其中尤其意指采邑中对于地产的购买。这便引发了对金融家——尤其是拥有一揽子投资诀窍、将资产以 20% 到 100% 不等的利率到处放贷的富格尔家族（the Fuggers）——的谴责。"一个人穷其一生，积聚起如此庞大辉煌的财富，能把这说成是虔敬和正义的吗？"除了回忆起《圣经》中所言耕种土地"汗流满面才得糊口"之外，路德认为尚有足够多的未开垦土地，可以用于农耕，增进人们的福祉。在贵族、市民及金融家相继得势之后，现在该是普通农民的运道了。德意志人的暴食酗酒在国际上是出了名的。而这除了不够简朴，其本身便是一桩罪行。然而更坏的是其对总体道德水平的戕害；四处横行的谋杀、通奸、盗窃与亵渎神明，可以说暴露出世俗权威上有相当大的改革余地。此外，路德最后还提出了取缔妓院的改革立法举措。

我们用了颇长的篇幅专门分析《致德意志民族的基督教贵族书》及其意义，这是因为在路德所有作品之中，其涵盖范围最广，且阐明了各个问题必须置身其间才能得以理解的情境。它揭示了路德个性的独特之处及其思想的丰富性；而且它最有利于打碎阻挠对"宗教改革时代"精确理解的那种流俗之见的硬壳。正如前文所示，这些阻挠中之最为顽固者，当属将"教会"视为改革对象的习惯假定。诚然，宗教改革的确导致了教会的分裂；但是我们不能将此种后果投入运动的初始岁月中去。从历史上看，路德乃是新教的发起人；然而路德本人并非新教教徒。他是个天主教徒，其改革的对象乃是"天主教阶层"；[245]由于教会组织乃是天主教阶层的一个环节，因此教会改革只是非常偶然地进入到他的计划之中。在路德笔下，"改革"一词的用法，不过是指降低富格尔家族的放贷利率，或者禁绝奢侈的法律，比如赎罪券的售卖或是年金流入罗马。当我们进而检视路德曾经触及的议题——从那不勒斯王国的国际地位到通过取消假日增进劳动效率——我们必须承认，路德脑海中的"改革"乃是欧洲范围的文明提升。此类纲领无法通过寥寥几年之内的和平变革，而必须在若干个世纪中通过数目可观的战争与革命才能加以实现。因此，《致德意志民族的基督教贵族书》在以下几方面颇具价值：首先，作为时代病疾的悲壮记录；其次，就其实际上求诸政治当局以开展不可能完成的改革任务而言，除了后来的《共产党宣言》以外，或许是单一个人炮制的最为宏伟的政治苦情表；其三，出于前面两点理由，作为一种非常人格的显示。在本章下一节，我们将对路德的个性做更多讨论；但是作为进一步讨论的基础，我们必须尝试界定《致德意志民族的基督教贵族书》中显现出的人格特质。

这篇文献给予读者最深的印象,恐怕首推路德的力量,不可抗拒地划过历史的天宇;字里行间流露出的权威口气主要体现出一种剽悍的力量。像西贝尔格(Reinhold Seeberg)这样的新教作家认为这种巨大力量的魔鬼特性(demonic quality)并非人类所能判识。我们认同西贝尔格对这力量的辨识方式;但我们不愿放弃自己做判断的人类特权。这种力量赋予路德的言语与行为以体积和动量;而附着于这力量之上的睥睨傲物与刚毅无畏,则使路德成为历史中一种强大的因素;但这力量本身在智性、德性、灵性上是中立的。这使得路德在手握真理之时更其所向披靡;但也同样使其在误入歧途之时更加泥足深陷、谬种流传。

这种力量本质上不过是一种好奇心;通过将其释放这一事实使其获得历史重要性。我们已经逐渐迫近路德思想中一个更为微妙的问题——"释放"或"倾泻"问题——对此问题的讨论将占据下一节的大部分篇幅。就目前而言,我们只需强调这一事实:自路德始,西方世界出现了一种新的人格类型:以其力量与全世界为敌的个人。[246]我们或许有理由认为,某一社会的历史状况可被加以分化:一方是依循其传统脉络的社群,另一方则是单独撑起一个"敌对世界"(counterworld)的个人。

通过一些比较,我们将会更为清楚此种新型人格的特质。若是将路德与1516年诸公相比,也就是说与马基雅维利、伊拉斯谟及莫尔相比,我们会惊诧于这破坏程度略逊的后三者的谦逊。与路德一样,三者都试图对抗所处时代的罪恶;然而,马基雅维利的"受轻视的平民"(contemptus vulgi)及启示录狂热、伊拉斯谟人文主义的禁欲主义及智识上的贪婪癖,以及莫尔恶作剧式的反讽和外交领域的苦楚,三者共同体现的那种半是希望、半是幻灭后反抗的文体特征，与路德明火执仗、逐条罗列、就在此时此地采取直接行动的风格相比，究竟有何异同？换言之，若是把路德与另一位批判范围相同乃至更其广泛的思想家——例如但丁——相比，就会发现后者将对于世界激烈的判断与谴责化为一件艺术品，较之路德通过改革实现自己判断与意志的做法，但丁的举动实在可谓充满了人性的谦逊。而且，若是再次将路德与教派灵知主义者、与中世纪盛期及其所处时代的保惠师（Paracletes）相比，即令这些依赖于声称自己拥有圣灵具现之改变世界力量的上帝的代言人，较之不愿通过圣灵而愿借助自身意志进行改革的路德，其行事也显得谦逊许多。以一人之力单枪匹马地扭转一个伟大文明的路向，这种奇观以其不可思议的恢弘程度而罕有其匹。

　　然而，对于路德与其时代冲突之戏剧性特征的认知，并不能误导我们走入歧途，错将力量（strength）与伟大（greatness）相混同。我们已经不复生活在自由主义的19世纪，彼时力量之成功展示本身便可以招致艳羡的眼光。当具有其局限性的个人——例如希特勒——被树立为人类宗法之时，接踵而来的将会是怎样的灾难！我们时代的经验已经让我们对此习以为常。路德将自身意志加诸其时代之上，在西方文明中开创了一种新的行为方式，即使在其全盛之日亦给时代造成了浩劫，因此我们必须将其视为西方革命机理中的一项新生因素。

　　然而，正是由于此种力量的释放乃是一场革命，这种力量绝不可在所有情境之下均得以解除禁锢，即使力量及将其加以释放的意愿同样存在之时也概莫能外。[247]只有在革命局面的情境之下释放才能富有成效；为了取得成效，释放行动必须触发大众的反应。这正是大多数天主教写手在抨击路德之时过于一厢情愿地忽略之处。精神失序使人将精神与智识传统体验成个人良知的外在与敌对之物,这些天主教写手对此可谓慧眼独具;然而他们却不愿看到,失序并不能够发展出路德的大众特征,其显示亦不能唤醒社会的反响,除非通过制度与人物获取的对于传统的社会认知已经变得具有严重缺陷,以至于对相当大比例的人民而言,相关制度与人物已经变成缺陷而非传统的代表。传统的建构性影响(formative influence)必然已经变得如此微弱——通过据信维持此种影响之制度的缺陷——以至于为数众多的人将自身体验为"个人"而非传统神秘体(the mystical body of the tradition)的成员。"伟大个人"的横空出世并未导致革命,它本身只是一场文明倾颓(a civilizational breakdown)的症候,只是需要适当的场合而在革命之中显示自身。我们不能将教会的情况绝离于上述通则之外。

　　路德是一个强有力的个人;但是我们所言的力量乃是一个中性的概念。至少就《致德意志民族的基督教贵族书》而言,赋予其力量释放正面和负面色彩的知识与性格品质究竟是什么?我们先来考虑消极的一面。我们已经探讨过路德的反哲学主义、路德关于所有人解释《圣经》经文问题的缺乏想象力的态度及其诉诸"属灵之人"(homo spiritualis)权威之时几乎令人难以置信的智慧的欠缺。在看待这些事例时,我们或许可以说路德并不具备足以使人把握问题实质的智识力量;他异乎常人地缺乏智识洞见与想象力。然而,从实用角度看,或许构成路德破坏力最重要因素的这种缺陷,却能够激起足以引人艳羡的积极品质。尽管《致德意志民族的基督教贵族书》的读者未必会觉得自己正在聆听一位伟大政治家的发言,但他毫无疑问会承认,发言者乃是一位一等一的观察家与行政干才。除了帝国的宪制改革

之外，几乎没有什么事情不在路德的视野之内。[248]对于祸害
人民的种种问题，他目光犀利、慧眼独具；对于亟待改革的各种
痼疾，他有着全面细致的了解；他拥有朴实、理性的道德感，并愿
意通过改进普通人的自主能力以改进其命运；他不仅拥有社会
责任感而且真诚地热爱人民——尽管他并不是一个感伤主义
者，而是具有健康的基督教犬儒主义倾向，非常清楚一旦失去监
控普通人便可能会成为禽兽。尽管他尚未能成为一位全民族的
政治家，但通过其作为全民族行政改革家的伟大品质，殆几可以
达致这一目标。路德的才具，正是人们从民主福利国家中富有
影响力的阁员身上将会乐见的那些才具。

六　因信称义

我们探讨了路德的力量及其释放，并对其卓越的行政才具
予以强调。然而非常明显，路德对其时代的影响，并不能够仅仅
通过其对社会病症非同寻常的体察力及其改革建议就能得到解
释。他个性坚强；但其卓绝群伦之处，乃在其性格的丰厚性及其
多样化表达的能力。除了是奥斯定会一流的事务管理者之外，
路德还是维腾堡大学一位活跃而有影响力的教授，一位非常繁
忙的教会政治家，一位多产的经文注释家，以及将《圣经》译为德
文的翻译者。他是古往今来的语言巨匠之一。他的《圣经》翻译
对福音派基督教的传播而言乃是不可或缺的，不仅为后者提供
了文本依据，更为重要的是，它堪称一项里程碑式的语言成就；
通过这项翻译，路德实际上缔造了即将取消方言分殊的通用德
语；而且他将语言艺术这项工具运用得臻于化境——即使在那
些沦为骂街之语、难登大雅之堂的暴力攻讦之所，阅读路德的著

述也令人倍感语言上的乐趣。而且，作为一名作家与演说家，路德的高产令人难以置信：在 1517 年之后的关键岁月中，一大批小册子从其笔下喷涌而出，他的布道辞多以卷计，他的《桌边谈话》(*Table Talks*)至今仍是家喻户晓的经典，而数量惊人、保存完好的通信则揭示了路德作为顶尖书信作家的一面。他还表现出对自然及动物的令人震惊的敏感性；同时还是位天赋甚高的音乐家和诗人。

就最后这项天赋而言，我们将触及路德的一项性格特质，[249]这项特质在很大程度上决定了其表达方式。我们或许可以将此项特质称为路德的"诗人气质"；可以认为其表达方式具有敏感易怒、急于"倾泻"当时被激起之情绪的特征。实际上诗人气质的即时性附着在他所有的书面作品之上；刺激之下的收敛、智识上的全神贯注以及自成体系的表述，看起来都与其脾性不相协调。在探讨路德思想的不连续性时，必须将这种持久的压力考虑在内；它们并不必然意味着路德立场的改变，毋宁说是来自于表述上的诗人气质。如果在这样的环境之下，其思想并不必实际上更为顺畅的话，我们最后必须寻求此种情绪之持久性的根源，正是这种情绪以持续的强度主宰着路德生命的核心领域——这便是其宗教性情绪。我们或可将其描述为对救赎的深刻的焦虑与不确定感；焦虑可以被对于"因信称义"的高度信心加以覆盖，但从未中止给路德的生活投下悲哀的阴影；这正是他在一首感人至深的双行诗(couplet)中捕捉到的复杂而持久的情绪：

我奔赴幸得上帝指引的方向；
怀疑是否感受到忧伤在滋长。

　　路德的焦虑情绪在因信称义的"唯靠信仰"（sola fide）原则之中有所体现。这一原则对于我们具有价值，是因为它是路德哲学人类学（philosophical anthropology）的核心内容，也是因为，其对于人的看法接下来也决定了其关于社会与政治现实的观念。"仅仅"依靠信仰便可称义，这种尖锐的表达无疑将会引发论战；它预示着两种方向的攻击。首先，它攻击了通过好的事功便可称义的教条；其次，它攻击了经院主义对信仰问题的表述方式，即"信由爱塑成"。第一种攻击较之后者吸引了史家更多的目光；然而无论从历史或系统的角度观之，后者实际上更为重要，因此我们将首先对其予以讨论。

　　路德之靶所系，乃是经院主义在属灵生活之文化领域取得的最为诡秘的成就之一。我们将根据圣托马斯在其《哲学大全》（*Summa contra gentiles*，[译注]该书书名直译为《反异教徒大全》，今从通用译法）中赋予的形式描述"信由爱塑成"原则。[250]圣托马斯认为信仰的实质存在于"友爱"（amicitia）——上帝与人之间的友谊——之中。真正的信仰具有一种智性内涵，正如若是没有对"至善"（summum bonum）——人生之最终目的——之美妙景象的智性领会力，便无从谈论爱及对上帝的自愿追随一样；然而，智性领会力需要通过爱之意志性的信奉得以完善，"因为通过其意志，人才能安居于其通过智识领会之处"。[①]"友谊"意指一种双向的关系；它不能通过人类激情的热忱（élan）强制得来，而是预先设定了上帝对人之爱，人之本性通过此种恩典得到一种超自然形式（forma）的拔擢。人对神之爱的意向，唯有在人之信仰乃是由先在的神对人之爱塑造之时方有可能实现。通过对亚里士多德之"形式"（forma）巧妙而富于

————————
[①]　圣托马斯：《哲学大全》，第116章。

类比性的转换，圣托马斯创造了一种语言工具，借以指代信仰经验之中超自然构造的成分——也就是说，神之爱作为存在之属灵渊薮，恩典之光穿透人心。因此，信由爱塑成，正是存在对神之爱的意向的现实。

必须强调，在此项研究中，我们并不关注神学议题。"信由爱塑成"原则对于我们而言之所以具有相关性，乃是因其作为对于信仰经验的一种殊异的分析方式而存在；若不论其神学特质，我们当可将其视为一篇经验类型建构的杰作。圣托马斯曾对此类完全的、"鲜活的"信仰有所刻画；并经由这种细致的刻画，得以界定一系列"有缺陷的"类型。例如，如果信仰不过是一种或许在体验上十分强烈，但并非由爱塑成的智识倾向的话，则此种信仰便是"死寂"的；进而言之，在缺乏恩典的情况下，信仰可以在人性情感喷发的众多伪类型（pseudotypes）中呈现；特别需要指出的是，信仰亦可呈现为一种功利式情感形式，即出于一种对后果的恐惧而使人转向上帝。

再者，仍然是出于一种颇为严格的经验论视角，圣托马斯以其完备的论述，对一种有别于希腊、独具西方特色的精神生活文化，达成了最为完美的阐发。柏拉图式的爱（Eros），乃是一种灵魂朝向立于自身之完善的实存（realissimum）的单项运动。[251]在其对人精神欲望的吸引范围内，柏拉图式的实存乃是定向的中心；通过分有该理念，欲望得以达成，而通过根据范式（paradigma）进行的重新定序，灵魂也体验到一种转型；然而，柏拉图式分有并非基督教式"友谊"（amicitia）所伸张的那种交互关系。在希腊的精神生活文化之中，人是可以达致神性的；然而上帝并不会以其恩典去卑尊屈膝，将人接纳入其友谊之中。《新约圣经》的《约翰一书》第四章中有下述段落：

> 没有爱心的，就不认识神；因为神就是爱……我们爱，
> 因为神先爱我们。

但希腊文明中并没有与其对应之物。由约翰派基督教传统(Johannine Christianity，此种传统最为接近圣托马斯，而"约翰派基督教传统"则系我的概括)的上述经验向"信由爱塑成"之教义的发展，以及此种教义内核转而丰富为一种关于人与社会的宏伟而体系化的哲学，标志着基督教融入一种历史性文明实体这一进程在中世纪达到的巅峰。或许，我们在此碰触到西方的历史性存在理由(the historical raison d'etre of the West)，自然也就碰触到西方智识史的进一步发展必须引以为凭的经验标准。正如我们即将看到的，此种进一步发展的主题，正是对上帝与人之间"友谊"这一教义内核的瓦解。在19世纪，在孔德和马克思那里，瓦解过程达到了其形式上的终点，即具有教义色彩的反论述(counterformulation)——将反叛上帝作为世间固有的社会秩序之基础；人类自我拯救的教理，与超越性实在严密隔离，标志着西方文明历史的一个终点，而一俟越过此一终点，就其时而言，除却失去恩典、囚居于人性之中的阴郁惨淡之外，可谓满目茫然。

上述省思有助于我们明悉路德因信称义教理在政治观念史之中的重要性。"唯靠信仰"(sola fide)之教义，乃是对"(神人)友谊"教义的首次蓄意攻击。随着对整个西方文明产生的革命性影响，至少就其开启了精神解体运动——当代的我们已见识到其末世程度的后果——而言，这种攻击已然变得颇具社会影响力。

诉诸这一基本教义的做法，贯穿于从最早的1517年之前直到其最晚期的全部著作之中；为达成目的计，我们将在讨论中主要征诸1520年的文章《论基督徒的自由》(*Von der Freiheit eines Christenmenschen*)，[252]这是因为该文具有对上述教义本身及其社会意涵最为集中的阐述。①

这篇文章的开头，用一个悖论界定了其欲处理的问题："基督徒是全然自由的万人之主，不受任何人的管辖。""基督徒是全然顺服的万人之仆(dienstbarer Knecht)，受一切人管辖。"这一悖论决定了文章结构，即分为两个部分：第一部分处理的是基督徒的灵魂如何才能通过信仰从本性(nature)中获得解放；第二部分处理的是基督徒对其身体与社会存在状况的臣服。我们将按照这个顺序探求路德提出的问题。

通过信仰，基督徒得以将自身从其本性的腐败之中解放出来。这一教义的经文基础乃是《罗马书》第 1 章第 17 节："正义的基督徒仅仅靠信仰便可得生。"我们刚刚引用的是路德的译文，可以看出他在使徒保罗"义人因信得生"(justus autem ex fide vivit)的基础上增加了"仅仅"(alone)，这样一来也就指向了前文提到的两个方向的攻击。文章接下来对该教义的阐发，实则是对其渊源的一种自传式的叛离。路德发问道：经文中提出的诸诫命要求，人必须服从进而在上帝之前为义，那么我们又凭

---

① [英文编者注]参见《文集》，第 7 卷第 20—38 页。不幸的是，本书手稿还是不能显示沃格林使用的究竟是哪个德文文本。这篇文章的一个英文本，系由兰伯特(W. A. Lambert)译出，格里姆(Harold J. Grim)校对，收入《路德全集》第 31 卷(1957 年)，第 333—377 页。这篇译文还重印在《路德三论》(*Martin Luther: Three Treatises*)，第 265—316 页；以及卢尔(Timothy F. Lull)编辑的《路德神学基本论著》(*Martin Luther's Basic Theological Writings*)(奥格斯堡要塞出版公司，1989 年版)，第 585—629 页。

什么说仅仅靠信仰便可称义呢？为了坚持这一教义，我们必须将《圣经》理解为包含了两个部分：《旧约》中的诫命(command-ments)和《新约》中的应许(promises)。诫命命令我们做"诸般善功"；但单靠这些诫命是无法达成的。它们教诲我们应该做什么；却并未给予我们做事情的力量。因此，列举诸诫命的目的必须被归结为使人意识到自己的弱点，意识到自己完成诸般善功的无能。"你不可起贪心"的诫命，便是我们都是罪人的"证据"，因为"若不受拘束地做事"则没有人能够不起贪欲。通过以此诫命衡量自身的行为，人也就学会了失去对自己的信心，转而从别处寻求帮助；当他已然理解到自己的失败之时，将会体验到对神谴的焦灼和恐惧；由于从自己身上无从找到足以使其为义的东西，他将会感受到谦卑和挫败；于是最终，他将会绝望。

[253]当人沉降到绝望状态之中，他便做好了接受应许的准备：

> 你若愿意……不起贪心，你就来信基督，在他里面恩典、公义、平安、自由与万事都应许给你了；你若相信，就有一切，若不相信，就缺一切。

这一应许是上帝启示的圣言；而圣言则是"圣洁的、真实的、公义的、和平的、自由的、充满诸般善良的"。以真正信仰谨遵圣言者也就可以将其灵魂与圣言联合起来。通过这种信仰之行，"圣言之德"(alle Tugund des Worts)也就变成了灵魂的一种品质。"这心灵不但分享这些应许所有的能力，而且为这能力所贯注了。"基督徒的全部需求乃是其信仰。诫命之实现未必能够带来公义；通过把人从诫命中解脱，信仰也就使其从难以实现诫命的结果中解脱而出。仅仅依靠信仰,灵魂便得以与基督化为一体;基督的神圣与公义变成了灵魂的属性,而灵魂的恶与罪则因基督而得赦免。

上述教义的阐述颇为显明地渲染了路德斗争的诸种语汇,正如其他文本渊源所证明的一般;遵从诫命的努力,不理解原罪问题之完善主义者(perfectionist)的失败,对于神谴的绝望与恐惧,对于灵肉毁灭的彻底焦虑,然后则是这一伟大启示——人性乃是不可挽回的腐坏,唯有通过信仰由基督豁免原罪方可得到拯救。这种听似乐观的阐述,实际上掩盖了一种灵性上的悲剧;这是由于灵魂与基督神秘联姻中发生的属性交换的确名实相符。通过信仰豁免原罪,不过是救赎的一种生动的确证,足以缓和灵魂的绝望;它并未赎回堕落人性本身,并未通过恩典的印记而将人提升入与神的"友谊"(amicitia)之中。在 1521 年 8 月 1 日写给梅兰希顿的著名信件中,路德已经最为尖刻地表述了此种结果:

> 做一个罪人,重重地为罪,但更为重重地从那作为罪恶、死亡与世界征服者之基督那里持有信仰与愉悦。但凡我们活在现状之中,我们必须为罪;此世并非公义的居所;然而我们期望,正如圣彼得所言,那公义居于其中的新天新地。

这封信所说的"大胆犯罪"(pecca fortiter),绝非一个放浪纵欲的邀请;它不过表达了对于未被救赎之人性的接受。然而,路德随后对于因信得救的确信[254]——"哪怕我们每天通奸和杀戮一千次"——却的确给我们一种关于此种"信仰"注定带来之后果的预兆。①

　　从路德的表述之中，我们能够感觉到即将赋予其教诲以强大历史有效性的世俗宗教性背景。依靠信仰的圣言之力变成了灵魂之力；基督居住于灵魂之中，则无论此一经验的个人如何为罪，其灵魂均会得救。在这些论点上，路德与一位通过精神之内居而得以变体的千禧年主义的(chiliastic)世俗主义者相差无几；奔流而成清教各种千禧年主义变体的越轨路径清晰可辨。然而，路德本人并未循行此道。在新天新地超越此生这一点上，他坚定地保持正统立场；历史上从来都不会存在一个尘世的天堂。之所以能够坚持这一立场，是因为路德已然激进地将灵魂生活与自然人之生活区隔开来。人在其自然领域中所做的一切都不会或正面或负面地影响到灵魂的救赎；而因信称义只关乎灵魂，与人类的罪恶本性(the old Adam)全然无涉。这正是《论基督徒的自由》一文开篇悖论的意涵；现在，我们将转向悖论关于自然领域诸问题的第二部分。

　　灵魂仅靠信仰便可称义；不管多么良善，任何事功在这方面都无济于事。路德接下来将驳斥对于因信称义教义的一种诠释，即那种对道德冷漠主义乃至纵欲主义的允准之行。从其假定出发，上述诠释极难具备理论上的结论性。因此，我们只需记录其意图的主要宣示即可。首先，路德必须重新介绍何谓良好事功。不管灵魂多么公义，人"存留在世间的这种肉身生活之

①　从其将人与上帝关系描绘成一种"荣耀"来看，路德信仰之中情感的奇特成色可以得到最好的揭示。对上帝之应许的信仰，是一种信任的行为。如果你"信任一个人，你的信任是源于你将其看成一个公义、真诚的人；而这正是一个人可以施与另一人的无上荣耀"。而当上帝看到灵魂通过信仰予自己以荣耀之时，"上帝将会报之以荣耀，将诚然具有信仰的灵魂看作公义的和真诚的"。友爱(amicitia)，也就危险地变成了一种近乎体面市民之间的相互信任的东西。

中,必须管辖自己的身体并与他人打交道"。"此即事功开始之
所。"它并非闲散和淫逸的生命;就肉体的弱点所允准而论,上帝
的诫命必须得到遵从;一种有理据的禁欲生活再次被指明;
[255]日常事功的常规亦得以界定——所有这一切都秉持着关
于人无法通过此类事功而称义的理解。然而究竟什么是此类行
为的动机呢?于是作为第二步,路德在此被迫重新介绍何谓上
帝之爱。根据诸条诫命,出于那拯救了他的上帝之爱,义者得以
过上公义的生活。然而,此种上帝之爱却是在因信称义之后降
至的;绝对不能将其与神人"友谊"中的爱混为一谈。路德非常
坚信的一点是,上帝之爱乃是"一种感激",是继信仰与称义之后
到来的。① 路德努力的第三个组成部分来自一则亚当派的思
辨。"通过信仰,人被重新接纳进天堂,被创造得焕然一新;他并
不需要圣言来变得公义。"然而天堂并非游手好闲者的去处;在
《创世记》第 2 章第 15 节我们可以读到这样一句话:"耶和华—
神将那人安置在伊甸园,使他修理看守。"与亚当一样,人受命于
上帝,须得在其因信得以进入的天堂中做些耕种的事功。尤其
需要指出的是第四点,人现在已然具备了社会义务。他并不是
居于一己之身,而是生活在他人之中。因此他的事功"必须服务
于且有益于其他人;除了为其他人的需求,他不应作任何筹划"。

---

① 在《评〈加拉太书〉》(*Commentary on Galatians*)(1531 年)中,路德论及通过基
督获得救赎,并表示:"单凭信仰而非爱即可取得,后者(爱)实际上必须随信仰
之后而至,但其看似一种特定的感激一般"(*Hoc sola fides apprehendit, non
caritas, quae quidem fidem sequi debet, sed ut gratitudo quaedam.*)。《评〈加
拉太书〉》,1535 年(原著于 1531 年),收入《文集》,大字手排版(241 页),第 18—
21 行;全文征引自马利坦(Jacques Maritain),《论宗教改革家:路德—笛卡尔—
卢梭》(巴黎:Plon 出版公司,1939 年),第 285 页。对路德在此问题上进一步申
明的更为详尽的汇集,参见马利坦前揭书,第 283 页以下,注 39。

对于每个人来说，拥有信仰对其足矣；而这将使其所有事功与生命在自由之爱中服侍他的邻人。

你们将看到，上帝的良善必以此种方式从一个人流淌到另一人，进而流行广布。

作为结论：

一位基督徒并非自我度日，而是与其邻人一道生活于基督之中：因信存于基督之中；因爱与其邻人一道。因信他得以升越自身，趋近上帝；因爱他得以卑降于自身；由是永远存于上帝与神爱之中。

路德关于人类存在自然领域的论说很难被叫做一种理论或教义；它们是一种论辩的集合，意在预先阻止作为因信称义说极易导致之心理效果的朝向纵欲的堕落。[256]我们更加有必要追溯此种新兴哲学人类学的意涵与影响。人性之中灵魂与肉体存在的深刻割裂使得悖论双方更易于相互抵牾。在从笛卡尔(Rene Descartes)到康德之所谓现代哲学古典时期之中，此一悖论作为整体以一项事业面目示人；而且我们也可以观察到从路德的正义灵魂朝向一种从存在诸条件中抽离而出的德性的发展过程，以及从路德的腐坏人性朝向一种并无至善导向之动机心理学的发展过程。

从这些发展过程中，当可辨别路德式信仰对随后那充分占据我们视野的西方文明史的全面影响。暂且按下不表这些宏观影响，我们将强调路德的判分两造的一种后果，即其对诸政治运动之层级的影响，据我所见，人们对该后果鲜少予以关注。对不可救赎腐坏人性的坚持,却使路德本人免于走向千禧年主义政治的叛离之行,我们对此已作讨论。因信称义只是扩展及灵魂;人与社会不能变体为历史中的精神王国。这种现实主义本身是颇值得称赞的;然而它却能够而且的确在 19 世纪,在因信称义教义的第一部分随着德意志清教的崩溃而告瓦解之际,引发了一种颇为不同的叛离。将腐坏人性理解为历史"永世"(aeon)标志性特征的路德式现实主义得以留存——然而对于那些视因信称义为不可理喻的人们而言又当如何作为呢？正是在这一点上,路德式的现实主义与诸世俗运动的千禧年主义在马克思那里产生了融合。世界是腐坏而难以拯救的;无论作为基督徒在彼岸得以完善的灵魂自由,抑或通过精神居于人身的历史的世俗变体,一个自由王国均无从建立。既然一个自由王国无论如何都须存在,解决之道于是从人与社会"唯有革命"(sola revolutione)方得称义那里觅得。关于这一问题的详细论述,读者可以参见关于马克思的章节。①

[257]然而,在并未考虑理论一致性的情况下,路德在其不可救赎人性的教义之上覆盖了一种其所独具的属世天堂的观念。他是通过其良善事功的教义——其本身某种意义上是种颇为新奇的存在——完成此项奇迹的。我们已经看到,在路德教

---

① ［英文编者注］参见《政治观念史稿》第八卷《危机和人的启示》。关于马克思的一部分资料,已经在哈洛韦尔(John H. Hallowell)主编的《从启蒙到革命》(杜克大学出版社,1975 年)中得以出版,尤其参见该书第 10—11 章。在该文本中沃格林写道:"实际上,从路德对于教会权威的攻击,经由施特劳斯、鲍威尔(Bruno Bauer)及费尔巴哈一代对教条符号的摧毁,直到'众神'的毁灭,有一条清晰可变的意义之流,而它们在马克思那里极具权威性的力量。所谓清教主义的发展路径具有从路德到黑格尔和马克思的内在必然性,尽管这种说法并不正确,但马克思主义确实是德意志自由派清教主义中的一派解体的最终产物。"(第 283 页)

理的表层,"唯靠信仰"原则对因事功而称义构成了攻击。由于尚无任何基督教思想家坚持这一教义,此种攻击也就显得颇为新奇。或可假定,在路德的时代正如任何时代一般,有许多基督徒在自身达到特定行为标准时将其宗教版本视作完美无瑕。然而,即使在其颇为广布的情况下,此类外在化的基督教认知如何能够诱使一个多少有些神学训练的人将因良善事功而称义的教义归因于教会,实质上仍是一件不可思议之事。再者,在路德的修道院与学院环境中竟无人起而严词纠谬,是一件颇为令人费解的事情。尽管当下我们不必阐释使得路德教理成为可能的社会状况,我们仍可对攻击的深层动机提出一种看法。在《评〈加拉太书〉》的一个段落中,这种看法清晰可辨,路德在那里坚持认为,在称义中"没有诚命的事功,没有爱"。① 路德似乎将上帝之爱看作一件诚命的事功;因此其对良善事功的攻击处在对"信由爱塑成"之迂回攻击的基石之上。[258]"如果我们的信仰是由爱塑造,则上帝将会考虑我们的事功。"②对于良善事功谜一般的小题大做背后的终极动机,似乎是这样一种意图,亦即使爱成

① 在称义中"当然没有任何诚命之事功,没有爱,只有颇为不同的另种形式的公义,甚至一种超越和居于诚命之上的新世界"(certe nullum est opus legis, nulla dilectio, sed longe alia justitia et novus quidem mundus extra et supra legem)。路德:《评〈加拉太书〉》,收入《文集》第 40 卷,大字手排版(229 页),第 30—32 行;转引于马利坦:《论宗教改革家:路德—笛卡尔—卢梭》,第 284 页。同时参见《文集》同一页随后的段落,尤其是:"如果信仰由爱塑造,则事功更其是上帝尊敬的那类事物;然而,如若它们是事功,亦是我们自己的(上帝尊敬的事功)。"(原书编者的英译)(Si fides formatur a caritate, igitur opera praecipuum illud sunt, quod respicit Deus: Si autem opera, ergo nos ipsi.)路德:《拉丁文解经学文集》(*Opera exegetica latina*)第 3 卷,第 302 页(1538 年),收入《文集》,第 42 卷(第 565 页),第 5—8 行,转引于马利坦:《论宗教改革家:路德—笛卡尔—卢梭》,第 284 页,注 1。

② 参见前注。这段话出自《拉丁文解经学文集》,收入《文集》第 42 卷(第 565 页)。

为社会秩序的一种世界固有的构成性原则。

从《论基督徒的自由》及《论良善事功》(*On Good Works*)的表述中,这一假定得到了支撑。《论基督徒的自由》的结论乃是这一教义:"信仰是归于上帝的,爱是归于邻人的。"就其自然一面而言,爱构成了创造基督徒社群的原则。因为爱,所有的事功都变得良善;而由于义人所为事功皆为良善事功,社会关系的全部领域于是变成了良善事功的领域。在义人的信仰中,

> 所有的事功都变得平等,各个相似;不同事功之间所有的区别——伟大抑或卑微、短暂抑或长久、稀少抑或众多——均不复存在。这是因为事功并非因其自身而可接受,而是因信仰独体存在、运行与生活于并无判分的每一项事功之中。①

> 良善、公义之事功从来不会造就良善、公义之人;良善、公义之人造就良善、公义之事功。恶劣之事功从来不会造就恶劣之人;恶劣之人造就恶劣事功。②

一项事功的良莠并不取决于伦理标准;而是取决于一个人究竟是否可以单凭信仰称义。"在所有良善事功之前人必须是公义的;而良善事功追随和源于良善和公义之人。"③

> 如果一个人不信仰、并非基督徒,则其所有事功均无价

---

① 路德:《论良善事功》,收入《路德全集》,第 1 卷(A. J. Holman,1915 年),第 190 页。

② 路德:《论基督徒的自由》,第 23 点[参见本书第 324 页注释①]。

③ 路德:《论基督徒的自由》,第 23 点。

值可言；它们将是徒劳的、愚蠢的、应予以惩罚与谴责的罪恶。①

但他若能因信称义，则其所有行为将概莫能外地变体成为良善事功。由基督之中公义的司牧与国王构成的社会，就其自然存在而言，足以实现天堂般变体的富有爱心事功的国度。对义人而言，此一事功乃是属世存在的义务；除此之外他无事可为。良善事功的教义正是以此种形式支撑了路德"基督徒阶层"（Christian estate）的观念。从至高贵到至低微的所有人类职守，[259]均在一个基督徒社会的超凡魅力阶序中具备其等级；之所以能具备此等级，是因他们乃是已成俗世固有之爱的平等变体所致。尤其是经过加尔文的强化之后，这一教义成为清教徒诸社会实现进步主义天堂的伟大驱动力。为了厘清此种奇特的路德与加尔文式尘世天堂观念与其他千禧年主义和革命观念的区别，我们应将其称为"可敬的终末论"（respectable eschatology）。作为结论，且让我们提及路德核心观念所披露的各种明显的脱离常轨之行。随着信仰的萎缩，该观念实际上将会堕落为我们所熟知的那种缺乏智识与精神文化的野心勃勃与推崇功利的福利社会。而且从理论上讲，其与基督教传统的纤弱联系亦将被丢弃，路德的俗世固有之爱将会变成孔德及其实证主义继承者们的利他主义。

在精研路德对基督徒社会的这种阐述之际，读者将会自问：伦理究竟去哪里了？如果我们承认义人只会做出善事（尽管此点一样让人费解），认为恶行不会使人变为恶人是不是颇为荒唐

———————

① 路德：《论基督徒的自由》，第22点。

呢？而且，就算我们承认唯有具备路德式信仰的基督徒方可得
救（尽管似乎理所应当的是，一个人爱上帝，如果并非出于感激
而是出于一种对恩典之自然反应，则其亦应受到谴责），而且所
有希腊式的荣耀除了指向地狱之外并无他途——不过，异教徒
那里就没有任何美德可言吗？圣奥古斯丁更为宽容，允许至少
罗马人具有在上帝之前的价值，指出救主将会在其帝国中现身。
而且甚至从一种使徒保罗的观点言之：通过自然律法，对于异教
徒来说上帝的启示存于何处？读者的这些发问都将是徒劳之
举。路德的基本关怀，只不过是申张其特有的个人体验及其作
为一种存在秩序而对全体人类的施与。作为现代世界最为强大
力量的自我中心的蒙昧主义阴影，开始慢慢迫近。无论"顽固的
异教徒"（der schalkichte Heide）亚里士多德的《伦理学》抑或圣
托马斯《神学大全》中关于律法的"问题"（quaestiones），它们所
体现的整个问题领域在路德那里都并不存在。他只是简单地坚
持说：

> 每个人都应铭记并告诉自己，当他为善或为不善之际；
> 如果他发现内心自信并取悦上帝，则该事功为善，哪怕是捡
> 起一根稻草这样的微末小事。[260]如果自信阙如，或自生
> 疑窦，则该事功为不善。①

心的决定可以解决所有价值困境与纷争。从路德的"心"
中，我们可以看到康德之"良心"（conscience）的预制品。然而，
对路德而言，正如对康德而言一般，良心伦理实际上能够得到对
伦理成俗和社会具体秩序之接受的填充。从康德那里，绝对律

---

① 　路德：《论良善事功》，第189页。

令至为亲切地带来了此种具体理念,即一个由具有独立经济地
位之自由户主组成的社群。而路德之心则向其揭示了一个颇值
得向往的社会,该社会经济上颇为简朴,主要营农业,辅之以少
量的工匠和商人;路德之心颇为清楚,必须抑制富格尔家族(the
Fuggers)这样的巨商与金融家,而 20％的利息乃是不负基督教
要求的。

七　再思考

　　1520 年标志着路德教义发展的高点。在接下来一年,各种
现实困境开始迫使他进入各项推论、修正与证成之中,而这些叠
加在一起,则导致了其 1520 年所达到地位的崩溃。拙作无意从
细节上追溯这一悲惨故事;它几乎完全无法纳入一部政治观念
史之中,但它实际上早已成为在三十年战争中趋于极致的灾难
性事件之链条的组成部分。我们拟将对此复杂乏味后果的分
析,聚焦在 1523 年的论文《世俗权威:在何种程度上应得到服
从?》(*Von weltlicher Oberkeit, wie weit man ihr Gehorsam
schuldig sei*)之上。①

　　由于这篇论文被认为包含了路德对其有关统治权威之观
念——抑或通常所谓的路德之"国家理论"——最为详尽的阐
述,政治观念史家们往往对其青眼有加、多加关注。在我们看
来,此种观点如果不是全然错谬,至少也是流于曲解。路德不会
有而且根本就不能有什么国家理论,这既是因为"国家"(state)

---

①　参见《文集》,第 11 卷,第 249—280 页。原始手稿还是无法显示沃格林写作时
　　使用的究竟是何种德文文本。关于该文的一种英文译本,可参见《路德全集》,
　　第 45 卷(1962 年版),第 81—129 页,以及卢尔编辑的《路德神学论著》,第
　　655—703 页。

在当时尚未进入西方世界的语汇之中；也是因为作为某一人群拥有的世俗的、普遍存在于世的、绝对性的组织，此种意义上的国家尚远远处在构成过程的初期。正如篇名所示，这篇论文是在中古意义上处理世俗权威问题的；[261]而且，正如我们将要看到的，就连这种表述本身都不甚准确，这是因为此一阶段的路德，倾向于否定他曾在1520年写作各篇论文中加以肯定的那种世俗权威的卡里斯玛地位；在此阶段，世俗权威已然退回到我们从圣保罗使徒书信中所见的、异教诸权力的地位。但是，就算我们做出了所有这些修正，认为这篇文章包含了路德对于世俗权威理论最为显明阐述的观点，仍然是不真确的，原因便在于：他在1520年时发展出一种关于世俗权威的理论，而在1523年却又就此发展出一种全然不同的理论。1523年的理论必须被置于和较早期论文不同的背景之下，唯其如此方能将路德观念的变迁体认为他的精神衰颓，方能将其诠释为1520年不端行为的后果。

《世俗权威》一文的发生场景，离不开一种审查行为。在某些德意志邦国——路德特别提及了迈森（Meissen）、马尔克（Mark）和巴伐利亚——他的《新约》译本遭禁，拥有者被勒令将手头的抄本上交当局。路德告诫读者，应当不服法律，承担作为基督教烈士的后果。为了支持自己的劝诫，他解释了下列问题：世俗权威的神性制度，服从世俗权威的义务，世俗司法的范围与界限，以及基督徒当世俗权威逾越其正当范围时的违抗义务。

在1523年文章所表达的教义中，有一点与1520年的《致德意志民族的基督教贵族书》有关思想相关，在这两篇文章中路德自身的观点都是建立在《罗马书》第13章第1节的基础之上的：

在上有权柄的，人人当顺服他，因为没有权柄不是出于神的，凡掌权的都是神所命的。所以抗拒掌权的，就是抗拒神的命；抗拒的必自取刑罚。做官的原不是叫行善的惧怕，乃是叫作恶的惧怕。你愿意不惧怕掌权的吗？你只要行善，就可得他的称赞，因为他是神的用人，是与你有益的。你若作恶，却当惧怕，因为他不是空空地佩剑。

为了理解这段经文问世后各历史时期尤其是路德对其的误读曲解，我们需要认识到，此封信件乃是致以罗马基督徒社群，而其中所谓有权柄的当局乃是异教徒，[262]（从该封信笺的语境观之）基督徒社群成员乃是因其所有种类不佳意向与行为而犯有罪行的，而在圣保罗看来，执政当局的威胁将会有益于基督徒们。

在 1520 年的《致德意志民族的基督教贵族书》关于"基督徒等级"观念的语境中，路德采用了圣保罗式的警示。"在上有权柄的"不再是异教徒，其本身乃是基督徒；而且，作为中古传统的接续，政府的功能已然成为"神秘体"(corpus mysticum)之中卡里斯玛式功能的一种。再者，基督徒共同体已经不再是一个非基督教社会里的飞地，基督徒共同体与整个民族已是浑然一体。因此，此种基督徒共同体的改良，也就不必仰赖于一个不情不愿的、首脑位于罗马城的普世性僧侣阶层；在"一般信徒之神职人员"(priesthood of the layman)原则之下，人人皆可为牧师或主教，故路德可以诉诸"基督教贵族"担当起改革的使命，并将其作为全民族"基督徒阶层"的一种自治行为。而今，在三年之后，所有事情都起了变化；我们又回到了早期基督教的各历史阶段。统治者勒令上交路德的经文译本，又变成了一个暴虐压迫基督徒的非基督徒官长；而基督徒们再次成为异教汪洋大海包围之中的蕞尔孤岛。到底是什么引发了此类惨烈结果呢？

这种发问揭示出困扰了整个西方政治与智识历史进一步发展的若干重大问题；这是因为，在紧随 1520 年而至的年岁中，我们可以发现路德行动诸多深远影响的雏形。路德立场的变化，乃是其摧毁制度化属灵权威的直接结果。1520 年的诸种观念或许具有"改革"的外观，只要存在一个与生俱有司牧阶层超凡魅力特质的"基督教贵族"阶层，并由其来填补基督教社会公共权威之位，公共的属灵秩序的实际崩解也就不会那么清晰可辨。到了 1523 年，上述现象不复存在；路德作为私人个体，被迫进入一种属灵权威的立场，对抗现已变成非基督教的属世权威。在三年之中，宗教实存的个体化与私性化，已经同时摧毁了中世纪格拉西乌斯均衡（Gelasian balance）属灵的与超凡魅力的世俗权威。信徒们已经不得不仰仗圣经对抗教会及其议事会的权威；而今，路德则不得不警告虔信的基督徒们，要同样仰仗圣经对抗世俗君王们的权威。[263]属灵权力已经变体为敌基督，属世权威则变体为异教暴君——而基督徒则在两造之间遗世独立，凭借圣经和自身良知生活。

不言而喻，这种状况实在是难以令人忍受；必须重建某种类型的共同体秩序；然而，通过一众世俗国家与一众教会之间达成的形形色色的妥协，一种暂时性的稳定局面得以达成并显现于废墟之上，可截至当时已经发生了长达一个半世纪流血漂杵的战争！在我们关于马基雅维利的研究中，曾强调 1494 年的重要性，是年意大利遭受入侵，是年堪称全民族层面贪婪狂（pleonexia）之现代阶段的正式开启之年；而现在，我们则希望强调 1523 年的重要性，是年一种私性个体的僭妄（the hubris of a private individual)摧毁了西方基督教公共秩序，是年可被视为中世纪的正式终结之年。

作为其破坏工作的概念工具，路德采用了圣奥古斯丁式的术语"上帝之城"和"世人之城"（Reich Gottes, Reich der Welt）。所有人类均属其中之一。有信之人乃是上帝之城的居民，处于其国王与主宰基督统治之下；所有其他至为广泛的多数则属于世人之城。上帝之城的居民不需要"俗世之剑或法律"。

> 而且，如果世人皆是正直的基督徒，世间便只有正直的信徒，王公大人、刀剑法律也就全无必要，毫无用处。

"由于他们心中有神圣的圣灵"，也就不存在需要通过属世权威加以解决的纷争。然而，这些基督徒为数甚少、相距甚远。因此，上帝为所有的"外在于基督徒等级和神国的"非基督徒创造了另外一类管辖——也就是拥有刀剑以避免和惩罚罪行的世人之城。尽管两城及其管辖本质上严格分离，却又在社会真实中相互混合。为数甚少的基督徒与为数颇多的非基督徒共同生活于一个社会之中。除非非基督徒的罪行受到政府权威的弹压，否则具有不抵抗伦理的基督徒们的生存机会将微乎其微；除非存在一个有强力加持的秩序，否则就连非基督徒也无从存在。因此，俗世的管辖权对基督徒和非基督徒同样具有确保"人身、财产及此世一切外在之物"的功利主义功能。

从人类在社会中的此种双重结构之中，基督徒针对刀剑权力的诸种行为准则派生而出。[264]首先，基督徒之间并无刀剑权力，这是因为他们无此需要；基督徒们在基督治下生活在暴力阙如的和平之中。其次，尽管一位基督徒不得为自己使用刀剑，却必须小心谨慎地出于慈善之心屈从俗世权威。刀剑权力对其同胞具有根本上的有用性;他必须体认和尊重此点,但不得沉浸于野蛮的各种理念之中,不得把基督口头上称作自己顺从的独一真神,这是因为通过此类行为他将会使政府的稳定性及其同胞的安全陷入险境。支持俗世权威乃是一项爱的事功,与帮助病患饥馑者并无二致。恰恰是因为基督徒并不需要俗世刀剑和律法,

> 他应当服务于那些尚未攀升到自己高度的人,因此仍然需要(俗世刀剑和律法)。

第三,和第二条理由即爱的事功相同,基督徒有责任在情况需要之际使用刀剑。这是对世界有用的事功。

> 因此,当你发现需要出现一位行刑者、治安官、法官、领主或王公,而你恰好适合履行其功能之时,你就应当以身受之,以免这些必需的权力遭到轻视、削弱乃至消亡。
>
> 践行上帝王国的要求和俗世王国的要求,于内于外,并行不悖;在遭受罪恶与不公的同时,惩戒罪恶与不公;在并不拒斥罪恶的同时,拒斥罪恶。
>
> 爱流于万民之间又超乎万民之上,而且它只关照对你的邻人有用之事。

不幸的是,两件事情并不能很好地并行不悖。建设的危险源于路德对圣奥古斯丁理念的误用。在圣奥古斯丁的省思中,上帝之城与世人之城都是超验历史的王国。在经验性的圣俗历

史中,有形的制度乃是教会与帝国。教会乃是上帝之城的代表,但两者并非一回事;只有其一部分成员属于上帝之城;另一部分,或许也是更大的那部分,则属于世人之城。关键处在于:最终的拯救和谴责唯有上帝知晓;并不存在区别被拯救和被谴责灵魂的经验判准;上帝之城的内核乃是"不可见的"。

当路德使用圣奥古斯丁的术语时,他复归到这些术语的泰歌尼式(Tyconian)意涵。义人"唯靠信仰"(sola fide)原则摧毁了圣奥古斯丁的教会理念;[265]基督教则变成了一桩类似于买本书并按照路德诠释加以使用的物事;如果你遵循上帝的指导和信托便可得救,否则便没有指望。路德式信仰的实存性单边主义(unilateralism)并未产出使义人在经验上可体验的结果;上帝之城是在义人的意识之中变得经验上可见。这正是麻烦的肇始点——获得成为一名正义的基督徒的意识并非难事;那么,当那些行为明显需要某种抑制的个人告诉我们,他们便是正义的基督徒,刀剑权力不得加诸他们的时候,以及正义基督徒的大众运动声称所有人均已经验上生活在上帝之城之中,以至于要求全面取消政府权威的时候,我们究竟该如何处理?路德深受这一问题困扰。他很好地洞察到这一点:

> 恶人以基督教之名将会错误使用福音教会的自由;他们将沉溺于自己的卑劣行为,并说自己是不受法律或刀剑辖制的基督徒——即使是现在也颇有一些人在如此胡言乱语。

路德对此困境的解决方式,乃是区分上帝之城真正的基督徒与其他人——"不管他们是如何受洗和以基督徒自居的,这些人都是且将一直是非基督徒"。对于这些人而言,俗世权威将会提供约束。因此,我们又被扔回政府面前。但是,如果政府不正当使用其权力,干预基督徒阅读自身《圣经》的行为而非约束非基督徒之时,又当如何处置? 这个时候,正义的基督徒必须抵抗——而此时我们又被掷回到个体良知面前,正是此种良知告诉每个人其是否属于正义的基督徒。

很明显,脱离此种泥沼无路可循。当传统和制度的秩序被摧毁时,当秩序被置于个体良知决断中的造化时,我们便已下降到所有人对所有人之战争的层次。对于此种无政府状态的缓解之道,唯有形成新的社群秩序,传统在其中得到部分恢复,并伴随着具有社会效力的力量,将一种客观的公共秩序加诸反叛性的良知之上。这便是新的必然性的秩序——以"国家理由"作为行为准则的世俗国家(secular state)——得以浮现的状况;而各教会必须接受对其地位基于国家利益的一种垄断式或多元论的规制。然而,在路德的时刻,我们正处于通过福音论反叛造成的巨大失序的初始年代。[266]基督徒的自由可以如其实然一般,在1525年农民叛乱的《十二条款》(Twelve Articles)①中找到其诠释;在第三条中反叛农民们声称:

> 迄今为止的风俗一直使得大人老爷们可以将我们拥占为他们的财产;既然基督用他流出的珍贵的血拯救和赎买了我们,无论高下,概莫能外,那么这种风俗便是可怜而又可鄙的。因此,我们生而自由并愿追求自由,这便是合乎圣经的了。

---

① [译注]全称为《斯瓦比亚地区农民的十二条款》。

在这里,我们可以发现根据自身信仰理解去解释经文的普通人。对此,路德是怎样回答的呢?

> 那将使基督徒的自由成为一种赤裸裸的肉欲之事。难道亚伯拉罕和其他的先王与先知没有奴隶吗?去读读圣保罗关于奴仆的教诲吧,要知道在那个年代,所有的奴仆都是奴隶。因此,该条款是与福音完全偏离的。它无异于一种抢劫——所有人将作为主人财物的自己的身体取走。因为,如果奴隶能够成为一名基督徒并享有基督徒的自由的话,囚犯和病人同样也是基督徒,但却并不自由。这一条款将使得所有人平等,并将基督的精神王国变成一个俗世的、外在的王国;而那是不可能的,因为一个俗世王国不可能存在,除非在其国民中间存在一种不平等——有人自由有人被拘,有人为主有人为仆,等等等等。①

遵循自身对圣经诠释及其"心灵"的农民们,迈出了通向暴力社会革命的一步。那种通过交谈进行宗教改革的幻象亦到此而告终结。在《世俗权威:在何种程度上应得到服从?》(*Von weltlicher Oberkeit*)中,路德依旧劝诫道,暴力是不能阻止异端邪说的。

> 异端邪说是一种精神事物;你不能用烙铁砍削它,用火烧灼它,用水淹溺它。

---

① 《和平训诫:回应斯瓦比亚地区农民的十二条款》(*Admonition to Peace, A Reply to the Twelve Articles of the Peasants in Swabia*),收入《路德文集》,第四卷,第240页。

通过说教与异端邪说作斗争，是主教们的事情。然而，当持有异端意见的农民们于1525年不再听信他们的主教路德老师的教诲，当他们拿起武器反抗那些曾被同样这位路德老师在两年前称为"往往是地球上最蠢的愚夫和最坏的无赖"的大人老爷们之时，又当如何是好？宗教改革开始深陷血腥的泥沼；而路德则通过他著名的对那些"愚夫"和"无赖"们的劝诫词，鼓吹屠杀异端分子，从而使自己亦深陷其中。

路德此后又活了20年；但我们可以认为，到1525年他的生命便已终结了。[267]1520年的破坏性叛乱已经将其内在逻辑演绎到血流漂杵的无政府局面。1520—1525年之间的这五年，对于理解其后直至今日的西方政治与观念历史具有原型式的（prototypical）重要性。让我们再度强调，在对路德的观念进行一种批判性评估之时，我们一定不能让自己受到新教分离主义宏大后果的影响；因为此种分离主义与其说是路德本人的意图，毋宁说是始于其活动而历经数个世纪累积而成的影响。这五年的原型式的重要性不能从别处得到，只能从路德本人表述的观念之中推导而出。那些逐渐决定了西方危机之路径的观念包括如下方面：

（1）通过其对"信由爱塑成"（fides caritate formata）的攻击，路德攻击和摧毁了基督教精神文化的核心。通过"唯靠信仰"（sola fide）原则，信仰成为一种对圣经所载的外在化启示的单边的信托行为。通过这种变形，信仰失去了人在恩典触碰下成人中的令人战栗的亲和性，却不牢靠地处在义人乐观主义的自信和傲慢的诱惑所带来的危险之中。取而代之的，乃是一种并不会影响人类本体的因信称义的经验式良知（尽管这有可能并非路德的意图）。我们曾讨论过此种人性分裂造成的后果。

（2）通过对亚里士多德式的经院哲学以及魔鬼的学识

(learning)事功的一般性攻击，路德对摧毁西方精神文化可谓贡献甚巨。尽管他并非唯一肇事者，而且尽管像伊拉斯谟这样的人文主义者至少与其同责，但我们不能将其"改革者"的权威做过低的估计，须知此种权威针对 13 世纪西方全盛文化的成就，创造了一种正当的无视氛围。如果说经过现代人罪恶的无知和蒙昧，中世纪的辉煌已经变得昏暗不彰的话，路德的影响恐将一直被视作主要因素之一。在理解路德本人及其在西方观念史中的地位之时，此种无知的影响是颇为显著的。对路德生平与观念的圣徒传记式的造假，以及宗教改革的原因与背景，只是到了1904 年，才在德尼夫勒（Heinrich Denifle）充满恶意却颇为扎实的攻击之中被驳倒。在此特定案例之外，路德的反哲学主义与伊拉斯谟的一样变得具有原型意义；它已经创造出一种模式，[268]我们可以发现此种模式在启蒙运动哲学家们那里变本加厉，并在我们当代的自由主义、法西斯主义知识分子那里，由于其咄咄逼人的无知而走到了至为卑下的地步。

（3）通过其义人的"唯靠信仰"原则，路德摧毁了人类实存的平衡。其关于热爱事功之天堂的观念，转移了实存的重点，从一种"静观生活"转变为人类通过有用的工作和"服务"达到终极圆满的观念。人信任神；当此种叙述稳固下来之后，他却可以转而以复仇之心追寻自己的事业。我们今天正经受着这种重点转换的致命后果；智识与精神文化的萎缩，使我们专擅功利的实用主义的文明，在现代千禧年主义的大众运动的威胁之下，处于一种麻痹状态之中。

（4）作为小结，我们在此谈一谈路德本人作为一种原型式人格的问题。我们的时代流传很多信口开河的说法，认为路德是一个典型的日耳曼人；此种"日耳曼个性"的优点和缺点据说都在路德身上有颇为显明的体现。我们认为,此种说法纯属无稽之谈。如果我们还记得路德之前数个世纪的伟大的德意志人——例如大阿尔伯特、埃克哈特、陶勒尔、"法兰克福人"(the Frankfurter)①、库萨的尼古拉——而且如果我们认为他们代表着"日耳曼个性",那么路德恐怕也可以说是和其他人一样的"非日耳曼"。我们应当把关系反转过来;路德通过其历史影响力,创造出一种对随后数个世纪具有塑造性影响的原型。我们倾向于认为最为重要的个性特质,乃是一种针对任何传统秩序的自愿反叛,以及将自身特异的个性作为一种通则强加于他人身上的恶魔式驱动力。然而,这一特质尽管在日耳曼社会条件之下以特殊的毒性得以伸展开来,却并非日耳曼之专有,而是在国际范围内均能发现;我们尤其可以从或可称之为宗教改革的第二次世俗阶段的那场运动中发现这种特质,也就是说在启蒙运动的知识分子及其追随者们身上显现出来;在最为强烈地显示出此种特质的人士中,诸如伏尔泰、孔多塞、马克思和希特勒等个性颇为不一的人物均赫然在列。

八　加尔文与预定论

路德的因信称义原则导致了传统秩序在属灵与属世领域的崩解。[269]将实存化约为一种少数极为分散的个体的良知关于拯救的经验确信,看起来已是死路一条。必须设法发现回归历史秩序连续体的道路。然而,在我们对有关此种重建斗争的诸种理念展开考察之前,必须研究路德的问题通过与加尔文预定论教义的融合而获取的形式。此种融合不仅为路德创造之死

---

① ［译注］指 14 世纪神秘论者。

路辟出一线亮光；通过一种伟大创举，在新型公共秩序的建立（尤其是在英格兰及其各美洲殖民地）中，它还变得颇为有效。

关于作为教义的预定论，并没有太多可讲。我们经常能在《新约》里找到这样的表述：所有人都因堕落而具有原罪，出于其独有的规训方面的原因，上帝拣选一些人予以拯救，却把并不比那些选民更坏的大多数人置于谴责的境地。抛开"堕落前预定论"(supralapsarian)和"堕落后预定论"(infralapsarian)等变体之类的神学细节不论，这一教义是清晰而简单的；它是宗教改革之前正统体系的一部分，无论路德还是加尔文都接受它。预定论对加尔文教派社群的独特影响效力与该教义的内容并无关系；而是源自加尔文将其放置在前述死路之中的使用方式。①

加尔文是如何使用预定论教义的呢？由于加尔文的圣徒传记式形象仍然广被流俗接受，回答这一问题困难极大；尚未出现一位德尼夫勒这样的人物，能够挺身而出冲刷掉偶像的泥足。我们当前的研究也并非彻底而有趣地开展此种冲刷作业的合适场合。我们必须自我匡限，聚焦于纠正对加尔文之预定论使用产生直接影响的那些传统图式。首先，便是将其用于纠正对《基督教要义》(*Institutes of the Christian Religion*)一书的通常评价，亦即将其看作改革神学之伟大的体系化的呈现。《基督教要义》发展出了预定论教义，除非我们理解了该书的总体性质，否则便无从理解该教义。

---

① 关于这一教义对于社会与经济态度之塑造所发挥的广泛影响，可参见紧随韦伯《新教伦理与资本主义精神》以及《新教诸教派与资本主义精神》而至的庞杂文献，均收入韦伯：《宗教社会学文集》(*Gesammelte Aufsatze zur Religionssonzi-ologie*)第一卷（Mohr 出版社，1920 年版；重印版：J. C. B. Mohr［Paul Siebeck］,1998 年）。［上述两篇引证的论文均收入韦伯：《新教伦理与资本主义精神》，帕森斯译（Charles Scribner's Sons,1958 年版）。］

[270]恰当地说,《基督教要义》并非一部著作,而是一部尚在进行中的未完成之作。它首先以拉丁文在 1536 年出版,题名为《基督教要义》(*Christianae Religionis Institutio*)。正如"致读者的信"所表明的,其本意是要为福音派基督徒们提供一部指南之作,使其能够更为快速有效地理解基于圣经的基督教义;加尔文本人扮演着具有卡里斯玛天赋的教师,负有向较为简单的心智传达此道的职责。"致读者的信"强调该作品的"大全"(summa)特性,而"致国王的信"则强调其是对福音派基督教义的一项捍卫与信仰声明。从这些起点开始,这部作品逐渐成长为 1539 年(拉丁文)及 1541 年(法文)可观扩充了的版本,由十七章组成。该作品以这种形式(尤其是 1541 年的法文本)成为新的信条的经典之作。进一步的扩充和修订最终凝结成 1559 年的拉丁文本和 1561 年的法文本,内容则根据《使徒信经》被分成四个部分(圣父、圣子、圣灵、教会)。

在上述文本发展的历史中,预定论教义逐渐显示出其功能。在 1536 年的早期版本里,该教义的地位不值一提。到了 1539/1541 年的版本,其在第八章中得到了充分阐发;但是至少在这一章里面,它仍然与天意(Providence)主题以传统方式混杂在一起。然而,通过积累下述事实我们可以发现新的事物正在酝酿之中:关于预定论和天意的一章出现在关于信仰和不信的章节之后,而根据体系要求此章应当出现在关于神的知识的第一个章节之后。最终,1559/1561 年的版本展现出教义的全部意涵。天意主题被挪到了其应属的第一部分(关于神);而关于预定论的扩充处理则被扯出原来的语境,放置到第三部分(关于圣灵),紧随对因信称义的讨论之后。只是在这最终的版本中,预定论的功能才得以完全呈现;而理解其功能最为关键的钥匙,则在于其在一种我们可以概括为"心灵的医治"(cure of souls)的语境之中所处的奇特位置。我们的分析将立足在此一最后的教义组织方式之上。

我们在上述文本讨论中指出,教义的功能并非基于其内容,而是基于其在体系中的位置。这种思路将我们带回到加尔文《基督教要义》一书的总体特性问题。[271]关于该著作之传统评价的一个非常重要的部分完全被证明了。因为其结构的清晰和论述的流畅,该著作具有一流的文字成就。加尔文是一位语言大师;其在 1541 年对《基督教要义》拉丁文本的法译,乃是法语及其散文风格发展过程中的一座里程碑,在重要性上堪与拉伯雷(Francis Rabelais)的作品相媲美。对其至高的赞美,莫过于波叙哀充满欣赏之情的评价,亦即加尔文当时的写作已经能够和主教自己所处世纪的语言大师们不分伯仲。在所有的宗教派别之上,《基督教要义》实乃法兰西民族的一大文学瑰宝。再者,该著作给人留下至为深刻印象的,乃是一位早慧天才的成就。加尔文构思写作该著作之际,只有 25 岁之龄;后期的版本在增补和重组方面有所作为,但却极少对原初版本的文字进行修改;概念和重要观念(除了预定论之外)则自始未变。最后,断无一人能够讳言,该著作乃是一部无所匹敌的福音派教义大师级的教理纲要。以言宗教体验之剧烈,以言勤勉与博学,以言行文之清通优雅,以言在其希望澄清之问题上智识之澄明,加尔文都堪称一位具有非凡特质的人。

除此之外,我们的判断必须依循一条习惯上较少有人履及的道路。《基督教要义》被视为福音论基督教神学的伟大体系,而加尔文则被视为一位伟大的体系性思想家;《基督教要义》不仅因其文学成就、叙事清晰、包罗万象却又井然有序而闻名,同时也被誉为一部伟大的智识著作和一种集大成且一以贯之的神学体系。对上述判断，我们必须避免简单的驳斥；须知它并不属于那种类型。再者，就其忽略了 16 世纪上半期的智识状况而言，我们必须坚持此种判断具有年代混乱的性质。就一部《基督教要义》这样的拥有表面意图的著作而言，欲达成智识成就，有两种可能性——而两者均非其作者所能实现。

首先，加尔文或许认真对待了自身关于写作意图的宣示，也就是说，他的确试图努力在《新约》基础上构建起一种基督教义体系。这种尝试或将揭示《新约》的历史结构；它或将揭示从文本中无从提炼出清晰的基督教义；[272]对观福音书的基督教义、圣约翰福音书的基督教义、圣保罗使徒书的基督教义以及《希伯来书》（我们在此只列举上述四例）代表着不同的版本，不能全无矛盾地被组织成一个教义体系。由于文献学和历史知识的状况，上述问题在当时还无从解决。加尔文坚信：如果忠实诠释圣经经文，定可发现一种独一而真正的教义。因此，他广受赞誉的经文博学，不过是指当他想要证实某一观点时，指尖之下恰有一段经文；然而，当经文段落均不能印证其观点时，同样的指尖在审慎明智方面就会变得迟钝了。

摆在加尔文面前的第二种智识成就的可能性则是一条伟大传统之道，亦即信仰与理性的协调问题。自从斐洛（Philo Hebraeus）和亚历山大的克雷芒（Clement of Alexandria）以来，"体系化"神学问题便成为教理和形而上学的互相贯通问题：应当怎样诠解神圣文本，以使得宗教性真理变得与自主的哲学省思协调一致？托马斯主义一类的教义体系的"体系化"，并非从属于信仰的奥义，而是从属于其形而上学——而此种形而上学并非"基督教的"，而实质上是亚里士多德式的。然而，与第一种一样,这第二种可能性对于加尔文而言也是封闭的。因为宗教改革不仅仅是一场针对教会的反叛;正如我们所见,它同时也是一场对于智识秩序的反叛。尽管与路德相比,加尔文某种程度上具有更强的哲学基础(尤其是廊下派的),他也和其先行者一样,处于一场针对"经院哲学"的反叛之中;而这就意味着,如果他想要成就"体系化"的话,就须反对作为其自身倾向的唯一的形而上学。由于此一不可规避的教父学与经院哲学背景,《基督教要义》充满了一种哲学传统的断章,但加尔文却并没有足以给予其神学贯通性的自身的"体系"。

　　尽管《基督教要义》并没有一种体系的贯通性,但它也并不是一种教义的百科全书。全书的论辩具有一种可以识别的意义上的统一性。我们可以探索性地将此种统一性概括为一位律师为某一诉讼所做的辩护词。《基督教要义》的力量存在于为实现某一实际目标而呈现出的论辩的集中性;而这一目标,我们可将其描述为克服路德在 1525 年遭遇的死路。秩序的解体使得路德式的"上帝之城"茕茕孑立——用加尔文的话来说,成了真正义人在堕落荒原之中星散的"遗迹"。

　　[273]应该对此种"遗迹"做些什么? 又有什么是能够做的呢? 难道义人们将成为没有社群生活与制度的离散的个人吗? 抑或存在足够多的义人足已建立起小型的本土社群呢? 他们应该从基督教的主体中撤离,转向大教会之外的小教派式实存吗? 上述解决方案对加尔文都没有什么吸引力。他想做的,乃是某件乍听起来似乎是异想天开的事情。他接受了路德的"遗迹"理念,并且设计了一个计划,旨在将"遗迹"转变成一个将取代天主教会的普世性教会的统治阶级。这一计划便是《基督教要义》的实际主题;而其中的教义论辩尤其是预定论教义,则服务于此种

实际目标的实现。我们或许可以说,《基督教要义》主要是一个政治性的论著;就其为当时不确定的状况提供了一种解决方案而言,它实乃一件杰出的"应景之作"(livre de circonstance)。

　　该书的这种特性被其浩繁的卷帙所遮蔽了。就简单的物理外表判断,我们不太习惯将一部1200多页篇幅的论著视为"应景之作"。再者,该书的物理外观容易遮蔽其目的;这倒不是因为加尔文试图遮蔽之,而是因为他并未采取一种便捷的、易于引述的篇章作为表述形式,除非读者对全书进行了认真的、分析性的研读,否则很难确证其实际目的。更进而言之,使该书应运而生的"环境",并非一个微小的事件,而是一种文明性的灾难;而事件激起的解决之道,也是建立一个新的普世性教会这样的宏大计划。最后,在我们已然俗世化的环境里,我们并不习惯在阅读关于圣礼性质的篇章之际,带有一种审视作者政治意图的眼光,就此而言,该书的实际目的也被其"神学"内容所遮蔽了。然而,上述不同的特征只不过模糊了该书的性格而已;它们并没有对其产生实质性的影响。①

　　《基督教要义》乃是一部现实政治之作。现在,我们将通过对那些关乎加尔文想法及其做法(modus operandi)的素材加以区分,更为细致地考察其所涉问题。就我们所关注的素材而言,这部著作乃是一部受到路德所肇始之运动启发的基督教教义的纲要。[274]在此方面,它鲜少包含令人感到惊奇之物;《基督教要义》是以其汇编的广泛性而非原创性而著名的。然而,在路德所遭遇的困境和加尔文的构思之间,已然过去了10年。许多个

---

① ［英文编者注］也可参见沃格林在《〈新政治科学〉导论》(芝加哥大学出版社,1952年版;1987年重印版)中对加尔文一如既往的负面评价,在该书第139页,沃格林指责加尔文发展出了"第一部蓄意创造的灵知主义的古兰经"。

10 年累积的问题已经尘埃落定；论敌们的驳难已经为人所知，而自身的弱点也已有所暴露；诸多血腥事件也提醒他们注意到走火入魔所导致的诸种千禧年运动和社会革命的危险；最初的热忱所导致的不谨慎表述也受到了限制；而且首当其冲的是，福音派运动逐渐流变为无穷多的分裂教派，也已成为一种苦痛的前景。尽管《基督教要义》在教义方面并无原创性，但却在其表述中弥散着一种强烈的外交式审慎的空气。

　　累积起来的各种素材的核心，乃是路德的因信称义。加尔文用其界定何谓"真正的教会"，①使之居于教义的核心地位。对其构成支撑作用的各种教义得到了进一步的明晰。通过诉诸《马太福音》第 22 章，对上帝的爱被宣布为一种律法的命令，进而排除了"信由爱塑成"（fides caritate formata）。在干预性论辩的压力之下，反对通过事功获证的做法，现在必须更为清楚地自我宣称为对教会圣礼体系的反对，尤其是对以苦行赎罪（penance）的反对。律法的诫令仍然具有唤醒不完善者良知的功能；然而作为有罪者的一种惊吓与恐惧，它们现在已经被预定论所取代。真正信仰之经验现在被更为小心地作了如下界定：

　　　　对于我们的至慈真神的一种稳定而确切的知识，建立在基督无理由的许诺之真理的基础上，被圣灵同时启迪给我们的意识，并合乎我们的内心。②

① 《基督教要义》，第四卷，第二章第 1 节。
② 《基督教要义》，第三卷，第二章第 7 节；所有的引语都来自艾伦（John Allen）的译本（伦敦：沃尔克出版社，1813 年版；恩格尔斯[Joseph Peterson Engles]在1841年略作修订；最近的美国版本，威斯敏斯特出版社，1936 年版）。更为晚近的译本是：加尔文：《基督教要义》（两卷本），基督教经典书库，第 20—21 卷，麦克奈尔（John T. McNeill）编，柏托斯（Ford Lewis Battles）译（威斯敏斯特出版社，1960 年版）。

　　千禧年主义奥义的出现,使得加尔文必须小心翼翼地界定因信再生,将其界定为一种转变,其间并不会重塑亚当式的无罪,而只是丢弃掉原罪的印痕;再生赋予抵抗罪恶倾向之权,但并不将其消灭。[275]这种新的精确性同时也纠正了路德在灵魂与本性之间的尖锐鸿沟;对于加尔文而言,再生之后就再无"大胆犯罪"(pecca fortiter);真正信仰的标志之一,乃是在反抗罪恶过程中的"有所保留"(preseverantia)。总体而言,在原罪问题上,加尔文再次与天主教会持非常接近的立场。在圣礼之中,他接受圣经支持的浸礼与圣餐礼,但将其他均作为人为添加之物而加以拒斥。

　　上述便是该书教义方面的内容;但我们如果不去考察加尔文如何使用这些内容的话,则此种列举不过是无效的信息。内容使用的问题来自前面讨论过的智识状况。福音派运动的官方存在目的或理由,乃是将圣经作为基督教义的基础和唯一基础。如我们所知,构建一种明确的基于经文的教义体系实际上是不可能的。欲确定推导出真正的教义,加尔文唯有通过将经文首先与自路德以来涌现出的教义意图相连,其次与其本人希望经文承载的目的相连。在某些情况下,经文段落与加尔文意图的此类关系的确存在,而在另外的情况下却并非如此;不管是否存在,均须设法展示其存在。既然加尔文是一位出色的律师,结果是颇为令人振奋的——或者毋宁说在此人身上似乎具有最为微弱的幽默或卑劣之感;然而令我们感到遗憾的是,对于加尔文纯粹的严肃感与虔信感,我们几乎不能有丝毫怀疑。但是,对于那些在论辩中擅用阴谋诡计的行家里手而言,提供一章又一章笃实的娱乐品这项事业,客观上足够构成一部喜剧了。

　　预定论的论述有时也是一件一帆风顺的航程,旧约和新约圣经中的确拥有大量可以支持该教义的段落；也有时候该教义会对一些诸如苦行赎罪之礼这样的制度表现出义愤，那是随着时间只能通过暗示和历史叙事方可和早期基督教形式联系在一起的。在论证"唯靠信仰"原则之时，航程会变得颇为艰苦；令人遗憾的是，"唯独"并未出现在经文之中，而论敌们已经就此大做文章。现在，基于上下文语境的论证策略开始被颇为娴熟地运用，最终只有信仰恶魔般的敌人才会怀疑"唯独"是如此显而易见之事，以至于只有这种显而易见性才会使得圣保罗并未明确地对其予以表达。[276]但加尔文在全无经文基础之时亦处于其最佳状态，如婴儿受洗这一事例。他出于不同的原因坚持这一圣礼，但尤其是因为残暴的再洗礼教徒对此并不乐见。令人遗憾的是，在其他场合他却将婴儿受洗作为历史添加物而加以拒斥。但是基督没有说过人应当让小孩子们朝他走来吗？从此俗语出发，加尔文降低了婴儿受洗的必要性；他煞费苦心地指出："走来"并不意味着只有婴儿可以自行向基督"走来"，还包括婴儿在母亲怀抱中向基督"走来"这一消极形式。

适才我们仔细考察了加尔文的论辩方法，这是因为它能最令人信服地指出当时智识破产的景况。如我们刚才所言，如果读者持有超然之心，则《基督教要义》一书自有其娱乐价值；然而一旦读者对此类头脑——有能力付出持续不断的努力，并以坚定的信念生产出超过 1000 页巨著——产生兴趣的话，此种经历将是令人惊恐的。我们感受到缺乏智识良知的权力欲望，同时在《基督教要义》的加尔文身后，隐约出现了日内瓦的加尔文的可怕身影——那是通过针对轻微罪行设置的间谍与告密者组织执行其纪律的加尔文，是破门而入搜罗证据的加尔文，是在刑架上强行逼人告解的加尔文，是以施以谴责相威胁敲诈公民进行财政捐纳的加尔文，是将塞维图斯（Michael Servetus）私人通信对象送入宗教裁判所的加尔文，是在其向日内瓦寻求庇护之时将塞维图斯处以火刑的加尔文，是滥用法庭捏造指控制造合法谋杀的加尔文，是通过屠杀或流放那些不符合其期望的公民而使日内瓦变为一个"清洁"城市的加尔文。①

---

① 既然我们已处在一个崇尚统计的年代，我可以从史密斯（Preserved Smith）《宗教改革年代》（*The Age of the Reformation*）（纽约：霍尔特出版社，1920 年版）第 171 页摘抄出这段话："从 1542 年到 1546 年，在这有 16000 个居民的小城，出现了不少于 58 起死刑和 76 起放逐。"考虑到时代的民情，为了理解上述数字的意义，我们应当提及的是：在与之大略可以相比较的时段即 1553—1558 年，在玛丽·都铎治下大约有 350 万居民的英格兰，有据可查的、宗教迫害过程中的死刑为 290 起（史密斯：《宗教改革时代》，第 323 页）。简单的计算即可证明——就表面的人均数量而言——加尔文的致死血腥程度是所谓"血腥玛丽"（Bloody Mary）的 43 倍！当然，上述表现尚未达到阿尔法总督（Alva）在尼德兰的作为；但我们仍然不能轻视了上述记录：加尔文纯粹是一个饱受争议的严酷角色。

[英文编者注]这种对于加尔文的严苛指摘应当得到当前宗教改革研究中浮现出来的一种替代性视角的衡平。举例言之，麦克格拉斯（Alister E. McGrath）在其关于加尔文传奇与刻板印象的研究中指出，从加尔文回到日内瓦直至其去世，那里只发生了一起基于宗教原因的死刑（即臭名昭著的塞维图斯案），而加尔文只是要求市政官员将遇害者斩首而非施以火刑，因为前者作为死刑方式要更为仁慈。不幸的是，加尔文的意见在此案中并未被采纳。进而言之，加尔文在日内瓦的权威只是间接的，至多只是采取了一种道德影响的形式。他从未成为该市议会的领导成员（塞维图斯案期间，市议会甚至反对加尔文的影响），而且事实上永无希望擢升为最高统治机构的成员，这是因为只有日内瓦公民（出生在日内瓦的日内瓦公民子嗣）方有望如此。按照麦克格拉斯的判断，

　　　加尔文作为"日内瓦独裁者"的形象和历史事实全无关系……市议会并无意将其来之不易的权利和特权呈交给他人，更不用说呈交给他们的雇员之一了——对于这位并无投票权的雇员，只要他们乐意，大可以将其解雇并逐出日内瓦……加尔文死后其继承人们面临的种种困难，的确证明了加尔文在市政事务方面的权威纯粹是个人性和道德性的。（《加尔文传：形塑西方文化之研究》[*A Life of John Calvin: A Study in the Shaping of Western Culture*]），布莱克维尔出版社，1990 年版，第 109 页）

（转下页）

[277]在教义论辩正当化过程中呈现出来的深刻的道德无涉性,在实践中变成了一种道德迟钝症,体现在加尔文为实现神学政治目的而专横采取的难以启齿的手段之中。此种反哲学主义的苦果开始呈现出来:除非也能从道德上将实存去秩序化,否则便无法从实存中将智识秩序移除开来。

面对加尔文的论辩才具,寻求其教义实体的内在意义将是徒劳无功之事。论辩性的运作成为遮蔽了其现实目标的一面屏风。正如我们所言,这种目标便是建立一个新的普世性教会。

加尔文在其中的角色,并非圣彼得的继承人,而恰恰是一个新的圣彼得。① 为了拥有一个与罗马教会一样好的教会,他需要若干东西。首先,他需要一些圣礼。如果严肃对待因信称义原则的话,则上帝的王国将由众多因信称义的基督徒个体组成;通过具有卡里斯玛的杰出个人的教育功能,或可实现某种松散的组织凝聚性;但为数日渐增长的、傲慢到相信自己可以踢开教师行事的异端恶棍,使得危险与日俱增;如果这样的话,加尔文施展拳脚的空间又在何处?[278]因此,拯救之所以可能,端赖于在教会组织中的成员身份,端赖于对其纪律的遵从;而成员资格取决于接受浸礼和圣餐礼;被逐出教会便意味着遭到神谴。

(接上页注①)完整的表述可参见该书第六章。还可参见豪尔(Basil Hall)的论文《加尔文传奇》(The Calvin Legend),收入《加尔文》,"百年来宗教改革神学研究系列"第一卷,达菲尔德(G. E. Duffield)编(Sutton Courtnay 出版社,1966 年版),第 1—18 页。

① 在《基督教要义》第四卷第三章第 4 节,加尔文认为使徒们与福音传道者们乃是基督教创立之时具有非凡重要地位的角色;但在"构建良好的教会"之中却没有了他们的位置。他接着说道:"尽管我无法否认,即使在那个时代,上帝有时也会设身处地地哺养那些使徒和福音传道者们,亦如现在一般。但却有必要让这些人士重掌教会,使其免于敌基督者的毒害。"加尔文确保了自己的使徒角色;一旦建立起真正的教会,他同时还要阻止其他人获取这种角色。

　　但是，如果圣礼组织的成员资格对于拯救而言是必须的，因信称义又成了什么了呢？这正是加尔文在其引人入胜的关于圣礼的章节中所处理的微妙问题；首先，他称赞获证的事迹，指出圣礼并不能传递恩典，不能触及因信称义的独一无二性；其次，至少就那些有机会加入教会的人而言，若非加入教会便无从因信称义。加尔文圣礼教义是出了名的晦暗不明，而在上述场合他甚至走到一种极致，承认并非一切明晰；然而，此种晦暗不明性的原因并不是加尔文论辩力量的突然失败，实则源于构建一种同时满足两方要求的教义是件全无可能之事。然而，这种论辩实体尽管迂回复杂，却包含着有价值的内容，加尔文在其中展示出作为实务派教会人士的智慧，认识到礼仪与制度"对于我们信仰的滋养与支撑具有最大的功效"。

　　其次，为了拥有他的新的普世性教会，加尔文必须说明旧的教会不仅腐化，而且实际上已经不再是教会了；否则的话，他便将被压制在作为一个小派和分裂者的位置上，无从诉求自身创建之教会的至公性（catholicity）；此外，他必须给其他使徒式人物留下这样一种印象：加尔文自己的教会是如此美好，以致没人有理由致力于构建一个与之相匹敌的教会。加尔文在上述两方面均超出了自身的能量所及。或许应当先谈谈真正的教会。现有教会不够纯正，故选民们应当在大教会之外建立起自己的社群，但没有人必须基于此种托辞而脱离现有的教会。

　　　　然而虽然连敬虔的人也会有错误的热心，但一般来说这过分的谨慎来自傲慢以及对圣洁的误解，而不是来自真圣洁和真热心。因此，那些任意过分坚持所谓的圣洁而因此煽动人离开教会的人，他们多半都是轻视他人，为了证明自己比别人强。①

[279]只要教会保留了它的基本特征，"例如神是一位，基督是神也是神的儿子；我们的救恩依靠神的怜悯，等等"，②因细节方面的不赞同而脱离大教会便是轻佻之举。当读者快要读完这段驳斥之际，他肯定会怀疑：想要脱离大教会的人怎么会变得如此卑劣，尤其是加尔文自身何以能脱离天主教会。但接踵而来的便是对罗马教会的指责。

> 因为真道不但没有在那里作王，反而是以谎言组成的邪恶行政代替神的真道，这行政遮掩并熄灭神纯正的亮光。他们也以可怕的亵渎代替主的圣餐。对神的敬拜被各式各样的迷信所败坏。基督教不可少的教义已经完全被遮盖和根除了。他们的聚会已成为偶像崇拜以及犯罪的学院。拒绝与犯这样大甚至是致命之罪的人交通，不算是离弃基督的真教会。③

加尔文还详细列举了其他一些表现。这种腐败由来已久；然而加尔文看起来想把自大迁徙(the Migration)以来直到其生活时代的所有时段涵盖在内。当读者到达这段论述的末尾之时，他肯定会充满怀疑：人们怎么就会受到误导，以至于从属于

---

① 《基督教要义》，第四卷第一章第 16 节。（[译注]此处采用了钱濯诚先生的译文，参见加尔文：《基督教要义》，钱濯诚等译，北京：生活·读书·新知三联书店，2010 年版，第三卷。）

② 《基督教要义》，第四卷第一章第 12 节。（[译注]此处参考了钱濯诚译文。）

③ 《基督教要义》，第四卷第二章第 2 节。（[译注]此处采用了钱濯诚先生的译文，参见加尔文：《基督教要义》，钱濯诚等译。）

这种邪恶制度呢？

加尔文在其论辩中记录了希腊教会的重要角色。当"罗马教会人士"指责他破坏了使徒式的传承，并认为只有依据此种传承的教会才是真教会之时，加尔文希望知道：为何被一般共识认为使徒式传承从未中断的希腊教会，竟会被认为是分裂教派。因此，使徒式传承看起来并不能造就一个真教会。希腊教会之所以被视为分裂教派，是因其曾对罗马教会（Apostolic see）发起反叛；那么，那些反叛基督的教会我们又该如何评价呢？

> 他们对不受中断之继承的诉求，因而不过是徒劳的借口，除非通过教父们传递的基督的真理在其后代手上永葆纯洁、免于腐坏。

此前我们曾经讨论过，希腊分离教派是如何对莱比锡辩论产生影响的。在我的印象中，希腊教会范例对于宗教改革运动中采取的分离主义发展的影响，某种程度上被近来的史学家们低估了。这一问题迄今仍未丧失其重要性，原因在于希腊分离教派与宗教改革之间的关联，在世界的其他地方仍未被遗忘。在19世纪，分离教派问题深刻影响了俄罗斯民族意识，并影响到继承自共产主义运动的俄罗斯关于西方腐化的观念。在19世纪50年代，桥米雅科夫（Alexei Chomiakow）将宗教改革诠释为罗马教会与东正教所保存的真教会之分裂的教派分离主义的后果。对他来说，教会在教义上的统一性并非立足于科学或习俗，而是立足于"相互爱和祈祷的律法"，立足于恩典。当罗马教皇在其司法管辖中将"和子说"①引入一种"地方性"（provincial）议事会的辖制之后，此种相互爱的律法遭到了破坏。与兄弟之爱的律法相抵触的新教与分离教派主义的精神，在西方基督教历史之初即已存在；

---

① ［译注］filioque，指奥古斯丁等早期神父对基督教义的一种改造，认为"圣灵是由圣父而出，或是由圣父和圣子而出"

罗马教皇在宗教改革时期收获了它的苦果；而一般而言的西方没有兄弟之情的理性主义和个人主义迄今已经如此彻底地解构了欧洲文明，以至于拯救唯有通过回归到真正的——亦即东正教的——教会方可实现。①

[280]到现在为止，加尔文将义人们从他们彼此隔离的状态中拉了回来，并将其组成一个社群，通过教导和圣礼的施行使之具备组织的凝聚力；通过剥夺其历史劲敌罗马教会之基督教会的资格，他确保了自己组织的普世性；他还明确了不可再有再进一步的分裂。但这仍然只会留给他一个"遗迹"一般的教会。然而加尔文想要的更多；他并不需要一个由义人基督徒组成的垄断性的组织，而是想要一个西方基督教文明中所有人都作为其成员的普世性教会，不管个体有未因信而称义。他不想要一个选民的垄断型教会；而是想要一个亦可欢迎堕落者加入的普世性教会。这正是加尔文在历史状况中的至高问题。这一问题具有心理意义上的双面性：他怎样才能说服那些具有痛快为非倾向的堕落者们加入自己的教会，并服从教会的纪律；又怎样才能说服自己的选民容忍这些地狱恶魔的陪伴呢？这一问题是由路德的"唯有信仰"教义创造的，将信仰体验推到了一个人对上帝应许之信任的经验型良知的地步；而到了加尔文那里，则通过"第二等级遴选"(second degree of election)及抚慰自身所在等

---

① 关于此一问题，可参见谢尔廷(Alexander von Schelting)：《俄罗斯历史思想中的俄罗斯与欧罗巴》(*Russland und Europa in Russischen Geschichtsdenken*)(弗朗克出版社，1948年版)，尤其是第三章第2节，"桥米雅科夫关于护教及对西方宗教社群之诅咒的思想"("Chomiakov's Lehre von der wahren Kirche und sein 'Anathema' an die abendländischen Glaubensgemeinschaften")。[参见桥米雅科夫：《拉丁教会与新教对于东正教的态度》(*L'Eglise latine et le Protestanisme au point de vue de l'Eglise Orthodoxe*)，1872。]

级选民的"特殊召唤",加剧了这一问题。"从选民中间,我们将
召唤看作上帝遴选的一种证据,而证成则是其显现的另一种表
征,直到它们到达那构成其完满的荣光。"①[281]"遗迹"是由那
些不仅被遴选获得拯救,而且知道自己乃是选民的人构成的。
此种教义带来的心理后果是不可避免的。一方面,受到召唤的
基督徒们被推到知道自己获救的位置;另一方面,那些并未受到
召唤者则被放纵到行为不负责任的境地,因为没有什么能将其
从谴责中拯救出来。那些通过自己的独特召唤渗入关于上帝拯
救敕令知识的个体,他们的浮现使得预定论的问题(其在天主教
中并无实际重要性)被激活了。加尔文理解这一议题的破坏力。
他不能消灭信仰良知中的"救赎确证"(certitudo salutis);而且,
他因此故意走出了下一步,使得预定论教义成为信仰教义的一
部分。

　　如果我们接受此一问题的前提的话,就不得不欣赏加尔文
处置问题的技能。就其本质而言,他必须首先使用该教义,以便
对那些想要建立小型圣徒共同体的义人们施以抑制。针对他
们,加尔文说道:

　　　　因为神并没有吩咐我们绝对地分辨谁是选民,谁是被
　　遗弃的人——这惟独是神的事工,而不是我们的——相反,
　　神要我们确信:一切借着圣灵的重生与基督有交通的人,都
　　是神出于其慈爱分别出来作为自己产业的;只要我们是其
　　中的一份子,就与这大恩典有份。②

────────────

① 《基督教要义》,第三卷第十一章,尤其是第6—7节。
② 《基督教要义》,第四卷第一章第3节。([译注]此处参照了钱濯诚先生的译文,
　　下同。)

在历史中只能存在有形的教会，既包括被遗弃者也包括选民；"我们必须将究竟谁属教会的判断交托神，因为教会根据的是神永恒的拣选"。① 受到召唤的选民被要求料理好自己的事情，不要干预邻人的是非，因为那将是一种窥探隐秘神意的企图。选民必须容忍被遗弃者，但被遗弃者也不能摆脱选民。这是因为，如果那些受到召唤者知道自己位居选民之列，在那些未受到召唤的人中，就没有谁知道自己究竟是选民抑或被遗弃者了。召唤在人生历程中并无固定的日期；而最为严重的犯罪记录也无法给任何人以"召唤不会在明天到来"的确信。[282]因此，尚未受到召唤者不能甘居被遗弃者而放任自流，而必须在颤栗的、对于神光照耀的期待中度日，尽己所能地做事，以期减缓上帝对他们的愤怒。

这样一来，在可见的教会中，将选民和被遗弃者绑定在一起的各项原则也就清晰了。但只有在人们极少谈及它们时，这些原则才能保持其信服力。面对为数众多的疑虑，加尔文发现极有必要走进决疑论的细节；在这些情况下，体系开始摇摇欲坠。例如，存在着那种认为既然命运已经先定便可为所欲为的"猪猡"（swine）。加尔文早已准备好了他的答案，亦即召唤具有使生命神圣化的效果，而非道德的行为则是被遗弃的证据。另一方面，非道德的行为又并非被遗弃的证据，这是因为神圣化只是在召唤之后才能出现，而即便是选民也并非有生之初便伴有召唤的。

那么，对于那些并不遵从此种假定——或许自己是选民因此必须相应行事——的人，又该做些什么？加尔文只能让他们

---

① 《基督教要义》，第四卷第一章第 2 节。

确信"应当停止以持续的犯罪激起神对他们的怒火"①——尽管
很难弄清除了遗弃之外神怒还可有何作为。这样一来,"每天都
会发生这种情况,那看似属于基督的人,却再次从他身边堕落,
直到深陷败亡之境"。这看似使选民良知中的"救赎确证"(cer-
titudo salutis)遭遇了危险。加尔文解释道:

> 我所怀疑者,并非选民具有类似的受召唤的迹象;但我
> 却远远没有允许他们拥有被遴选的确证——这确证乃是我
> 要求义人从福音书的词句中去寻求的……不要让此类事例
> 使我们偏离对于我们救主许诺的安宁的依赖。②

因此,被召唤的体验可能具有欺骗性;而且这种欺骗只有在
发生"背离"之时才会出现——那么,一个人如何才能真正确定
自己已被遴选?而宁静本身又不会具有欺骗性吗?而最坏的情
况则是:神及其特殊召唤,"在大多数情况下只会垂青虔信之
人";

> 而有时也会与那些只是神一时启蒙的人相交通,随后
> 因这些人的不知感恩而将其弃绝,并以更大的盲目性发起
> 打击。③

[283]这一事例的启迪意义何在? 莫非神有时通过让某人

---

① 《基督教要义》,第三卷第二十三章第 12 节。
② 《基督教要义》,第三卷第二十四章第 7 节。
③ 《基督教要义》,第三卷第二十四章第 8 节。这一有趣的段落在 1541 年的《基督
   教要义》版本中即已出现。参见加尔文:《基督教要义》(法文版),潘尼尔
   (Jacques Pannier)编(美文社,1939 年版),第三卷,第 95 页。

确信其守拯救的命运，进而又恶作剧般地将其丢弃，借此以自娱吗？抑或当某人并不以其模范行为回应拯救确信时，神会改变自己的救令吗？是否我们或许将要得出某种因为事功而称义的假定？——当然，由于此前从未有基督教思想家有此构想，因此此种假定尚颇为粗糙。①《基督教要义》并未为上述问题提供答案。我们只能说，加尔文明显有意使用预定论教义，作为一种将选民和被遗弃者联系在一个普世性教会之中的工具。然而，看起来对于精神体验各种变体的一种更为细致的研究，将引出或会危及通过召唤而得救之确定性的结论。

我们已经借助加尔文自己的术语，追寻他的脚步，探讨了其预定论的教义；从体验上来说，问题呈现在其面前，是通过选民的"救赎确证"（certitudo salutis），通过对于召唤体验下命定拯救的确信。直到其被启示之前，人并不知道神的天意救令，此种救令在"召唤"之时进入人的意识之中。加尔文努力反对那种使不可见教会可见化的努力；但是，他被拖进预定论问题之中，这是因为他本人又希望能够取得一种可见性。为了给自己的建设努力让路——这种努力与其说是被历史境遇毋宁说是被个人体验施加在他身上——他使神变成专制者令人生畏的部分，这专制者可以随心所欲地施恩于少数人，并将正当的谴责惩罚分配

---

① 参见圣托马斯：《神学大全》，第一部分，问题23，第5条："没有人会如此狂妄，竟会说在预定者之行动方面，功劳是天主预定之原因。"（Nullus ergo fuit ita insanae mentis, qui diceret merita esse causam divinae praedestinationis ex parte actus praedestinantis.）英译者为英国多明我会教省神父（Fathers of the English Dominican Province）（本齐格兄弟出版社，1947—1948年版，第一卷：第129页）。（[译注]此处中译文参考了圣多玛斯·阿奎那《神学大全·第一册：论天主一体三位·第一集：第一题至第四十三题》，周克勤总编辑，中华道明会/碧岳学社联合出版，第二十三题"论预定"，第五条"预知有功劳是否为预定之原因"。）

到大众身上，以展现其全知全能与正义的伟大。

正是此种建设努力，于 1647 年的威斯敏斯特信条（West-minster Confession）之中沉积下来，而该信条激起了弥尔顿（John Milton）著名的评论，亦即这样的神并不能博得他的尊敬，哪怕付出下地狱的代价也在所不惜。[284]就其表面价值而言，此种教义构建经常被称为加尔文的"上帝中心论"（theocentrism）；然而从体验上来看，他教条的上帝中心论也或可被我们称作加尔文的"选民中心论"（electocentrism），亦即一种将超验化的神通过"召唤"体验固定在其允诺之上的一种内在化努力。加尔文的信仰教义变异成预定论的构建，此种精确的定位现在将使我们能够概括出有关的理论议题。

就其漠视体系化神学的特定基本原理而言，加尔文的预定论教义乃是一种靠不住的构建。我们已经指出，加尔文并无"体系"，而理解其预定论的关键在于该教义在信仰语境中的体系化的错置。借助一种托马斯主义与柏拉图主义的象征符号理论，我们现在将简单解释其错误构建的性质。预定论教义乃是神学的一部分，从较为狭隘的意义上，亦是一种关于神的本然与属性的理论。它包含了诸如"神拣选一些人获救"以及"神遗弃一些人"之类的表述。此类表述包括一种超验性的主语（神）以及来自属世体验的谓语；由此种混合造就的表述，也就并非经验性科学的表述；它们是象征符号。此类表述中的谓语一定不能在一种属世语境中加以理解（举例而言，仿佛拣选［获得拯救者］是人发出的动作一般）；而是必须加以类比推理。因此，将此类象征符号作为论据引入到有关信仰体验的讨论之中，在理论上是不被允许的；特别需要指出的是，引入预定论必然性的元素亦是不被允许的。如果细细思辨，可知神的救令的必然性或无可逃避性源自神的非时间性问题；由于神外在于时间，所有那些发生在时间之内的事物对其而言都是永恒的现在；神"预先知道"将会发生何事，是因为这些事对其而言并非未来而是现在；而且，鉴于神是"第一因"（prima causa），时间延展中发生的所有事情，在其无时间的因果律之中，都是基于必然性而发生的。"天主的知识是万物的原因"（Scientia Dei est causa rerum）。①

然而，这些关于神的省思全然不能影响到人类所能体验的现实构造。神的省思必然性既不能取缔自然中被体验到的偶在性，亦不能取缔人被体验到的自由意志。[285]因此，加尔文的错误便可被界定为对于省思符号的一种误解，神学家们从中尝试类推描述世界与其创造基石间的关系，并用其作为直接表述（oratio directa）的诸种主张，指代一种属世之人类体验的内容。在加尔文的事例中，由于超验性力量涌入而导致自我意愿被清除的强烈性，使得沉溺于此种错误的心理倾向变得岌岌可危；在这种体验的影响之下，不管是路德的抑或圣奥古斯丁的"自由决断"（liberum arbitrium），都倾向于变成"奴隶"（servum）；通过恩典而获得的重生具有如此难以抗拒的打击力量，以至于鲜少有人类自由的余地。但人仍然是人，而非一种完美的本质。加尔文的决疑论式讨论证明，对于那些鲁莽地认为恩典乃是一种具有承诺效果的经验性过程的人来说，惊奇已被储备起来，有待发生。但是，心理学的阐释并不能取缔问题之可观的、理论性的构架。在加尔文的预定论教义中，我们再次遭遇了反哲学主义的后果；时代的混乱要部分地归咎于智识秩序的崩溃。而通过

① 《神学大全》，第一集，问题14，第8条。（[译注]这句拉丁语的中译文参考了圣多玛斯·阿奎那：《神学大全·第一册：论天主一体三位·第一集：第一题至第四十三题》，周克勤总编辑，中华道明会/碧岳学社联合出版，第十四题"论天主的知识"，第八条"天主的知识是不是万物的原因"。）

作为一位宗教创始人的加尔文的影响,其智识失序到今天已成为西方社会广泛领域的一种遗产。

到现在为止,我们已经思考过使其以不太光彩面目名世的加尔文的个性与观念等方面。在小结部分,我们将考虑足以使其罪过减轻的环境因素,最如实地讨论迫使加尔文走上自己道路的历史背景。如果允许再次重复的话,我们认为:革命并非由革命者造就;而是从一个孕育了革命的社会中喷薄而出;罪过主要是在建制性制度的统治阶级那里,而不在革命者那里,革命者正是负有责任的权威当局错误管制导致的社会状况的产儿。就路德的案例而言,我们难免感到好奇:一个接受过神学训练的人,怎么会攻击一种并不存在的通过事功称义的教义;在加尔文的案例中,我们一定感到疑惑:一部恢弘神学巨著的作者,怎么会如此明显地不解"存在类比"(analogia entis)?

在此类奇特现象的背景中,我们必须假定出现了一种机构的衰败,这种衰败堪比我们当代学术机构的崩溃。[286]今天,当一位学生面对五光十色的政治宣传转变为马克思主义者时,其转变的原因之一,当然应从学术世界中的如下事实中去寻找:他无法找到一位千里挑一的教授,足以拥有足够的哲学造诣解答他的问题,并告诉他该如何正确理解马克思的理念,这位教授应当具有如此显著的才干,以至于一位生气勃勃的、智识敏锐的年轻人将被深深吸引并开启思考之旅。反哲学主义并非始于路德和加尔文;我们同样可以从伊拉斯谟身上发现。它构成了路德和加尔文由以崛起的社会背景的一部分,尽管两人确凿无疑地将其夸大,并使反哲学主义产生了更大的社会影响;而此种智识崩溃乃是宏观制度解体的一部分,早在马基雅维利那里,这种制度解体便发生过创伤性的影响。我们没有理由怀疑加尔文在下面一段文字中流露出的自传式的真诚：

> 虽然有时周围悲惨的环境引诱我们怀疑究竟有否神所留的余数，但我们仍要确信基督不是徒然死了，并且神以奇妙的方式隐秘保守自己的教会。就如神对伊莱贾所说的："我为自己留下七千人，是未曾向巴力屈膝的。"①

从这段话里，我们碰触到加尔文旨在建立一个新的普世性教会的野蛮革命的最深层动机：他对于危机的体验，他的新纪元意识，他对于当下历史时刻需要一种"教会转化"（translatio ecclesiae）的确信。选民受到呼唤不仅是为了拯救，也是为了致力于进行具有历史意义的教会建设。在所有的个性、宗教体验及理论构建等问题之外，预定论教义在加尔文的历史哲学中具有其功能。

在其对于祈祷词"愿天主的国降临"的评论中，加尔文揭示出历史的视野。首先，天主之国将会建立在选民们的心中。

> 既然神的道就如君王的令牌，神在此吩咐我们求告，使众人的心思意念自愿遵守神的道。

当这部分任务经由圣灵的感召得以完成后，

> 我们也要降而讨论不虔敬的人，就是那些悖逆和疯狂抵抗神的权柄的人。
> 我们应当天天求告神从世界各地召唤自己的选民归于

---

① 《基督教要义》，第四卷第一章第2节。

其教会;使其教会增长;求神赏赐他们诸般的恩赐;在他们
中间建立起一种正当的秩序。

[287]这正是加尔文隐秘表达的、在日内瓦霸权之下新的福
音派和区域性教会构成的一种普世性联盟的计划。但到了那
时,我们的祈祷文继续说道:"神将打败一切纯正教义和信仰的
仇敌,神将使他们的阴谋和计划全部落空"——除非一部分人与
另一部分人进行斗争,否则这一祈祷文是很难实现的。而最后,
祈祷文发展出某种与后世自由主义"永久革命"(permanent
revolution)相似的理念:"神有极好的理由吩咐我们要迫不及待
地希望其国度天天都有所长进,因为当人的污秽受洁净成为正
直的人,人才能过最兴旺顺利的日子。"①

因此,作为剩余之人的选民,并非一个历史性的等级群体;
它是一个高度活跃的群体,并不仅仅通过祈祷行事;它务求教会
得到丰厚的捐赠和良好的组织;而且为了有助于神的王国的进
步,它毫不厌恶使用武器。当然,通过军事手段悉心使其选民强
化的,正是神;但神也使用人类工具以达此目的。而且,神保护
自己的子民,不仅通过为了选民的利益,一位不信神的、压迫性
的王在战争中缠扰挫败另一位王;他有时也会

---

① 《基督教要义》,第三卷第二十章第 42 节。我们此处采用的是 1559 年/1561 年
的版本。加尔文的历史视野是逐渐发展的。在 1539 年/1541 年的版本里,对
于"第二次陈情"(Second Petition)的思考所占的篇幅要简短许多。在那个文本
中,存在着神的王国与魔鬼王国的对比,以及神的王国以堕落者王国削弱为代
价逐渐进步的理念;然而当时的表达并没有后期版本在务实方面的精准性。当
时的版本并没有对于战争的暗示,没有对于一个普世性的教会联盟的倡言。行
文的底色毋宁说是具有鲜明摩尼教特色的一场属灵斗争。参见《基督教要义》
(英文版),第三卷,第 179 页以下。

将他的仆从作为公共的复仇者,以其委托武装他们,使之惩罚那不义之人的统治,从那不幸的灾难中解救出遭到不公义压迫的人们。

正如摩西突破法老的暴政。这种省思将带来一些特定的问题,这是因为不管俗世权威的统治多么具有压迫性,基督徒对其均负有顺从之责。和路德一样,加尔文对那违背神的律法的秩序,只允许拥有对其消极抵抗之权以及由此而来的殉道磨难;[288]但与路德不同,他正视那种拥有武装之先知的可能性,这一点与马基雅维利颇为想像。

对于此类先知而言,

既因以神合乎真道的呼召被差派与那些君王作战,且打败他们并没有违背神出于自己的预旨所交付君王的威严;他们反而出于天上的权柄,以大地位征服较小的地位,就如君王惩罚他们的手下合乎真道一样。①

但是,武装了的先知将处于危险境地。作为一名更具连续性的上帝子民保护者,加尔文直面西方诸政体中的政府代表机构。国王们受到王国之内各等级的限制;各等级(加尔文特别论及了法兰西的情况)不仅拥有积极反抗压迫性国王之权,亦拥有反抗之责——尽管加尔文谨慎地并未界定此种反抗的程度为何。

---

① 《基督教要义》,第四卷第二十章第 30 节。同样的段落早已出现在 1539 年/1541 年的版本中;可参见《基督教要义》(英文版),第四卷,第 237 页以下。

我不但没有禁止他们(各等级)照自己的职分反抗君王暴力、放荡的行为,反而说他们对这些残忍的压迫穷困百姓的君王睁一只眼闭一只眼,这种懦弱的行为不过是邪恶的背叛,因他们不忠心地出卖百姓的自由,而且他们知道保护这自由是神所交付他们的职分。①

最后,让我们探讨加尔文关于君主之间盟约的观念:

盟约是指毗邻国家君主之间缔结的联盟,当他们的国土出现任何纷扰之际,他们将彼此施以援手,将武装统一起来去共同抵抗那人类的共同敌人。②

尽管其论著中缺少对于私人诛杀君主的讨论,但加尔文确实为宗教战争提供了全然意识形态的火药库——截至 1560 年,此类战争已大有剑拔弩张、一触即发之势。此后,确有预示了克伦威尔的武装了的先知;确有以宗教之名反叛其君主的社会等级;确有务求使战争变得国际化的盟约;确有将其对手污名化为"人类公敌"的歹毒举动。③

[289]只有在一个更为生机勃勃的人类样本将命运紧握在自己手里的解体中的社会,在一个围绕着具有超凡领导魅力的人们构建起新的秩序核心的社会,上述情况才有可能发生。加

---

① 《基督教要义》,第四卷第二十章第 31 节。同时参见《基督教要义》(英文版),第四卷,第 238 页以下。

② 《基督教要义》,第四卷第二十章第 12 节。同时参见《基督教要义》(英文版),第四卷,第 214 页。

③ 直到今天,在世俗化了的当代意识形态之中,加尔文关于人类公敌的理念仍在为对于战争罪犯的国际迫害而张目。

尔文将预定内在化于选民良知的做法，正是今天我们称之为"新精英"(a new elite)的理论。在一个失序的时代，对于精英问题的关注不可避免地尖锐化了，同样不可避免的，还有我们从柏拉图的《高尔吉亚》(*Gorgias*)开始便为人熟知的权威转移(transfer of authority)问题。加尔文为一种新的普世性教会的奋斗，不过是为了新的精英及其权威的奋斗。当然，无论在品级抑或个性实质方面，没人会将加尔文与柏拉图进行比较；但加尔文面临同样的问题，而且对于危机的体验之强烈丝毫不逊于柏拉图。在危机年代——如果我们可以使用此种比喻的话——不可见的教会获得了某种程度的可见性；道路出现分岔口，同样变得可见的是何人跟随某人前行，何人又跟随另一人前行；在此类状况下，谁将成为被遗弃者也就具有了历史的可见性，救赎和遗弃的问题也就从上帝神秘莫测的敕令转换成人类明确无误的体验。在对其新精英进行理论化的过程中，加尔文能够使用新约里的象征符号，正是因为这些符号产生在一个类似的境遇之中，人类不得不自作决断，而行为则成为一种真正"悔改"(metanoia)的测验。

　　加尔文充分体察到这一问题。作为一名精明的经验主义者，他很好地关注到在生活各领域塑造新秩序内核的那种卡里斯玛特质；而且他也知道自己的预定选民乃是一个更为宏观类型的变体之一。当讨论人类的自然官能之时，加尔文认为人类长于政体、家政经济以及一切手工艺术和人文科学；他承认上帝在上述领域给予异教徒颇多馈赠；基督徒不得拒绝在这些领域向异教徒学习，否则便是对上帝馈赠的侮辱。他接着指出：

　　　　有人很聪明；有人拥有与众不同的判断力；也有人拥有

某种艺术的天分。这各式各样的赏赐彰显神白白的恩惠，免得有人将神慷慨赏赐的才能称为自己的。为何一个人比另一个人更优秀？难道不是要在人相同的本性上彰显神特别的恩待，以及教导我们，神并不负责赐给人才能吗？①

[290]读者将会观察到，加尔文在上述最后一句话中，将其运用于上帝武断性——有时基于对其选民的慈惠，有时又是为了彰显自己更大的荣光而将其余人遗弃——的相同类型的论辩，运用到自然卡里斯玛的整个领域。人类的事功犹如无物；我们只应对那些不应得的品质心怀感激；加尔文甚至走得如此之远，以至于讲到：

> 创造天地万物的主创造智障者，这也应当激发我们心存感恩。因为从他们身上我们看到，人没有这艺术才能的光景是如何。这才能普遍到几乎所有的人都拥有，就显明是神因他的恩惠白白地赏赐给众人！②

在一般性的理论之后，是一系列来自旧约的关于神意直接指导之下卡里斯玛领导特质的事例；加尔文甚至在一处场合向荷马致敬，他引述这位诗人的话："神朱比特（Jupiter）不但赏赐人天分，还天天感动他们行事。"③

通过加尔文，基督教的历史性成为西方危机动因中的一种决定性因素。早期基督教的终末论状况被复活，进而在以色列

---

① 《基督教要义》，第二卷第二章第 17 节。
② 《基督教要义》，第二卷第二章第 14 节。
③ 《基督教要义》，第二卷第二章第 17 节。

选民观念注入之后变得更其严重。在中世纪启示论基督教那里,所有的西方人类均处在教皇与皇帝神圣司牧之下的伟大社会之中;而非西方人类则所居甚远,不会扰乱此种存在于神之中的普世性兄弟关系。而今,我们再次处于那种状态之中,一如加尔文所言:"这少数被世人藐视之人混杂在群众中,几粒麦子被一大堆糠秕所掩盖。"①我们再次意识到:"从旧约圣经的完成到基督的降临大约有四百年的时间,而在这四百年中神向所有的外邦人隐藏福音的光照。"②我们之所以复述神对外邦人不应当的谴责,并非想为我们理解基督教的这一方面提供进一步的思考,而是想要鼓励那些感到踌躇的兄弟同胞,鼓励他们以勇敢之心接受自己的被拯救,不必顾虑那些遭谴堕入地狱的同胞。

[291]若在这事上幻想在神隐秘和测不透的计划之外的另一个起因,只是毫无意义的自我折磨。③

现在的西方文明被撕裂为两端:一端是进行着名为历史意义之漫长征途的大人先生精英们,而另一端则在必要时必须屈从于暴力。将在历史的内在性中证明自身的、对于属灵精英的新理解,已对其后西方政治历史的轨迹留下了抹不去的烙印。在加尔文的时代,精英乃是一群预定得救的选民;随着新教斗争与宗教性精英的名声扫地,精英群体变得俗世化,成为 18 世纪的经过启蒙的知识分子;法国大革命之后开启了创造新的属于物质世界之精英的体系化努力,而与加尔文在许多方面具有共

---

① 《基督教要义》,第四卷第一章第 2 节。
② 《基督教要义》,第三卷第二十四章第 12 节。
③ 《基督教要义》,第三卷第二十四章第 12 节。

性的孔德在其中做出了原型式的尝试；截至 19 世纪中期，那通向我们现时代极权主义教堂的新的精英运动崛起了。

索　引

（索引中的页码为原书页码，即本书中括号中的页码）

图书在版编目(CIP)数据

文艺复兴与宗教改革 / (美)沃格林(E. Voegelin)著;孔新峰译. -- 修订本. -- 上海:华东师范大学出版社，2018
(政治观念史稿；卷四)
ISBN 978-7-5675-8103-6

I. ①文… II. ①沃… ②孔… III. ①政治思想史-西方国家 IV. ①D091

中国版本图书馆 CIP 数据核字(2018)第 172644 号

华东师范大学出版社六点分社

企划人 倪为国

本书著作权、版式和装帧设计受世界版权公约和中华人民共和国著作权法保护

沃格林集

政治观念史稿(卷四)：文艺复兴与宗教改革(修订版)

著　　者　[美]沃格林
译　　者　孔新峰
责任编辑　王　旭
封面设计　刘怡霖
出版发行　华东师范大学出版社
社　　址　上海市中山北路 3663 号　邮编　200062
网　　址　www.ecnupress.com.cn
电　　话　021-60821666　行政传真　021-62572105
客服电话　021-62865537　门市(邮购)电话　021-62869887
地　　址　上海市中山北路 3663 号华东师范大学校内先锋路口
网　　店　http://hdsdcbs.tmall.com
印 刷 者　上海盛隆印务有限公司
开　　本　890×1240　1/32
插　　页　1
印　　张　13.75
字　　数　255 千字
版　　次　2019 年 8 月第 1 版
印　　次　2020 年 3 月第 2 次
书　　号　ISBN 978-7-5675-8103-6/B.1147
定　　价　78.00 元

出 版 人　王　焰

History of Political Ideas (Volume 4): Renaissance and Reformation

by Eric Voegelin

Edited with an introduction by David L. Morse and William M. Thompson

Copyright © 2004 by The Curators of the University of Missouri

University of Missouri Press, Columbia, MO 65201

Published by arrangement with The Curators of the University of Missouri

Simplified Chinese Translation Copyright © 2019by East China Normal University Press Ltd

ALL RIGHTS RESERVED.

上海市版权局著作权合同登记 图字：09－2005－051 号